RELIGION
UND
GLAUBE

-,50

Georg Denzler

WESHALB PRIESTER?

Wilhelm Heyne Verlag
München

RELIGION UND GLAUBE
Band 17
im Wilhelm Heyne Verlag, München

Herausgeberin der Reihe »Religion und Glaube«:
Renate Gräfin Matuschka

Genehmigte, ungekürzte Taschenbuchausgabe
Priester für heute. Antworten auf das Schreiben Papst Johannes Pauls II. an die Priester; mit einer Dokumentation des Papstschreibens vom 8. 4. 1979. Hrsg. Georg Denzler.

Printed in Germany 1982
Umschlaggestaltung: Atelier Heinrichs & Schütz
Gesamtherstellung: Ebner Ulm
ISBN: 3-453-35718-3

Inhalt

Vorwort des Herausgebers

Seit dem Pontifikatsbeginn Johannes Pauls II. am 16. Oktober 1978 zeigt das Papsttum ein neues Gesicht: Ein Papst, der lächelt! Ein Papst, der fasziniert! Ein Papst, der sich anfassen läßt! Der Papst ein Superstar! Der Papst ein Show-Pope! So und ähnlich feierte die Presse schon den neuen Mann auf dem Stuhl Petri in Rom.

Karol Wojtyła, der erste Papst aus Polen, will sich tatsächlich nicht hinter den dicken Mauern des Vatikans verschanzen, um von dort vielleicht wohlgemeinte, aber weltfremde Mahnungen und Warnungen an die Katholische Kirche und die ganze Welt ergehen zu lassen. Er sucht den Kontakt mit Menschen, mit möglichst vielen Menschen.

Dieser Papst strahlt nicht nur Bescheidenheit und Menschlichkeit aus, er vermittelt gleichzeitig das Gefühl von Klarheit und Sicherheit. Und für die bezaubernde Liebe, die aus seinen überzeugenden Worten und natürlichen Gesten spricht, erfährt der Summus Pontifex, wie die Pilgermassen in Rom und die Millionen Besucher bei seinen Reisen durch Mexiko, Polen, Italien, Irland, die Vereinigten Staaten von Nordamerika und die Türkei beweisen, spontane Gegenliebe. Wer wollte sich darüber nicht freuen!

Kirchenoffizielle Kreise sind eifrig bestrebt, die ungewöhnlich große Beliebtheit des sich so menschlich gebenden Papstes Johannes Paul II. als Beweis für eine neuaufgeblühte Religiosität und bereitwillige Zustimmung zum Programm des »Stellvertreters Christi« zu interpretieren. Fragt man jedoch etwas genauer, ob die ungezählten Papst-Fans auch all das billigen, was das Oberhaupt der Katholischen Kirche predigt, und, was tausendmal wichtiger ist, auch all das befolgen wollen, was er von ihnen erwartet und fordert, dann winken viele, vermutlich sogar die allermeisten der Begeisterten lässig ab: »Nein, so war das nicht gemeint!« Kenner sind über solche Reaktionen nicht erstaunt. Schließlich hat Johannes Paul II. bisher kaum etwas anderes gesagt als sein vielgeschmähter Vorgänger Paul VI. († 1978) eben auch. Und mit keep smiling, mit kräftigem Händeschütteln und zärtlichem Kinderkosen werden weder Probleme gelöst noch Reformen verwirklicht. Aber gerade darauf käme es schon seit langem in Rom an. Daß ein Papst sich zutiefst als Mensch fühlt und dementsprechend auch auftritt, sollte man nicht verwunderlich, sondern eher selbstverständlich finden. Oder kann man sich Jesus von Nazareth, dessen Stellvertreter die Päpste zu sein beanspruchen, anders vorstellen? Wundern sollte man sich im nachhinein vielmehr darüber, daß viele der fast 300 Päpste bis in unser Jahrhundert sich nicht selten wie Halbgötter benahmen und auf strenge Distanz von ihren Untergebenen achteten. Noch unter Pius XII. (1939–58) gehörte es zum streng befolgten Zeremoniell, daß selbst sein engster Mitarbeiter, der Kardinalstaatssekretär, sich nur nach dreimaliger Kniebeuge der Person des »Heiligen Vaters« nähern durfte.

So liebenswürdig auch das äußere Image der Päpste seit Johannes XXIII. (1958–1963) sein mag, so ist doch andererseits nicht zu vergessen, daß Gefühlsbewegungen, wie sie bei Massenveranstaltungen offensichtlich werden, zumal dann, wenn sie von Propagandamedien geschickt gelenkt werden, ebenso schnell verfliegen können, wie sie aufgetaucht sind. Was aber bleibt danach?

Schon mehren sich, auch in Bischofskreisen, besorgte Stimmen, die auf die Stunde vorbereiten, da das Hosiannah auf den Papst umschlägt in ein Crucifige desselben Papstes. Dies wäre dann die Stunde der Ernüchterung nach einem Massenrausch, wie ihn schon höchst unterschiedliche Persönlichkeiten der Geschichte ausgelöst haben. Es muß deswegen nicht gleich zu einer völligen Ablehnung des Papstes und des Papsttums kommen; es wäre schon schlimm genug, wenn das Papsttum wieder in eine Bedeutungslosigkeit zurückfiele und damit nicht mehr der Rede wert erschiene.

Aufmerksame Beobachter sind der Meinung, der Höhepunkt des Jubels und der Euphorie sei bereits überschritten. In der Tat wurde schon bittere Kritik am Stil und Kurs des neuen Papstes laut, und dies nicht unter Kirchen- oder Papstfeinden, sondern ausgerechnet bei jener Gruppe, die Johannes Paul II. in besonderer Weise am Herzen liegt: beim Klerus. Wachsende Enttäuschung macht sich nämlich breit, weil statt der erhofften Fortschritte auf weiten Strecken des Kirchenfeldes ein Stillstand, wenn nicht gar Rückschritte zu konstatieren seien, weil Positionen, die längst als endgültig überwunden angesehen worden sind, erneut bezogen werden sollen.

Namentlich das Schreiben Johannes Pauls II. an die Priester der Kirche zum Gründonnerstag 1979[1] ist wegen des darin aufscheinenden traditionellen Priesterbildes und insbesondere wegen der ohne stichhaltige Gründe – noch dazu im Namen der Kirche, als ob der Papst allein die Kirche darstellte! – ausgesprochenen Bekräftigung des Zölibatsgesetzes in breiten Kreisen der Geistlichkeit auf teilweise energischen Widerspruch und heftigen Widerstand gestoßen. Wie sollen sie auch einen neuen Aufbruch erhoffen, wenn die Wege der Kirche in altgewohnte Bahnen zurückgelenkt werden, wenn Überlieferungen – nicht die echte biblische Tradition, sondern Überlieferungen ganz bestimmter Zeiten – allein wegen ihres hohen Alters und vielleicht nur wegen ihres Gewohntseins bei der Lösung heutiger Fragen den Ausschlag geben. Die bisherigen Maßnahmen und Direktiven aus dem Vatikan verfolgen offensichtlich das Ziel, alle überkommenen Glaubens- und Sittenlehren unterschiedslos einzuschärfen und überhaupt auf Disziplin und Gehorsam zu pochen. Man konnte schon den Vorwurf hören, der selbstbewußte Papst sei peinlich darauf bedacht, das Kirchenvolk für sich zu gewinnen, um so alle kritischen Elemente, speziell unter den Theologen, leichter ausschalten zu können. Das wäre jedoch üble Demagogie, wie man sie diesem Papst nicht zutrauen möchte.

Die 20 Mitarbeiter dieses Buches – je zur Hälfte Theologen und Pfarrer – nahmen den Papstbrief an die Priester zum Ausgangspunkt ernsten Nachdenkens über die gegenwärtige Situation der Kirche und den in seinen Umrissen jetzt schon ziemlich klar erkennbaren Kurs, den Johannes Paul II. die Kirche zu steuern gedenkt.

Im Mittelpunkt fast aller Beiträge steht das vom Papst skizzierte Priesterbild, mit dem sich viele Priester nicht mehr, wenigstens nicht mehr ganz identifizieren können, und speziell die immer dringlichere Frage nach der Verpflichtung des Priesters zur Ehelosigkeit. Wenn das Zölibatsproblem erneut im Mittelpunkt privater und öffentlicher Auseinandersetzungen steht, gab der Papst selbst hinreichend Grund dazu, indem er einen beträchtlichen Teil seines Gründonnerstag-Schreibens eben diesem Streitpunkt widmete, und dies auch dort, wo nicht ausdrücklich von diesem Thema die Rede ist.

Das tridentinisch zugeschnittene Passepartout des Priesterimage ist veraltet. Es braucht schon längst einen neuen Rahmen, in dem vielfältige Priesterbilder ihren Platz finden können. Wer dies als Provokation empfindet, bleibt nur auf das gestrige Ideal (nach dem Motto »Ein Priesterherz ist Jesuherz«) fixiert, weiß nicht, daß im Laufe der Geschichte immer Neues geschehen muß. Was für die Kirche ganz allgemein gilt: ecclesia semper reformanda, hat ebenso Gültigkeit für den Priester: sacerdos semper reformandus; und zwar in einem doppelten Sinn: nach innen, um dem jeweils neuen Anruf Gottes im Gewissen zu entsprechen, und nach außen, um stets up to date zu sein. Letztlich sind vom Priester wie von jedem »normalen« Christenmenschen nur diese drei Tugenden gefordert: Glaube, Hoffnung und Liebe. Alles andere ist sekundär.

Paul VI. hat dem II. Vatikanischen Konzil (1962–1965) untersagt, das Thema Priesterzölibat in der Aula von St. Peter frank und frei zu diskutieren. Nur schriftliche Voten durften abgegeben werden. Der Patriarch von Antiochien, Maximos IV. Saigh, machte von dieser Möglichkeit Gebrauch, um die Priesterehe in den katholischen Ostkirchen zu verteidigen und ihre Freigabe der lateinischen Kirche nahezulegen. Gleichzeitig schrieb er dem Papst in einem Brief: »Hochverehrter Heiliger Vater! Dieses Problem besteht und wird von Tag zu Tag schwieriger. Es erfordert eine Lösung. Es dient zu nichts, vor diesem Problem die Augen zu verschließen oder daraus ein Tabu zu machen. Eure Heiligkeit weiß sehr wohl, daß Wahrheiten, die man verschweigt, zu Gift werden.«[2]

Es ist eine bedauerliche Diffamierung, wenn Hans Urs von Balthasar in einem Kommentar zum Papstschreiben an die Priester jeden Mitbruder – falls er ihn überhaupt noch als solchen gelten läßt –, der »wie gebannt auf das Kapitel über den Zölibat starrt«, als Sexualneurotiker einschätzt, ohne dafür auch nur den geringsten Beweis antreten zu können. Eher schon wäre es möglich, den Kommentator selbst sich als mit einem Sexualkomplex behaftet vorzustellen. Sucht er doch zum Beispiel den Papst bei der Verteidigung des längst schon ins Wanken geratenen Zölibatsgesetzes mit einem höchst fragwürdigen Argument Beistand zu leisten: »Wäre je eine Eucharistie möglich gewesen, wenn das fleischgewordene Wort seinen von der Jungfrau erhaltenen und selber jungfräulichen Leib mit einer Frau geteilt, mit ihr ›ein Fleisch‹ geworden wäre?«[3] Welche unmögliche Sakramententheologie tut sich hier auf! Es ist schon mehrere Jahrhunderte her, seit der Mönch und Kardinal Petrus Damiani († 1072) zum Ruhm der ehelosen Priester und gleichzeitig zur Schande der verheirateten Priester, die damals noch sehr zahlreich waren, weil noch kein allgemein verpflichtendes Zölibatsgesetz bestand, polemisch theologisierte: Jesus, von einer reinen Jungfrau geboren, kann nur von einem keuschen Priester in der Eucharistie wiedergeboren werden![4] Auch wenn von Balthasar vermutlich aus Angst vor derlei verwegenen Gedanken jeden Verdacht einer manichäischen Mentalität ausdrücklich von sich weist, bleibt doch die Frage, ob er sich nicht gerade durch diese betonte Distanzierung verdächtig macht.

Ich danke den Autoren sehr herzlich für ihre Bereitschaft und ihren Mut, das an alle Priester gerichtete Schreiben des Papstes kritisch unter die Lupe zu nehmen. Wenn gelegentlich auch harte Worte geäußert werden, kommen sie aus einem ebenso leidenden wie liebenden Herzen.[5] Alle fühlten sich zum offenen und öffentlichen Reden verpflichtet aus bedrückender Sorge um die nächste Zukunft der Kirche und aus tiefer Verehrung gegenüber dem Papst, der die Priester auf der ganzen Erde – wohl zum ersten Mal in der Geschichte der Kirche – mit der Anrede »liebe Brüder im Priesteramt« geehrt hat.

Ich widme diesen Sammelband den Mitbrüdern des Bamberger Studienkurses zum 25. Jahrestag unserer Priesterweihe am 31. Juli 1955 in herzlicher Verbundenheit.

Breitbrunn am Ammersee, Januar 1980 *Georg Denzler*

Anmerkungen

1 Vgl. S. 17–38.
2 Intervention und Brief in: Der Seelsorger 39 (1967) 303–306.
3 Dienst aus der größeren Liebe zu Christus. Schreiben Papst Johannes Pauls II. an die Priester. Mit einem Kommentar von Hans Urs von Balthasar, Freiburg – Basel – Wien 1979, S. 62.
4 Vgl. C. N. L. Brooke: Gregorian Reform in Action. Clerical Marriage in England 1050–1200, in: Cambridge Historical Review 12 (1956) 1–21.
5 Einige Pfarrer wollten meiner Einladung nicht folgen, und zwar aus Gründen, die man durchaus respektieren muß. Ein Pfarrer schrieb: »Ich glaubte lange Zeit, daß die Abschaffung des Zölibats eine Notwendigkeit für die Kirche sei. Heute bin ich anderer Meinung. Ich meine, daß die Veränderungen in der Kirche durch die Beibehaltung des Zölibats (Priestermangel, gepaart mit ständig wachsendem Selbstvertrauen der Laien) viel tiefer und einschneidender sein werden als jene Korrektur, die mit einer Aufhebung des Zölibats

verbunden gewesen wäre ... Unser Seelsorgsamt legt dem Bischof eine alarmierendere Statistik nach der anderen vor. Erfolg: Unser Bischof spricht von der ›überwundenen Krise‹ bzw. ›von der Krise, die es gar nicht gibt‹. Angesichts dieser Tatsachen bin ich nicht bereit, auch nur eine Stunde Zeit diesem Thema zu widmen.« – Und ein anderer Pfarrer begründete seine Absage so: »Wen an der ›Basis‹ kümmert das Problem des Zwangszölibats, obwohl man doch unmittelbar betroffen ist von der Art der Priester, die man hat. Was unten (von kleinen Gruppen abgesehen) zählt, ist allein die Legitimität, nicht die Richtung. Und legitim ist auch unser Jubelpapst. Was er den Priestern sagt, wen interessiert das? Ich muß gestehen, es interessiert mich auch nicht mehr, da ich keine Hoffnung mehr habe ... Wenn ich die Abschiedsworte bei Johannes lese (ebenfalls von einem Gründonnerstag) und dann diese Gründonnerstagsepistel: Inter hanc et illa chaos magnum firmatum est!«

Vorwort zur Taschenbuchausgabe

Der neugewählte Titel »Weshalb Priester?« will keineswegs Zweifel wachrufen, ob der Priester überhaupt noch nötig sei, sondern vielmehr danach fragen, welchen Priester Kirche und Welt heute brauchen. Es geht also um die seit Jahren andauernde Kontroverse zwischen einem traditionellen Priesterbild, an dem auch Papst Johannes Paul II. in seinem Brief vom Gründonnerstag 1979 an die Priester ebenso wie in seinem Priestergebet zum Gründonnerstag 1982 kompromißlos festhält, und einem mehr die Gegenwart und nächste Zukunft anvisierenden Konzept, wie es zum Beispiel der Nijmegener Dogmatiker Pater Edward Schillebeeckx[1] oder der Pfarrer Aleksander Rajšp[2] aufgezeigt haben.

Im Gründonnerstagsgebet, das Johannes Paul II. allen Priestern zum Mitbeten anempfiehlt, bringt der Papst auch mit dem Priestersein unserer Tage verbundene Schwierigkeiten vor Gott und gibt gleichzeitig persönliche Antworten, die ob ihrer Einbindung in die Form eines feierlichen Gebetes jeglicher Kritik enthoben zu sein scheinen. Dringende Reformfragen lassen sich indes auch auf solche Weise nicht unterdrücken oder umgehen.

Ein ganzes Bündel historisch-theologischer Probleme ist bereits angesprochen, wenn Johannes Paul II. geradezu selbstverständlich konstatiert[3], nur das »unauslöschliche Merkmal« der Priesterweihe befähige zur Feier des eucharistischen Opfers. Unter dieser Voraussetzung erscheint es freilich konsequent, wenn er das priesterliche Amt als eine unumstößliche Tatsache hinstellt und Gott ganz inständig anfleht: »Mögen jene Strömungen und Ideen in unseren Herzen keinen Einlaß finden, die die Bedeutung des Amtspriestertums herabmindern, jene Meinungen und Bestrebungen, die sich schon gegen die Natur der heiligen Berufung und des Dienstes richten, zu dem du, Christus, uns in deiner Kirche rufst.« Sodann zählt der Papst eine Reihe von Gegebenheiten auf, mit denen der Priester den Heiligen Geist beleidigen könne: ungenügender Glaube, mangelnde Bereitschaft zum Bekenntnis des Evangeliums in Tat und Wahrheit, Anpassung an die Welt, fehlende Liebe, innere Traurigkeit, Verleugnen des Priesterseins (bis in die Kleidung hinein!) und Flucht aus dem Priesteramt, begründet mit dem Recht auf Freiheit.

Der immer schmerzlicher spürbare Mangel an Priestern in fast allen Ländern veranlaßt Johannes Paul II., dessen Heimatland Polen diese Sorge (noch) nicht kennt, zu konkreten Fragen an Christus: »Darf man bezweifeln, daß du deiner Kirche wahre ›Verwalter der Geheimnisse Gottes‹, insbesondere wahre Diener der Eucharistie geben kannst und willst? Daß du in den Menschen, besonders den jungen, das Charisma des priesterlichen Dienstes, so wie es in der Tradition der Kirche angenommen und verwirklicht wurde, wecken kannst und willst? Daß du in ihnen mit der Bereitschaft zum Priesteramt auch die Bereitschaft zur Gabe der Ehelosigkeit um des Himmelreiches willen wecken kannst und willst, wie es ganze Generationen von Priestern in der katholischen Kirche bewiesen haben und noch heute beweisen? Ist es angebracht, entgegen der Stimme des jüngsten Ökumenischen Konzils und der Bischofssynode weiterhin zu fordern, die Kirche müsse auf diese Tradition und dieses Erbe verzichten?« Ob es wirklich mehr als rhetorische Fragen sind? Schiebt doch der betende Papst neben dem 2. Vatikanischen Konzil, das außer guten Impulsen und aufbauendem Tun auch Krisen und Streitigkeiten heraufbeschworen habe, vor allem den Kirchengemeinden selbst die Schuld an der gegenwärtigen Misere zu, weil sie nicht genug beten um Priester, und spricht ihnen deshalb auch das Recht auf die Eucharistiefeier, das heißt auf einen Ortspfarrer, ab.

Während nun der Papst, so scheint es wenigstens, fest entschlossen ist, das Priestertum in seiner heutigen Konzeption und Erscheinung um jeden Preis festzuhalten, befinden sich zahlreiche Priester, Theologen und Bischöfe auf der Suche nach einem neuen Selbstverständnis des Priesters und dementsprechend nach neuen Lebensformen, die den gewandelten Verhältnissen und Erwartungen gerecht werden.

Der Mainzer Weihbischof Josef Maria Reuss bietet in seinem jüngsten Büchlein[4] gewiß keine revolutionären Überlegungen zum Problem des Priesterzölibats, er macht aber doch erwägenswerte Vorschläge. Um der weitreichenden Entscheidung für ein eheloses Leben eine stabilere Basis zu verschaffen, sollte nach seiner Meinung das kirchenrechtlich geforderte Versprechen des Zölibats erst nach einer fünfjährigen Praxis als Pastoralassistent und somit erst im Alter von 30 Jahren abgelegt werden. Außerdem plädiert Reuss dafür, daß das Priesterseminar auch künftigen Pastoralassistenten, also nicht nur Priesteramtskandidaten, als Stätte der Bildung und Ausbildung offensteht. Anders als der Papst ist der Weihbischof überzeugt, daß es mit wiederholten Appellen zum Gebet um Priester nicht getan ist: »Angesichts der kritischen Lage reicht es nicht aus, zur Lösung der anstehenden Fragen sich einfach auf das Gebet zurückzuziehen und auf die zweifellose Notwendigkeit des Gebetes – würde sie nur ernster genommen! – hinzuweisen.« Am Schluß steht die ebenso wichtige Aussage: »Erst recht reichte es nicht aus, einfach abzuwarten. Die Sorgen um die Priester und das ganze Gottesvolk sind ernst und drängend.« Ja, Abwarten kann hilfreich sein; doch wer nur abwartet, versäumt den Anschluß an die Zeit.

Die Autoren dieses Buches wollten mit ihren Antworten auf den Brief Johannes Pauls II. zum Gründonnerstag 1979 zur Reflexion und Diskussion anregen – und sie wollen es weiterhin. »Leider stimmt noch alles, was drinnen steht«, bemerkte der Wiener Pastoraltheologe Ferdinand Klostermann nicht ohne Traurigkeit auf mein Schreiben an alle Mitarbeiter. Einige Verfasser (Beil, Herbst, Lipold, Mayer, Walf) nutzten die Gelegenheit der Taschenbuchausgabe zu Verbesserungen oder Ergänzungen.

Stellvertretend für viele Rezensionen der Erstausgabe »Priester für heute« steht die ausführliche, das sachliche Anliegen des Buches respektierende Besprechung von Alt-Erzbischof Dr. Josef Schoiswohl (Graz).

Im Anhang wurden einige Schriftstücke von Priester- und Solidaritätsgruppen weggelassen zugunsten einer umfangreichen Dokumentation des betrüblichen Konflikts zwischen Bischof Dr. Josef Stimpfle von Augsburg und Pfarrvikar Franz Xaver Janssen von Wattenweiler (Dekanat Krumbach), der wegen seines Artikels »Nie darf der Dialog aufhören« aus dem Dienst der Diözese Augsburg ausscheiden mußte.

Wie die Originalausgabe »Priester für heute« den Mitbrüdern meines Weihekurses zugeeignet war, widme ich diese Auflage all jenen Mitbrüdern, die ihr Priesteramt freiwillig oder gezwungen niederlegten, in herzlicher Verbundenheit.

Breitbrunn am Ammersee, Mai 1982

Anmerkungen

1 *E. Schillebeeckx:* Das kirchliche Amt, Düsseldorf 1981, bes. S. 194–203.
2 *A. Rajšp:* »Priester« und »Laien«. Ein neues Verständnis, Düsseldorf 1982.
3 Deutsche Übersetzung des Gebetes in: Deutsche Tagespost vom 6. 4. 1982. Einleitend bemerkt der Papst: »In diesem Jahr schreibe ich Euch keinen Brief, sondern übersende ich Euch den Text eines Gebetes, das mir, vom Glauben angeregt, aus dem Herzen kommt. Dieses Gebet möchte ich zusammen mit Euch am Geburtstag meines und Eures Priestertums an Christus richten und uns allen dabei eine Betrachtung vorlegen, die von diesem Gebet erhellt und getragen sei.«
4 *J. M. Reuss:* In der Sorge um die Priester und das ganze Gottesvolk. Überlegungen zum Zölibatsproblem, Mainz 1982.

Brief Papst Johannes Pauls II. an die Priester vom 8. April 1979

Liebe Brüder im Priesteramt!

1. Für euch bin ich Bischof, mit euch bin ich Priester

Zu Beginn meines neuen Dienstamtes in der Kirche fühle ich das tiefe Bedürfnis, mich an euch zu wenden, an euch alle ohne Ausnahme, Welt- und Ordenspriester, denn ihr seid kraft des Weihesakramentes meine Brüder. Ich möchte von Anfang an meinen Glauben an die Berufung zum Ausdruck bringen, die euch mit eueren Bischöfen zu einer besonderen Gemeinschaft des Sakramentes und des Dienstes verbindet, durch die die Kirche, der mystische Leib Christi, auferbaut wird. Meine Gedanken und mein Herz sind also auf euch gerichtet, die ihr aufgrund einer besonderen Gnade mit einzigartiger Hingabe an unseren Erlöser bei den vielfältigen Aufgaben des priesterlichen und seelsorglichen Dienstes »die Last des ganzen Tages und die Hitze«[1] ertragt. Ihr alle seid mir nahe seit dem Augenblick, da Christus mit seinem Leben und seinem Tod bis zum Ende auf die Frage antworten mußte: »Liebst du mich? Liebst du mich mehr, als diese mich lieben . . .?«[2]

Unablässig denke ich an euch, bete ich für euch und *suche* mit euch *nach Wegen geistlicher Einheit und Zusammenarbeit,* weil ihr meine Brüder seid kraft des Weihesakramentes, das auch ich einmal aus den Händen meines Bischofs empfangen habe (es war der unvergeßliche Metropolit von Krakau, Kardinal Adam Stephanus Sapieha). Daher mache ich mir – den Umständen angepaßt – die Worte des hl. Augustinus[3] zu eigen, um euch zu versichern: Für euch bin ich Bischof, mit euch bin ich Priester. Der bevorstehende Gründonnerstag drängt mich in besonderer Weise, euch einige Gedanken anzuvertrauen, die ich euch in diesem Brief vorlege. Der Gründonnerstag ist ja das jährlich wiederkehrende Fest unseres Priestertums. Er vereint das Presbyterium einer jeden Diözese um den Bischof zur gemeinschaftlichen Eucharistiefeier. An diesem Tag sind alle Priester eingeladen, vor ihrem Bischof und zusammen mit ihm die einmal bei der Priesterweihe gegebenen Versprechen zu erneuern. Diese Tatsache verbindet mich und alle meine Brüder im Bischofsamt mit euch durch ein besonderes Band der Einheit und vor allem im innersten Geheimnis Jesu Christi selber, an dem wir alle Anteil haben.

Das II. Vatikanische Konzil, das so deutlich die Kollegialität der Bischöfe innerhalb der Kirche betonte, hat auch dem Leben der priesterlichen Gemeinschaften, die miteinander in besonderer Brüderlichkeit und zugleich mit dem Bischof der jeweiligen Ortskirche verbunden sind, eine neue Ausrichtung gegeben. Das ganze Leben und Amt des Priesters trägt zur Vertiefung und Festigung dieses Bandes bei. Eine besondere Verantwortung für die verschiedenen Aufgaben, die ihr Leben und Dienstamt betreffen, tragen unter anderem die Priesterräte, die im Sinn des Konzils und des Motu proprio *Ecclesiae Sanctae* von Paul VI. in jeder Diözese vorhanden und tätig sein sollen.[4] All das will sicherstellen, daß sich jeder Bischof in Einheit mit seinem Presbyterium in wirksamster Weise für das große Anliegen der Evangelisierung einsetzen kann. Durch diesen Dienst verwirklicht die Kirche ihre Sendung, ja ihr eigenes Wesen. Welche Bedeutung hierbei die Einheit der Priester mit ihrem Bischof hat, geht aus folgenden Worten des hl. Ignatius von Antiochien hervor: »Seid bestrebt, alles in gottgewollter Eintracht zu tun, wobei der Bischof an Gottes Stelle und die Presbyter an Stelle der Versammlung der Apostel den Vorsitz führen und die mir besonders lieben Diakone mit dem Dienst Jesu Christi betraut sind.«[5]

2. Uns verbindet die Liebe zu Christus und zur Kirche

Es ist nicht meine Absicht, in diesem Brief alles zu behandeln, was den Reichtum des priesterlichen Lebens und Dienstamtes ausmacht. Dafür verweise ich auf die gesamte Überlieferung des Lehramtes der Kirche und besonders auf die Lehre des II. Vatikanischen Konzils, wie sie sich in dessen verschiedenen Dokumenten findet, zumal in der Konstitution *Lumen Gentium* und in den Dekreten *Presbyterorum Ordinis* und *Ad Gentes*. Ich schließe mich ferner der Enzyklika meines Vorgängers Paul VI. *Sacerdotalis Caelibatus* an. Sodann möchte ich auch die große Bedeutung des Dokumentes *De Sacerdotio ministeriali* unterstreichen, das Paul VI. als Ergebnis der Arbeiten der Bischofssynode von 1971 bestätigt hat. Obwohl diese Sitzung der

Synode, die es erarbeitet hat, nur beratenden Charakter hatte, so halte ich seine Aussagen zur konkreten Situation des Lebens und Dienstes der Priester in der Welt von heute doch für außerordentlich wichtig.

Während ich mich also auf alle diese euch bekannten Quellen berufe, möchte ich in diesem Brief *nur auf einige Probleme eingehen,* die mir in diesem Augenblick der Geschichte der Kirche und der Welt äußerst bedeutsam erscheinen. Es sind Worte, die mir die Liebe zur Kirche eingegeben hat, die bei aller menschlichen Schwäche ihre Sendung für die Welt nur dann erfüllen kann, wenn sie Christus die Treue hält. Ich weiß, daß ich mich hierbei an Menschen wende, denen es nur die Liebe zu Christus in einer besonderen Berufung möglich gemacht hat, sich in den Dienst der Kirche zu stellen und in der Kirche sich der wichtigsten Fragen des Menschen anzunehmen und sie, vor allem jene, die sein ewiges Heil betreffen, zu beantworten.

Wenn ich auch zu Beginn dieser meiner Überlegungen auf viele schriftliche Quellen und amtliche Dokumente verweise, so gehe ich doch vor allem von der lebendigen Quelle unserer gemeinsamen Liebe zu Christus und seiner Kirche aus. Diese Liebe erwächst aus der Gnade der Berufung zum Priestertum, sie ist die größte Gabe des Heiligen Geistes.[6]

3. »Aus den Menschen genommen ... für die Menschen eingesetzt«[7]

Das II. Vatikanische Konzil hat die Auffassung vom Priestertum vertieft und es im Zusammenhang seiner Lehraussagen als Ausdruck der inneren Kräfte und »Dynamismen« dargestellt, durch die sich die Sendung des ganzen Volkes Gottes in der Kirche ausformt und entfaltet. Hier gilt es vor allem, die Konstitution *Lumen Gentium* zu beachten und ihre entsprechenden Abschnitte aufmerksam nachzulesen. Die Sendung des Volkes Gottes vollzieht sich durch die Teilnahme an dem Amt und der Sendung Christi selber, die bekanntlich eine dreifache Dimension aufweisen: Sendung und Amt des Propheten, Priesters und Königs. Wer die Konzilstexte aufmerksam studiert, weiß, daß man eigentlich nur von einer dreifachen Dimension des Amtes und der Sendung Christi sprechen darf, statt von drei verschiedenen Funktionen. Diese sind nämlich zuinnerst miteinander verbunden, sie erklären, bedingen und verdeutlichen sich gegenseitig. Folglich entspringt auch unsere Teilnahme an der Sendung und dem Amt Christi aus dieser dreifach gegliederten Einheit. Als Christen, als Glieder des Volkes Gottes und später dann als Priester, die in die hierarchische Ordnung der Kirche eingefügt sind, verdanken wir unseren Ursprung der Gesamtwirklichkeit der Sendung und des Amtes unseres Meisters, der zugleich Prophet, Priester und König ist. Für ihn sollen wir in der Kirche und vor der Welt besondere Zeugen sein.

Das Priestertum, an dem wir durch das Weihesakrament teilhaben und das für immer durch ein besonderes Zeichen Gottes, den »Charakter«, unserer Seele eingeprägt worden ist, *bleibt immer ausdrücklich auf das allgemeine Priestertum der Gläubigen,* das heißt aller Getauften, hingeordnet und unterscheidet sich gleichzeitig von diesem »dem Wesen und nicht bloß dem Grade nach«.[8] Auf diese Weise erhalten die Worte, die der Verfasser des Hebräerbriefes vom Priester sagt, ihre volle Bedeutung, daß er »aus den Menschen genommen und für die Menschen eingesetzt« ist.[9] Am besten lesen wir hier noch einmal den gesamten klassischen Text des Konzils, der die grundlegenden Wahrheiten über unsere Berufung innerhalb der Kirche darbietet:

»Christus der Herr, als Hoherpriester aus den Menschen genommen (vgl. Hebr 5,1–5), hat das neue Volk ›zum Königreich und zu Priestern für Gott und seinen Vater gemacht‹ (vgl. Offb 1,6; 5,9–10). Durch die Wiedergeburt und die Salbung mit dem Heiligen Geist werden die Getauften zu einem geistigen Bau und einem heiligen Priestertum geweiht, damit sie in allen Werken eines christlichen Menschen geistige Opfer darbringen und die Machttaten dessen verkünden, der sie aus der Finsternis in sein wunderbares Licht berufen hat (vgl. 1 Petr 2,4–10). So sollen alle Jünger Christi ausharren im Gebet und gemeinsam Gott loben (vgl. Apg 2,42–47) und sich als lebendige, heilige, Gott wohlgefällige Opfergabe darbringen (vgl. Röm 12,1); überall auf Erden sollen sie für Christus Zeugnis geben und allen, die es fordern, Rechenschaft ablegen von der Hoffnung auf das ewige Leben, das in ihnen ist (vgl. 1 Petr 3,15).

Das gemeinsame Priestertum der Gläubigen aber und das Priestertum des Dienstes, das heißt das hierarchische Priestertum, unterscheiden sich zwar dem Wesen und nicht bloß dem

Grade nach. Dennoch sind sie einander zugeordnet: das eine wie das andere nämlich nimmt je auf besondere Weise am Priestertum Christi teil. Der Amtspriester nämlich bildet kraft seiner heiligen Gewalt, die er innehat, das priesterliche Volk heran und leitet es; er vollzieht in der Person Jesu Christi das eucharistische Opfer und bringt es im Namen des ganzen Volkes Gottes dar; die Gläubigen hingegen wirken kraft ihres königlichen Priestertums an der eucharistischen Darbringung mit und üben ihr Priestertum aus im Empfang der Sakramente, im Gebet, in der Danksagung, im Zeugnis eines heiligen Lebens, durch Selbstverleugnung und tätige Liebe.«[10]

4. Der Priester, ein Geschenk Christi für die Gemeinschaft

Wir müssen nicht nur die theoretische, sondern auch die existentielle Bedeutung der gegenseitigen Zuordnung des hierarchischen Priestertums und des gemeinsamen Priestertums der Gläubigen gründlich erwägen. Wenn beide sich nicht bloß dem Grade, sondern dem Wesen nach unterscheiden, so ist das eine Folge des besonderen Reichtums des Priestertums Christi selbst: dieses ist sowohl für die allen Getauften gemeinsame Teilnahme wie auch für jene andere, die man durch ein eigenes Sakrament, nämlich das Weihesakrament, erlangt, der alleinige Mittelpunkt und die einzige Quelle. Das für uns spezifische Sakrament, liebe Brüder, das eine Frucht der besonderen Gnade unserer Berufung und die Grundlage unserer Identität ist, soll kraft seiner eigenen Natur und durch alles, was es in unserem Leben und Tun bewirkt, den Gläubigen ihr gemeinsames Priestertum bewußt machen und sie zu dessen Ausübung anregen:[11] Es erinnert sie daran, daß sie Volk Gottes sind, und befähigt sie, jene »geistigen Opfer darzubringen«,[12] durch die Christus selbst uns zu einer ewigen Gabe für seinen Vater macht.[13] Das geschieht vor allem, wenn der Priester »kraft seiner heiligen Gewalt, die er innehat . . ., in der Person Christi *(in persona Christi)* das eucharistische Opfer (vollzieht) und . . . es im Namen des ganzen Volkes Gott darbringt«,[14] wie wir im oben angeführten Konzilstext lesen.

Unser sakramentales Priestertum ist also zugleich ein hierarchisches Priestertum und ein Priestertum des Dienstes. Es ist ein besonderes *Dienstamt*, denn es steht im Dienst an der

Gemeinschaft der Gläubigen. Es leitet aber nicht von dieser Gemeinschaft seinen Ursprung her, als ob sie »berufen« oder »delegieren« könnte. Es ist vielmehr ein Geschenk für diese Gemeinschaft, das von Christus selber kommt, aus der Fülle seines Priestertums. Diese findet ihren Ausdruck darin, daß Christus, während er alle zur Darbringung des geistigen Opfers befähigt, einige beruft und dazu ausrüstet, Diener seines sakramentalen Opfers, der Eucharistie, zu sein, bei deren Darbringung alle Gläubigen mitwirken und in die auch die geistigen Opfer des Volkes Gottes aufgenommen werden.

Sind wir uns dieser Wirklichkeit bewußt, so verstehen wir, in welcher Weise unser *Priestertum »hierarchisch«*, das heißt mit der Vollmacht verbunden ist, das priesterliche Volk heranzubilden und zu leiten,[15] und *eben deswegen ein »Dienst«* ist. Wir üben ein Amt aus, durch das Christus selber unaufhörlich dem Vater im Werk unserer Erlösung »dient«. Unsere ganze priesterliche Existenz ist tief von diesem Dienst geprägt, und sie muß es sein, wenn wir in angemessener Weise das eucharistische Opfer *in persona Christi* darbringen wollen.

Das Priestertum erfordert eine besondere Integrität im Leben und Dienen, und gerade diese Integrität gehört vor allem anderen zu unserer priesterlichen Identität. In ihr zeigen sich zugleich die Größe unserer Würde und die ihr entsprechende Verfügbarkeit: gemeint ist die demütige Bereitschaft, die Gaben des Heiligen Geistes anzunehmen und die Früchte der Liebe und des Friedens den anderen weiterzuschenken. Wir müssen bereit sein, ihnen jene Glaubensgewißheit zu vermitteln, die sie den Sinn der menschlichen Existenz tiefer verstehen läßt und sie befähigt, im Leben des einzelnen und in den Lebensbereichen der Menschen die moralische Ordnung zur Geltung zu bringen.

Weil das Priestertum uns gegeben ist, um wie Christus unaufhörlich den anderen zu dienen, dürfen wir es nicht wegen der Schwierigkeiten, die uns begegnen, und wegen der von uns geforderten Opfer aufgeben. Wie die Apostel »haben wir alles verlassen, um Christus nachzufolgen«;[16] deshalb gilt es jetzt, bei ihm auszuharren, auch unter dem Kreuz.

5. Im Dienst des guten Hirten

Während ich dies schreibe, breiten sich vor meinem inneren Auge die äußerst weiten und vielfältigen Lebensbereiche der Menschen aus, zu denen ihr, liebe Brüder, gesandt seid wie die Arbeiter im Weinberg des Herrn.[17] Für euch gilt aber ebenso auch das Gleichnis von der Herde;[18] denn dank des priesterlichen Charakters habt ihr ja Anteil am *Charisma des Seelsorgers,* das das Zeichen für eine besondere *Ähnlichkeit mit Christus, dem Guten Hirten,* ist. Gerade euch ist dieses Charisma in einer einzigartigen Weise geschenkt. Obgleich die Sorge um das Heil der Mitmenschen die Aufgabe eines jeden Mitgliedes der großen Gemeinschaft des Gottesvolkes, also auch aller unserer Brüder und Schwestern aus dem Laienstand, ist und sein muß, wie es das II. Vatikanische Konzil so ausführlich dargelegt hat,[19] erwartet man dennoch von euch Priestern *eine weit größere Sorge und einen noch entschlosseneren Einsatz, der über den eines jeden Laien hinausgeht;* und dies deswegen, weil euere Teilnahme am Priestertum Jesu Christi sich von ihrer Teilnahme »dem Wesen und nicht bloß dem Grade nach« unterscheidet.[20]

Das Priestertum Jesu Christi ist in der Tat die erste Quelle und der Ausdruck einer unaufhörlichen und immer tätigen Sorge um unser Heil, und eben deshalb dürfen wir ihn als den Guten Hirten betrachten. Beziehen sich seine Worte: »Der gute Hirt gibt sein Leben für die Schafe«[21] etwa nicht auf das Kreuzesopfer, den endgültigen Vollzug des Priestertums Christi? Zeigen diese Worte nicht uns allen, die Christus der Herr durch das Weihesakrament seines Priestertums teilhaftig gemacht hat, den Weg, den auch wir gehen sollen? Sagen sie uns nicht, daß unsere Berufung eine einzigartige *Sorge um das Heil unseres Nächsten* ist? Daß diese Sorge den eigentlichen *Seinsgrund* unseres priesterlichen Lebens ausmacht? Daß gerade sie ihm Sinn gibt und daß wir nur durch sie die volle Bedeutung unseres eigenen Lebens, unserer Vollkommenheit und Heiligkeit erfassen können? Dieses Thema wird an verschiedenen Stellen des Konzilsdekretes *Optatam Totius* erörtert.[22]

Noch besser verstehen wir jedoch dieses Problem im Licht der Worte unseres Meisters, der sagt: »Wer sein Leben retten will, wird es verlieren; wer aber sein Leben um meinetwillen und um des Evangeliums willen verliert, wird es retten.«[23] Dies sind geheimnisvolle Worte, die sogar widersprüchlich erscheinen. Ihr Geheimnis lichtet sich aber, wenn wir sie im Alltag leben. Dann löst sich der Widerspruch auf, und es offenbart sich die tiefgründige Einfachheit ihrer Bedeutung. Möge uns allen in unserem priesterlichen Leben und in unserem eifrigen Dienst diese Gnade zuteil werden.

6. »Die Kunst aller Künste ist die Seelenführung«[24]

Die besondere Sorge um das Heil der anderen, um die Wahrheit, die Liebe und Heiligkeit des ganzen Volkes Gottes sowie die geistige Einheit der Kirche, die uns von Christus zusammen mit der priesterlichen Vollmacht anvertraut worden ist, verwirklicht sich auf unterschiedliche Weise. Die Wege sind in der Tat verschieden, auf denen ihr, liebe Brüder, euere priesterliche Berufung erfüllt. Die einen sind in der normalen Pfarrseelsorge tätig; andere wirken in den Missionsländern; wieder andere arbeiten im Bereich der Schule, der Bildung und der Jugenderziehung; sie setzen sich ein in den verschiedenen konkreten Lebensbereichen und Organisationen und begleiten die Entwicklung des sozialen und kulturellen Lebens; andere schließlich widmen sich dem Dienst für die Leidenden, Kranken und Verlassenen; und zuweilen erfüllt ihr euere Sendung auch als solche, die selbst an ein Schmerzenslager gebunden sind. Es sind sehr verschiedene Wege, die unmöglich alle einzeln aufgezählt werden können. Sie sind notwendig zahlreich und unterschiedlich, weil die Struktur des menschlichen Lebens, der sozialen Entwicklungen, der geschichtlichen Überlieferungen und des Erbes der einzelnen Kulturen und Zivilisationen jeweils verschieden ist. Dennoch seid ihr trotz all dieser Unterschiede *immer und überall euerer besonderen Berufung verpflichtet:* ihr seid Träger der Gnade Christi, des ewigen Priesters, Träger des Charismas des Guten Hirten. Ihr könnt das nie vergessen und dürft euch diesem auch niemals entziehen, sondern müßt es vielmehr jederzeit, überall und auf jede mögliche Weise im Leben verwirklichen. Darin besteht jene »Kunst aller Künste«, zu der Jesus Christus euch berufen hat. »Die Kunst aller Künste ist die Seelenführung«, so schrieb der hl. Gregor der Große.

Ich mache mir gern seine Worte zu eigen und sage euch: gebt euch Mühe, in der Seelsorge wirklich »Künstler« zu werden. In der Geschichte der Kirche hat es schon viele solche gegeben. Ich brauche sie nicht aufzuzählen. Jedem von uns haben z. B. der hl. Vinzenz von Paul, der hl. Johannes von Avila, der hl. Pfarrer von Ars, der hl. Johannes Bosco, der selige Maximilian Kolbe und viele, viele andere etwas zu sagen. Jeder war von den anderen verschieden, war er selbst, ein Kind seiner Zeit und auch an seine Zeit »angepaßt«. Doch war diese »Anpassung« bei jedem eine ursprüngliche Antwort auf das Evangelium, eine gerade für jene Zeit notwendige Antwort, die Antwort der Heiligkeit und des Seeleneifers. Es gibt auch in unserem Leben und priesterlichen Wirken für die »Anpassung« an die Zeit und die Welt von heute keine andere Regel als diese. Zweifellos können jene Versuche und Vorhaben nicht als eine solche angemessene »Anpassung« angesehen werden, die das priesterliche Leben »laisieren« möchten.

7. Ausspender und Zeuge

Dem Leben des Priesters liegt als tragende Wirklichkeit das Weihesakrament zugrunde, das unserer Seele das Zeichen eines unauslöschlichen Merkmals einprägt. Dieses Prägemal in der Tiefe unseres menschlichen Seins erfaßt dynamisch auch unsere Person. Die *Persönlichkeit des Priesters* muß *für die anderen* ein klares *Zeichen und* deutliches *Zeugnis* sein. Das ist die erste Vorbedingung für unseren seelsorglichen Dienst. Die Menschen, aus denen wir genommen und für die wir eingesetzt sind,[25] möchten in uns vor allem dieses Zeichen und Zeugnis sehen, und sie haben ein Anrecht darauf. Zuweilen kann es jedoch bei einigen scheinen, als wollten sie es nicht oder als wünschten sie, wir wären in allem »wie sie«; manchmal scheinen sie dies sogar von uns zu fordern. Hier braucht es notwendig einen tiefen Glaubenssinn und die Gabe der Unterscheidung. Allzu leicht läßt man sich nämlich vom Anschein leiten und wird Opfer einer grundlegenden Täuschung. Jene, die eine »Laisierung« des priesterlichen Lebens fordern und deren verschiedene Ausdrucksformen begrüßen, werden uns ganz gewiß im Stich lassen, wenn wir der Versuchung erliegen. Wir würden dann aufhören, gefragt und populär zu sein. Für unsere Zeit sind gewisse Formen der Manipulation und der Instrumentalisierung des Menschen charakteristisch, doch dürfen wir keiner von ihnen nachgeben.[26] Gefragt ist letztlich von den Menschen immer nur jener Priester, der sich seines Priestertums im vollen Sinn bewußt ist: der tiefgläubige Priester, der mutig seinen Glauben bekennt, der eifrig betet, mit Überzeugung in der Lehre unterrichtet, der dient und in seinem Leben das Programm der Seligpreisungen verwirklicht, der selbstlos zu lieben weiß und allen nahe ist, besonders denen, die sich am meisten in Not befinden.

Unsere Seelsorgstätigkeit fordert, daß wir den Menschen und all ihren persönlichen, familiären und sozialen Problemen nahestehen. Sie verlangt aber zugleich, daß wir all diesen Problemen »als Priester« begegnen. Nur dann bleiben wir inmitten dieser Probleme wir selber. Wenn wir uns dieser zuweilen sehr schwierigen menschlichen Fragen in der rechten Weise annehmen, bewahren wir unsere Identität und bleiben auch unserer wahren Berufung treu. Wir müssen mit großer Umsicht zusammen mit allen Menschen nach der Wahrheit und Gerechtigkeit streben, deren wahre und letztlich gültige Dimension wir nur im Evangelium, ja nur in Christus selber finden können. Es ist unsere Aufgabe, *der Wahrheit und Gerechtigkeit* innerhalb der zeitlichen Existenz des Menschen zu dienen, aber *immer im Hinblick auf das ewige Heil.* Dieses trägt all jenem gebührend Rechnung, was der Geist des Menschen in dieser Zeit im Bereich der Wissenschaft und der Moral an neuen Erkenntnissen erworben hat, wie das II. Vatikanische Konzil gut dargelegt hat;[27] es ist jedoch damit nicht identisch. Das Heil übertrifft nämlich alles: »Was kein Auge gesehen und kein Ohr gehört hat . . ., das hat Gott denen bereitet, die ihn lieben.«[28] Die Menschen, unsere Brüder im Glauben und auch die Nichtglaubenden, erwarten von uns, daß wir ihnen immer diese Perspektive aufzuzeigen vermögen, deren echte Zeugen werden, Ausspender der Gnade und Diener des Wortes Gottes. Sie erwarten, daß wir Männer des Gebetes sind.

In unserer Mitte gibt es sodann auch jene, die ihre Berufung zum Priestertum in besonderer Weise mit einem intensiven Leben des Gebetes und der Buße in der spezifisch kontemplativen Form der jeweiligen religiösen Orden verbunden haben. Sie mögen bedenken, daß ihr priesterlicher Dienst auch in dieser Form in besonderer Weise der großen Sorge des Guten Hirten zugeordnet ist, nämlich seiner Sorge um das Heil eines jeden Menschen.

Wir alle sollen uns dessen bewußt sein, daß niemand von uns

sich so verhalten darf, daß er die Bezeichnung »Tagelöhner« verdient, »dem die Schafe nicht gehören«, der »den Wolf kommen sieht, die Schafe im Stich läßt und flieht; und der Wolf reißt und versprengt sie; er flieht, weil er Tagelöhner ist und ihm an den Schafen nichts liegt«.[29] Der Gute Hirte dagegen ist darum besorgt, daß die Menschen »das Leben haben und es in Fülle haben«,[30] damit niemand von ihnen verlorengeht,[31] sondern das ewige Leben hat. Bemühen wir uns also darum, daß unsere Herzen von dieser Hirtensorge tief durchdrungen sind: suchen wir sie zu leben. Sie soll unsere Persönlichkeit prägen und ein wichtiges Merkmal unserer priesterlichen Identität bilden.

8. Bedeutung des Zölibats

Gestattet mir, hier kurz auf das Problem des priesterlichen Zölibats einzugehen. Ich will es in zusammenfassender Weise tun, da es schon gründlich und umfassend während des Konzils, sodann in der Enzyklika *Sacerdotalis Caelibatus* und schließlich auf der ordentlichen Sitzung der Bischofssynode von 1971 behandelt worden ist. Diese Überlegungen haben sich als notwendig erwiesen, sei es um das Problem noch ausgereifter darzustellen, sei es um den Sinn jener Entscheidung noch eingehender und tiefer zu erörtern, die die lateinische Kirche seit vielen Jahrhunderten getroffen hat, der sie treu zu bleiben sucht und auch in Zukunft treu bleiben will. Das in Frage stehende Problem ist so bedeutend und schwerwiegend, seine Verbindung mit der Sprache des Evangeliums so eng, daß wir in diesem Fall nicht in anderen Kategorien denken können als in jenen, deren sich das Konzil, die Bischofssynode und der große Papst Paul VI. bedient haben. Wir können nur versuchen, das Problem tiefer zu verstehen und ausgewogener darauf zu antworten, indem wir uns von den verschiedenen Einwänden freimachen, die schon immer – und so auch heute – gegen den priesterlichen Zölibat vorgebracht wurden, wie auch von den verschiedenen Deutungen an Hand von Kriterien, die dem Evangelium, der Überlieferung und dem Lehramt der Kirche fremd sind. Diese Kriterien, so fügen wir hinzu, erweisen sich, was ihre anthropologische Zuverlässigkeit und Begründung angeht, als sehr zweifelhaft und von nur relativem Wert.

Im übrigen dürfen wir uns über die vielen Einwände und Kritiken nicht allzusehr wundern, die sich in der Zeit nach dem Konzil verschärft haben, heute jedoch hier und dort wieder schwächer zu werden scheinen. Hat Jesus Christus nicht, als er seinen Jüngern das Problem der Ehelosigkeit »um des Himmelreiches willen« darlegte, die bezeichnenden Worte hinzugefügt: »Wer es fassen kann, der fasse es«?[32] Die lateinische Kirche wollte und will weiterhin, daß nach dem Beispiel Christi, unseres Herrn, entsprechend der apostolischen Lehre und der ganzen diesbezüglichen Tradition *alle jene, die das Weihesakrament empfangen, diesen Verzicht um des Himmelreiches willen auf sich nehmen.* Diese Tradition ist jedoch mit der Achtung vor den verschiedenen Traditionen anderer Kirchen verbunden. Sie stellt eine Charakteristik, eine Besonderheit und ein Erbe der lateinischen katholischen Kirche dar, der diese viel verdankt. Die Kirche ist entschlossen, diese Tradition fortzusetzen trotz aller Schwierigkeiten, denen eine solche Treue vielleicht ausgesetzt ist, wie auch trotz der verschiedenen Anzeichen der Schwäche und Krise bei einzelnen Priestern. Wir sind uns alle bewußt, daß wir »diesen Schatz in irdenen Gefäßen tragen«,[33] und dennoch wissen wir recht gut, daß es ein Schatz ist.

Und warum ist es ein Schatz? Wollen wir mit dieser Auffassung etwa den Wert der Ehe und die Berufung zum Familienleben abwerten? Oder unterliegen wir vielleicht der manichäischen Verachtung des menschlichen Leibes und seiner Funktionen? Wollen wir etwa irgendwie die Liebe herabmindern, die Mann und Frau zur Ehe und zur leiblichen Einheit in der Ehe führt, so daß sie »ein Fleisch« werden?[34] Wie sollte es für uns möglich sein, so zu denken und zu argumentieren, wo wir doch wissen, glauben und mit dem hl. Paulus verkünden, daß die Ehe ein »großes Geheimnis« ist im Hinblick auf Christus und die Kirche?[35] Doch entspricht keines der Motive, mit denen man uns zuweilen davon zu »überzeugen« sucht, daß der Zölibat nicht mehr angebracht sei, der Wahrheit, die die Kirche verkündet und im Leben durch die Verpflichtung zu verwirklichen sucht, die alle Priester vor ihrer heiligen Weihe übernehmen. Das wesentliche, eigentliche und angemessene Motiv findet sich in der Wahrheit, die Christus verkündet hat, als er von der Ehelosigkeit um des Himmelreiches willen sprach, und die der hl. Paulus herausstellt, wenn er schreibt, daß in der Kirche jeder »seine Gnadengabe« hat.[36] Der Zölibat ist eine solche Gnadengabe des Geistes. Eine ähnliche, wenn auch andere Gnadengabe ist in dem großen Geheimnis des Ehesakramentes enthalten, in der Berufung zu wahrer und treuer ehelicher Liebe, die auf leibliche Nachkommenschaft ausgerichtet ist. Alle wissen, wie grundlegend diese Gnadengabe für den Aufbau der großen Gemeinschaft der Kirche, des Volkes Gottes, ist. Wenn aber diese Gemeinschaft ihrer Berufung in Jesus Christus voll entsprechen will, so muß in ihr notwendig auch in entsprechendem Maße die andere Gnadengabe, nämlich die Gnade des Zölibates »um des Himmelreiches willen«,[37] verwirklicht werden.

Warum aber verbindet die lateinische katholische Kirche diese Gnadengabe nicht nur mit dem Leben jener Menschen, die in den Ordensgemeinschaften das Ideal der evangelischen Räte im engeren Sinn übernehmen, sondern auch mit der Berufung zum hierarchischen Priestertum und Dienst? Sie tut es deswegen, weil der Zölibat »um des Reiches willen« nicht nur ein eschatologisches Zeichen ist, sondern auch große soziale Bedeutung für den Dienst am Volk Gottes im gegenwärtigen Leben hat. Der Priester wird durch seinen Zölibat zum »Menschen für die anderen«, und zwar anders als jemand, der sich mit einer Frau zu ehelicher Gemeinschaft verbindet und so ebenfalls als Bräutigam und Vater zum Menschen für die anderen wird, vor allem im Bereich der eigenen Familie: für seine Braut und zusammen mit ihr für die Kinder, denen er das Leben schenkt. Indem der Priester auf diese den Verheirateten eigene Vaterschaft verzichtet, sucht er eine andere Vaterschaft, ja fast sogar eine andere Mutterschaft, wenn er an die Worte des Apostels von den Kindern denkt, für die er Geburtswehen leidet.[38] Sie sind Kinder seines Geistes, Menschen, die der Gute Hirt seiner Sorge anvertraut hat. Es sind viele Menschen, mehr als eine normale menschliche Familie umfassen kann. Die pastorale Berufung der Priester ist groß und nach der Lehre des Konzils sogar universal: sie richtet sich auf die ganze Kirche[39] und ist daher auch missionarisch. Normalerweise ist sie an den Dienst für eine bestimmte Gemeinschaft des Volkes Gottes gebunden, wo jeder Aufmerksamkeit, Sorge und Liebe erwartet. Soll das Herz des Priesters für einen solchen Dienst, für solche Sorge und Liebe verfügbar werden, so muß es frei sein. Der Zölibat ist so Zeichen einer Freiheit, die sich zum Dienst bereit macht. Aufgrund dieses Zeichens ist das hierarchische oder Dienst-Priestertum nach der Tradition unserer Kirche unmittelbar auf das gemeinsame Priestertum der Gläubigen hingeordnet.

9. Prüfung und Verantwortung

Die oft verbreitete Ansicht, der priesterliche Zölibat sei in der katholischen Kirche eine den Empfängern des Weihesakramentes rein gesetzlich auferlegte Verpflichtung, beruht auf einem Mißverständnis, wenn sie nicht gar wider besseres Wissen vertreten wird. Es ist uns allen bekannt, daß es nicht so ist. Jeder Christ, der das Weihesakrament empfängt, verpflichtet sich zum Zölibat voll bewußt und freiwillig, nachdem er sich mehrere Jahre lang durch gründliche Prüfung und eifriges Gebet darauf vorbereitet hat. Er fällt die Entscheidung für ein Leben im Zölibat nur, nachdem er zur festen Überzeugung gelangt ist, daß Christus ihm zum Wohl der Kirche und zum Dienst für die anderen diese Gnadengabe schenkt. Erst dann verpflichtet er sich, den Zölibat während des ganzen Lebens zu halten. Offensichtlich verpflichtet eine solche Entscheidung nicht nur kraft des von der Kirche aufgestellten Gesetzes, sondern auch kraft der personalen Verantwortung. Es geht hier darum, *das Christus und der Kirche gegebene Wort zu halten.* Das Stehen zu einem Wort ist zugleich Verpflichtung und Zeichen der inneren Reife des Priesters. Es ist Ausdruck seiner personalen Würde. Das zeigt sich mit aller Deutlichkeit, wenn die Treue zu dem Christus versprochenen, bewußt und freiwillig übernommenen lebenslangen Zölibat schwer wird, auf die Probe gestellt oder Versuchungen ausgesetzt wird, alles Dinge, die dem Priester ebensowenig wie irgendeinem anderen Menschen und Christen erspart bleiben. In dieser Prüfung muß jeder seinen Halt in noch innigerem Gebet suchen, um dadurch in sich jene Haltung der Demut und Aufrichtigkeit Gott und dem eigenen Gewissen gegenüber wiederzufinden, die sich als Kraftquelle und Stütze für das erweist, was ins Wanken geraten ist. Daraus erwächst eine Zuversicht, die der des hl. Paulus gleicht, wenn er sagt: »Alles vermag ich durch ihn, der mich stark macht.«[40] Die Erfahrung zahlreicher Priester bestätigt diese Wahrheiten, und auch die Wirklichkeit des Lebens bekräftigt sie. Wer sie annimmt, legt damit die Grundlage für seine Treue zu dem

Christus und der Kirche gegebenen Wort. Er bleibt zugleich in echtem Sinne sich selber, seinem Gewissen, seiner eigenen Menschenwürde treu. An all das gilt es vor allem in Stunden der Krise zu denken, um nicht gleich um Dispens zu ersuchen, als ob es sich um einen reinen Verwaltungsakt und nicht vielmehr um eine tiefreichende Gewissensfrage und eine Probe auf die eigene Menschlichkeit handelte. Gott hat ein Recht darauf, daß jeder von uns sich dieser Prüfung stellt, wenn es schon wahr ist, daß das irdische Leben für jeden Menschen eine Prüfungszeit bleibt. Gott will aber auch zugleich, daß wir siegreich aus solchen Prüfungen hervorgehen, und er schenkt uns dazu die entsprechende Hilfe.

Vielleicht ist es gut, hier mit einigem Grund darauf hinzuweisen, daß die Verpflichtung zur ehelichen Treue, wie sie sich aus dem Ehesakrament ergibt, in ihrem Vollzug ähnliche Pflichten mit sich bringt und zuweilen für die verheirateten Männer und Frauen zu ähnlichen Prüfungen und Erfahrungen führt, so daß auch sie in dieser »Feuerprobe« den Wert ihrer Liebe erweisen müssen. Die Liebe ist ja in all ihren Dimensionen nicht nur Gabe, sondern auch Aufgabe. Fügen wir schließlich noch hinzu, daß unsere Brüder und Schwestern im Ehestand *mit Recht von uns* Priestern und Seelsorgern ein gutes Beispiel und *das Zeugnis der Treue zum Beruf bis in den Tod hinein erwarten.* Es ist die Treue zur Berufung, die wir im Weihesakrament so wie sie im Sakrament der Ehe übernommen haben. Auch in diesem Zusammenhang und in diesem Sinne müssen wir unser Dienst-Priestertum als dem allgemeinen Priestertum zugeordnet betrachten, das allen Gläubigen eigen ist, den Laien und besonders jenen, die in der Ehe leben und eine Familie bilden. So tragen wir zum »Aufbau des Leibes Christi« bei;[41] andernfalls würden wir, anstatt seinen Aufbau zu fördern, seinen geistigen Zusammenhalt schwächen. Mit diesem Aufbau des Leibes Christi ist auch die echte Entwicklung der menschlichen Persönlichkeit eines jeden Christen – so wie die eines jeden Priesters – eng verbunden, die sich nach dem Maße der Gnadengaben Christi vollzieht. Eine Beeinträchtigung des geistigen Zusammenhalts der Kirche kommt ganz gewiß nicht der Entwicklung der menschlichen Persönlichkeit zugute und trägt auch nicht zu ihrem rechten Verständnis bei.

10. Tag für Tag müssen wir uns bekehren

»Was sollen wir tun?«,[42] so scheint ihr, liebe Brüder, nun zu fragen, wie schon die Jünger und jene, die Christus zuhörten, oft den Herrn selber gefragt haben. Was muß die Kirche tun, wenn es anscheinend an Priestern fehlt, wenn in einigen Ländern und Gegenden der Welt sich dieser Mangel schon besonders schmerzlich bemerkbar macht? Wie sollen wir auf das übergroße Verlangen nach Evangelisierung antworten, wie sollen wir den Hunger nach dem Wort und dem Leib des Herrn stillen? Wenn die Kirche dennoch entschlossen ist, am Zölibat ihrer Priester als besonderer Gnadengabe um des Reiches Gottes willen festzuhalten, dann *bekennt sie* damit zugleich *ihren Glauben* an ihren Meister, Erlöser und Bräutigam und bezeugt ihm ihr Vertrauen, der ja auch der »Herr der Ernte« und der »Spender der Gnadengabe« ist.[43] Kommt doch »jede gute Gabe und jedes vollkommene Geschenk von oben, vom Vater des Lichtes«.[44] Wir dürfen diesen Glauben und diese Zuversicht nicht unsererseits durch menschliche Bedenken und durch unsere Kleingläubigkeit schwächen.

Deshalb müssen wir uns alle Tag für Tag bekehren. Wir wissen, daß dies eine Grundforderung des Evangeliums ist, die sich an alle Menschen richtet.[45] Um so mehr müssen wir sie als an uns gerichtet betrachten. Wenn uns die Pflicht auferlegt ist, anderen bei ihrer Bekehrung zu helfen, so sollen auch wir dasselbe täglich in unserem eigenen Leben tun. Uns bekehren bedeutet, die Gnade der Berufung neu in uns zu erwecken, die unermeßliche Güte und die unendliche Liebe Christi zu betrachten, der sich jedem einzelnen von uns zugewandt, uns beim Namen gerufen und gesagt hat: »Folge mir nach!«. Uns bekehren bedeutet, jederzeit Rechenschaft abzulegen über unseren Dienst, unseren Seeleneifer und unsere Treue und das vor dem Herrn unseres Herzens, denn wir sind »Diener Christi und Verwalter göttlicher Geheimnisse«.[46] Uns bekehren bedeutet, uns Rechenschaft zu geben auch über unsere Nachlässigkeiten und Sünden, über unsere Kleingläubigkeit und den Mangel an Glauben und Hoffnung wie unser allzu menschliches Denken, während wir doch von Gott her denken sollten. Erinnern wir uns in diesem Zusammenhang an die Mahnung Christi an Petrus.[47] Uns bekehren bedeutet für uns, stets von neuem die Vergebung und die Kraft Gottes im Sakrament der Versöhnung zu suchen und so immer neu zu beginnen und täglich voranzuschreiten, uns selber im Zaum zu halten, geistlich zu wachsen und frohen Herzens zu geben, weil »Gott einen fröhlichen Geber liebt«.[48]

Uns bekehren bedeutet »allzeit beten und darin nicht nachlassen«.[49] *Das Gebet ist in einem bestimmten Sinn erste und letzte Vorbedingung der Bekehrung,* des geistlichen Fortschritts und der Heiligkeit. Vielleicht hat man in den letzten Jahren – wenigstens in gewissen Bereichen – über das Priestertum, die Identität des Priesters, den Wert seiner Präsenz in der Welt von heute usw. zuviel diskutiert, dagegen allzuwenig gebetet. Es hat an entsprechendem Schwung gefehlt, um das Priestertum selber durch Gebet zu prägen, ihm wirksame Dynamik aus dem Geist des Evangeliums zu geben und so die Identität des Priesters zu festigen. Das Gebet weist auf die wesentliche Lebensform im Priestertum hin, die ohne Gebet verfälscht wird. Das Gebet hilft uns, immer wieder das Licht zu finden, das uns seit den Anfängen unserer priesterlichen Berufung geführt hat und uns ständig führt, auch wenn es sich zuweilen im Dunkel zu verlieren scheint. Das Gebet macht uns die ständige Bekehrung möglich; es hilft uns, immer auf Gott hin ausgerichtet zu bleiben, was ja unerläßlich ist, wenn wir andere zu ihm hinführen wollen. Das Gebet hilft uns zu glauben, zu hoffen und zu lieben, auch wenn uns unsere menschliche Schwäche im Wege steht.

Das Gebet läßt uns ferner beständig die Ausmaße jenes Reiches ermessen, um dessen Kommen wir täglich beten, indem wir die Worte wiederholen, die uns Christus gelehrt hat. Ferner wird uns klar, *welches unser Platz bei der Verwirklichung dieser Bitte ist: »Dein Reich komme«;* wir erkennen, wie notwendig wir für ihre Verwirklichung sind. Vielleicht werden wir uns beim Gebet auch leichter bewußt, was die »Felder, die weiß sind zur Ernte«[50], bedeuten, und verstehen zugleich, was die Worte Christi angesichts dieser Felder besagen wollen: »Bittet also den Herrn der Ernte, Arbeiter für seine Ernte zu schicken.«[51]

Das Gebet muß sich verbinden mit der ständigen Arbeit an uns selber: gemeint ist hier die *ständige Weiterbildung.* Wie das zu diesem Thema von der Kleruskongregation herausgegebene Dokument[52] zu Recht betont, muß diese Weiterbildung sowohl das geistliche Leben des Priesters innerlich vertiefen, als auch pastoral und intellektuell (philosophisch und theologisch) ausgerichtet sein. Wenn auch unsere pastorale Tätigkeit, die Verkündigung des Wortes und die Gesamtheit unseres priesterlichen Dienstes von der Lebendigkeit unseres eigenen inneren Lebens abhängen, so brauchen sie doch ebenso eine Stütze durch unser ständiges Weiterstudium. Es genügt nicht, bei dem stehenzubleiben, was wir einmal im Seminar gelernt haben, selbst wenn wir damals auf Universitätsniveau studiert haben, worauf die Kongregation für das katholische Bildungswesen entschlossen hinwirkt. Dieser Prozeß der geistigen Bildung muß das ganze Leben hindurch weitergehen, zumal in der heutigen Zeit, die – wenigstens in vielen Gegenden der Welt – durch einen allgemeinen Fortschritt im öffentlichen Schulwesen und in der Kultur gekennzeichnet ist. Für die Menschen, denen die erfreulichen Auswirkungen dieser Entwicklung zugute kommen, müssen wir *Zeugen* Jesu Christi *mit entsprechender Qualifikation* sein. Als Lehrer der Wahrheit und der Moral ist es unsere Aufgabe, ihnen überzeugend und wirksam Rechenschaft von der Hoffnung zu geben, die uns erfüllt.[53] Auch dies macht einen Teil der täglichen Umkehr zur Liebe durch die Wahrheit aus.

Liebe Brüder, die ihr »die Last des ganzen Tages und die Hitze«[54] ertragt, die Hand an den Pflug gelegt habt und nicht zurückschaut,[55] und vielleicht mehr noch ihr, die ihr am Sinn eurer Berufung oder am Wert eures Dienstes zweifelt! Denkt an jene Orte, wo die Menschen sehnsüchtig auf einen Priester warten, wo sie seit vielen Jahren sich unablässig einen Priester wünschen, weil sie sein Fehlen schmerzlich empfinden. Es geschieht zuweilen, daß sie sich in einem verlassenen Gotteshaus versammeln, auf den Altar die noch aufbewahrte Stola legen und alle Gebete der Eucharistiefeier sprechen. Im Augenblick, der der Wandlung entsprechen würde, tritt jedoch eine große Stille ein, die manchmal von einem Weinen unterbrochen wird . . .; so brennend verlangen diese Menschen danach, jene Worte zu hören, die nur die Lippen eines Priesters wirksam aussprechen können! So sehr sehnen sie sich nach der heiligen Kommunion, die sie aber nur durch die Vermittlung des priesterlichen Dienstes empfangen können, wie sie auch voller Sehnsucht darauf warten, die Worte der göttlichen Vergebung zu hören: *Ich spreche dich los von deinen Sünden!* So tief empfinden sie es, daß ihnen der Priester fehlt! . . . Es gibt in der Welt viele solche Orte. Wenn also jemand von euch am Sinn seines Priestertums zweifelt, wenn einer meint, es sei sozial betrachtet unfruchtbar oder gar unnütz, dann denke er über diese Tatsache nach!

Wir müssen uns Tag für Tag bekehren, täglich aufs neue die von Christus im Weihesakrament empfangene Gnadengabe entdecken, indem wir uns die Wichtigkeit der Heilssendung der Kirche klar vor Augen halten und uns im Lichte dieser Sendung auf die große Bedeutung unserer Berufung besinnen.

11. Die Mutter der Priester

Liebe Brüder, zu Beginn meines Dienstamtes empfehle ich euch alle der Mutter Christi, die in besonderer Weise unsere Mutter ist: die Mutter der Priester. Christus hat ja seinen Lieblingsjünger, der als einer der Zwölf im Abendmahlssaal die Worte gehört hatte: »Tut dies zu meinem Andenken«,[56] vom Kreuze herab seiner Mutter anvertraut, indem er zu ihr sagte: »Dies ist dein Sohn.«[57] Er, der am Gründonnerstag die Vollmacht zur Feier der heiligen Eucharistie empfangen hatte, wurde mit diesen Worten des sterbenden Erlösers seiner eigenen Mutter als »Sohn« geschenkt. Daher haben wir alle, die wir in der Priesterweihe die gleiche Vollmacht empfangen, in gewissem Sinn als erste ein Recht darauf, in ihr unsere Mutter zu sehen. Es ist daher mein Wunsch, daß ihr alle zusammen mit mir in Maria die Mutter des Priestertums findet, das ihr wie ich von Christus empfangen habt. Ich möchte ferner, daß ihr Maria in besonderer Weise euer Priestertum anempfehlt. Erlaubt mir, daß ich es selber tue, indem ich jeden einzelnen von euch – ohne Ausnahme – feierlich und zugleich schlicht und in aller Demut *der Mutter Christi anvertraue.* Sodann bitte ich euch, liebe Brüder, daß jeder von euch persönlich das gleiche tun möge, wie das eigene Herz es ihm eingibt, vor allem die persönliche Liebe zu Christus, dem Priester, aber auch die eigene Schwachheit, die uns in dem Maße bewußt wird, wie unser Verlangen nach Dienstbereitschaft und Heiligkeit wächst. Ich bitte euch darum!

Die Kirche von heute spricht von sich selber vor allem in der Dogmatischen Konstitution *Lumen Gentium.* Auch dort, im letzten Kapitel, bekennt sie, daß sie auf Maria als die Mutter Christi schaut, weil sie sich selber Mutter nennt und Mutter sein möchte, indem sie die Menschen zum neuen Leben für Gott gebiert.[58] Liebe Brüder! Und wie nahe steht gerade ihr diesem

Werk Gottes! Wie tief ist euer Beruf, euer Dienst und euere Sendung davon geprägt! Deswegen müßt ihr inmitten des ganzen Volkes Gottes, das mit so großer Liebe und Hoffnung seine Augen auf Maria richtet, mit noch größerer Hoffnung und Liebe auf Maria schauen. Eure Aufgabe ist es ja, Christus zu verkündigen, der ihr Sohn ist: Wer aber wird euch besser die Wahrheit über ihn vermitteln können als seine Mutter? Ihr sollt die Herzen der Menschen mit Christus nähren: Wer aber kann euch das, was ihr tut, tiefer erkennen lassen als jene, die ihn selber genährt hat? »Sei gegrüßt, o wahrer Leib (Christi), den uns die Jungfrau Maria gebar.« Zu unserem Dienst-Priestertum gehört *die herrliche und prägende Dimension der Nähe zur Mutter Christi.* Bemühen wir uns also, diese Dimension zu leben. Wenn man auch auf eigene Erfahrung hinweisen darf, so kann ich euch sagen, daß ich mich bei dem, was ich euch hier schreibe, vor allem auf meine persönliche Erfahrung beziehe.

Während ich euch all dieses zu Beginn meines Dienstes für die Gesamtkirche anvertraue, höre ich nicht auf, Gott zu bitten, daß er euch, die Priester Jesu Christi, mit all seinem Segen und seiner Gnade erfülle. Als Unterpfand und Bekräftigung dieser vom Gebet getragenen Gemeinschaft mit euch segne ich euch von Herzen im Namen des Vaters und des Sohnes und des Heiligen Geistes.

Empfangt diesen Segen und nehmt die Worte des neuen Nachfolgers Petri entgegen, jenes Petrus, dem der Herr aufgetragen hat: »Wenn du wieder zurückgefunden hast, dann stärke deine Brüder.«[59] Hört nicht auf, gemeinsam mit der ganzen Kirche für mich zu beten, damit ich den Anforderungen eines Primates der Liebe entspreche, den der Herr der Sendung des Petrus als Grundlage gegeben hat, als er ihm sagte: »Weide meine Schafe.«[60] Möge es so sein.

Gegeben im Vatikan, am 8. April, dem Palmsonntag des Jahres 1979, im ersten Jahr meines Pontifikates.

Anmerkungen

1 Mt 20,12.
2 Joh 21,15–17.
3 »Vobis enim sum episcopus, vobiscum sum Christianus«, Sermo

340, 1: PL 38, 1483.
4 Vgl. ebd. I, Art. 15.
5 Brief an die Magnesier, VI, 1: Patres Apostolici I, ed. Funk, S. 235.
6 Vgl. Röm 5,5; 1 Kor 12,31; 13.
7 Hebr 5,1.
8 II. Vat. Konzil, Dogmat. Konst. über die Kirche Lumen Gentium, 10.
9 Hebr 5,1.
10 II. Vat. Konzil, Dogmat. Konst. über die Kirche Lumen Gentium, 10.
11 Vgl. Eph 4,11–12.
12 1 Petr 2,5.
13 Vgl. 1 Petr 3,18.
14 II. Vat. Konzil, Dogmat. Konst. über die Kirche Lumen Gentium, 10.
15 Vgl. a.a.O.
16 Vgl. Mt 19,27.
17 Vgl. Mt 20,1–16.
18 Vgl. Joh 10,1–16.
19 Vgl. II. Vat. Konzil, Dogmat. Konst. über die Kirche Lumen Gentium, Kap. II.
20 II. Vat. Konzil, Dogmat. Konst. über die Kirche Lumen Gentium, 10.
21 Joh 10,11.
22 Vgl. ebd., Nr. 8–11; 19–20.
23 Mk 8,35.
24 Gregor d. Gr., Liber regulae pastoralis, I,1.
25 Vgl. Hebr 5,1.
26 »Bilden wir uns nicht ein, es wäre ein Dienst am Evangelium, wenn wir unser priesterliches Charisma zu ›verwässern‹ versuchten durch ein übertriebenes Interesse für das weite Gebiet der irdischen Probleme; wenn wir den Stil unseres Lebens und Handelns verweltlichen möchten; wenn wir auch die äußeren Zeichen unserer priesterlichen Berufung verwischen. Wir müssen uns den Sinn für unsere einzigartige Berufung bewahren, und diese Einzigartigkeit muß sich auch in unserer Kleidung zeigen. Schämen wir uns ihrer nicht! Gewiß leben wir in der Welt! Doch wir sind nicht von der Welt!«: Johannes Paul II., Ansprache an den römischen Klerus (9. 11. 1979), 3: »L'Osservatore Romano« (10. 11. 1979), S. 2.
27 Vgl. II. Vat. Konzil, Pastoralkonstitution Gaudium et Spes, 38–39; 42.
28 1 Kor 2,9.
29 Joh 10,12–13.
30 Joh 10,10.
31 Vgl. Joh 17,12.
32 Mt 19,12.
33 Vgl. 2 Kor 4,7.
34 Gen 2,24; Mt 19,6.
35 Vgl. Eph 5,32.
36 Vgl. 1 Kor 7,7.

37 Mt 19,12.
38 Vgl. 1 Kor 4,15; Gal 4,19.
39 Vgl. II. Vat. Konzil, Dekret über Dienst und Leben der Priester Presbyterorum Ordinis, 3. 6. 10. 12.
40 Phil 4,13.
41 Eph 4,12.
42 Lk 3,10.
43 Mt 9,38; 1 Kor 7,7.
44 Jak 1,17.
45 Vgl. Mt 4,17; Mk 1,15.
46 1 Kor 4,1.
47 Vgl. Mt 16,23.
48 2 Kor 9,7.
49 Lk 18,1.
50 Joh 4,35.
51 Mt 9,38.
52 Vgl. Rundschreiben vom 4. 11. 1969: AAS 62 (1970), 123 ff.
53 Vgl. 1 Petr 3,15.
54 Mt 20,12.
55 Vgl. Lk 9,62.
56 Lk 22,19.
57 Joh 19,26.
58 Vgl. II. Vat. Konzil, Dogmat. Konst. über die Kirche Lumen Gentium, Kap. VIII.
59 Lk 22,32.
60 Joh 21,16.

Zum Programm Johannes Pauls II.

HANS KÜNG
Ein Jahr Johannes Paul II. Versuch einer Zwischenbilanz als Anfrage

Zwölf Monate sind eine kurze Zeit. Doch für einen energischen und unermüdlich tätigen Papst wie Johannes Paul II. – so viele Ansprachen, so viele Reisen! – sind zwölf Monate eine lange Zeit. Keine wichtige Frage, in der sich dieser Papst nicht bereits festgelegt hätte; die Konturen seines Pontifikats treten schon nach einem Jahr klar und unverwechselbar hervor. Des Papstes intensive Tätigkeit in Rom und vor allem seine triumphalen Reisen nach Mexiko, Polen, Irland und die Vereinigten Staaten zeigten ihn der Weltöffentlichkeit als einen eindrucksvollen Vorkämpfer des Friedens, der Menschenrechte, der sozialen Gerechtigkeit, aber auch einer starken Kirche: einen Mann, der die Sehnsucht der Massen nach dem – in der heutigen Welt so selten gewordenen – moralisch vertrauenswürdigen Führer in imponierender und publizistisch höchst gewandter Weise zu befriedigen weiß.

Wir könnten im Lob dieses Papstes weiterfahren, der erstaunlich rasch der Liebling der Massen und der (in der Politik seit langem vermißte) Superstar der Medien, für manche in der katholischen Kirche bereits eine Art lebendiger Kultfigur, beinahe so etwas wie ein neuer Messias für unsere Zeit, geworden zu sein scheint. Doch bei solchem Vergleich stockt manchem denn doch ein wenig der Atem: Kann man sich Jesus von Nazaret, den die Massen bekanntlich zum König machen wollten und dessen »Stellvertreter« auch dieser Papst zu sein beansprucht, so vorstellen? Hat der Papst in all dem, was er in Dogma und Moral so vehement vertritt, wirklich die Botschaft jenes Einen hinter sich?

Nun, an diesem Maßstab gemessen muß jeder scheitern. Hier geht es nur um den Versuch einer – wie uns scheint vom Papst selber durch sein Reden und Handeln herausgeforderten – Zwischenbilanz. Ob es erlaubt, ob es besonders dem katholischen Theologen gestattet ist, statt in den euphorischen Applaus so vieler einzustimmen, kritische Fragen zu stellen, wie sie nun freilich ebenfalls von Millionen denkender Menschen in und außerhalb der katholischen Kirche ausgesprochen oder geahnt werden? Für viele traditionelle Katholiken ist ja eine Kritik am Papst, selbst wenn sie aus loyalem Engagement für diese katholische Kirche kommt, unverzeihlicher als eine Blasphemie. Wir aber meinen – bestärkt von der Bitte so vieler in unserer Kirche nach einem »klärenden Wort« – daß der Papst, dieser Diener der Diener Gottes, ein Recht hat auf ein solidarisch-kritisches Echo aus seiner eigenen Kirche, das die Stimmen der vielen wiederzugeben versucht, die allenfalls im Familienkreis vor dem heimischen Bildschirm, in der Öffentlichkeit aber kaum zu Worte kommen. Schließlich hat ja nicht nur der durchaus päpstlich gesinnte Thomas von Aquin behauptet, daß »correctio fraterna« (brüderliche Kritik) Pflicht und Notwendigkeit sei, auch Prälaten der Kirche gegenüber. Wir sind auch davon überzeugt, daß Johannes Paul II., dem es an christlichem Selbstbewußtsein gewiß nicht mangelt, solche »correctio fraterna« unvoreingenommen zur Kenntnis zu nehmen vermag.

Im Sinn dieser brüderlichen Kritik sollen hier keine beliebigen und auf diesen Papst speziell zugeschnittenen Kriterien angewandt werden. Vielmehr mag jene Erklärung zur Vorlage dienen, die eine internationale Gruppe kompetenter Theologen nach dem Tod Pauls VI. für die kommende Papstwahl unter dem Titel »Der Papst, den wir brauchen« in zahlreichen großen Zeitungen veröffentlicht hat.[1] So halten wir uns denn an jene Erklärung, um auf diese Weise zu einer möglichst differenzierten Zwischenbilanz zu gelangen: dem *Versuch* einer Zwischenbilanz, und nur einer *Zwischen*-Bilanz. Sechs Fragen sind zu stellen und – ganz im Anschluß an den damaligen Text – mit dem Blick auf Papst Wojtyła zu beantworten.

1. Ein weltoffener Mensch?

Nach der damaligen Erklärung darf festgestellt werden:

Bei allen unumgänglichen persönlichen Grenzen strahlt der Papst aus Polen Menschlichkeit aus.

Er kennt die Welt, wie sie ist, mit ihren Höhen und Tiefen, ihrem Glanz und ihrem Elend, und er versucht, das Gute in ihr zu bejahen. Bei allem Respekt vor Vergangenheit und Tradition steht er aufgeschlossen-kritisch in der gegenwärtigen Gesellschaft.

Doch steht er auch ebenso aufgeschlossen-kritisch in seiner eigenen Kirche, in der kirchlichen Institution?

Gewiß: Er will offen sein für die Zeichen der Zeit, kennt er aber auch genügend – gerade bezüglich der Fragen des Glaubens und der Moral – die veränderte Mentalität der Menschen (und besonders auch der jüngeren Frauen)?

Gewiß: Er versteht glaubwürdig die Sprache der Menschen heute zu sprechen. Nimmt er aber die Erkenntnisse der heutigen Wissenschaften genügend ernst?

Hat er bei aller betonten Menschlichkeit den antiquierten kurialen Stil wirklich aufgegeben und ihn nicht vielmehr in anderer, populärerer Form weltweit weiterpraktiziert?

2. Ein geistiger Führer?

Von der damaligen Erklärung her muß unterschieden werden:

Dieser Papst bringt den Menschen in und außerhalb der Kirche Vertrauen entgegen und wird selber von Vertrauen getragen.

Er hat Mut und macht anderen Mut, statt nur zu mahnen und zu tadeln. Er will nicht autoritär sein und hat doch Autorität: nicht nur eine formale, juridische, institutionelle, sondern eine persönliche, sachliche und charismatische Autorität.

Und doch, bei aller Beweglichkeit und Klugheit, Fragen stellen sich an den Führungsstil dieses Papstes vor allem seiner eigenen Kirche gegenüber:

Wird nicht gerade dort, wo er vermutlich die Mehrheit auch in der katholischen Kirche gegen sich hat, weniger begründet als dekretiert, weniger beseelt als befohlen, weniger im Dialog um Zustimmung gerungen als einsam entschieden? Und dies in so wichtigen Fragen wie Geburtenregelung, Ehescheidung, Zölibat, Frauenordination?

Viele Katholiken und Nichtkatholiken zweifeln ernsthaft, ob dieser Papst aus einem totalitär geführten Land mit einer (aus innenpolitischen Gründen verständlichen) autoritär-geschlossenen Kirche in allem ein Garant für die Freiheit und Offenheit innerhalb unserer Kirche sein wird.

3. Ein echter Seelsorger?

Auch hier die Unterschiede:

Dieser Papst versteht sich zunächst als Bischof von Rom und so als universaler Hirte.

Niemand wird behaupten können, er sei nur kirchlicher Administrator oder Generalsekretär, ein kirchlicher Jurist, Diplomat oder Bürokrat. Nein, der Papst möchte ein Seelsorger im Dienst an den Menschen sein, der nicht herrschen, sondern helfen will. Er will in Güte und Schlichtheit offen sein für alle Nöte der Menschen bei ihrer Suche nach Glauben, Hoffnung und Liebe. Und doch: Ist dieser Papst angesichts jubelnder Massen und übervoller Audienzen wirklich vor allem Personenkult früherer Päpste (etwa Pius' XII.) gefeit?

Begnügt er sich in manchen entscheidenden Fragen von Leben und Sterben, Gut und Böse und insbesondere der menschlichen Geschlechtlichkeit (bei so komplexen Problemen wie Abtreibung und Homosexualität) nicht mit harten Verdikten (»unaussprechliches Verbrechen«), statt ohne Angst positive Wegweisung zu geben?

Erscheint er so nicht schon jetzt vielen Katholiken und erst recht Nichtkatholiken leider mehr als doktrinärer Verteidiger alter Bastionen denn als ein – in Respekt vor der Kontinuität der Kirche in Lehre und Leben – pastoraler Vorkämpfer für eine von der befreienden Botschaft Jesu her erneuerten Verkündigung und Praxis der Kirche?

4. Ein kollegialer Mit-Bischof?

Nach der damaligen Erklärung, die sich nicht zuletzt auf das Zweite Vatikanische Konzil stützte, können folgende Fragen nicht verschwiegen werden:

Bei aller verbalen Beteuerung von Kollegialität: scheut dieser Papst bisher nicht das Risiko, seine Macht (nach dem Vorbild Johannes' XXIII. und der Forderung des Konzils) mit den Bischöfen kollegial zu teilen? Trat er nicht überall weniger als Bruder unter Brüdern denn als Monarch vor Untergebenen auf (kein Anhören und keine echte Diskussion, Betonung von Hierarchie, Lehramt, Primat, Unfehlbarkeit)?

Ist bei seinem gegenwärtigen Regierungsstil wirklich echte Kollegialität zu erwarten – selbst wenn er die Bischofssynode (oder auch das ohnehin römische Kardinalskollegium) aufwerten und den Bischofskonferenzen und diözesanen Räten einige konkrete Kompetenzen einräumen sollte?

Müßte er – wofür bisher alle Anzeichen fehlen – nicht entschieden dem Zentralismus absagen, das Nuntiaturwesen grundlegend überprüfen und die römische Kurie weniger nur äußerlich-organisatorisch, sondern im Sinn des Evangeliums erneuern?

Läßt bisher irgend etwas darauf schließen, daß er in dieser seiner Kurie neben den verschiedenen Nationalitäten auch verschiedene Mentalitäten, daß er nicht nur Alte, sondern auch Junge, nicht nur Männer, sondern auch Frauen zu Führungspositionen heranziehen will? Ist es nicht über den Kreis der Fachleute hinaus deutlich, daß dieser Papst aus Polen – wie seine bisherigen theologischen Veröffentlichungen und überaus zahlreichen offiziellen Äußerungen zeigen – über die neueren Entwicklungen in der Theologie (kritische Exegese und Dogmengeschichte, neuere Entwicklungen der Moraltheologie in Nordamerika oder der Befreiungstheologie in Lateinamerika, von protestantischer Theologie ganz zu schweigen) kaum genügend unterrichtet ist?

Läßt er in den kurialen Organen nicht wie bisher nur die traditionelle römische Theologie präsent sein, und werden nicht sogar mit seiner Billigung andere katholische Richtungen – trotz seiner Rufe nach Menschenrechten außerhalb der Kirche – inquisitorisch verfolgt: Man denke an die Inquisitionsverfahren gegen Theologen wie die gegen Jacques Pohier in Frankreich, Edward Schillebeeckx in Holland, Bernhard Hasler in der Schweiz, verschiedene namhafte Moraltheologen in den Vereinigten Staaten ... Der Diffamierungskampagne gegen lateinamerikanische Befreiungstheologen (angeblich allesamt marxistische Revolutionäre), zu der er selber Anlaß bot, ist er nie entgegengetreten.

5. Ein ökumenischer Vermittler?

Die damalige Erklärung drängt auch hier nicht zu verschweigende Fragen auf:

In und außerhalb der katholischen Kirche mehren sich die Zweifel, ob dieser Papst sein Petrusamt (nach dem Beispiel Johannes' XXIII.) als einen vom Evangelium her erneuerten und der christlichen Freiheit verpflichteten Dienstprimat innerhalb der Christenheit (oder nur, nach dem Beispiel Pius' XII., als römisch-absolutistischen geistlichen Herrschaftsprimat) versteht.

Hat er bisher (in Rom und auf Reisen) – trotz seines verbalen Bekenntnisses zum Ökumenismus – den Dialog und die Zusammenarbeit mit den anderen christlichen Kirchen mit theologisch-praktischen Schritten vorangetrieben oder hat er alles in allem nicht eher gebremst?

Hat er nicht als sammelnde Kraft zwar für die Einheit der katholischen Kirche gewirkt, aber sich doch kaum für eine Einheit in der Vielfalt eingesetzt?

Hat er nicht – statt ein Beispiel christlicher Wandlungsbereitschaft zu geben – disziplinäre und dogmatische Hindernisse, die nun einmal bei Rom liegen, eher neu betont als aus dem Weg geräumt (Jurisdiktionsprimat, Unfehlbarkeit, Marianismus, traditionalistische Ehemoral)?

Hat er nicht auch die Zusammenarbeit mit dem Weltrat der Kirchen zwar weitergehen lassen, aber bisher kaum sichtbar gefördert?

Hat er bei allen guten Worten für die Juden (in New York außerhalb der UNO) die geistliche Verwandtschaft der Christen mit den Juden auch praktisch ernstgenommen (Erwähnung von Auschwitz, aber nicht des jahrhundertelangen »christlichen« Antisemitismus, auch in Polen)? Vielleicht wollte er mit der Betonung der Rechte der Palästinenser (und der Unterlassung jeglicher diplomatischer Anerkennung des Staates Israel) das Gemeinsame mit dem Islam aktivieren; aber hat er durch seinen Stil das Gespräch mit den Weltreligionen wirklich kritisch-selbstkritisch vorangebracht?

6. Ein wirklicher Christ?

Nach der damaligen Erklärung wird man es nicht bestreiten können:

Dieser Papst, der erfreulicherweise kein Heiliger und kein Genie zu sein beansprucht, will bei allen Grenzen, Fehlern und Mängeln wahrhaft Christ sein: orientiert im Denken, Reden, Tun am Evangelium Jesu Christi als der entscheidenden Norm.

Er versucht, ein überzeugender Verkünder der frohen Botschaft zu sein, gegründet in starkem, geprüftem Glauben und in unerschütterlicher Hoffnung.

Er will in Gelassenheit, Geduld und Zuversicht dieser Kirche vorstehen, die ja kein bürokratischer Apparat, kein geschäftliches Unternehmen, keine politische Partei, sondern die große Gemeinschaft der Glaubenden ist.

Er will als moralische Autorität mit Sachlichkeit, Leidenschaft und Augenmaß sich einsetzen nicht nur für die Interessen der kirchlichen Institution, sondern für die Verwirklichung der christlichen Botschaft unter den Menschen.

Und gerade das Engagement für die Unterdrückten und Benachteiligten in aller Welt betrachtet er als seine besondere Verpflichtung.

Trotzdem – so muß jetzt hinzugefügt werden – fragen sich viele Menschen in und außerhalb der katholischen Kirche:

Entspricht diesem Engagement nach außen in der Welt auch das Engagement nach innen, in der Kirche, in der kirchlichen Institution selbst? Ist eine Predigt an die Welt zur Umkehr glaubwürdig, wenn Papst und Kirche bei solcher Umkehr nicht selber praktisch vorangehen – auch und gerade dort, wo sie selber betroffen sind?

Können Papst und Kirche den Menschen von heute überzeugend ins Gewissen reden, wenn nicht gleichzeitig innerhalb der Kirche und ihrer Leitung eine selbstkritische Gewissenserforschung mit für sie selber unbequemen Konsequenzen stattfindet?

Ist die Rede von der grundlegenden Erneuerung der menschlichen Gesellschaft glaubwürdig, wenn nicht auch die Reform der Kirche an Haupt und Gliedern in Lehre und Leben entschieden weitergeht und auch unangenehme Anfragen (wie etwa die nach Bevölkerungsexplosion, Empfängnisverhütung und kirchlicher Unfehlbarkeit) endlich ernstgenommen und ehrlich beantwortet werden?

Ist das Eintreten der Kirche für die Menschenrechte in der Welt ehrlich, wenn in der Kirche selbst gleichzeitig Menschenrechte nicht voll gewahrt werden: Recht auf Ehe für Amtsträger, wie sie im Evangelium selber und in der alten katholischen Tradition gewährleistet ist; Recht auch auf Ausscheiden aus dem priesterlichen Amt mit kirchlicher Dispens nach eingehender Gewissensprüfung (statt des vom jetzigen Papst eingeführten unmenschlichen, bürokratischen Dispensverbots für Priester); Recht der Theologen auf freie Forschung und Meinungsäußerung; Recht der Ordensfrauen auf Wahl ihrer eigenen

Kleidung; Ordination der Frau, wie sie durchaus vom Evangelium her für die heutige veränderte Situation vertreten werden kann; Selbstverantwortung der Ehepartner für Empfängnis und Kinderzahl?

In seinem Schreiben an die Priester vom 8. April 1979 nimmt das Zölibatsthema und darin wieder die Pflicht zur Ehelosigkeit eine zentrale Stelle ein. Inzwischen ist massive Kritik laut geworden. Das Eheverbot für Priester verstößt gegen das Menschenrecht auf Ehe. Und es verstößt fundamental gegen die von Jesus selber und auch Paulus in dieser Sache gewährte Freiheit, gegen die Praxis der Apostel und die mehr als tausendjährige Tradition der Priesterehe.

Die katholische Kirche büßt schwer dafür, daß sie noch immer aus der freien Gnadengabe ein allen Priesteramtskandidaten aufgezwungenes Gesetz machen will. Das natürliche Verheiratetsein mit einem Menschen kann nicht mit dem befohlenen »Verheiratetsein« mit einer Institution verglichen werden.

Unsere Pfarreien werden es noch mehr zu spüren bekommen: Zehntausende von Priestern sind in den letzten Jahren wegen dieses Verbotes unfreiwillig aus dem Amt geschieden.

Zehntausende von durchaus qualifizierten jungen Menschen sind deswegen in den priesterlichen Dienst erst gar nicht eingetreten.

Zehntausende von Pfarrstellen sind bereits verwaist.

Zahllose Laien, Priester und Bischöfe in aller Welt wünschen eine Änderung.

Wie lange muß es noch gehen, bis man auch in Rom die Berechtigung der Kritik erkennt und aufhört, christliche Werte wie Berufung, Treue, Gehorsam, Bekehrung, Opferbereitschaft und Gebet als Mittel zu falschen Zwecken zu gebrauchen? Die drängenden Fragen unserer Kirche werden so nicht gelöst. Rückkehr zur ursprünglichen freiwilligen Ehelosigkeit im Sinne des Evangeliums und der alten Kirche ist gefordert.

Muß sich also der Vatikan nicht fragen lassen, warum er selbst die Helsinki-Schlußakte unterzeichnete, der Menschenrechtserklärung des Europarats aber bis heute nicht beigetreten ist?

Doch genug der Anfragen! Manche Menschen haben Zweifel, ob dieser Papst, der so kraftvoll seine Auffassung öffentlich zu vertreten weiß und auf viele komplizierte Fragen einfache Antworten zu geben vermag, sich noch ändern, noch dazulernen kann? Das möchten wir wünschen. Ein Jahr seines Pontifikats ist vorbei, aber eben nur ein Jahr. Noch sind manche Türen offen, und manche vorzeitig geschlossenen könnten wieder geöffnet werden. Dazu wollte die vom Papst selbst provozierte Neubearbeitung unserer damaligen Erklärung helfen: der bescheidene Versuch einer Zwischenbilanz als Anfrage und keinesfalls als definitives Urteil. Im übrigen aber muß in der katholischen Kirche das Wort eines großen Vorgängers Papst Johannes Pauls II. gelten: »Wenn aber an der Wahrheit Ärgernis genommen wird, dann wird es besser zugelassen, daß ein Ärgernis entsteht, als daß die Wahrheit verlassen wird« (Gregor der Große, † 604).

Anmerkung

1 Die Erklärung »Der Papst, den wir brauchen« vom August 1978 war unterzeichnet von: Giuseppe Alberigo, Bologna – Marie-Dominique Chenu, Paris – Yves Congar, Paris – Claude Geffré, Paris – Andrew Greeley, Chicago – Norbert Greinacher, Tübingen – Jan Grootaers, Loewen – Gustavo Guttiérez, Lima – Edward Schillebeeckx, Nijmegen – und zahlreichen katholischen Laien.

Kirchliches Lehramt und Theologie

HERBERT VORGRIMLER
Über die Problematik der Argumente

Verehrter Papst Jan Pawel,
Sie haben am Gründonnerstag 1979 allen Ihren Priestern einen Brief geschrieben, der hierzulande zum großen Teil auf scharfe Kritik gestoßen ist. Natürlich muß jede Kritik an dem Papst aus Polen außergewöhnlich behutsam sein, wenn sie in deutscher Sprache niedergeschrieben wird. Aus diesem Grund wähle ich die Form eines öffentlichen Briefes an Sie, da der persönliche Stil nicht den Eindruck aufkommen lassen wird, hier werde von einer überheblichen akademischen Position aus oder von einem besserwisserischen »Westler« dem polnischen Papst widersprochen. Erlauben Sie einen kurzen persönlichen Rückblick. 1961 haben Karl Rahner und ich unseren umfangreichen Band »Diaconia in Christo« dem Primas von Polen, Stefan Kardinal Wyszyński, gewidmet. In unserer Dialogzeitschrift, über die Sie mit mir korrespondiert haben, traten wir energisch für die Unantastbarkeit der Grenzen Polens ein und haben uns damit die Feindschaft der hiesigen Parteichristen zugezogen. 1972 hat das Buch »Polen und Deutsche« Sie und mich nebeneinander als »Gleichgesinnte« angeführt. Entnehmen Sie bitte daraus, daß es sich im folgenden absolut nicht darum handelt, im Namen unserer angeblich so hoch stehenden Wissenschaft den angeblich so rückständigen polnischen Katholizismus anzugreifen. Ich möchte auch gar nicht zu Ihrem Brief im ganzen Stellung nehmen, den ich in seinen großen Zügen sympathisch finde. Aber ich meine, daß es eine mit dem christlichen Glauben und der katholischen Tradition vereinbare Überzeugung gibt, die gegen einige Ihrer Ausführungen Widerspruch anmelden darf. Ich möchte damit nicht in Anspruch nehmen, besser zu wissen als Sie, was christlich und was katholisch ist, das heißt, ich lasse mich gern von der »Unhaltbarkeit« meiner Auffassungen überzeugen, wenn dies mit Argumenten geschieht und nicht erreicht werden soll mit behördlichen Drohungen (vor denen ich keine Angst habe) oder Verlockungen (weil ich nicht durch Prälatentitel und

andere Mätzchen korrumpierbar bin). Gerade weil Ihr Brief Niveau hat und aus Ihren persönlichen Erfahrungen stammt, ist er konfliktfähig und konfliktwürdig, und so wird er meines Erachtens auch dann geehrt, wenn ihm in Teilen widersprochen wird.

Meine Überlegungen wollen und können im folgenden keine neuen Argumente in die Diskussion über den kirchlichen Zölibat einbringen. Ich möchte mich vielmehr mit Ihrer Argumentationsweise an einigen Stellen der Artikel 8–10 auseinandersetzen.

1.

In Art. 8 schreiben Sie: »Das wesentliche, eigentliche und angemessene Motiv [nämlich für den Zölibat] findet sich in der Wahrheit, die Christus verkündet hat, als er von der Ehelosigkeit um des Himmelreiches willen sprach, und die der hl. Paulus herausstellt, wenn er schreibt, daß in der Kirche jeder ›seine Gnadengabe‹ hat.« Ich möchte nicht auf die Problematik der Stelle Mt 19,12 eingehen, mit der Sie wiederholt argumentieren (die Überlieferung nach Markus lautet anders), sondern ich möchte mit Ihnen einmal von der Annahme ausgehen, daß Jesus eine Ehelosigkeit um des Reiches Gottes willen kannte, selbst praktizierte und lobte, und daß Paulus ganz gewiß ähnlich dachte. Der Zölibat ist damit in das umfassende eschatologische Thema des Reiches Gottes eingebettet. Nun haben die Christen in den vielen Generationen seit Jesus dieses Thema sehr unterschiedlich verstanden. Ich möchte hier nicht die mannigfaltigen Deutemodelle vor Augen führen, sondern das Problem auf eine grundsätzliche Alternative konzentrieren. »Grundsätzlich« heißt diese Alternative, weil sie die Kirche und damit auch den Papst vor eine äußerst weitreichende Entscheidung stellt.

a) Entweder unterscheiden wir in der Botschaft Jesu dasjenige, was bei ihm durch Zeit und Situation bedingt war, von dem, was seine zeitlos gültige Gottesbotschaft ausmacht; oder wir nehmen alles das, was er sagte und praktizierte, ununterschiedlich als zeitlos gültige Gottesbotschaft an. Im ersten Fall der Unterscheidung benötigen wir die Hilfe der kritischen (das heißt: unterscheidenden) biblischen Wissenschaften. Ich kann hier nicht im einzelnen nachzeichnen, wie das Ergebnis einer solchen sorgfältigen, wissenschaftlich vertretbaren Unterscheidung aussehen würde; vielmehr muß ich mich auf einige wesentliche Elemente beschränken. Überzeitlich gültig wären zum Beispiel folgende Inhalte der Botschaft Jesu: das alle Erwartungen übertreffende Erbarmen, die grundlose Sünderliebe Gottes; die Erlösung von religiösem Leistungsdruck; die Konzentration der Forderungen Gottes an uns in der Einheit von Gottes- und Menschenliebe; der Primat der Liebe in Gesinnung und Handeln; die gewaltfreie Lösung von Konflikten; das zuverlässig gewisse Kommen eines Reiches der Herrlichkeit Gottes in realisierter Liebe und Versöhnung. Bedingt durch die Zeit und Situation Jesu dagegen wäre vor allem die zeitliche Naherwartung Jesu; seine Hoffnung, er könne das Reich Gottes gleichsam herbeizwingen, indem er, rastlos der Sendung Gottes gehorchend, Israel durcheilte und es im ganzen für das Reich Gottes zu gewinnen suchte, allein und mit Hilfe seiner Boten, denen er Anteil an seiner Sendung gab. Das Drängende dieser Israel-Mission würde einen bestimmten Teil seiner Forderungen erklären, die uns heute in ihrer Radikalität nur schwer verständlich und (im Unterschied zum Beispiel zu der nicht weniger schweren, nicht weniger radikalen Feindesliebe) kaum plausibel sind, zum Beispiel die Forderung, kein Geld zu haben, keine Tasche, keine Schuhe, keinen Wanderstock zu tragen (Mt 10,9f.), unterwegs niemand zu grüßen (Lk 10,4), kein Brot mit auf den Weg zu nehmen (Mk 6,8). In dieser Situation, da Jesus das Reich Gottes unmittelbar nahe fühlt, jenes Reich, in dem ohnedies alle alten Lebensbedingungen aufgehoben werden, hat die Forderung oder der Rat der Ehelosigkeit für seine Boten und Mitarbeiter seinen selbstverständlichen Platz. Die einzige Vorbedingung für die herrliche Ankunft der Gottesherrschaft war in den Augen Jesu die Gewinnung Israels für den Glauben an sein, Jesu Evangelium vom Reich Gottes. Eine Eheschließung hätte nicht nur unnötig aufgehalten; sie wäre auch sinnlos gewesen, da in der umfassenden Liebe des Reiches Gottes die alte Institution der Ehe ohnedies aufgehoben werden wird (Mt 22,30).

Nun ist aber diese Naherwartung Jesu nicht erfüllt worden. Die Theologie hat hinreichend gezeigt, wie diese Nichterfüllung einer sicheren Erwartung doch mit der wahren Gottessohnschaft Jesu vereinbar ist und daß sie die Glaubwürdigkeit der überzeitlich gültigen Gottesbotschaft Jesu nicht beeinträchtigt (K. Rahner). Was aber ergibt sich aus dieser Nichterfüllung für die Kirche? Auch hier können nur beispielhaft einige Konsequenzen angedeutet werden.

Natürlich muß die Kirche an der überzeitlich gültigen Botschaft Jesu ohne Abstriche festhalten. Sie kann und darf das Reich Gottes nicht vergessen oder ersetzen wollen. Sie wird nie von der Verpflichtung zur Feindesliebe dispensiert werden. Sie darf nie verschweigen, daß Gott auf seiten der Opfer und nicht auf seiten der Herren und Sieger ist. Sie muß sich der Frage stellen, was die Tatsache heute bedeutet, daß das Kommen des Reiches Gottes an Bedingungen geknüpft war. Die Bedingungen hießen bei Jesus: sein ganzes Volk müsse unverzüglich seine Botschaft im Glauben annehmen. Offenbar wurden diese Bedingungen, unter denen das Reich Gottes kommen konnte, nicht erfüllt. Bestehen nicht Bedingungen weiter? Ist die Welt, die Menschheit in einem Zustand, in dem sie in das Reich Gottes verwandelt werden können? Gewiß führt Gott allein den Zustand seiner alles beseligenden Herrschaft herbei, aber ist die Forderung Jesu nach Glauben damit überholt? Gibt es also nicht die Arbeit an der Schaffung der Voraussetzungen, unter denen das Reich Gottes kommen kann? Die Verheißungen des Reiches Gottes müssen zuerst einmal Gehör finden, ehe sie im Glauben angenommen werden können. Wie können Menschen begreifen, was Gerechtigkeit, Freiheit, Versöhnung, Liebe sind, wenn sie davon nie etwas oder nur unkenntliche Fragmente erfahren haben? Wer so argumentiert, der bekommt heute sehr schnell von gewissen Glaubensbrüdern vorgeworfen, er »verkürze« die Botschaft vom Reich Gottes oder er falle einem unchristlichen Horizontalismus zum Opfer. Das Gegenteil aber ist wahr.

Die Arbeit an der Verwirklichung des Menschen, wie Gott ihn gedacht haben könnte; die Schaffung gerechter und humaner Zustände auf dieser Erde: sie sind nicht »das Heil«, aber sie gehören unverzichtbar zum Heil hinzu, da sie überleiten in das Reich Gottes mit seinen ganz konkreten sowohl diesseitigen als auch jenseitigen Verheißungen. Wer eindimensional nur das jenseitige Heil im Blick hat, der verkürzt wirklich die Gottesbotschaft, weil er den Verheißungen Gottes ihren Ort und ihre Konkretheit nimmt.

Wenn die bisher gemachten Voraussetzungen stimmen, dann bleibt das Thema des Reiches Gottes zentral wichtig, und die Sendung Jesu, der Mitarbeiter zur Anbahnung des Reiches

Gottes haben wollte, bleibt unangetastet aufrechterhalten. Aber die Arbeitsbedingungen sind anders geworden. Es handelt sich nicht um eine regional eng begrenzte Aufgabe, die zu Lebzeiten einer einzigen Generation erfüllt werden könnte, wie Jesus gedacht hatte (Mt 10,23; 16,28). Die veränderten Arbeitsbedingungen kann man sich am Beispiel der Armut leicht klarmachen. Da Armut als solche keinen Wert hat und es absurd wäre, eine allgemeine Verbreitung der Armut als Voraussetzung des Reiches Gottes anzusehen, und da es ferner etwas anderes ist, ob man dem armen Jesus nachfolgt oder ob man ihn nachahmt (kopiert), kann man das Armsein, auch der Kirche, nicht einfach als Nachfolge Jesu ausgeben. Dennoch verbietet sich der Reichtum, um des Teilens willen: aus Solidarität mit den Armen. Diese Solidarität verbietet nicht den Besitz überhaupt, und sie ist nicht mit dem Freisein für das alsbald kommende Reich Gottes motiviert. Der Christ ist unter den veränderten Arbeitsbedingungen für das Reich Gottes also nicht mehr der, der gar nichts besitzen darf; aber er ist einer, der anders und sensibler besitzt (und teilt) als derjenige, der nicht an das Reich Gottes glaubt. Von da aus muß zum Thema der Ehe und der Ehelosigkeit gefragt werden: Ist unter den veränderten Arbeitsbedingungen für das Reich Gottes ein Christ und Bote Jesu derjenige, der nicht heiratet, oder ist er einer, der zwar heiraten kann, seine Ehe aber anders führt als der, der nicht an das Reich Gottes glaubt?

b) Die zweite Möglichkeit, das Evangelium heute zu verstehen, besteht darin, auf die Unterscheidung zwischen Situationsbedingtem und zeitlos Gültigem zu verzichten. Ein Christ, der diesen Verzicht will, nimmt die Worte Jesu, so wie sie lauten, wie sie überliefert sind, ausnahmslos alle, auch die johanneischen, und versteht sie als den Anruf Jesu, als die Weisung Gottes durch Jesus, hier und heute, ununterschiedlich. Fällt seine Entscheidung so aus, dann braucht er natürlich keinerlei Hilfe durch eine biblische Wissenschaft; diese wird im ganzen entbehrlich. Die überlieferten Worte Jesu enthalten zahlreiche »Räte«, nicht nur die in der Kirche traditionell hervorgehobenen der Armut, des Gehorsams und der Ehelosigkeit, und sie alle gilt es dann wörtlich zu befolgen. Es gab in der Kirche immer wieder Versuche, in dieser Art (die im ersten Anschein radikaler und kompromißloser aussieht als die unter a) vorgestellte) die Nachfolge, ja die Nachahmung Jesu zu praktizieren. Als besonders bewegendes Beispiel steht Franz von Assisi vor unseren Augen.

Sie wissen, daß die Kirche als ganze eine solche Nachfolge nie praktiziert hat. Die Kirche hat sich nicht entschieden, sondern sie hat versucht, in einem Sowohl-als-auch zu lavieren, und sie hat dabei mannigfache Kompromisse produziert. Als sie die Mitbrüder und Mitschwestern des Franz von Assisi zwang, in Klöstern zu wohnen und Ordensregeln anzunehmen, kam alsbald die Formel auf: die Gemeinschaft der Franziskaner als ganze darf durchaus Besitz (und welch ansehnlichen!) haben, nur das Individuum nicht. Oder andere Kompromißfälle: Die Priester der Ostkirchen sind legitim verheiratet, ohne daß dies ihren Dienst und ihr Zeugnis im mindesten beeinträchtigt, während für die Priester der lateinischen Kirche der Zölibat gilt. Ist also die lateinische Kirche reicher mit Gnadengaben gesegnet? Und da eine Gnadengabe identisch ist mit der Liebe Gottes: Liebt Gott die lateinische Kirche mehr? Warum hat sie dann aber die protestantischen Pfarrer, die zum Katholizismus konvertierten und konvertieren, und die sie zu Priestern weiht, als »viri probati« ihre Ehen fortführen lassen, während sie den katholischen Laien nicht zugesteht, »viri probati« werden zu können?

Wenn Sie sich dafür entschieden haben sollten, uns allen kompromißlos (wie man mißverständlich sagen könnte) alle Weisungen Jesu ununterschiedlich einzuschärfen, warum haben Sie dann in Ihrem Brief drei ganze Artikel dem Zölibat, keinen einzigen aber der Armut (der Bischöfe, des Klerus, der Institution Kirche) gewidmet? Ist nicht die Armut um anderer willen jedenfalls das schockierendere, wirksamere Zeichen? Liegen hier nicht seit alters die eigentlichen »Ärgernisse« des gläubigen Volkes? Unsere Diözesen haben, löblicherweise, aber entgegen der ausdrücklichen Weisung Jesu (Mt 6,25), Institutionen zur Altersversorgung des Klerus und der kirchlichen Mitarbeiter geschaffen, und sie sind bereit, von ihrem Reichtum etwas wegzugeben, damit solche Versorgungseinrichtungen auch in der sog. Dritten Welt geschaffen werden können. Wenn Sie der Meinung sind, der Menschensohn könne tatsächlich jeden Augenblick kommen, ungeachtet der Frage, wie bereit die Menschheit ist, ihn aufzunehmen, da er ja sein Reich mit den wenigen Getreuen antreten, die große Masse der Ungläubigen aber einfach verdammen werde, dann müßten Sie konsequenterweise diese und andere kirchliche Institutionen und Gepflogenheiten ebenso ausdrücklich verurteilen wie das Bedürfnis vieler Kleriker nach Partnerschaft und Ehe. Ich brauche die Beispiele nicht zu vermehren; die Parallelen stehen jedermann vor Augen.

Wenn Sie sich die erste Deutungsmöglichkeit, die zwischen Situationsbedingtem und zeitlos Gültigem unterscheidet, zu eigen machen, werden Sie allen Christen, auch den Priestern, vordringlich die irdischen Aufgaben vor Augen stellen, und Sie werden damit sehr viele christliche und humane Kräfte für eine integrale Befreiung der Menschen motivieren und mobilisieren können. Sie werden das ewige Heil bei Gott weder leugnen noch verdrängen; allerdings werden Sie, entsprechend dem Gottesbild Jesu, dieses jenseitige (todesjenseitige) Heil die Sache und Sorge Gottes sein lassen, in dem Bewußtsein, daß man sich auf Gott verlassen kann. Wenn Sie die Kirche auf ihre Aufgabe hinweisen, die Bedingungen dafür zu schaffen, daß Gottes Reich kommen kann, werden Sie den lateinischen Priestern die Ehe freistellen, aber mit der sehr ernsthaften und radikalen Weisung, im Sinn der Humanisierung der Ehe durch Jesus (Mt 19,1–9) der Welt Modelle humaner und gelungener Ehen vor Augen zu führen.

Wenn Sie sich für die zweite Deutungsmöglichkeit entscheiden, werden Sie die Kirche rigoros auf die ganz kleine Herde reduzieren und die Menschheitsgeschichte den Atheisten überlassen. Unsere Sehnsucht wird dann auf die einzig wirkliche Heimat, den Himmel, und auf das Tor dazu, den Tod, gelenkt. Auch in diesem Fall werden Sie von der Kirche einschneidende Veränderungen verlangen müssen!

Die dritte Möglichkeit wäre die schlechteste: sich zu nichts zu entscheiden und alles beim gewohnten Lavieren zu lassen. Damit werden ungemein viele Menschen enttäuscht, die große und ganz konkrete Hoffnungen auf die Kirche setzen. Sie werden hören: Befreiung ja, aber von der Sünde; Gerechtigkeit ja, aber in der Seele; Brot ja, aber himmlisches Manna; das Reich Gottes ja, aber erst wenn ihr tot seid. Mehr möchte ich dazu nicht sagen.

2.

In diesem Abschnitt meines Briefes will ich auf zwei personalere Themen Ihres Schreibens eingehen, nämlich auf die Freiheit des Herzens und auf die Treue zu Jesus Christus. In Art. 8 schreiben Sie: »Der Priester wird durch seinen Zölibat zum ›Menschen für die anderen‹, und zwar anders als jemand, der sich mit einer Frau zu ehelicher Gemeinschaft verbindet und so ebenfalls als Ehemann und Vater zum ›Menschen für die anderen‹ wird, vor allem im Bereich der eigenen Familie: für seine Frau und zusammen mit ihr für die Kinder, denen sie das Leben schenkt.« Sie sagen ein wenig später von denen, die dem Priester anvertraut sind: »Es sind viele Menschen, mehr als eine normale menschliche Familie umfassen kann.« Aus der umfassenderen oder, wie Sie auch sagen, universalen Berufung der Priester folgern Sie: »Soll das Herz des Priesters für einen solchen Dienst, für solche Sorge und Liebe verfügbar werden, so muß es frei sein.« Ich könnte Ihnen hier philosophische Argumente aus der christlichen und personalistischen Tradition entgegenhalten, die deutlich zeigen, wie eine solche Freiheit des Herzens im Grunde die Leere des Herzens ist, das besetzt wird von einer schrankenlosen Eigenliebe. Oder anders gesagt: Man kann nicht universal lieben, wenn man Liebe nicht eingeübt hat und nicht täglich praktiziert in der Zuwendung zum konkreten Einzelnen. Statt einer abstrakten Replik möchte ich aber »lebensgeschichtlich« argumentieren.

Ich kannte einen Mann im Dienst der Kirche, genauer im Dienst der hiesigen kirchlichen Caritas. Nachdem er, weit über das Militäralter hinaus, strafweise (wegen der Hilfe für Juden und andere Verfolgte) im Militärdienst gewesen und erschöpft heimgekommen war, baute er hier ein riesiges Hilfswerk für hungernde Kinder und Flüchtlinge auf. Als es den Deutschen besser ging, gründete er Hilfswerke für das Ausland. Man hat ihm nicht nur attestiert, daß er Tausende vor dem Hungertod bewahrt hat. Er hat auch der Kirche geholfen, in manchen Ländern zu überleben. Zum Beispiel hat er zur Zeit des Eisernen Vorhangs Mittel und Wege gefunden, vielen Pfarrern und allen Bischöfen in Polen Autos, Kleider, Waschmaschinen und nicht zuletzt religiöse und theologische Literatur, den Gemeinden Medikamente und anderes zukommen zu lassen. Er hat seit der Heimkehr aus dem Krieg nicht einen Tag Ferien gehabt. Sein Arbeitstag endete nie vor Mitternacht. Man kann mit Recht von ihm sagen, daß er eine umfassende Familie hatte und daß er ein »Mensch für andere« war. Das konnte er aber nur sein, wie er oft selbst sagte, weil er Liebe zu seiner Familie hatte und umgekehrt wiederum umfangen war von der Mitsorge seiner Familie. Ich habe noch von zahlreichen anderen Menschen gehört, Fürsorgern, Ärzten, Lehrern, die ähnlich umfassende Familien hatten. Von ihnen weiß ich es vom Hörensagen, von dem genannten Mann aber weiß ich es aus täglicher Wahrnehmung, denn er war mein Vater. Soll ich von ihm sagen: seine Liebe war kleiner, weil er nicht im Zölibat lebte? Von daher kann ich nur ganz schlicht sagen: Ihre Argumentation mit dem »Menschen für andere« und mit der »Freiheit des Herzens« stimmt mit der Realität nicht überein.

In Art. 9 Ihres Briefes weisen Sie die Priester auf die notwendige Treue zu Jesus Christus hin. In einer Absage an den Zölibat sehen Sie einen Bruch dieser Treue. So sehr Ihnen zuzustimmen ist, daß es das Christentum im vollen Sinn und den kirchlichen, den priesterlichen Dienst im engeren Sinn nicht geben kann ohne eine persönliche Liebe zu Jesus, so wenig zwingend erscheint Ihre Schlußfolgerung in Richtung auf den Zölibat. Jesus lebt in zweifacher Hinsicht in einer ganz anderen Dimension und auf eine ganz andere Weise als wir: er lebt in der Dimension Gottes als der Sohn Gottes und als der verklärte Mensch Jesus von Nazaret. Wahrscheinlich werden Sie zustimmen, daß wir unsere Liebe in jene Dimension hinein nur dadurch praktizieren können, daß wir Menschen lieben; Sie werden sich vermutlich auch davor fürchten, im Augenblick des Todes zu Jesus sagen zu müssen: »Ich habe niemand geliebt als dich«, um dann von ihm zu hören: »Du hast mich völlig mißverstanden.« Nehmen Sie an, ein Mensch, ein Zölibatär, liebt seine Eltern, Geschwister und Freunde. Diese Liebe beeinträchtigt also auch Ihrer Ansicht nach seine Liebe zu Gott und Jesus, zu Gott in Jesus, nicht im geringsten. Warum aber wäre er Gott und Jesus untreu, wenn er einen weiteren Menschen liebte? Würden Sie darauf antworten: weil er diesen einen Menschen qualitativ mehr liebt? Darauf würde ich fragen: hat es überhaupt einen Sinn, im Bereich der Liebe von einem Mehr oder Weniger zu sprechen, etwa so, daß wir die Mitmenschen ein bißchen weniger, Gott aber ein bißchen mehr lieben sollten? Kann man im Ernst denken: Die Treue zu Jesus ist um so größer, je weniger konkret wir hier lieben? Praktiziert der verklärte

Jesus eine Art Liebeskonkurrenz? Sie werden vielleicht auf das von Ihnen auch in Ihrem Brief (Art. 1) zitierte johanneische Christuswort hinweisen: »Liebst du mich? Liebst du mich mehr, als diese mich lieben?« (Jo 21,15). Ich meine, daß hier eine menschlich-beschränkte Redeweise des Evangelisten vorliegt, mit der das Interesse an einer bestimmten Deutung der Petrusfigur zutage tritt, die aber nichts für eine Philosophie oder Theologie der Liebe hergibt. Jesus Christus wird den Menschen, der im Tod zu ihm gelangt, einfach fragen, ob er ihn in der Tat geliebt habe (vgl. Mt 25,31–46 oder Lk 7,47).

Aus diesen Überlegungen ergibt sich für mich auch, daß man das Treuewort zu Jesus Christus keinesfalls in Parallele setzen kann zu dem Treuewort, das Eheleute einander geben, wie Sie das in Art. 9 tun. Das Treuewort der Eheleute zueinander schließt universale Liebe nicht aus, ist aber insofern exklusiv, als die Intimität sexueller Beziehungen einen Dritten, Vierten usw. nicht dulden kann. Das Treuewort zu Jesus Christus ist dagegen inklusiv (wie übrigens die Treue etwa zu einem verstorbenen Gatten auch): es schließt alle Menschen ein, die wir in der Tat lieben. Ein Jesus Christus gegebenes Treuewort würde nur durch eine Absage an Jesus Christus gebrochen, es wird aber nicht dadurch gebrochen, daß ein Mensch seinen Partner in seine Liebe zu Jesus Christus mit einbringt.

3.

In Art. 10 weisen Sie gegen Ende auf jenen einschneidenden Priestermangel hin, der nach weitgehender Übereinstimmung der Beobachter in der lateinischen Kirche primär durch den Zölibat entstanden ist. Sie erinnern an die Menschen, die seit vielen Jahren auf einen Priester warten; von ihnen berichten Sie: »Es geschieht zuweilen, daß sie sich in einem verlassenen Gotteshaus versammeln, auf den Altar die noch aufbewahrte Stola legen und alle Gebete der Eucharistiefeier sprechen. Im Augenblick, der der Wandlung entsprechen würde, tritt jedoch eine große Stille ein, die manchmal von einem Weinen unterbrochen wird . . .; so brennend verlangen diese Menschen danach, jene Worte zu hören, die nur die Lippen eines Priesters wirksam aussprechen können! So sehr sehnen sie sich nach der heiligen Kommunion, die sie aber nur durch die Vermittlung des priesterlichen Dienstes empfangen können, wie sie auch voller Sehnsucht darauf warten, die Worte der göttlichen Vergebung zu hören: ›Ich spreche dich los von deinen Sünden!‹«

Ist das alles, womit Sie die priesterlosen Gemeinden trösten und ermutigen können? Denken Sie manchmal darüber nach, warum vermeintlich nur »die Lippen eines Priesters« jene Worte wirksam aussprechen können? Sie werden ja gewiß nicht versuchen, in historischer Bemühung zu sagen, jenes »Tut dies zu meinem Andenken« habe nur den Elfen und ihren Nachfolgern gegolten. Sie wissen so gut wie andere Theologen, daß der Vorbehalt der Konsekrations- und Absolutionsvollmacht das Ergebnis einer geschichtlichen Entwicklung ist und daß die Kirche damit, sicher aus guten Gründen, ihre »normale« Ordnung regeln wollte. Was aber ist mit den Not- und Ausnahmesituationen? Wenn jene Menschen, von denen Sie in Ihrem Brief berichten, in Glaube, Hoffnung und Liebe das täten, was Jesus im Abendmahlssaal tat, wenn sie »jene Worte« aussprächen, würden Sie dann den Mut haben, diesen Menschen zu sagen: bei euch hat sich aber nichts ereignet, euch bleibt nur das Weinen? bei euch ist jene Verheißung »Da bin ich mitten unter ihnen« außer Kraft gesetzt? Oder würden Sie jenen Menschen nicht wenigstens die einmütige Lehre der kirchlichen Tradition in Erinnerung rufen wollen, daß die Sakramente auch in der Form eines »sehnlichen Wunsches« empfangen werden können, so daß Gott durch diesen sehnlichen Wunsch die gleiche Gnadenwirkung im Menschen hervorbringt wie das Sakrament, die gnadenhafte pneumatische Gegenwart Jesu ebenso wie die Vergebung der Sünden? In den Situationen der Not und der Ausnahme wäre es wichtig, die Menschen nicht noch mehr auf die Priester zu fixieren, sondern ihre Hoffnung auf den Gott zu lenken, der seine Gnade nicht ausschließlich an die Priester und an die Sakramente gebunden hat. Ein Hinweis darauf könnte andererseits die Priester ebenso vor Selbstüberschätzung wie vor unmenschlicher Überstrapazierung in Schutz nehmen.

4.

Bei dem Für und Wider, das in Sachen des Zölibats gewechselt wird, ist ganz dringlich eine ehrliche, aufrichtige Argumentation zu wünschen. Der schweizerische Theologe Balthasar hat in seinem im ganzen peinlichen Kommentar zu Ihrem Brief an einer Stelle wenigstens ehrlich auf die ökonomischen Gründe hingewiesen, die die lateinische Kirche daran hindern, den Zölibat der Priester freizugeben: »kirchliche Finanzierung ganzer Familien, auch nach dem Tod des geweihten Familienvaters, Freistellung der wirklichen (!) ›viri probati‹ aus ihrem bisherigen Beruf für den Priesterdienst, deren entsprechende Ausbildung usf.«[1]. Aus den Überlegungen der polnischen Bischofskonferenz zum verheirateten Diakon weiß ich, daß Sie von diesen ökonomischen Problemen ebenfalls bewegt sind. Hier stellt sich aber doch die Frage, ob es eigentlich notwendig ist, daß die Kirche ihre Priester (und deren Familien) finanziert und daß Priester ihren eventuellen früheren Beruf aufgeben müssen. Ich meine, daß Priester sich und ihre Familien selber ernähren und für den Fall ihres Todes vorsorgen sollen, und denke dabei nicht in die Richtung der Arbeiterpriester. Bei ihnen kam es darauf an, im speziell proletarischen Milieu eine Art symbolischer Präsenz der Kirche zu praktizieren. Die Arbeiterpriester sollten die Ausnahme, nicht die Regel sein. Ich möchte unter Arbeit jedoch jede Arbeit verstehen, Hand- und Kopfarbeit, die im proletarischen Milieu ebenso wie die im akademischen, und ich meine, daß irgendeine Arbeit neben der Predigt- und Sakramententätigkeit erforderlich ist, um im Priester jenes Selbstwertgefühl aufzubauen, das sich aus Selbstverwirklichung durch Arbeit ergibt. Wenn Priester arbeiten dürften, wäre der Kirche nicht nur in einer unbestreitbaren Finanznot geholfen; der Priesterberuf wäre auch für zahlreiche junge Menschen anziehender. Das »aus den Menschen genommen«, das Sie in Ihrem Brief so sehr betonen, bezieht sich ja auch nach Ihrer eigenen Meinung nicht auf eine privilegierte soziale Stellung des Priesters. Es bezieht sich auf die Situation des Priesters als Glaubenszeugen: Der Christ, der seinen Glauben in der Tat seines Lebens bezeugt, lebt mit den und für die anderen und ist zugleich ein aus dem Üblichen »Herausgehobener«. So viel wollte ich Ihnen zur Problematik der Argumente sagen.

Anmerkung

1 Dienst aus der größeren Liebe zu Christus. Schreiben Papst Johannes Pauls II. an die Priester. Mit einem Kommentar von Hans Urs von Balthasar, Freiburg – Basel – Wien 1979, S. 61.

PETER EICHER
Priester und Laien – im Wesen verschieden?

Zum lehramtlichen Ansatz der notwendigen Kirchenreform

»Diagnose richtig,
Therapie unzureichend«.
(Kurt Tucholsky)

I. Die Ohnmacht

Was im Kopf aufgeklärt ist, kann draußen noch lange im Dunkeln bleiben. Und was nach allen Regeln der Kunst theoretisch erledigt wurde und nach vernünftigen Begründungszusammenhängen weder dem Evangelium gemäß noch der Tradition und den Bedürfnissen der Zeit entsprechend ist, das muß noch lange nicht aufhören unevangelisch und unzeitgemäß zugleich weiter praktiziert zu werden. Konkret: trotzdem in Burma und in Österreich, in Moçambique und in den Niederlanden, der Schweiz und Brasilien, trotzdem weltweit eine der ersten Pflichten der Ortskirchen nach ihrem eigenen Selbstverständnis nicht mehr erfüllt werden kann, nämlich jeder Gemeinde einen Vorsteher für Wort und Sakrament zu geben[1], trotzdem wird das theoretisch Mögliche und praktisch Notwendige in dieser Situation nicht getan. Verheiratete und unverheiratete Frauen (Ordensfrauen und Laien), die sich in der Gemeindeleitung praktisch bewährt haben, werden nicht ordiniert; verheiratete Männer, welche alle Voraussetzungen zum priesterlichen Dienst mitbringen, werden nicht zum Priester geweiht, und verheiratete Priester werden nicht im Amte belassen. Auf die von Johannes Paul II. selber pathetisch ausgesagte Not der priesterlosen Gemeinden in der ganzen Welt (Art. 10)[2] antwortet denn auch nicht ein *Argument*, sondern die *reine Entscheidung*. Auf die Frage, »was muß die Kirche tun, wenn es anscheinend an Priestern fehlt«, und auf die Frage, was sie »auf das übergroße Verlangen nach Evangelisierung antworten« soll, gibt das päpstliche Dokument strenggenommen keine argumentative Antwort. Vielmehr verlautet, daß »die Kirche dennoch entschlossen ist, am Zölibat ihrer Priester als besonderer Gnadengabe um des Reiches Gottes willen festzuhalten« (Art. 10). Für das Argument steht der Wille, und der pastoralen Not wird ein päpstlicher Beschluß zum Nichteintreten in diese Not entgegengesetzt.

Die Theologie beansprucht keine andere Macht als die Argumentationskraft des von ihr in verschiedenen Begründungszusammenhängen erschlossenen Wortes Gottes. Angesichts der lehramtlichen Inkongruenz von Entscheidung und Entscheidungsbegründung entsteht für das theologische Reden jedoch eine schwierige Situation. Denn jeder weiteren historischen, systematischen und pastoralsoziologischen Argumentation zum zentralen Zusammenhang von Gemeindevorstand, Ordination und problematischer Zölibatsvoraussetzung kommt laut päpstlicher Entscheidung keinerlei Entscheidungskompetenz zu. Will die Theologie mehr als eine wissenschaftliche Kunst um dieser Kunst selber willen bleiben, will sie die kirchlichen Verhältnisse im Gesamtzusammenhang der gesellschaftlichen Entwicklung vom biblisch bezeugten und kirchlich ausgelegten Worte Gottes her durchdringen, kritisch hinterfragen und im Blick auf eine dem Worte Gottes gemäße kirchliche Praxis erschließen, so läuft der *Entscheidungsstruktur* des Lehramtes gemäß ihre ganze Argumentation ins Leere. Nur wenn die wirklichen Entscheidungsvoraussetzungen benennbar und diskutabel sind, kann eine sinnvolle Auseinandersetzung überhaupt geführt werden. Ansonsten blieben der Theologie als geistige Haltung nur die beflissene Apologetik im günstigen und der Protest, die Bitte und die demütige Petition im ungünstigen Falle, eine Haltung, wie sie nur gegenüber dem unbeschränkten Souverän der absolutistischen Monarchie gemäß ist, eine Beleidigung also auch gegenüber jemandem, der sich wie Johannes Paul II. als Diener der Diener Gottes ernstgenommen wissen will. Die Inkongruenz zwischen der päpstlichen Entscheidungsgewalt und ihrer theologischen Kompetenz wird dabei institutionell noch verschärft durch die Tatsache, daß der neu inthronisierte Papst zwar feierlich proklamierte, er werde das Bischofskollegium stärken und mit ihm in effektiver und affektiver Kollegialität[3] zusammenarbeiten, faktisch jedoch alle Kollegialität in seinen bisherigen Entscheidungen bereits in den Wind geschlagen hat. Die zentralen Fragen von Zölibat, Wiederverheiratung Geschiedener, Sexualmoral, Theologie der Befreiung und weltpolitischem Engagement hat dieser Papst gleich schon in absoluter Selbständigkeit vor jeder möglichen Beratung vorneweg entschieden, obwohl zumindest die Weihe von »probaten Männern« in vielen nationalen Bischofskonferenzen umstritten ist.

Wie also kann argumentiert werden, wenn weder die wissenschaftliche Erschließung historischer Modelle in Urkirche und Tradition noch die theologischen Argumentationen gegen den exklusiven Zölibat die Entscheidung über diese zentrale Frage der kirchlichen Ämterstruktur zu beeinflussen vermögen? Was soll theologisch gegen eine absolutistische Erklärung aufgebaut werden, wenn schon zum vorneherein der theologischen Kritik die Schuld an jenem Zerfall gegeben wird[4], den eben diese Kritik aufzuheben entschlossen ist. Der *Kritik* die Schuld an den von ihr kritisierten Zuständen zu geben, gehört zum üblichen Arsenal konservativer Immunisierung gegen Argumentationen. Was soll dagegen noch anderes gesagt werden als eben die Feststellung solcher Immunisierung? Der Rückgriff auf eine umfassende Theorie christlicher Freiheit im Ausgang von der in Jesus Christus geschenkten Freiheit und auch die Demonstration von deren verfassungsrechtlichen Konsequenzen für die katholische Kirche wären fruchtlos, weil der Theologie diese Begründungsfunktion für die Entscheidung nicht nur nicht zugemutet, sondern von der Konsequenz her direkt abgesprochen wird. Oder werden etwa durch stete Wiederholungen die längst vorgetragenen Argumente beim Lehramt stärker? Muß immer neu gesagt werden, daß das Wort von der Ehelosigkeit um des Himmelreiches willen gerade für eine Urgemeinde gültig war, in der Apostel, Presbyter und Episkopen verheiratet waren? Muß immer wieder darauf hingewiesen werden, daß die kirchliche Rechtsordnung das *Leben* der Kirche zu regeln und nicht es zu unterbinden hat? Daß das kirchliche Recht nicht a priori oder durch die Verkündigung Jesu entsteht, sondern zur Lebenserhaltung der Kirche sehr a posteriori? Muß immer wieder gesagt werden, daß die christliche Ehe die Disponibilität für den Dienst an der Gemeinde nicht schwächen muß, sondern auch stärken kann, und daß die in der Ehe gelebte Sexualität den Priester und die Priesterin – auch nach der Radikalität des Evangeliums und der Theologie bis zum 6. Jahrhundert – nicht entheiligt? Soll noch einmal zu Papier gebracht werden, daß die Fortführung der gegenwärtigen Praxis den Priester zum bloßen Kult- und Sakristeidiener degenerieren ließe? Daß die Fiktion einer durch die Ordination verliehenen Gnadengabe zur Erfüllung des Zölibates nicht nur an der Empirie scheitert, sondern auch gnadentheologisch eine höchst bedenkliche Verfügung über die von Gott verliehenen Charismen bedeutet?[5] Sollen all jene weit ausgreifenden Begründungen wiederholt werden, welche zeigen, daß heute nicht die Aufrechterhaltung des Gegensatzes von Laien und Klerikern via Zölibat die kirchlichen Kräfte binden sollte, sondern allein der Gegensatz der missionarischen Gemeinde zu einer expansiven und gnadenlosen Warenwelt ganz ohne Gott? Soll noch und noch wiederholt werden, daß die Laien durch ihre säkularen Kompetenzen in wichtigen Verantwortungsbereichen den in der Kirche der Hierarchie vorbehaltenen Entscheidungsstrukturen und damit der Kirche selbst entfremdet werden?

Wenn unterstellt werden darf, daß die lehramtliche Entscheidungsgewalt den Diskurs mit der argumentierenden Theologie nicht abbrechen will, und wenn zugleich zur Kenntnis genommen werden muß, daß nicht nur der reformatorischen, sondern auch der katholischen Zölibatskritik seit dem Bestehen dieses Kirchengesetzes keinerlei Entscheidungskompetenz zukommt, dann bleibt der Theologie als argumentative Möglichkeit nur noch der Weg, sich auf die in den päpstlichen Entscheidungskundgaben selber eingebrachten Argumente einzulassen und auf dem Grund dieser päpstlichen Voraussetzungen gegen die päpstlichen Entscheidungen selbst zu argumentieren. Dies setzt voraus, daß die päpstlichen Entscheidungsvoraussetzungen selbst erhellt werden, was im folgenden im Blick auf die innere Widersprüchlichkeit von ihrer Theorie zu ihrer Praxis geschehen soll; und zwar zunächst durch eine kurze Analyse der widersprüchlichen Entscheidungsstrukturen zwischen der Außenpolitik und der kirchlichen Ordnungslehre Johannes Pauls II. (II. Die Schwäche einer Position der Stärke) und dann durch den Aufweis der Unvereinbarkeit der neuen lehramtlichen Ämtertheologie mit der Aufrechterhaltung der alten Ordinationsvoraussetzung des Zölibates (III. Die Hierarchie und die Teilnahme der Laien an den Ämtern Christi). Da in dem päpstlichen Mahnschreiben keinerlei Fragen enthalten waren, kann dieser Beitrag auch keine Antwort darauf sein: er will vielmehr selber fragen, ob die darin enthaltenen Entscheidungen auf der Grundlage dessen, was Johannes Paul II. selber bejaht, zu verantworten sind.

II. Die Schwäche einer Position der Stärke

Um zu verstehen, warum sich Johannes Paul II. noch weniger als sein Vorgänger auf die weltweite pastoraltheologische und systematische Kritik am Zölibatsgesetz einläßt, muß die kirchenpolitische Stellung dieses Papstes nach seinem pastoralen und theologischen Selbstverständnis in ihrem Grundzug erfaßt werden.

Nach seiner ersten Enzyklika und den spektakulären Auftritten in Brennpunkten der gegenwärtigen Entwicklung kann nach dem ersten Jahr dieses Pontifikates versucht werden, die kirchenpolitischen und theologischen Grundlinien von Regierung und Verkündigung dieses Papstes zu benennen. Dabei zeigt sich, daß die einfache Schematisierung, wonach den starken Forderungen nach außen der innere restriktive Kurs der Kirchenpolitik entspricht, zumindest der Differenzierungen bedarf.

Der Eindruck, der Papst wirke revolutionär nach außen und reaktionär nach innen, verliert bei näherem Zusehen seine Evidenz. Die Antrittsenzyklika zeigt demgegenüber eine komplexe Gestalt: der *revolutionären Diagnose* der großen Krisen dieser Zeit entspricht eine durchaus *liberalistische Therapie*, wobei dieser außenpolitische Katholizismus fundiert wird durch eine *ekklesiozentrische Weltanschauung*.

– Die Symptomenanalyse der gegenwärtigen Weltkrisen setzt nicht bei Verfallserscheinungen der Religionen, des Christentums oder der katholischen Kirche an, sie faßt vielmehr sofort die umfassenden Zusammenhänge von ökologischer Zerstörung, Aufrüstungsfolgen und wirtschaftlichen Krisen (Inflation, Arbeitslosigkeit, Unterentwicklung) ins Auge. Dabei werden die Krisensymptome vor ihrer ethischen Bewertung mit durchaus latent marxistischen Theorieelementen analysiert durch ihre Rückführung auf »die Organisation des gesellschaftlichen Lebens, das Produktionssystem und den Druck der sozialen Kommunikationsmittel«; in ihnen wird der Mensch »Sklave der Wirtschaftssysteme, Sklave der Produktion, Sklave der eigenen Produkte«[6]. Die zunehmende Ausdehnung der Zonen des Elends, die internationalen Kriegsvorbereitungen und die innere Verelendung in den hochindustrialisierten Ländern »führt uns zur Prüfung der Strukturen und Mechanismen im Bereich der Finanzen und des Geldwertes, der Produktion und des Handels, die mit Hilfe von verschiedenen Druckmitteln die Weltökonomie beherrschen«[7].

Die Frage ist: Warum macht diese umfassende Symptomenanalyse Halt vor dem äußeren und inneren Elend in den Kirchen selbst? Wenn die Zusammenhänge von Krisen und Machtstrukturen einmal erkannt sind, warum werden sie dann für die innerkirchliche Situation nicht fruchtbar gemacht? Kann sich Johannes Paul II. nach innen treu bleiben und kann er nach außen glaubwürdig werden, wenn der seiner päpstlichen Gewalt selber anvertraute Bereich der Krisenanalyse entzogen bleibt? Zumindest das Elend der priesterlosen Gemeinden wird ja in bewegten Worten zugestanden; warum wird es nicht strukturell analysiert?

– Die angezeigte Richtung zur Therapie, zur Änderung der wirtschaftlichen und damit gesellschaftlichen Verhältnisse verläßt diesen latent marxistischen Zusammenhang; sie gibt sich vielmehr betont liberalistisch. Der »gesunde Wettbewerb« und die »Umverteilung der Reichtümer« in den »Perspektiven einer ganzheitlichen und solidarischen Entwicklung« auf der Basis der Menschenrechte könnte demnach allein die wachsende Verelendung samt dem neuen »Totalitarismus, Neokolonialismus und Imperialismus« in eine »humanistische« Entwicklung verwandeln[8]. Im Vorrang der Person über die Dinge, im Vorrang der Demokratie vor der Beanspruchung staatlicher Gewalt durch einzelne Machtgruppen und im Vorrang der Ethik vor der Technik wird das Heilmittel für die scharf gezeichneten Krisen der Gegenwart gesehen: es sind die Konzepte des philosophisch aufgeklärten und wirtschaftspolitisch am Wachstum orientierten Liberalismus, im wesentlichen *die Werte des westlichen Bürgertums* und zwar sowohl im moralischen als auch im fiskalischen Sinn. Für die Religion selbst wird darin »kein Privileg« gefordert, »sondern die Achtung eines elementaren Rechtes«.

Die Frage verschärft sich: Können die Werte des Bürgertums nach außen so hoch gestellt werden, wenn zugleich die innere Kirchenstruktur in feudalistisch-hierarischer Form festgehalten wird? Wenn die Person Vorrang vor Strukturen hat und die demokratische Entscheidungskompetenz Vorrang vor der Macht vor Einzelgruppen, was heißt dies dann für die personale Würde der um Laisierung Ersuchenden? Für den Ausschluß Verheirateter und den Ausschluß aller Frauen von der Ordination? Für die Entscheidungskompetenz von Laien in synodalen und konziliaren Gremien? Fordern nicht auch die Laien »kein Privileg ... sondern die Achtung eines elementaren Rechts?«

– Theologisch fundiert wird ein solchermaßen politisierter Katholizismus durch eine im wörtlichen Sinne kirchliche Weltanschauung: weil jeder Mensch nach dem Evangelium von Christus erlöst worden ist (vgl. Röm 3,24, Jo 1,29 u. a.), deshalb ist nach Johannes Paul II. auch jeder als Mensch Geborene ohne Ausnahme und auch wenn er sich dessen nicht bewußt ist »der Obhut der Kirche anvertraut«[9]. Aus der glaubend angenommenen Tat Gottes für alle Menschen wird also für alle Nichtglaubenden gefolgert, daß sie unter der Obhut der Kirche stehen. Selbst wenn sie ihre Freiheit gerade unter Verwerfung der christlichen Erlösungslehre leben, gehören sie zur Einflußsphäre der Kirche; und damit wird – nach der eigenwilligen Formulierung Johannes Pauls II. – die Menschheit und in ihr jeder Mensch zum »ersten und grundlegenden Weg der Kirche«[10]. Die Kirchengeschichte wird durch die Erlösungstat Christi in dieser Perspektive deckungsgleich mit der Weltgeschichte. Denn die Heilstat Gottes in Jesus Christus wird in dieser Aussage nicht nur als Angebot der Gnade auf die Freiheitsgeschichte der Menschen bezogen, sondern gleichsam naturgeschichtlich auf die ganze Menschheit, welche nun – ob sie will oder nicht – als mit Christus vereinigt[11] und deshalb auf dem Weg der Kirche befindlich ausgesagt wird. Alle Menschen wären demnach Glieder der Kirche: sichtbar durch die Taufe oder unsichtbar durch die Erlösung. Alle weiteren theologischen Differenzierungen über die Zugehörigkeit zur Kirche und zum Erlöstsein der Nichtchristen entfallen in dieser Perspektive. Auch wenn in solchen ekklesiologischen Kurz-Schlüssen ein möglicher kirchlicher Imperialismus nicht ausgeschlossen scheint[12], so kann doch festgehalten werden, daß darin betont jede kirchliche Beanspruchung *allein durch Christus* geschehen soll und Kirche damit im ganzen und all ihren Teilen »kein anderes Leben außer jenem hat, das ihr von ihrem Bräutigam und Herrn geschenkt wird. In der Tat, weil Christus in seinem Geheimnis der Erlösung sich mit ihr vereint hat, muß auch die Kirche mit jedem Menschen eng verbunden sein.«[13]

Die Frage ist, ob dieser Beanspruchung der Kirche und damit der Menschheit durch Jesus Christus allein dieser Art und

Weise der kirchlichen Beanspruchung der Menschen entspricht. Die Frage ist, ob der exklusiven Betonung der erlösenden Tat Jesu Christi die kirchliche Weise von Herrschaftsausübung entspricht oder nicht. Gerade wenn die kirchliche Ekklesiologie voll anerkannt wird, richtet sie sich selbst einen Maßstab auf, an dem sie gemessen werden will: ihr Kriterium ist allein die Erlösung Jesu Christi. In der Tat sucht die erste Enzyklika und die schroffe Gründonnerstagserklärung Johannes Pauls II. die kirchliche Ämterlehre ganz vom Gesichtspunkt der Teilnahme am Leben Jesu Christi her zu entwerfen. Ob damit ein neuer Ansatz wenigstens theoretisch das praktisch starre Hierarchiegefüge bricht, wird im dritten Abschnitt zu untersuchen sein.

Die vom Papst selbst aufgerichteten Normen geben der Kirche Fragen auf, welche nicht durch neue Forderungen nach außen gelöst werden können, sondern nur durch die Reform der Kirche im Innern. Nur diese Reform – das war für das Tridentinum so selbstverständlich wie für das zweite Vatikanum – kann die Botschaft des Evangeliums für die Kirche und für die Gesellschaft wahr machen. Die Botschaft nach außen jedenfalls fordert auch für das Innere der Kirche ein Wahrnehmen der strukturellen Krisen, die Achtung vor der Würde der Frau, der Laisierten und der Rechte Verheirateter auf volle kirchliche Mitarbeit sowie die Durchgestaltung der Ämterstruktur nach den Gesichtspunkten des durch Christus angebotenen Heils allein. Entsprechen die Erklärungen an die Bischöfe und Priester diesem eigenen Anspruch vor der Welt?

III. Die Hierarchie und die Teilnahme der Laien an den Ämtern Christi

Der päpstliche Ordnungsruf vom Gründonnerstag 1979 begründet den Sinn und die kirchliche Disziplin des Priesteramtes in der Folge des II. Vatikanums mit einer Theologie, welche nicht nur aus zwei sehr verschiedenen Quellen gespeist wird, sondern durchaus kompromißhaft auch zwei sehr unterschiedliche Theologien des kirchlichen Amtes zu vereinbaren sucht: die katholische Tradition, welche die Ordination zur Begründung des *hierarchischen Priestertums* einführt auf der einen Seite und die reformatorische Christologie, welche die Taufe zur Begründung der *Teilnahme aller Christen an den drei Ämtern Christi* einführt auf der anderen Seite. Um ermessen zu können, was dieser vom II. Vatikanum lehramtlich eingeführte Kompromiß für die Erneuerung der katholischen Ämterstruktur bedeuten könnte, ist diese Struktur hier in den Grundzügen dem klassischen Hierarchiemodell und seinem Laienverständnis gegenüberzustellen.

1. Der Laie im klassischen Hierarchiemodell

Die Ausübung kirchlicher Herrschaft – die Bezeichnung als »Dienst« ändert daran nichts – wird nach dem klassischen Hierarchieverständnis der katholischen Kirche durch eine göttlich legitimierte Amtsordnung ausgeübt (und nicht auf Grund charismatischer oder traditionaler Legitimierungen)[14]. Die *äußere* Struktur dieser Organisationsform der kirchlichen Gemeinschaft[15] wird dabei erstens durch das *hierón* gegeben, welches den Gesamtkörper in allen Stufen gleichermaßen betrifft, also die Herrschaft Christi, und zweitens durch den Ausschluß des regierten Volkes der Glaubenden von der hierarchischen Verwaltung dieser Christusherrschaft. »Laie« heißt demnach, wer in seiner Bindung an das Heilige ganz von der Vermittlung des hierarchischen Sozialkörpers Klerus abhängt und dessen bloßer Empfänger ist. Die *innere* Struktur einer solchen Hierarchie ist dabei gekennzeichnet durch die dreigestufte Weihehierarchie (seit dem II. Vatikanum endgültig: Bischof – Priester – Diakon) und der ihr auf jeder Stufe entsprechenden Jurisdiktionshierarchie. Der Weihegrad ermöglicht also die Übernahme von ihm jeweils entsprechenden Ämtern in verschiedener Abstufung (beim Bischofsamt vom Weihbischof bis zum Papst). Insofern durch die den Zölibat voraussetzende Weihe allein ein Anteil an der sakramentalen, lehrmäßigen und richterlichen Gewalt erworben werden kann, heißen »Laien« die von jeder Teilnahme an den Ämtern Ausgeschlossenen.[16] Im klassischen Hierarchiemodell wird der Laie negativ bestimmt durch das, was er nicht ist, und das heißt konkret durch diejenigen, die über ihn verfügen. Dies zeigt schon die sehr aufschlußreiche Wortgeschichte von »Laie«, welche hier stichwortartig erinnert werden soll, um die neuen Bestimmungen auch in der Lehre Johannes Pauls II. anschließend davon abzuheben:

– Das Wort »Laie« taucht bekanntlich im christlichen Sprachzusammenhang erstmals im Brief des Klemens von Rom (um 96 n. Chr.) an jene Gemeinde von Korinth auf, in welcher die »Unbeachteten gegen die Geachteten, die Unangesehenen gegen die Angesehenen, die Unverständigen gegen die Verständigen, die Jungen gegen die Alten«[17] den Aufstand geprobt haben sollen, weil sie sich gegen die von der Gemeinde eingesetzten Gottesdienstleiter aufgelehnt hatten oder diese als Kultvorsteher absetzen wollten. In dieser Magna Charta der konservativen Ordnungslehre oder – wie Rudolph Sohm meinte – in diesem Anfang des katholischen Kirchenrechts überhaupt[18], wird gegen die »schmutzige und unheilige Revolution«[19] der jugendlichen Erneuerer nicht nur die stoische »Ordnung« (táxis) der militärischen Zucht[20] und der Naturgesetze[21] ins Feld geführt, sondern auch die jüdisch-rabbinische Botenordnung (das Schaliach-Institut)[22] und die alttestamentliche Kultordnung. Mit dem Hinweis, daß im Alten Testament auf der Verletzung der Kultgesetze die Todesstrafe stehe, wird die Stufung von Hoherpriester – Priester – Levit den aufständischen Laien vor Augen geführt und (die alttestamentliche Ordnung überbietend) damit auch erstmals für die christliche Gemeinde betont: »Der laikale Mensch ist an die Gesetze für Laien gebunden«[23]; der laikòs ánthropos wird dabei in der altlateinischen Übersetzung mit »plebeius« wiedergegeben[24]. Der *plebeius ordo* meint in der Kaiserzeit den dritten Stand der freien Bürger unterhalb des Senatoren- und Ritterstandes[25], während die griechische Kultsprache die *laoí* im heutigen Sinne von Laien schon kennt (bei Aristophanes bezeichnen sie die Besucher der *ekklesía* und das Theaterpublikum, bei Kallimachos meinen sie die nicht in die samothrakischen Mysterien Eingeweihten)[26]. Den von Gott Erwählten, also dem (noch nicht zölibatären) klêros, stehen dementsprechend bei Klemens die Plebejer in durchaus negativem Zusammenhang als eine niedere Klasse gegenüber, welcher keine sakrale Rechtsstellung zukommt.

– Diese negative Konnotation des Wortes »Laie« erhielt insbesondere im Hochmittelalter eine Verschärfung durch die machtpolitische Frage von Investiturrechten, Besteuerungsrechten, Erbrechten, Strafrechten und Eigenkirchenrechten der staatlichen Gewalten gegenüber den kirchlichen. »Laie« hieß nun nicht mehr der ungebildete Plebejer, sondern gerade der mächtige weltliche Fürst, der Konkurrent und Teilhaber kirchlicher Macht, welcher sich nach der Vorstellung der Hierarchie auf das Seine, das weltliche Eigentum und Recht beschränken soll: »Keiner von beiden soll Amt und Erblos des andern an sich reißen ... Die Laien sollen nur über das Ihre, d. h. das Säkulare, die Kleriker aber über das Ihre, d. h. die kirchlichen Geschäfte, verfügen und sie besorgen. Beide mögen sich an die ihnen eigenen Regeln halten ...« (Kard. Humbertus, † 1061)[27]. Der ominöse Satz Bonifaz' VIII., daß die Laien von alters her die Feinde des Klerus seien (Clericis laicos infestos oppido tradit antiquitas)[28], bezieht sich ja gerade auf die »Vorgänge in unseren Tagen«[29], und das heißt für Bonifaz VIII. auf die Versuche weltlicher Gewalt (also der »Kaiser, Könige, Fürsten, Führer, Gefolgsleute, Barone, Behörden, Gemeindevorsteher, Beamten und Befehlshaber«), die Güter der Orden und des Weltklerus zu besteuern. Gratian leitet in seiner rechtlichen Bestimmung, wonach es zwei Arten von Christen gebe (Duo sunt genera Christianorum[30]), zwar den Begriff des Laien von laós (Volk) ab, meint aber faktisch mit den »Laien« doch jene besitzenden Stände, die mit richterlicher Gewalt und Eigentum ausgestattet sind. Gegen diese *Stände* hat sich der Klerus durch rechtliche Absicherungen seiner Güter zu behaupten.

– Das geltende Kirchenrecht hat diese antagonistischen Bestimmungen zwischen Klerus und Laien entschärft, indem es sie nicht mehr als verschiedene Arten von Christen unterschieden sein läßt, sondern nurmehr die Kleriker durch ihre Berufung, »die Gläubigen zu leiten und den heiligen Kult auszuüben« (c. 948), von den Laien abhebt. Diese Differenz wird durch die göttliche Einrichtung (c. 107) oder durch die Einsetzung durch Christus (c. 948) legitimiert: die Differenz durch die Berufung zum Leitungsamt und zum Vorstand im Kult ist im geltenden Kirchenrecht also eine durchaus funktionale, auch wenn die Ausübung dieser Funktion an die den Zölibat voraussetzende Weihe gebunden wird. Nach dieser letzten Bestimmung wird der Kleriker vom Laien nicht seiner Funktion nach unterschieden, sondern allein durch den ordo, durch den Weihe-Stand. Das Zweite Vatikanum hat gegenüber dem geltenden Kirchenrecht diese Differenz in einem Punkte verschärft, und zwar durch die Bestimmung, daß das durch den ordo begründete hierarchische Priestertum vom allgemeinen Priestertum aller Getauften »im Wesen und nicht nur dem Grade nach« (essentia et non gradu tantum)[31] verschieden sei. Priester wäre demnach in seinem Wesen etwas anderes als ein normaler Christ, er gehört zu einem höheren *Stand.*

Das Zweite Vatikanum, auf welches sich das päpstliche Disziplinierungsschreiben in diesem Punkte gleich mehrfach bezieht (Art. 3–5), führt neben ganz anderen Anstößen auch das klassische Hierarchiemodell zu seiner Vollendung: das Priestertum der Laien hat, da wesensverschieden vom Priestertum der Priester, mit letztem nichts gemeinsam. Das »Volk Gottes« ist keine organische Christusgemeinschaft oder eine Gesellschaft im bürgerlichen Sinne des Wortes, sondern eine »hierarchisch geordnete Gesellschaft«[32], wobei in diesem »Volk Gottes unter der Führung des Magisteriums«[33] die Laien die »subditi«, also die Untergebenen des Klerus bleiben.

Erst auf diesem Kontrastbild hebt sich nun die *ganz andere Bestimmung der Laien und ihrer eigenen kirchlichen Amtsgewalt* durch die vom II. Vatikanum lehramtlich eingeführte und von Johannes Paul II. in allen Schreiben bevorzugte Traditionslinie ab. Ob sie mit der hierarchischen Bestimmung des Laien und der entsprechenden Praxis vereinbart werden kann, ist hier zu fragen.

2. Das Amt der Laien

Johannes Calvin hat in der letzten und reifsten Fassung seiner »Institutiones religionis christianae« vom 1559 seine Verherrlichung Jesu Christi um ein Lehrstück erweitert[34] und dabei die Fülle des Erlösungswerkes Christi durch die alttestamentlichen Kategorien des Amtes von Prophet, König und Priester zu bestimmen gesucht[35]. Aber obwohl Calvin gegen die anfängliche reformatorische Losung vom besonderen Priestertum durch das allgemeine Priestertum aller Gläubigen mehr und mehr ein pragmatisches Kirchenrecht für die notwendigen Kirchenämter setzte, nützt er doch die Lehre von den drei Ämtern Christi gerade nicht zur Begründung der Kirchenordnung aus. Obwohl die Christen durch die Zusammengehörigkeit mit Jesus Christus selber Propheten, Könige und Priester werden, kommen alle diese drei Ämter im eigentlichen Sinne doch nur Christus allein, der Gnade Gottes in Person zu.

Die Übernahme dieser reformatorischen Christologie der drei Ämter durch die katholische Theologie der Aufklärungszeit führte im Kirchenrecht des 19. Jahrhunderts zu einer neuen und im Ansatz nicht hierarchischen Ämtertheorie, welche neben das klassische Hierarchieschema trat. In seinem Kirchenrecht betonte Ferdinand Walter, daß »auch der Gemeinde und jedem Einzelnen in ihr ein großer Einfluß auf die kirchliche Verwaltung« offenstehe[36], und zwar in ihrer »priesterlichen Würde«, durch die »Teilnahme der Laien« am Lehramt und schließlich sogar dadurch, daß »den Laien bei den meisten Zweigen der äußeren Kirchenzucht, namentlich bei der Besetzung der Kirchenämter und der Verwaltung des Kirchenvermögens, ein großer Anteil gestattet« sei. Das Priesteramt der Laien besteht im Gebet und Teilnahme am Meßopfer, ihr prophetisches Lehramt in der »Gestaltung der christlichen Wissenschaft« und ihrem privaten und öffentlichen Wirken als »Hausvater, Lehrer oder Schriftsteller« und ihr Hirtenamt in der Gestaltung weltlicher Obrigkeit im Sinne des Christentums[37]. Die reformatorische Christologie der drei Ämter[38] wird durch das katholische Kirchenrecht aus einer Verherrlichung des Werkes Christi zur Rechtsbegründung der Vollmachten der Laien neben dem hierarchischen Amt des Klerus: »Trotz dem Berufe des Clerus zur alleinigen Ausübung der Kirchengewalt sind dennoch die Laien von keiner der drei Vollmachten, aus welchen dieselbe besteht (!), gänzlich ausgeschlossen«[39]. Was George Phillips hier als Kompromiß formulierte, ist im II. Vatikanum und bei Johannes Paul II. ein Kompromiß geblieben: gemäß ihrer Teilnahme an den drei Ämtern Christi durch die Taufe nehmen die Laien an jener Kirchengewalt teil, welche dem Klerus doch allein durch die Ordination ermöglicht wird. Wer sieht nicht, daß hier zwei ganz verschiedene Theologien der Kirchengewalt mühsam zu einem dürftigen Kompromiß zusammengefügt werden: was die hierarchische Theorie ausschließt, schließt die Drei-Ämter-Lehre wieder ein. Die Spannung zeigt, daß hier lebendige Kräfte noch nicht zum Ausgleich gelangt sind.

Den Spannungen im Leben der Kirche entsprechend hat das II. Vatikanum gleichsam beide Seiten dieses Kompromisses gestärkt: das *hierarchische Priestertum* durch die Lehre seiner Wesensverschiedenheit vom allgemeinen Priestertum – der *Anteil der Laien* an der kirchlichen Herrschaft durch die breit eingeführte Lehre von den drei Ämtern Christi, an denen alle Laien Anteil haben:

– Die Laien sind *Priester* durch ihr »geistiges Opfer« im Empfang der Eucharistie, im Gebet, Lebenszeugnis, in ihrer Selbstverleugnung und in ihrem karitativen Einsatz[40].

– Die Laien nehmen teil am *Prophetenamt* Christi durch ihre Zeugenschaft, ihren Glaubenssinn und ihre Wortverkündigung im täglichen Leben von Familie und Gesellschaft[41].

– Die Teilnahme der Laien am *Königsamt* Christi schließlich besteht in der Pflicht, sich von den klerikalen Hirten weiden zu lassen, sowie durch demütigen Dienst in der Nachfolge des Gehorsams Christi tätig zu sein in der Welt[42].

Im Falle von Priestermangel oder einer Vertreibung des Klerus durch weltliche Gewalten sollen schließlich die Laien all jene Funktionen wahrnehmen, welche die hierarchische Gewalt nicht berührt. Die Teilnahme an den Ämtern Christi schließt für das II. Vatikanum die Gemeindeleitung durch Wort und Sakrament auch in diesem Falle nicht ein, genausowenig wie daraus eine Entscheidungsgewalt in synodalen und konziliaren Gremien für Laien erwächst[43].

Es ist nun sehr bemerkenswert, daß Johannes Paul II. sowohl in seiner ersten Enzyklika als auch in der Priestererklärung vom Gründonnerstag gerade diese zweite Linie der neueren vatikanischen Ämter-Lehre entschieden zu stärken sucht. »Redemptor hominis« theoretisiert die *ganze* christliche Erlösungsbotschaft, die *ganze* Sendung der Kirche in ihrem letzten und entscheidendem Teil mit Hilfe der Drei-Ämter-Lehre, so daß gesagt werden kann, daß diese und keine andere Lehre den Kern der päpstlichen Ordnungs- und Funktionslehre der römisch-katholischen Kirche heute ausmache. Die Kirche verwirklicht ihren »Auftrag, indem sie teilnimmt am ›dreifachen Amt‹, das ihr Meister und Erlöser selbst innehat«[44]. Konsequent dazu wird in der Gründonnerstagserklärung jeglicher Ordo von Diakon, Priester und Bischof genauso wie jegliche Vollmacht der Laien aus »der Teilnahme an der Sendung und dem Amt Christi in der dreifach gegliederten Einheit« abgeleitet (Art. 3). Wenn hier abschließend noch einmal der reformatorische Ansatz bei den drei Ämtern, so wie Johannes Paul II. ihn lehrt, kurz umrissen wird, dann allerdings in der Hoffnung, daß die Logik einer solchen Theologie künftig stärker ausgezogen und in einer neuen Praxis auch verwirklicht werde:

– Der *prophetische Geist* Christi wirkt demnach nicht nur im unfehlbaren Lehramt, sondern auch im Glaubenssinn des ganzen Volkes Gottes und in einer »kreativen und fruchtbaren« Theologie, er wirkt nicht nur durch das priesterliche Eintreten für die Wahrheit Christi, sondern auch durch »die breite Teilnahme des ganzen Volkes Gottes am prophetischen Amt Christi«[45].

Die Hoffnung ist, daß diese entschiedene Anerkennung des prophetischen Geistes der Laien im Rahmen der kirchlichen Lehre als genügende Voraussetzung erkannt wird, um verheirateten Frauen und Männern den Dienst des Wortes in der Gemeinde durch ihre Sendung und kirchliche Weihe zu übertragen. Wenn der priesterliche Geist an demselben prophetischen Geist Anteil hat wie der christliche Geist der Laien, dann ist nicht zu sehen, warum dieser Geist durch eine Ehe, durch das weibliche Geschlecht oder durch eine Laisierung ausgelöscht sein soll.

– Die Teilnahme am *Priesteramt Christi* in Eucharistie und Buße wird in der ersten Enzyklika ohne jede Trennung in hierarchisches und allgemeines Priestertum ausgesagt: entscheidend ist die Teilnahme aller an der Selbsthingabe Christi. Wenn hier der Papst von »unserer Teilnahme am Priestertum Christi«[46] spricht, sind *immer* Laien und Kleriker zugleich gemeint.

Die Hoffnung ist, daß von dieser *einen* Teilgabe Christi an seiner Versöhnung und Selbstmitteilung die allein kirchenpragmatische Voraussetzung zur Ausübung der priesterlichen Vollmachten, wie sie der exklusive Zölibat darstellt, überwunden werden kann. Weil *jeder* Christ an dieser priesterlichen Hingabe Christi Anteil hat, deshalb kann prinzipiell auch jeder Christ zum kirchlich-priesterlichen Dienst berufen werden.

– Die Teilnahme am *Königsamt Christi* wird von Johannes Paul II. schließlich ganz als Eintritt in das Amt des Dienstes verstanden. Die Königswürde aller Christen besteht in ihrer Berufung zum Dienst in der Nachfolge Christi, welche allein zur »echten Erneuerung der Kirche« führt[47]. Wenn der Papst in diesem Zusammenhang Eheleute und Priester zur Treue gegenüber der ihnen eigenen Berufung ermahnt, schließt dies nicht aus, daß die Befähigung zum Leiten durch Dienen allen Christen in ihren je verschiedenen Berufungen mitgegeben ist. Der Dienst in der Ehe schließt ja den Dienst in der Gemeinde nicht aus.

Die Hoffnung ist, daß dieser Appell zum Dienst Christi in der Kirche und an der Welt nicht dadurch wirkungslos bleibe, daß er als priesterlicher Dienst all *den* Christen vorenthalten wird, welche vom Lehramt gehindert werden, ihn auszuüben. Und warum? Weil sie weiblichen Geschlechts oder verheiratet sind. Hindert dies die volle Teilnahme an dem prophetischen, dem priesterlichen und königlichen Dienst Christi auch im Dienste der Kirche?

Anmerkungen

1 Zur Einführung in die uferlose wissenschaftliche Literatur vgl. *F. Klostermann* (Hrsg.): Der Priestermangel und seine Konsequenzen, Düsseldorf 1977.

2 Bei Bezugnahme auf das Schreiben Johannes Pauls II. an alle Priester der Kirche werden die betreffenden Artikel im Text in Klammern beigefügt.

3 Johannes Pauls II. Enzyklika »Redemptor hominis« (Art. 5) vom 4. 3. 1979. Vgl. das Schreiben Johannes Pauls II. an alle Bischöfe der Kirche (Art. 3–4) zum Gründonnerstag 1979 vom 8. 4. 1979.

4 Enzyklika »Redemptor hominis«, Art. 4 u. 19; vgl. auch das Schreiben an die Priester, Art. 6, 8 u. 10.

5 Vgl. *H.-J. Vogels:* Pflichtzölibat. Eine kritische Untersuchung, München 1978 (mit Lit.).

6 Enzyklika »Redemptor hominis«, Art. 8 u. 16.

7 Enzyklika »Redemptor hominis«, Art. 16

8 Enzyklika »Redemptor hominis«, Art. 16. Angemerkt sei, daß die Marxisten die Symptomenanalyse teilen und die politische Option bekämpfen werden. Die liberale Wirtschaftsideologie wird das Ethos des freien Wettbewerbs begrüßen und die Krisenbeschreibung ad acta legen. Der positive bürgerliche Systemwille in den päpstlichen Dokumenten begnügt sich nicht mit der Ausrichtung des Evangeliums und dem entschiedenen Eintreten für die Menschen auf der Schattenseite des liberalen Kapitalismus im Westen, des Staatskapitalismus im Osten und der wirtschaftlichen Ausbeutung durch beide Systeme in der ganzen Dritten Welt.

9 Enzyklika »Redemptor hominis«, Art. 13.

10 Enzyklika »Redemptor hominis«, Art. 14.

11 Vgl. Enzyklika »Redemptor hominis«, Art. 8 u. 18.

12 Zur Differenzierung bei Thomas von Aquin vgl. *M. Seckler*: Das Haupt aller Menschen, in: Virtus politica. Festgabe zum 75. Geburtstag von Alfons Hufnagel 1974, München 1975, S. 107–125.

13 Vgl. Enzyklika »Redemptor hominis«, Art. 18.
14 Zur bürokratischen Rationalität von Hierarchien vgl. *M. Weber*: Wirtschaft und Gesellschaft, Köln – Berlin 1964, S. 159–188; *H. P. Bahrdt:* Industriebürokratie, Stuttgart 1958, S. 23ff.
15 Zur Differenzierung in die Außen- und Innenstruktur vgl. *H. Dombois*: Hierarchie, Freiburg – Basel – Wien 1971.
16 In reiner Form hat dieses rationale Hierarchiegefüge praktisch nie bestanden, sei es wegen der kirchlichen Jurisdiktionsgewalt weltlicher Fürsten (legitimiert durch Salbung), sei es durch die mannigfachen Amtsgewalten von Laien in neuerer Zeit (Richter, Religionslehrer, Laientheologen u. a.).
17 1 Klem 3,2; zitiert nach *J. A. Fischer*: Die apostolischen Väter, Darmstadt 1966.
18 1 Klem 1,1; vgl. 46,9 (stásis).
19 *R. Sohm:* Kirchenrecht, Bd. 1: Die geschichtlichen Grundlagen, Leipzig 1892, S. 165ff.
20 Vgl. 1 Klem 37,2f.
21 Vgl. 1 Klem 20; 33; 40,1.
22 Vgl. 1 Klem 42,1f.; 44,1ff.; 56,1 u. ö.
23 1 Klem 40,5.
24 Vgl. *Y. Congar*: Laie, in: Handbuch theologischer Grundbegriffe, Bd. II, München 1963, S. 8.
25 Vgl. Der kleine Pauly, Bd. V, Sp. 1634.
26 Vgl. *O. Kern*: laoi – Laien, in: Archiv für Religionswissenschaft 30 (1933) 205ff.
27 Humberti Card. adversus Simoniacos lib. III, c. IX, 34ff. (Monumenta Germaniae Historica, Libelli de lite, t. I, Hannover 1841, S. 208).
28 Bonifatius' VIII. Bulle »Clericis laicos« *(C. Mirbt – K. Aland:* Quellen zur Geschichte des Papsttums, Bd. I, Tübingen [6]1967, S. 457).
29 *Mirbt – Aland:* Quellen, Bd. I, S. 457.
30 *E. Friedberg:* Corpus Iuris Canonici, t. I, Graz 1959, S. 678 (c. XII, q. I, c. VII).
31 II. Vatikanisches Konzil: Konst. »Lumen gentium«, Art. 10.
32 II. Vatikanisches Konzil: Konst. »Lumen gentium«, Art. 20.
33 II. Vatikanisches Konzil: Konst. »Lumen gentium«, Art. 12.
34 »Wir wollen nun ausdrücklich bemerken, daß alles, was zum Ruhme Christi gesagt wird, auf seine drei Ämter sich verteilen läßt: *(K. Müller:* Johannes Calvins Unterricht in der christlichen Religion, Neukirchen o. J., S. 256).
35 Vgl. *P. Wernle*: Der evangelische Glaube nach den Hauptschriften der Reformatoren, Bd. III, Tübingen 1919, S. 400ff.
36 *F. Walter:* Lehrbuch des Kirchenrechts aller christlichen Confessionen, Bonn [9]1842 ([1]1922), S. 48.
37 *Walter:* Lehrbuch, S. 48f.
38 Zu ihrer evangelischen Kritik aus exegetischer und systematischer

Sicht vgl. *W. Pannenberg*: Grundzüge der Christologie, Gütersloh ^{3}1969, S. 218–232.

39 *G. Phillips:* Lehrbuch des Kirchenrechts, Regensburg ^{2}1871, S. 97.

40 II. Vatikanisches Konzil: Konst. »Lumen gentium«, Art. 10 u. 34.

41 II. Vatikanisches Konzil: Konst. «Lumen gentium«, Art. 35.

42 Vgl. II. Vatikanisches Konzil: Konst. »Lumen gentium«, Art. 36.

43 Vgl. II. Vatikanisches Konzil: Dekret »Apostolicam actuositatem«, Art. 17 u. 24; Dekret »Christus Dominus«, Art. 30; Dekret »Ad gentes«, Art. 21.

44 Enzyklika »Redemptor hominis«, Art. 18.

45 Enzyklika »Redemptor hominis«, Art. 49.

46 Enzyklika »Redemptor hominis«, Art. 20.

47 Enzyklika »Redemptor hominis«, Art. 21.

48 *K. Tucholsky:* Briefe an eine Katholikin 1929–1931, Reinbek 1969, S. 29.

Priesterbild

KARL HERBST
Treue zu dem Christus, der mit Jesus identisch ist

Es gibt das eine geistliche Fundament, auf dem man mit Papst Johannes Paul II. brüderlich-furchtlos reden kann. Das ist die unbedingte Gewissensbindung an Christus, tief unter allen divergierenden Meinungen. Nicht zur einleitenden captatio benevolentiae, sondern direkt zu unserem Thema gehören folgende Beobachtungen. Die erste: Dieser Papst liebt Christus. Wer seinen geradezu persönlichen Brief an die Bischöfe und Priester aufgeschlossen liest, spürt das. Er weiß sich seit seiner Berufung zum Petrusamt ständig der Frage ausgesetzt: »Liebst du mich mehr, als diese mich lieben?« (Art. 1). Dementsprechend geht er »vor allem von der lebendigen Quelle unserer gemeinsamen Liebe zu Christus und seiner Kirche aus« (Art. 2). Die zweite: Dieser Papst weiß, daß die Kirche ihre Sendung nur erfüllen kann, »wenn sie Christus die Treue hält« (Art. 2). Also ist für sie maßgebend, was er gebietet, nicht was sie meint oder wünscht. Die dritte: Dieser Papst zaudert auch nicht, aus den Weisungen Christi, wie er sie versteht, modewidrige Konsequenzen zu ziehen. Wenn er z. B. an die Priester unbequeme Forderungen stellt, hat er keine Angst vor drohendem Priestermangel, weil er dem »Herrn der Ernte« vertraut (Art. 10).

Nur aus derselben Liebe zu Christus, nur an dieselbe Treue ihm gegenüber im Gewissen gebunden und nur mit demselben im Vertrauen zu ihm begründeten Mut zu harten Konsequenzen für ihre eigene Existenz können die angesprochenen Priester zurückfragen. Aber so müssen sie auch zurückfragen: Welcher Christus ist *für die Kirche* normativ? Die traditionelle Antwort, es sei selbstverständlich der *von der Kirche* verkündigte, bewegt sich offensichtlich im Kreise. Sie genügt nicht, weil schon die im Neuen Testament gesammelten Predigten über Christus und mehr noch die fortschreitende Theologiegeschichte sehr unterschiedliche Christusbilder anbieten. Unter ihnen gibt es zweifellos auch falsche. Man gedenke nur jener

Juden- und Ketzerverfolgungen, die nicht gegen die Intention der Kirche geschahen, sondern von der Hierarchie mit Berufung auf »ihren Christus« angeordnet wurden. – Die Grundfrage, welchem Christus der Papst und die Bischöfe und die Priester und die Laien gehorchen sollen, kann bereits prinzipiell die Geister scheiden. Darum ist es erforderlich, sie vor allen Detailfragen möglichst gemeinsam zu klären.

Natürlich leitet uns heute nicht direkt der historisch »gewesene« Jesus, der in jener Zeit nur jenes Israel direkt angesprochen hat. Es ist nach unserem gemeinsamen Osterglauben der Auferstandene, der lebende, jetzt in Gott uns gegenwärtige Christus. Aber dieser ist mit dem historischen Jesus identisch. Nicht nur der Person nach, auch seinen spezifischen Intentionen nach! Daß nicht neue Offenbarungen, die unkontrollierbar von einem himmlischen Christus kommen, sondern die »Erinnerung« an die Worte des irdischen Jesus die Glaubensbasis der Kirche sein und bleiben *soll*, wurde schon in der synoptischen und noch in der johanneischen Tradition erkannt. Nach Lk 24,44 »erinnert« der Auferstandene die Jünger an seine Worte, die er zu ihnen gesprochen hat, als er noch bei ihnen war. Nach Jo 14,25 f.; 16,12–15 wird sogar der Heilige Geist, der in die volle Wahrheit einführt, nichts von sich aus reden, sondern nur das, was er hört. Wenn es wirklich der Heilige Geist ist, der weiterführt, wird er lediglich »an alles erinnern, was ich euch gesagt habe«. – Also gilt es für Theologen und Prediger und für alle, die dem Christus, der Jesus ist, folgen wollen, schon in den ältesten Dokumenten echte Erinnerungen von späteren Deutungen sehr gewissenhaft und so sauber, wie sie eben können, zu scheiden.[1] Was aber in der nachösterlichen Theologie und Praxis von den spezifischen Intentionen des vorösterlichen Jesus abweicht, darf sich weder auf einen in der Kirche fortlebenden Christus noch auf einen der Kirche gegebenen Heiligen Geist berufen. Dies zu bekennen, mit allen Konsequenzen, fordert die Treue zu dem Christus, der mit Jesus identisch ist. – Wenn es nun um Weisungen für Priester geht, müssen wir zuerst graben nach den Weisungen des Meisters für jene Männer, die er zur Ausweitung und Fortführung seines Werkes zurüstete. Nicht, um etwaige »ipsissima verba« zu repetieren, sondern um seine »ipsissima intentio« zu erkennen. Die folgenden Überlegungen bezüglich hierarchische Struktur (1.), priesterliche Aufgaben (2.) und priesterliche Berufsbedingungen (3.) möchten trotz indikativischer Formulierungen als ein unbefangenes Fragen im Kreis von Brüdern verstanden werden, und zugleich als Bitte, verantwortlich mitzusuchen nach dem, was »er selbst« damals wollte und heute will.

1. Hierarchische Struktur?

Der Papst betont durchwegs das hierarchische Priestertum, das sich vom gemeinsamen Priestertum der Gläubigen dem Wesen nach unterscheidet (Art. 3–5 u. ö.). Dabei geht er traditionsgetreu von einer streng-hierarchischen Grundstruktur der Kirche aus. Wo er Ignatius von Antiochien zitiert (Art. 1), tritt eine Drei-Stufen-Pyramide klar zutage: Oben führt der Bischof an der Stelle Gottes; unter ihm die Presbyter an der Stelle der Apostel; unter ihnen dienen die Diakone. An diesem Schema bleibt nur zu ergänzen: Ganz unten üben auch die Laien ihr »königliches Priestertum« aus, allerdings nur empfangend und gehorsam mitwirkend (Art. 3). Ganz oben führt der römische Bischof, in dessen Person nach Vaticanum I und Vaticanum II die Lehr- und Leitungsautorität der ganzen Kirche rechtlich konzentriert ist. (Für die Selbstverständlichkeit, mit der ein Papst auch praktisch von der einen, das Ganze repräsentierenden Spitze aus redet und handelt, hier nur ein kleines Beispiel. Statt zu sagen: »Ich bin aus meiner Überzeugung heraus entschlossen«, formuliert er: »Die Kirche ist entschlossen« (Art. 8), natürlich ohne die Kirche gefragt zu haben.) – Stammt dieses Pyramidenmodell, dem auch das hierarchische Priestertum eingefügt ist, von Jesus? Genauer: Ist die Vorstellung, wonach die Autorität Gottes stufenweise von oben nach unten delegiert und subdelegiert wird, jener »Gottesherrschaft« angemessen, die Jesus neu verkündet hat? Dazu einige Hinweise:

Neu war, daß die Jünger Jesu keinen von ihnen Vater nennen, d. h. keinem Vaterautorität zubilligen sollten (Mt 23,9). Der Grund: Gott allein ist ihr Vater. Da Gottes Vaterautorität ohnehin von jedem Juden anerkannt war, kann das Jesuswort nur bedeuten: Gott gibt seine Befehlsgewalt nicht ab, auch nicht stückweise und stufenweise an größere und kleinere Stellvertreter Gottes auf Erden. Er behält sie ganz für sich, im Himmel. Direkt will er die Großen und Kleinen durchherrschen. – Solche Unmittelbarkeit der Gottesherrschaft übersteigt die Frühepoche Israels, in der Jahwe nur einzelne Charismatiker und Propheten direkt erfaßte, um durch ihre Vermittlung sein Volk zu leiten. Aber sie entspricht der Vision des Neuen Bundes, in dem alle, klein und groß, Jahwe erkennen, weil er selbst ihnen sein Gesetz »ins Herz« schreibt (Jer 31,31 ff.).

Wo keinem auf Erden ein Teil der Vaterautorität Gottes zukommt, weist Jesus konsequent auch für sich selbst jede quasi-göttliche Überhöhung zurück. Schon jenem Ratsuchenden, der ihn mit dem Kniefall ehrte und »Guter Meister« anredete, hielt er entgegen: »Was nennst du *mich* gut? Keiner ist gut außer einem: Gott!« (Mk 10,17 f.). – Dieser »Messias«, der alle Herrschergewalt in Gott selbst beläßt, hat keine »Throne« zu seiner Rechten und Linken zu vergeben (Mk 10,40), d. h. keine Herrschergewalt zu subdelegieren.

Freilich braucht auch ein Bund von Brüdern unter der Herrschaft des himmlischen Vaters menschliche Leitung. Aber diese *ist* ihrem Wesen nach Dienst und darf sich nicht nur so nennen. Wer bei euch die Leitung innehat, verhalte sich als *euer* Diener (Lk 22,25 f.), also nicht nur wie Gottes Diener! »Wohltäter« (oder Stellvertreter und Diener einer Gottheit) lassen sich auch die Könige der Heiden nennen, obwohl sie ihre eigene Macht an den Völkern ausüben. Das Originalmodell von menschlicher Leitung unter Gottes Herrschaft ist Jesus selbst. Unbeschadet seines zweifelsfreien Sendungsbewußtseins und daraus resultierenden Anspruchs auf unbedingten Glaubensgehorsam, sagt er von sich: »Ich aber bin in eurer Mitte wie der Bedienende« (Lk 22,27).

Konnte sich diese »Demokratie aus konsequenter Theokratie« organisch fortentwickeln zu einer »hierarchischen Struktur«? Oder gab es da einen Bruch, den Einbruch menschlich-vernünftiger Vorsorge in die scheinbar utopische Haltung unbedingten Vertrauens in Gottes Führung, ähnlich wie in der frühen Geschichte Israels? Auch das alte Gottesvolk stand seit seiner Geburt, seit seiner Rettung durch Jahwe aus der Sklaverei, unter jenem Anspruch der alleinigen Herrschaft Gottes, den Jesus als »Grund« der beiden Hauptgebote wieder ernst genommen hat: »Höre Israel, der Herr, unser Gott, ist der *einzige* Herr« (Dt 6,4 – Mk 12,29). Aber als unter Samuels Söhnen die Führung durch gottunmittelbare Charismatiker nicht mehr funktionierte, verlangte das Volk ungeduldig: Gib uns einen König, einen starken Führer, der für Recht und Ordnung sorgt, wie es bei den Völkern ringsum üblich ist! (1 Sam 8,5). Natürlich wollte man einen »gesalbten« und »an Gottes Stelle herrschenden«, denn ein anderer König war weder für Juden noch Heiden vorstellbar. Gewiß ließ Gott es geschehen und zog sich auch unter dem Königtum nicht von seinem Volk zurück. Dasselbe glauben wir von der hierarchischen Kirche mit ihrer helldunklen Geschichte. Aber wenn ein Papst heute die Priester zum demütigen Dienen auffordert und zugleich die hierarchische Struktur der Kirche Christi mit all den theologischen, rechtlichen, psychologischen und alltäglich-praktischen Konsequenzen von neuem betont, dürfen wir nicht der Legitimitätsfrage ausweichen. Müßten nicht Schüler und Helfer des Christus Jesus, unbekümmert um abgestufte Würdetitel und Vollmachten, die ihnen nun mal angehängt wurden, existentiell »unten« stehen, im laos (Laienvolk), und dort im Auftrag des alleinigen Herrn ihren Dienst an Gleichgestellten tun? Statt als graduelle Teilhaber göttlicher Autorität sich von ihrer jeweiligen Pyramidenstufe dienend herabzubeugen, um in ihre Verfügbarkeit gegebene Heilsgaben von oben nach unten zu reichen? Stünden die Helfer unten, wären sie auch leichter von Untenstehenden zu korrigieren.

2. Priesterliche Aufgaben?

Jesu prophetischer Auftrag (Lk 4,18f.) war es, in Israel die beglückende Botschaft (euangelion), daß mit ihm die Herrschaft Gottes als des liebenden Abba gekommen ist, durch Wort *und* Tat zu verbreiten. Er verkündete das Evangelium von der Gottesherrschaft *und* heilte jegliches Gebrechen im Volke (Mt 4,23). Zu nichts anderem hat er seine Schüler zugerüstet und ausgesandt; aber auch zu nichts weniger. Predigen *und* heilen, so lautet der Auftrag in den synoptischen Evangelien immer wieder (Mk 3,14; 6,7; Mt 10,1; Lk 9,1). Und so lautet der Kurzbericht: »Sie verkündeten die Freudenbotschaft *und* heilten überall« (Lk 9,6). So ergeben sich vom historischen Jesus her sehr einfach die beiden großen Aufgaben: Einerseits sorgfältig studieren, was er selbst damals gesagt und getan und damit gemeint hat, um es heute richtig und verständlich weiterzusagen; andererseits die Gebrechen des Volkes so zu heilen suchen, wie Jesus tat, das heißt: mit der Gotteskraft, die er einsetzte. Es ist die bergeversetzende Kraft des Vertrauens in die Liebe des Abba. Solches »Heilen«, charismatisch oder nicht, gehört notwendig zum »Verkünden«, damit die Menschen, besonders die Armen (»Ihrer ist die Gottesherrschaft«), nicht nur hören, sondern auch sehen können, was Gottesherrschaft bedeutet: ganzheitliches Heil statt halbiertes, auf Seele, Jenseits oder apokalyptische Zukunft reduziertes, wie es andere Lehrer in Israel predigten. Damit die Freudenbotschaft von der Liebe Gottes glaubhaft wird: verkünden *und* heilen!

Schon bald nach Jesu Tod kam es zu einer scheinbar notwendigen und vernünftigen Aufgabenteilung. Den Zwölfen sollte das Gebet und der Dienst am Wort obliegen; den Sieben (Diener genannt!) der Dienst an den Tischen (Apg 6,1–4). – Zu dieser Aufteilung »Verkünden *oder* Heilen« kam später, aus welchen Einflüssen auch immer, eine bedeutsame Veränderung der den Aposteln verbliebenen Aufgabe. Aus dem Verkünder wurde der hiereus (Kultpriester), dem es zukommt, heilige Handlungen zu vollziehen, für die nur er kraft besonderer Weihen ermächtigt ist. Seine spezifischen Aufgaben sind nunmehr, stellvertretend für das Volk Gott ein Sühnopfer darzubringen und dem Volk Sakramente zu spenden, Zeichen des Heils, die ex opere operato auch Heil bewirken. Diese exklusive Anteilgabe heiliger Vollmachten (»Nur die Lippen eines Priesters können jene Worte wirksam aussprechen.« Art. 10) sowie die mit dem Priestertum verbundene Vorstellung von Heiligkeit im alttestamentlichen Sinn von kultischer Reinheit und Abgesondertheit haben die Idee einer hierarchischen Pyramide auch theologisch gefestigt und tiefer in die Gewissen eingeprägt als nur die faktisch ausgeübte Leitungsgewalt.

Dieser Tradition und zugleich seinem Gewissen folgend, hat auch der gegenwärtige Papst uns wieder die spezifisch priesterlichen Aufgaben vor Augen gestellt. Ausgehend von der nur dem »hierarchischen Priestertum« durch das Weihesakrament mitgeteilten »heiligen Gewalt«, verweist er auf Meßopfer, Sakramentenspendung und Seelsorge. Letztere umschreibt er als Sorge um den Menschen, jedoch »im Hinblick auf das ewige Heil«. Er warnt vor zu starkem Engagement für irdische Aufgaben und vor einer unangemessenen Anpassung, die das priesterliche Leben »laisieren« möchte (Art. 6). Das verdeutlicht er in seiner Ansprache an den römischen Klerus, auf die das Sekretariat der deutschen Bischofskonferenz in einer Fußnote verweist: »Bilden wir uns nicht ein, es wäre ein Dienst am Evangelium, wenn wir unser priesterliches Charisma zu verwässern suchten durch ein übertriebenes Interesse für das weite Gebiet der irdischen Probleme; wenn wir den Stil unseres Lebens und Handelns verweltlichen möchten; wenn wir auch die äußeren Zeichen unserer priesterlichen Berufung verwischen. Wir müssen uns den Sinn für unsere einzigartige Berufung bewahren, und diese Einzigkeit muß sich auch in unserer Kleidung zeigen.« Was das »Ankommen« des Priesters in der Gesellschaft betrifft, so sagt er: »Wir würden dann (nach einer ›Laisierung‹ des priesterlichen Lebens) aufhören, gefragt und populär zu sein . . . Gefragt ist letztlich von den Menschen immer nur jener Priester, der sich seines Priestertums im vollen Sinn bewußt ist« (Art. 7).

Wer da mit pastoralen Argumenten opponieren wollte, die noch dazu von dem unausgesprochenen Wunsch nach einem etwas billigeren Priestertum getragen sind, würde an dieser Treue des Papstes zum tradierten Priesterbild scheitern. Erst nachdem wir entschlossen sind, für die Gottesherrschaft alles zu ertragen, wenn nötig, auch die Soutane, dürfen wir ohne schlechtes Gewissen fragen, und aus Treue zu dem Christus, der mit Jesus identisch ist, müssen wir dann auch fragen, ob er wirklich ein sakrales Priestertum gestiftet oder wenigstens intendiert hat. Weil aber weder die Zeitdauer noch die Stimmenzahl eine Tradition zur jesusgemäßen machen kann, ist die Antwort möglichst in Jesu eigenen Worten und Taten zu suchen. – Es geht also hier um Sakramente und Meßopfer:

Hat Jesus das Heil in sakramentalen Kategorien angeboten? Gemäß seiner Freudenbotschaft kommt alles Heil aus der Liebe Gottes zum Menschen. Damit sie aber wirksam werden kann, ist eine Eigenbewegung des Menschen unerläßlich: die metanoia. Gerade weil die von Jesus (im Unterschied zu zeitgenössischen Buß-Predigern) gepredigte Umkehr ein vertrauendes Sich-Öffnen des Herzens auf Gott hin verbunden mit einem willigen Aufnehmen seiner Gesinnung bedeutet, ist sie die entscheidende Heilsbedingung und durch nichts zu ersetzen. Denn nichts kann den Menschen von außen her zu einem Liebenden »machen« und ihn somit heil oder vor Gott rein machen. – Wo es um jüdische Reinigungsriten ging, hat Jesus in prophetischem Zorn erklärt: Nur was aus dem Innersten des Menschen herauskommt, macht ihn vor Gott rein oder unrein, während alles, was von außen in ihn hineinkommt, und seien es unreine Speisen, den Verdauungskanal passiert, ohne sein Herz zu berühren (Mk 7,14–23). Er hätte etwas konzilianter die alten Reinigungsriten als sinnvolle Zeichen deuten und so stehen lassen können. Aber die Gefahr, daß sie die Umkehr des Herzens ersetzen könnten, erschien ihm wohl zu groß. – Wohl hat er, der nach Jo 4,2 nicht selbst taufte, neue Zeichen des gekommenen Heils gesetzt, mitunter schockierende, wenn er z. B. mit Sündern sich zu Tisch legte oder ein weggeschubstes Kind in die Arme schloß. Aber mit solchen Signalen wollte er die metanoia anregen, nicht ersetzen. Ihm dürfen wir gewiß kein ex-opere-operato-Denken unterstellen.

Was das vom Weihepriester kultisch nachzuvollziehende Sühnopfer anbelangt, so ist nur an Jesu wahrhaft neue Gottesbotschaft zu erinnern: Der Abba läßt völlig umsonst jede Schuld nach, wenn nur der Schuldige diese Großmut selber annimmt und ebenso seinen Schuldnern vergibt. Ein solcher Gott braucht nicht und will nicht den Tod von Tieren oder Menschen als »Lösegeld«. – Etwas ganz anderes ist es, sich für die Sache Gottes und der Menschen so rückhaltlos einzusetzen, daß man dabei die (gegen Gottes Willen geschehende!) Hinrichtung als Ketzer riskiert. Dieses »Opfer«, wenn man es trotz der Mißverständnisse so nennen will, hat Jesus vom Anfang seines Auftretens bis zum Ende Gott dargebracht und von jedem gefordert, der mit ihm gehen wollte. Aber als »Sühnopfer« zur Versöhnung eines beleidigten Gottes hat er selbst seine Passion nicht gedeutet. Das taten erst judenchristliche Theologen nach ihm. – Fazit: Auch ohne die außerordentlichen Vollmachten eines später entstandenen Weihepriestertums bleiben für schlichte Helfer Jesu die beiden großen und beglückenden Aufgaben: Jene Gottesherrschaft verkünden, die er selbst gemeint hat, *und* die Gebrechen des Volkes heilen, um so die Herrschaft Gottes darzustellen.

3. Priesterliche Berufsbedingungen?

Jesus hat sich nicht gescheut, die harten Notwendigkeiten zu nennen, die sich für jeden ergeben, der sich mit ihm für die Gottesherrschaft engagiert. Wer sich für ihn entschied, mußte sich notfalls aus seiner Einbindung in die Sippe losreißen,

»Vater und Mutter hassen«. Petrus mußte seine gutgemeinte Christologie, »Menschengedanken«, aufgeben, um nicht wie Satan zum skandalon und Verführer zu werden. Wer nicht alle Besitzansprüche zugunsten der Armen preisgab, konnte nicht sein Schüler werden. Mit ihrem Predigen und Heilen durften seine Jünger nicht einen Kupferpfennig in die eigene Gürteltasche verdienen. Wer mit ihm (nach Jerusalem) ziehen wollte, mußte zum voraus »seinen Kreuzbalken aufheben«, das hieß: bereit sein, sich als Rebell kreuzigen zu lassen. Und immer wieder: Sie durften nicht aus Angst vor den Mächtigen die Botschaft verschweigen. Derlei »besondere« Berufsbedingungen hielt er für notwendig zur glaubhaften Verkündigung dieser »besonderen« Botschaft. Die Botschaft soll den Boten prägen.

Dagegen hielt er manches nicht für notwendig, was in anderen religiösen Gruppen seiner Zeit für unerläßlich galt. Zum Beispiel die exakte Erfüllung heiliger Gesetze und Traditionen. Unbekümmert um den Nimbus eines Gottesmannes (»Wenn dieser ein Prophet wäre . . .«) prüfte er religiös-gesellschaftliche Tabus (Umgang mit Aussätzigen, Sündern und Frauen), fromme Vorschriften (Sabbat, Reinheit, Korban), sogar Texte der Heiligen Schrift (Scheidebrief), nur nach einem Maßstab: ob sie mit dem übereinstimmen, was der liebende Gott will. Natürlich war er gegebenenfalls auch gegen die damalige geistliche Obrigkeit »ungehorsam aus Gehorsam gegen Gott«. Für nicht mehr notwendig erklärte er das Gott dargebrachte Opfer des Fastens (scharf zu unterscheiden von dem notwendigen Brotteilen mit den Hungernden: Gebt ihr ihnen zu essen, eure letzten fünf Brote und zwei Fische!). Das Grundmotiv für den geradezu anstößig-heiteren Lebensstil dieser mit Jesus durchs Land ziehenden Männer und Frauen: Wo Gott als der Freude ausstrahlende Bräutigam gegenwärtig ist, da können wir kein Trauerfasten halten. (Der folgende Aber-Satz ist offensichtlich später hinzugefügt worden.) Die Freude aus Gott, und zwar die ganzheitliche, nicht nur-geistige, ist für ihn wie ein Echtheitssiegel des Freudenboten Gottes. Lieber läßt er sich von den Frommen zum Säufer abstempeln, als auf dieses Signum zu verzichten. Zuinnerst bestimmt von einem menschenfreundlichen Gott, will er keine nicht-notwendigen Gesetze und Vorschriften zusammenbündeln und sie den Menschen auflasten, wie die Gesetzeslehrer taten. Seine Bürde ist, trotz notwendiger

Höchstforderungen, leicht; sein Tragjoch dem Träger angepaßt. Denn er geht darauf aus, die Mühseligen und Beladenen aufatmen zu lassen. Und das sollen natürlich auch seine Boten anstreben.

Johannes Paul II. stellt als Grundlagen priesterlichen Dienstes Glaubenstreue, Frömmigkeit und Seeleneifer heraus. Das soll hier nicht kritisiert werden. Aber es fehlen die spezifischen Forderungen Jesu, besonders die Furchtlosigkeit gegenüber weltlichen und geistlichen Machthabern. Statt dessen betont er den Zölibat und die Marienverehrung.

Zum Zölibat

Der Papst widmet diesem Thema einen besonders breiten Raum (Art. 8–10), so daß es scheint, die Beendigung der nachkonziliaren Diskussion darüber sei der eigentliche Zweck des Gründonnerstagsbriefes an Bischöfe und Priester. Dreimal betont er, die Kirche sei entschlossen, an dieser Tradition festzuhalten. Auch das darf uns nicht hindern, wieder nach den Absichten des Herrn der Kirche, des Christus Jesus, zu fragen. – Fast nebenbei und wie selbstverständlich wird auf das Beispiel Jesu verwiesen (Art. 8). Aber im Neuen Testament wird die durchaus mögliche zölibatäre Lebensweise Jesu nirgends erwähnt oder als bekannt vorausgesetzt oder gar als Beispiel hingestellt. Paulus wußte nichts davon. Sonst hätte er höchstwahrscheinlich auf Jesu Vorbild hingewiesen statt nur auf sein eigenes, als er in 1 Kor 7 allen Menschen die Ehelosigkeit empfahl. Aus dem Schweigen der Tradition können keine historischen Schlüsse gezogen werden, außer dem einen: Für die junge Kirche war die Frage, ob Jesus ledig blieb, belanglos.

Bedeutsam ist der vom Papst zitierte Eunuchenspruch (Mt 19,12). Nach diesem Jesuswort, das sich schon durch seine anstößige Prophetensprache als echt erweist, gibt es Leute, die wegen der Gottesherrschaft sich selbst zu Eunuchen machen. Der Eunuche, in jüdischen Ohren ein böses Schimpfwort, verzichtet nicht nur auf die Ehe, er ist eheunfähig. Doch genau so »unmöglich« klingt die andere Berufsbedingung, wonach alle Schüler Jesu im Grunde sich sogar familienunfähig machen müßten: »Wenn einer zu mir kommt und nicht Vater und Mutter und Weib und Kinder und Brüder und Schwestern (und dazu auch sein eigenes Leben) haßt, so kann er nicht mein

Jünger sein« (Lk 14,26). Uns fehlt der Kontext solcher Logien, weil keine mitgeschriebenen Predigten Jesu überliefert sind, sondern nur deren herausragende Spitzen, die von ihm provokativ formulierten »Merksätze«. Also ist aus anderen ähnlichen Jesusworten zu erschließen, was er meinte. Hier lautet die entscheidende Fragestellung: Müssen Männer, die sich mit Jesus für die Gottesherrschaft einsetzen wollen, »von vornherein und in jedem Fall« sich von ihren Familien losreißen? Oder müssen sie »von vornherein bereit sein«, sich loszureißen, *wenn* die Familie sie daran hindert? Die Antwort steckt unausgesprochen in dem wiederum harten Bildwort vom Fuß in der Jägerfalle: *Wenn* dein Fuß dich in der Falle festhält, *dann* hacke ihn ab, um das Wichtigere zu behalten, dein Leben! (Mk 9,45). Aber unsinnig wäre es, vor der Wanderschaft sich den Fuß abzuhakken, um in keine Falle zu geraten. Demnach besagt der Eunuchenspruch: Wer sich für die Gottesherrschaft engagiert, macht sich unfähig, eine Frau *ohne Vorbehalte* zu lieben. Denn wenn sie ihn für sich behalten und von dem gefährlichen Abenteuer zurückhalten will, reißt er sich los. (Man beachte, wie Jesus selbst sich von seiner Familie losriß! Mk 3,21.31–34). – Aber es ist doch möglich und zunächst auch anzustreben, daß eine Frau die Berufung ihres Mannes innerlich akzeptiert und mitträgt. Warum sollte er sich in diesem Falle von ihr lösen oder auf die Ehe verzichten? Haben nicht Petrus und die übrigen Apostel eine »Schwester (im Herrn)« als Ehefrau »mitgenommen«? (1 Kor 8,5).

Trotz alledem gäbe es noch ein Motiv, den Zölibat wenigstens als »relative« Berufsbedingung zu rechtfertigen. Dann nämlich, wenn die Ehelosigkeit schon in sich ein deutlicheres Zeichen der Gottesherrschaft wäre als die Ehe. Dann wäre in der Tat abzuwägen, ob nicht wenige Zölibatäre mehr nützen als viele Verheiratete. – Davon scheint Johannes Paul II. auszugehen, wenn er trotz Priestermangel und trotz Geltenlassen anderer Traditionen am Zölibat festhält. Zwar weist er manichäische Motivationen entschieden zurück, aber er wertet den Zölibat als »eschatologisches Zeichen« (Art. 8), freilich ohne dies näher zu begründen. – Ist nach Jesus der Eheverzicht ein vorweggenommenes Zeichen der von Gott angezielten Vollendung des Menschen und der Menschheit? Wo Männer sich aus einer lästig gewordenen Ehe mittels Scheidebrief herausstehlen wollten, hat er den tiefen Zusammenhang zwischen Gott und Eros und

Agape wieder aufgedeckt: Gott selbst hat die Menschen »männlich und weiblich gemacht«. Er ist es, der durch diese Kraft des Eros, die sogar die Bindung an Vater und Mutter zerreißen soll, Mann und Frau zu einer Einheit verbindet, die kein Mensch, auch kein Gesetzgeber Mose, wieder trennen darf. Für Jesus gibt es (im Gegensatz zur mattäischen porneia-Klausel) keine Konfliktlösung durch Aufkündigung der gottgewollten ehelichen Liebe. Er zeigt (an anderen Stellen) nur den Weg nach vorn: Reifung der naturhaften Sympathie über alle Egoismen hinaus bis zu der gottgemäßen Agape, welche alle Schwächen des Partners erträgt und zu heilen sucht und seine Fehler vergibt, »siebenmal am Tage«. Eschatologisches Zeichen, wenn man schon dieses Theologumenon gebrauchen will, ist nach Jesus der liebende Mensch, er sei verheiratet oder ledig. – Das Fazit einer Orientierungssuche an Jesus: Wer den Eheverzicht fordert, wenn er sich im konkreten Einzelfall für den apostolischen Dienst als notwendig erweist, handelt ganz im Sinne Jesu. Wer den Eheverzicht von vornherein zur Bedingung macht, daß apostolischer Dienst überhaupt ausgeübt werden darf, handelt objektiv gegen die Intention Jesu, weil dadurch die Verkündigung *seiner* Botschaft ohne Notwendigkeit eingeschränkt wird.

Zur Marienverehrung

Johannes Paul II. macht keinen Hehl daraus, daß ihm die Marienverehrung ein besonderes Herzensanliegen ist. Dieses wäre mit theologischer Sachlichkeit gar nicht zu erfassen. Auch ein nüchterner Vergleich des Marienbildes der Frömmigkeit mit den wenigen historisch-glaubhaften Berichten über die Mutter Jesu (Mk 3,21.31–34; Apg 1,14) würde keinem nützen. Vielmehr soll das legitime *religionspsychologische* Anliegen hinter allem Marienkult aufgegriffen und ernst genommen werden. Der Mensch braucht die Mutter. (Nicht nur der zölibatäre Priester). Er braucht ein mütterliches Wesen, jedoch ein überirdisches, kein durch seine Sichtbarkeit enttäuschendes, ein »Herz« als letzten Zufluchtsort. – Hat Jesus, der uns den Vater zeigte, dem Menschen auch »die Mutter« gegeben? Was die alttestamentlichen Propheten begannen, führte er zu Ende. Er hat aufgedeckt, daß Gott selbst jenes überirdische und doch real gegenwärtige mütterliche Wesen ist, von dem der Mensch ausging, unter dessen Fürsorge er überall bleibt und in dessen »Schutzmantel«

er immer zurückflüchten kann, auch als gebrochener. Zwar nennt er ihn »Abba«. Doch genau besehen verhält sich z. B. der Vater des verlorenen Sohnes wie eine nur vom »Brutpflegetrieb« gedrängte und darum »ungerechte« Mutter, keineswegs wie ein orientalischer Vater-Herr oder wie der sich selbst genügende, unbewegliche Gott des Aristoteles. Im Gegenteil: Der Gott Jesu sucht die Menschen, als brauche er sie zu seinem Glück, wie eine Mutter ihre vermißten Kinder. Er bückt sich und sucht sie im Staub wie ein armes Weib seinen verlorenen Groschen. Und wenn er findet, freut er sich überschwänglich und muß seine Freude allen mitteilen. Dieser liebende (um nicht zu sagen: verliebte) Gott ist so liebenswürdig, daß man ihn »von ganzem Herzen« gern haben (Dt 6,5 – Mk 12,30) und nachahmen muß: »Werdet mütterlich, wie euer Vater mütterlich ist!«[2] – Eine Konsequenz: Würden wir diesen Gott nicht nur theo-»logisch«, sondern auch so »herz«-lich akzeptieren, wie Jesus es wollte, dann bestünde kein religiöses Bedürfnis mehr, sich einen himmlischen Muttterersatz zu schaffen, und Maria bliebe an ihrem biblisch-legitimen Ort (Apg 1,14): im Kreis der Jünger.

Nein, es ist weder kalt-rationale noch modisch-emotionale Autoritätskritik, sondern das ganz von Gott erfüllte »Herz« Jesu, das uns gebietet: Keinem Menschen etwas von der Vaterautorität Gottes zugestehen (Mt 23,9) und ebenso keinem Menschen eine beherrschende Mutterrolle! (Man beachte Mk 3,21.31–35!). Weil Gott selbst und Gott allein uns »mütterlicher Vater« ist.

Anmerkung

1 Darum bemühte ich mich in meinem Buch: Was wollte Jesus selbst? Vorkirchliche Jesusworte in den Evangelien, 2 Bände, Düsseldorf 1979–1981.

2 In Lk 6,36 steht jenes griechische Wort für »barmherzig«, mit dem die Septuaginta das hebräische »mütterlich« übersetzt.

ALOIS MÜLLER
Was für Priester sind wir?[1]

Der Papst hat den Priestern geschrieben. Die Priester sind ihm wichtig. Ohne Pathos kann man sagen: Die Priester sind ihm teuer. Er fühlt sich selber ganz und gar Priester. So unternimmt er es, seine Brüder im Priesteramt mit seinem Priesterbewußtsein anzustecken, ein gleiches Bewußtsein in ihnen zu entzünden. Ist ihm das gelungen?

Der Papstbrief wurde nicht zum spontanen, gar freudigen Gesprächsthema unter Priestern. Die Reaktionen schwankten eher zwischen gehemmter und ungehemmter Kritik. Täuschen könnte, daß sie sich weitgehend auf die eher beiläufigen, aber bezeichnenden Äußerungen des Papstes (des »neuen« Papstes, des Papstes nach Paul VI. . . .) zum Zölibat bezogen. Denn auch diese sind nur auf dem Hintergrund des ganzen Briefes zu verstehen, nämlich dem Priesterbild Papst Johannes Pauls II. Was für ein Priesterbild ist das?

1. Ein Instrument zwischen Christus und der Kirche?

Das Priesterbild des II. Vaticanum, sagt der Papst selber, welches das Priestertum dargestellt habe »als Ausdruck der inneren Kräfte und Dynamismen, durch die sich die Sendung des ganzen Volkes Gottes in der Kirche ausformt und entfaltet« (n. 3). Aber gerade dieser Kernsatz wie auch die Betonung der steten und ausdrücklichen Hinordnung auf das allgemeine Priestertum aller Getauften bleibt nicht tragendes Element der Ausführungen; tragendes Element ist vielmehr der viermal wiederholte Nebensatz der Dogmatischen Konstitution »Lumen gentium«, daß sich das »gemeinsame Priestertum der Gläubigen und das Priestertum des Dienstes, d. h. das hierarchische Priestertum, dem Wesen, nicht bloß dem Grade nach unterscheiden«.[2] Vielleicht mehr psychologisch, aber auch theologisch bedingt, ist die Priesterspiritualität des Papstbriefes eine Weihespiritualität. »Dem Leben des Priesters liegt als tragende Wirklichkeit das Weihesakrament zugrunde« (n. 7). Dieses ist »eine Frucht der besonderen Gnade unserer Berufung und die Grundlage unserer Identität« (n. 4). Es leitet nicht von der Gemeinschaft der Gläubigen seinen Ursprung her, »als ob sie berufen« oder »delegieren« könnte. Es ist vielmehr ein Geschenk für diese Gemeinschaft, das von Christus selber kommt (n. 4). Solche Sätze haben alle ihre Richtigkeit, aber aus dem ganzen Tenor des Briefes und aus dem verräterischen Satz, einige der »Menschen, aus denen wir genommen und für die wir eingesetzt sind . . . wünschten, wir wären in allem wie sie« (n. 7) – was zweimal mißbilligend »Laisierung des priesterlichen Lebens« genannt wird (n. 6 u. n. 7) –, ist zu erkennen, daß der Papst ein Weihepriestertum vor Augen hat, das zwar auf die kirchliche Gemeinschaft hingeordnet ist, um sie aufzubauen, das aber doch primär über ihr steht, gewissermaßen ein Instrument *zwischen* Christus und der Kirche ist. Dann sind die Folgerungen allerdings logisch verständlich, vom sehr spirituellen unterscheidenden Standesbewußtsein über die dieses markierende Ehelosigkeit bis zur Priesterkleidung, die es wenigstens noch in die Anmerkung 26 (n. 7) gebracht hat.

2. Zwei Haupteinwände gegen das vorkonziliare Priesterbild

Einfach gesagt: Es ist eben doch das vorkonziliare Priesterbild, unser »altes« Priesterbild, soweit wir vor dem Konzil unseren Weg zum Priestertum gegangen sind. Zwei Haupteinwände (zwei Seiten einer Medaille) sind aber seither gegen dieses Priesterbild zu erheben. Erstens schreibt es dem Weihepriestertum zu, was das Neue Testament eigentlich der Kirche zuschreibt. »Durch diesen Dienst verwirklicht die Kirche ihre Sendung, ja ihr eigenes Wesen« (n. 1). Das Konzil hat aber wie das Neue Testament wieder die kirchliche Gemeinschaft als ganze als Subjekt ihrer Sendung erkannt. Eine erneute Gewichtsverschiebung zum Weihepriestertum hin ruft nach dem zweiten Einwand: Die Überhöhung des Amtspriestertums zehrt an der ekklesiologischen Bedeutung des Laien, welcher doch das »Kirchenglied an sich« ist. Ihm geht es bei dieser Theologie fast wie dem Esau, der merkt, daß sein Zwillingsbruder ihm den väterlichen Segen abbetrogen hat. Warum wäre es denn sonst für den Priester dermaßen erniedrigend, sich dem (kirchlichen!) Laien anzugleichen? Des letzteren Aufgabe wird im Brief angesprochen – um den Hintergrund zu bilden für die »weit größere« Sorge und »einen noch entschlosseneren« Einsatz des geweihten Priesters für die Sorge um das Heil der Mitmenschen (n. 5). Unterschied dem Grade nach?

3. Das »ekklesiologische Priesterbild«

Versucht man nach dem Konzil und den heutigen biblischen und theologischen Erkenntnissen zu einem plausiblen Priesterbild zu kommen, so wird man dieses im Unterschied zum vorherigen ein »ekklesiologisches Priesterbild« nennen.[3] Es geht um ein Priestertum, das tatsächlich verstanden wird »als Ausdruck der inneren Kräfte und Dynamismen . . ., durch die sich die Sendung des ganzen Volkes Gottes . . . ausformt und entfaltet« (n. 3). Christus hat das Amt gewollt, weil er die Kirche gewollt hat, nicht umgekehrt. Der vielbemühte »Wesensunterschied« tangiert gerade nicht die Tatsache der gemeinsamen Herkunft aus dem Priestertum Christi und darf darum auch diese Dignität des allgemeinen Priestertums nicht verdunkeln. Unser Weihesakrament ist weder Taufersatz noch höhere Taufe, sondern Entfaltung einer in jeder Taufe angelegten Wirklichkeit. Weihepriestertum ist ein aus dem Stamm »Kirche« herauswachsender, nicht auf ihn aufgepfropfter Schoß. Gewiß muß sich der Priester theologisch als von Christus gesandt, nicht als politisch von der Gemeinde delegiert wissen. Aber das deshalb, weil sein Amt ein Amt in dem Leib ist, der als ganzer von Christus gesandt ist. Darum geht auch Amt und Sendung des Priesters nicht weiter als Amt und Sendung der Gemeinschaft der Kirche als solcher, sondern ist als deren qualifizierter Vollzug zu verstehen. »Laie« als Bezeichnung des einzelnen Kirchengliedes ist darum auch für den Priester keine herabsetzende Bezeichnung, sondern Verweis auf den Körper, von dem auch *seine* Gliedfunktion ihren Namen hat. Mehr als Kirche kann auch der Priester nicht sein (sowenig wie der Bischof und der Papst). Kirche aber ist die Würde jedes »Laien«. Im ekklesiologischen Priesterbild ist logisch, psychologisch und theologisch genug Platz für alles, was des Priesters ist, auch für seine *relative* Christusrepräsentanz gegenüber der Gemeinde, insofern er die Gemeinde aufzubauen hat; es ist dann aber auch genügend Platz für alle Erkenntnisse über die Gemeinde und ihre Mitglieder. Das ekklesiologische Priesterbild wertet den

Priester nicht ab, wenn es ihn dem Laien nahebringt, denn es sieht im Laien den Christen an sich, nicht den Christen minderer Güte. Darum ist es gut, das vom Papst für diesen Brief abgeänderte Augustinuszitat sich in seiner Originalfassung vor Augen zu halten und zu beherzigen: Denn für euch bin ich Bischof, mit euch bin ich Christ.

Anmerkungen

1 Zuerst veröffentlicht als Leitartikel in: Diakonia 10 (1979) 289–291.
2 II. Vatikanisches Konzil: Konst. »Lumen gentium«, Art. 10.
3 Vgl. dazu *Alois Müller*: Amt als Kriterium der Kirchlichkeit? Kirchlichkeit als Kriterium des Amtes?, in: Theologische Berichte, Band 9, Zürich 1980, S. 97–128.

NORBERT GREINACHER
Vom Priester zum Gemeindeleiter

Wenn man davon ausgeht, daß mit dem Tod Papst Pius' XII. am 9. Oktober 1958 eine Epoche in der Geschichte der katholischen Kirche zu Ende gegangen ist, so ist gleichzeitig zu betonen, daß die katholische Kirche sich seither in einer Übergangsphase befindet, die vor allem durch eine umfassende Identitätskrise dieser Kirche gekennzeichnet ist. Nicht nur die Frage nach der Gestalt dieser Kirche, nach ihren Strukturen und Organisationsformen steht auf der Tagesordnung, sondern viel radikaler die Frage nach ihrer Existenzberechtigung, nach ihrem Sinn und ihrer Aufgabe in der Gesellschaft von heute und morgen. Eine solche Zeit mitzuerleben ist erregend und leidvoll zugleich. Erregend, weil neue Chancen sich eröffnen, jahrhundertealte Verkrustungen in Bewegung geraten; leidvoll, weil vertraute Sicherheiten dahinschwinden, Identitäten ins Wanken geraten und Konflikte entstehen, in denen Menschen bitteres Leid erfahren.

Eine der wahrnehmbarsten Artikulationen dieser Identitätskrise der Kirche stellt die Priesterkrise dar. Nicht nur, daß das Problem einer zureichenden Zahl von Priestern eine Frage des

Überlebens für die Kirche bedeutet. Vielmehr steht auch hier die Frage nach der Existenzberechtigung, nach Sinn und Aufgabe des priesterlichen Dienstes zur Diskussion. Im folgenden wird versucht, einige wichtige Aspekte dieser Existenzkrise zu besprechen und einige Lösungsmöglichkeiten aufzuzeigen.

1. Übergang

Vom Wesen zum Werden

Das theologische Denken in der Kirche war seit frühester Zeit geprägt durch ein Denken in Wesenheiten. Man ging davon aus, daß es in Gott und in der von Gott geschaffenen Ordnung ganz bestimmte, bei gutem Willen auch zu erkennende Wesenheiten von Gott, Mensch und Natur gäbe und daß aus diesen Wesenheiten auch quasi automatisch die Normen für das Tun der Menschen abgeleitet werden könnten. Damit war verbunden, daß das Gewesene auch immer zugleich das Wesen sei, denn wenn ein Wesen in der Vergangenheit gut und richtig war, muß dies auch in der Gegenwart so sein.

Diese Denkweise hat ihren Niederschlag vor allem in der griechischen Philosophie gefunden und von dort aus dann sehr bald die christliche Theologie und damit auch Theorie und Praxis der Kirche beeinflußt – bis auf den heutigen Tag. Daß es der Kirche gelungen war, ihre Botschaft von dem in Jesus Christus den Menschen geschenkten Heil in dieser Denkform zur damaligen Zeit zu reflektieren und auszudrücken, war nicht nur eine geniale Leistung großer Theologen, sondern auch eine heilsgeschichtliche Notwendigkeit, denn ohne diese Assimilation wäre wohl die christliche Gemeinde in der hellenistisch-römischen Welt eine Sekte geblieben und nie zu einer Weltkirche geworden. Sie hätte sich in der damaligen Zeit ohne diese Leistung nicht verständlich machen, nicht mit ihr kommunizieren können. Die Übernahme einer solchen statischen Seh- und Denkweise ergab sich auch deswegen, weil diese Denkstrukturen einer relativ statischen Gesellschaft mit geringem sozialen Wandel sehr adäquat war, ja mit ihr in einer dauernden Interdependenz stand.

Dieses Wesensdenken muß aber nun vor allem von zweierlei Gesichtspunkten her radikal in Frage gestellt werden. Zunächst einmal ist klar zu sehen, daß die jüdisch-christlichen Traditionen, wie sie vor allem auch im Alten und Neuen Testament ihren Niederschlag gefunden haben, sich einem solchen Wesensdenken in den Weg stellen. Biblische Traditionen nehmen Geschichte ernst. Dies bedeutet, daß Geschichte nicht den Kreislauf des immer schon Geschehenen darstellt – »nichts Neues unter der Sonne« –, sondern daß sich im Verlaufe der Geschichte Neues ereignen kann, daß Geschichte offen ist auf eine größere, vor allem menschlichere Zukunft hin, ja daß Gott selbst in der Geschichte wirksam ist und vor allem deshalb der geschichtliche Prozeß neue Glücksmöglichkeit für den Menschen bieten kann (nicht muß!). Geschichtliches Werden wird ernst genommen und kann bedeuten, daß geschichtlich bedingtes Wesen verändert, ja ad absurdum geführt wird zugunsten eines Neugewordenen.

Dazu kommt, daß in der Neuzeit, verstärkt im Verlaufe des Urbanisierungs- und Industrialisierungsprozesses im 19. und 20. Jahrhundert, die bisher vergleichsweise stabile Gesellschaft in einen sich immer schneller entfaltenden sozialen Wandel geraten ist und man wohl davon ausgehen muß, daß auch in Zukunft das einzig »stabile« Element dieser Gesellschaft ihre andauernde Mobilität sein wird. Im Zusammenhang damit – und auch unter Rückbesinnung auf die dynamischen, ursprünglichen jüdisch-christlichen Traditionen – hat auch die neuzeitliche Denkweise die Dimension der menschlichen Geschichte ernst genommen. Geschichtlichkeit wurde zu einer grundlegenden Kategorie von Theorie und Praxis in dieser Gesellschaft. So wenig das Christentum seinerzeit auf die aristotelisch-platonischen Denkstrukturen verzichten konnte, so wenig kann christliches Denken und Handeln heute hinter Hegel († 1831) zurückfallen, wobei es sich natürlich nur um eine kritische Rezension handeln kann.

Dies bedeutet aber konsequenterweise, daß gerade derjenige, der daran interessiert ist, daß die Sache Jesu heute in dieser Gesellschaft relevant wird und die Erinnerung an diese Sache auch in den kommenden Generationen lebendig bleiben soll, sich für radikale Änderungen in der Kirche, für eine Mutation der Kirche einsetzen muß. Das heißt aber umgekehrt auch, daß derjenige, der meint, an dem geschichtlich und gesellschaftlich bedingten Wesen der Kirche festhalten zu müssen, gerade dadurch dazu beiträgt, die Sache Jesu zur Bedeutungslosigkeit zu verurteilen. Damit ist jedoch nicht geleugnet, sondern wird grundsätzlich davon ausgegangen, daß es eine Kontinuität – hier der Sache Jesu – in der Geschichte gibt, eine Treue zu dieser Sache Jesu durch alle Veränderungsprozesse hindurch. Aber die Kontinuität der Kirche kann nur durch Diskontinuität garantiert werden. Der wirklich Konservative, dem es ernstlich um eine Bewahrung der Sache Jesu und der Kirche geht, muß sich gerade darum leidenschaftlich für ein je neues Werden dieser Kirche einsetzen: ecclesia est semper reformanda!

Damit ist aber auch gegeben, daß Gewesenes nicht immer »Wesen« sein muß, sondern geschichtlich Gewordenes auch sehr wohl sein Unwesen treiben kann. Es gibt natürlich die Möglichkeit, daß Frauen und Männer in dieser Kirche weder die Zeichen ihrer Zeit verstanden noch die Treue zur neutestamentlichen Botschaft gehalten haben: aufgrund von Herrschaftsinteressen, von Egoismus, Trägheit, Mangel an Phantasie und Sensibilität oder was auch immer. Es gibt aber auch die andere Möglichkeit, daß bestimmte »Wesenheiten« in der Kirche durchaus in einer bestimmten Zeit wahr und richtig waren, das heißt dem Anruf Gottes und seiner Geschichte entsprachen, in einer anderen Zeit aber anachronistisch und damit unwahr und falsch geworden sind. Es gibt in der Kirche nicht nur dogmatische und ethische Häresien, sondern auch strukturelle Häresien, welche dem Überleben der Kirche im Wege stehen.

Die Notwendigkeit für eine Mutation der Kirche ergibt sich vor allem dann, wenn eine geschichtliche Epoche zu Ende gegangen ist und man sozusagen an einer Nahtstelle der geschichtlichen Entwicklung lebt. Dies scheint unser heutiges Schicksal und damit unsere geschichtliche Aufgabe zu sein.

Für die Priesterfrage bedeutet dies: Wer das Überleben der Kirche will, wer die Existenz von kirchlichen Gemeinden, die Feier der Eucharistie, spirituelles Leben in der Gemeinde, Einsatz der Kirche für mehr Gerechtigkeit in der Welt ermöglichen will, muß sich unter Rückbesinnung auf die neutestamentliche Botschaft um die Veränderung des priesterlichen Dienstes mühen.

Vom Sakralen zum Heiligen

Die meisten uns bekannten Religionen – mit der Ausnahme vor allem der Religionen in Asien – sind fundamental geprägt von einer dichotomischen Aufteilung des Kosmos in eine sakrale und eine profane Welt. In dieser Weltanschauung stellt die sakrale Welt – ganz bestimmte Orte, Zeiten, Gebäude, Personen, Zeichen, Wörter usw. – den ausschließlichen Ort der Begegnung zwischen Gott und den Menschen dar. Dort – und nur dort – kann der Mensch Heil von Gott erlangen. Diese Phänomene waren genau abgegrenzt (Tempel = temmenos), dem sonstigen Gebrauch durch die Menschen entzogen und damit tabuisiert. Was nicht zu diesem Sakralbereich gehörte, sondern vor der Schwelle (= fanum) des Tempels lag, war profan: dem Zugriff des Menschen eröffnet, damit aber auch ohne Verbindung mit Gott. Charakteristisch für diese dichotomische Weltanschauung ist die Begrenztheit und Ausschließlichkeit des Sakralen gegenüber dem Profanen. Tertium non datur! Diese Weltanschauung hat den großen Vorteil, daß sie klar und übersichtlich ist, klare Ordnung schafft und damit dem Menschen auch große Sicherheit bietet. Er weiß, woran er ist. Er wird entlastet von dauernden Überlegungen und Entscheidungen, wie er einen gnädigen Gott finden kann. Denn im Tempel, durch einen Priester, durch einen bestimmten Ritus findet er sicher Heil für sein Leben.

Jesus von Nazareth hat mit einer solchen Zweiteilung der Welt radikal gebrochen. Durch ihn und in ihm ist das Reich Gottes und damit das Heil für die Menschen da: immer und überall, sofern der Mensch kein Hindernis setzt. Diese Einstellung kommt im ganzen Reden und Verhalten Jesu deutlich zum Ausdruck, vielleicht am klarsten in seiner Einstellung zum Tempel. Nicht, daß er den Tempel einfachhin abgelehnt hat. Aber er relativiert seine Bedeutung auf ganz entschiedene Weise. Im Gespräch mit der Samariterin sagt Jesus: »Glaube mir, Frau, es kommt die Stunde, und sie ist jetzt da, in der ihr weder auf diesem Berg noch in Jerusalem zum Vater beten werdet ... Es kommt die Stunde, und sie ist jetzt da, in der die wahren Beter zum Vater beten werden im Geist und in der Wahrheit« (Joh 4,21–23). Es scheint ziemlich sicher zu sein, daß diese kritische Einstellung Jesu zum Tempel in seinem Prozeß eine große Rolle spielte und mit eine Ursache für sein Todesurteil war. Indem Paulus nicht mehr das Gebäude in Jerusalem, sondern die Christen selbst als Tempel bezeichnet (z. B. 1 Kor 3,16f.), zieht er genau diese Linie weiter aus.

Es scheint aber nun so gewesen zu sein, daß die Menschen damals noch nicht reif genug waren, um die Radikalität der

Aufhebung dieser dichotomischen sakral-profanen Weltanschauung nachvollziehen zu können. Zwar blieb die frühe Kirche der ursprünglichen neutestamentlichen Tradition treu. So führt z. B. ein früher Apologet in einem Streitgespräch mit einem Juden aus, daß die Christen – im Gegensatz zu den Juden – keinen Tempel und keinen Altar kennen. Aber aufs Ganze gesehen folgte doch sehr bald eine neue Resakralisierung der Kirche. Die Kirche wurde zur ausschließlichen Heilsvermittlerin – »außerhalb der Kirche kein Heil«; die kirchlichen Gebäude wurden wieder zu Tempeln; die Sakramente wurden zu einem »Hokus pokus« (= verballhorntes »Hoc est corpus meum«) usw. Diese Resakralisierung geschah einerseits unter dem Einfluß der hellenistisch-römischen Religionen, andererseits unter dem Einfluß der alttestamentlichen Traditionen. Die Welt wurde so wieder in Ordnung; sie wurde wieder aufgeteilt in eine sakrale und profane Welt – man wußte wieder, woran man war und wo man sicher sein Heil finden konnte.

Es ist heute die geschichtliche Aufgabe der Kirche, dieses sakrale Denken und Leben in der Kirche aufzuarbeiten und unter Rückbesinnung auf das radikal Neue der neutestamentlichen Botschaft zu überwinden. Kirche ist dann in dieser neuen Sicht »Sakrament des Heils«, wie das Zweite Vatikanische Konzil ausführt, d. h. sie ist sichtbar das Zeichen dafür, daß grundsätzlich zu jeder Zeit und überall in der Menschheitsgeschichte Gott auf unsichtbare Weise den Menschen sein Heil schenkt. Eucharistie ist dann »Liturgie der Welt«, wie Karl Rahner sagt, d. h., im Gottesdienst der christlichen Gemeinde wird die unsichtbare Tatsache in Wort und Zeichen sichtbar zum Ausdruck gebracht, daß überall auf der Welt Menschen leiden und glücklich sind und, *indem* sie ihr Menschsein im Leben und Sterben annehmen, in das Heil Gottes hineingeraten.

Vom Opferkult zur Gemeindeleitung

Im Zusammenhang mit der von Jesus eingeleiteten Entsakralisierung und der in der Geschichte der Kirche erfolgten Resakralisierung muß auch die heutige Priesterkrise gesehen werden. Jahrhundertelang wurde in der katholischen Kirche nicht zur Kenntnis genommen, daß im ganzen Neuen Testament der Begriff »Priester« nur verwandt wird im Hinblick auf die alttestamentlichen Priester, auf die heidnischen Priester und – im Hebräerbrief – im Hinblick auf Jesus Christus, nie aber im Hinblick auf den neutestamentlichen Dienst der Gemeindeleitung. Um das zu bezeichnen, was wir heute gemeinhin Priester nennen,wurden statt dessen Begriffe gebraucht wie Ältester, Hirte, Aufseher, Vorsteher, Leiter usw., also durchaus »profane« Begriffe. Dies kann kein Zufall sein! Es ist das ersichtliche Bemühen in allen neutestamentlichen Traditionen, die ja Theorie und Praxis der frühen Kirche wiedergeben, im Hinblick auf den Leitungsdienst in der Gemeinde jegliche Analogie oder Assoziation sowohl mit dem alttestamentlichen Priestertum wie mit dem hellenistisch-römischen Priestertum zu vermeiden und die »Alltäglichkeit«, die Selbstverständlichkeit des neutestamentlichen Leitungsdienstes zu betonen. Ganz bewußt wurde vor allem auch bei Paulus dieser Leitungsdienst als ein Dienst unter vielen anderen Diensten in der Gemeinde betont.

Von dieser gesicherten neutestamentlichen Grundlage aus war die – vor allem seit dem 3. Jahrhundert – vorgenommene Heraushebung des Priesters in seiner Eigenschaft als Opferpriester und als faktisch einziger Vermittler des Heiles zwischen Gott und den Menschen ein Rückfall in alttestamentliche und heidnische Kategorien und ein Verrat an der radikalen Wende, welche die neutestamentliche Botschaft in dieser Hinsicht gebracht hat. Es ist bezeichnend, daß erst ab dem 3. Jahrhundert auch wieder der Begriff des »Priesters« auf den neutestamentlichen Dienst der Leitung der Gemeinde angewandt wurde.

Wenn wir heute in einer umfassenden Krise des Priesters stehen, dann ist es notwendig, sich einerseits auf die neutestamentlichen Grundlagen des Leitungsdienstes des Neuen Bundes zurückzubesinnen und sich andererseits den Erfordernissen unserer geschichtlichen Situation zu stellen. Nimmt man beide Wirklichkeiten als »loci theologici«, als theologische Erkenntnisquellen ernst, dann kann man nur zu der Schlußfolgerung kommen, daß es unbedingt notwendig ist, alle sacerdotalen Implikationen, d. h. alle nichtchristlichen sakralen Vorstellungen vom Priester zu eliminieren und hinzufinden zu einem unbedingt notwendigen kirchlichen Dienst, dem vor allem die Leitung der kirchlichen Gemeinde zukommt.

Diesen Dienst der Gemeindeleitung braucht die Kirche dringender denn je. Damit ist natürlich nicht ein Manager gemeint, der als Technokrat und ökonomisch versierter Geschäftsmann eine möglichst gute Nutzen-Kosten-Bilanz erbringt. Sondern im Sinne des Neuen Testamentes und der heutigen Anforderungen ist damit ein Gemeindeleiter anvisiert, der als ein Amtsträger unter anderen die Fähigkeiten (biblisch Charismen genannt) der Gemeindemitglieder entdeckt, die verschiedenen Gemeindemitglieder und Gruppen in den Gemeinden miteinander in Verbindung bringt, Kommunikation schafft, Konflikte aufarbeitet und für die Gemeinde fruchtbar macht, die Sache Jesu in der Gemeinde und außerhalb in Erinnerung ruft, unter Berufung auf die Sache Jesu kritische Fragen stellt, Verbindung mit den anderen Gemeinden und der Leitung der Diözesankirche herstellt usw. Dies ist eine eminent geistig-geistliche Aufgabe, die zugleich hohe menschliche Anforderungen stellt.

Wenn hier der Dienst der Gemeindeleitung so sehr betont wird, dann schließt dies nicht aus, sondern ein, daß der Gemeindeleiter auch zugleich den Vorsitz in der Eucharistiefeier zu übernehmen und Versöhnung zuzusprechen hat. Wenn man davon ausgeht, daß die Feier der Eucharistie das zentrale Ereignis im Leben einer kirchlichen Gemeinde darstellt, weil in ihr das, was Gemeinde ausmacht, am dichtesten zum Ausdruck kommt, dann ist es selbstverständlich, daß die Leitung dieser eucharistischen Feier grundsätzlich auch dem Leiter der Gemeinde zukommt. Dies bedeutet aber auch umgekehrt: Diejenige Person, welche die Gemeinde faktisch leitet, soll auch die Vollmacht haben, die Leitung der eucharistischen Feier zu übernehmen.

Wenn hier also der Übergang vom Kultpriester zum neutestamentlichen Gemeindeleiter gefordert wird, dann ist dies keine Veräußerlichung, keine Profanisierung, keine Horizontalisierung der neutestamentlichen Botschaft, sondern ganz im Gegenteil eine Rückbesinnung auf den neutestamentlichen Dienst der Gemeindeleitung unter den heutigen gesellschaftlichen Bedingungen.

Vom Vater zur Schwester oder zum Bruder

Die Christen der neutestamentlichen Gemeinde lehnten – aufbauend auf Rede und Verhalten Jesu – eine väterliche Autorität in der Gemeinde ab. Die – in den Augen der Juden ungeheuere – Tatsache, daß Jesus Gott selbst »Vater« nannte, machte es ihnen unmöglich, den Gemeindeleiter in Zusammenhang mit einer väterlichen Autorität zu bringen. »Ihr aber sollt euch nicht Rabbi nennen lassen; denn nur einer ist euer Meister, ihr alle aber seid Brüder. Auch sollt ihr niemanden auf Erden einen Vater nennen; denn nur einer ist euer Vater: der im Himmel. Auch sollt ihr euch nicht Lehrer nennen lassen; denn nur einer ist euer Lehrer: Christus. Der Größte von euch soll euer Diener sein« (Mt 23,8–11). Es scheint, daß diese Aussagen eine Kritik darstellen an bestimmten Tendenzen in judenchristlichen Gemeinden, in denen sich wieder Rabbis, Meister, Väter und Lehrer institutionalisierten. Dem setzt Matthäus – in der Nachfolge Jesu – ein radikales Nein entgegen.

Aber auch hier scheint es so gewesen zu sein, daß die Menschen damals noch nicht reif genug waren, diese radikal neue Autoritätsausübung in einer Gemeinde im Sinne Jesu zu verwirklichen. Denn sehr bald haben wir in der Kirche wieder »Lehrer« und »Meister« und vor allem »Väter«, ja sogar »heilige Väter«. In dem Maße, in dem sich die Brüderlichkeit in der Kirche mehr und mehr verflüchtete, zog der Patriarchalismus in der Kirche ein. Väter herrschen in der Kirche bis auf den heutigen Tag. Zwar gab es in der gesamten Kirchengeschichte immer wieder heftige Proteste gegen diesen kirchlichen Patriarchalismus. Es wurde immer wieder von neuem erkannt, daß Brüderlichkeit und Vaterherrschaft sich ausschließen. Dieser Protest gegen den Patriarchalismus hat vor allem dreierlei Gestalten angenommen. Entweder er führte zu einer innerkirchlichen Verwirklichung der Brüderlichkeit und Schwesterlichkeit in den Orden. Oder er brachte als Konsequenz den Versuch der Verwirklichung von Brüderlichkeit in den sogenannten Ketzerbewegungen, Sekten und Freikirchen. Dieser Protest gegen den Patriarchalismus führte schließlich aber auch – in Feindschaft zur Kirche – zur »Brüderlichkeit« der Aufklärung bzw. zur Genossenschaft der Arbeiterbewegung.

Es kann kein Zweifel darüber bestehen, daß der geschichtlich gewordene und heute noch bestehende Patriarchalismus in der Kirche im Hinblick auf die priesterlichen Amsträger im krassen Gegensatz zu der neutestamentlichen Botschaft steht. Wenn es verständlich ist, daß in einer Gesellschaft, die ganz und gar von patriarchalischen Leitvorstellungen geprägt war, die Kirche auch patriarchalische Autoritätsvorstellungen übernahm, dann gilt aber heute in einer gesellschaftlichen Situation, die vom

Prozeß der Fundamentaldemokratisierung geprägt ist, daß solche Leitvorstellungen untauglich geworden sind. Leitungsdienst in den Gemeinden und in der Kirche kann heute nur im Sinne der christlichen Brüderlichkeit und Schwesterlichkeit ausgeübt werden.

Damit ist auch die Frage nach der Ordination von Frauen als Gemeindeleiter gestellt. Vom Neuen Testament her steht zwar fest, daß nur Männer den Dienst der Gemeindeleitung faktisch ausgeübt haben. Etwas anderes war auf dem Hintergrund der damaligen patriarchalischen Gesellschaft auch nicht denkbar. Andererseits ist auch deutlich, daß Jesus selbst und die neutestamentlichen Gemeinden grundsätzlich von der Gleichheit von Frau und Mann ausgingen und – für die damalige Zeit – provokatorische Zeichen wie z. B. die Taufe von Frauen setzen. Um so mehr gilt es heute festzustellen, daß in einer veränderten gesellschaftlichen Situation kein einziges vernünftiges Argument gegen die Ordination von Frauen zu erkennen ist. Zwar befindet sich die Kirche auch heute noch in strikter Konformität zu einer weithin maskulin geprägten Gesellschaft, wenn sie sich weigert, die christliche Schwesterlichkeit ernstzunehmen, und Frauen von der Gemeindeleitung ausschließt. Aber es ist doch die Möglichkeit nicht ganz von der Hand zu weisen, daß die Kirche auch einmal kritisch-provokativ der Gesellschaft ein Exempel statuiert, indem sie Frauen ihre Gleichwertigkeit in ihren eigenen Reihen zuerkennt – so wie das verschiedene christliche Kirchen bereits getan haben. Solange die katholische Kirche in radikaler Nachfolge der Gesinnung Jesu und auf dem Fundament der neutestamentlichen Botschaft nicht diesen entscheidenden Schritt vollzieht, bleibt sie hinter den prinzipiellen (noch längst nicht verwirklichten) Erkenntnissen der neuzeitlichen Freiheitsbewegung zurück, die oft christlicher waren als die christlichen Kirchen selbst, und verfehlt damit die Zeichen unserer Zeit und den sich in ihnen artikulierenden Anruf Gottes an die Kirche von heute.

Von heiliger Herrschaft zum heiligen Dienst

Das Neue Testament ist herrschaftsfeindlich. Im schroffen Gegensatz zu den ausgeprägten Herrschaftsstrukturen, welche den religiösen, politischen und sozialen Kontext der Gesellschaft kennzeichnen, in der Jesus gelebt hat, steht seine eindeutige Norm: »Ihr wißt, daß die Herrscher ihre Völker unterjochen und die Mächtigen ihre Macht über die Menschen mißbrauchen. Bei euch aber soll es nicht so sein, sondern wer bei euch groß sein will, soll der Sklave aller sein. Denn auch der Menschensohn ist nicht gekommen, um sich dienen zu lassen, sondern um zu dienen und sein Leben als Lösegeld für viele hinzugeben« (Mk 10,42–45). An diesem klaren, eindeutigen und unerbittlichen Maßstab ist jede Machtausübung von kirchlichen Amtsträgern und von Christen überhaupt in Vergangenheit und Gegenwart zu messen und jede Ausübung von Herrschaft, und sei es auch einer heiligen Herrschaft (Hierarchie), zu verurteilen. Wenn es vielleicht so war, daß die Menschheit, und damit auch die Kirche, in der Vergangenheit noch nicht reif genug war, ohne Herrschaft auszukommen, dann gilt es ganz sicher heute in einer sich im Emanzipationsprozeß befindlichen Welt, eine Kirche zu realisieren, die ernst macht mit jener radikal dienenden Grundstruktur der Kirche, mit der Jesus die Machtausübung unter Menschen auf den Kopf bzw. auf die Füße gestellt hat. Wenn schon im Zusammenhang mit der – notwendigen – Machtausübung in der Kirche von Heiligkeit die Rede sein soll, dann sicher nicht von Hierarchie, von heiliger Herrschaft, sondern von Hierodoulie, von heiligem Dienst.

Es war eine verhängnisvolle Entwicklung in der Kirche, als diese dienende Grundstruktur der Machtausübung immer mehr verdrängt wurde und an ihrer Stelle immer mehr die Herrschaftsstrukturen Oberhand gewannen. Die notwendige Herrschaftsideologie wurde dann vor allem von Dionysios Areopagites (5. Jahrhundert) entfaltet, der – vom Neuplatonismus herkommend – sich den gesamten Kosmos nur in Gestalt einer Herrschaftspyramide vorstellen konnte, in der die Kirche einen vorherrschenden Platz einnahm. So außerordentlich wirksam Begriff, Theorie und Praxis der Hierarchie in der Geschichte der Kirche auch wurden, angesichts der provokativen Maßstäbe der neutestamentlichen Modelle im Hinblick auf die Machtausübung müßten die kirchlichen Herrschaftsstrukturen – wie natürlich auch jede Herrschaft von Menschen über Menschen – als unchristlich abgelehnt werden.

Der einzige Herr, zu dem sich die Gemeinde Jesu Christi bekennt, ist der Herr Jesus Christus. Aber gerade die Anerkennung dieser Autorität, der sich alle andere Autorität in der Kirche unterzuordnen hat, bedeutet eben nicht Herrschaft über

Menschen, denn gerade Jesus selbst versteht seine Machtausübung als Dienst an den Menschen. Gerade die Anerkennung der »Herrschaft« Jesu Christi bedeutet Ablehnung jeglicher anderen Herrschaft.

Wenn Kirche und das heißt konkret kirchliche Gemeinden heute glaubwürdig existieren wollen, müssen sie eine herrschaftsfreie Kirche und herrschaftsfreie Gemeinden verwirklichen. Frei von Herrschaft bedeutet nicht, daß eine Gemeinde ohne Machtausübung, ohne Autorität, ohne Amtsträger, ohne eine bestimmte Ordnung dem Chaos, der Anarchie überantwortet wird. Herrschaftsfrei will besagen, daß dann, wenn in der Gemeinde von bestimmten Amtsträgern Macht ausgeübt wird, diese sich vor der neutestamentlichen Botschaft, vor den Anforderungen der heutigen Zeit und gegenüber den Gemeindemitgliedern verantworten muß. Von hier aus ergibt sich auch die Forderung, daß auf alte kirchliche Traditionen zurückgegriffen werden muß, die zum Teil heute noch bestehen, und die Gemeindeleiter und kirchlichen Amtsträger unter Beteiligung der Kirchenmitglieder gewählt werden.

Herrschaftsfreie Gemeinde bedeutet, daß die Gemeinde jene Wirklichkeit ernst nimmt, die Jesus als Gottesherrschaft verkündet hat. Das Eigentümliche an dieser Gottesherrschaft, die uns in Jesus nahegekommen ist, besteht nun aber gerade darin, daß der Mensch nicht aufs neue heteronom bestimmt, nicht aufs neue einer Herrschaft unterworfen wird, sondern daß sie den frei macht, der auf Jesus eingeht. Die von Jesus verkündigte und in ihm zu uns gekommene Gottesherrschaft ist die Bedingung der Möglichkeit von menschlicher Freiheit schlechthin und führt den Menschen zu seiner eigenen Identität, zu seinem eigenen Glück. »Damit wir frei seien, hat Christus uns freigemacht. So steht fest und laßt euch nicht wieder unter das Joch der Knechtschaft bringen« (Gal 5,1).

Vom Zölibat zur freien Berufung

Aus dem Neuen Testament ergibt sich, daß Jesus selbst ehelos gelebt hat und daß er und die neutestamentliche Kirche die Ehelosigkeit um der Gottesherrschaft willen als eine wichtige Lebensform angesehen haben. Es ergibt sich aber ebenso eindeutig, daß es unter den Zwölfen, unter den Jüngern und unter den kirchlichen Amtsträgern der neutestamentlichen Kirche verheiratete Männer gegeben hat, die Lebensform des verheirateten Menschen also als durchaus christlich und die Verbindung mit einem kirchlichen Amt als durchaus normal angesehen wurde. Der erste »Papst« war verheiratet; und im 1. Timotheusbrief 3,2 heißt es, daß der Vorsteher der Gemeinde »nur einmal verheiratet« sein solle. Ferner: »Er soll ein guter Familienvater sein und seine Kinder mit aller Würde zum Gehorsam erziehen. Wer aber das eigene Haus nicht leiten kann, wie soll der für die Gemeinde Gottes stehen?« (1 Tim 3,4 f.). Ebenso heißt es im Titusbrief 1,6: »Ein Ältester soll unbescholten und nur einmal verheiratet sein; seine Kinder sollen gläubig und gehorsam sein und nicht im schlechten Ruf stehen.« Daraus ergibt sich, daß Verheiratetsein und Ehelosigkeit im Neuen Testament als zwei legitime Existenzformen für die Christen galten und die Entscheidung für die eine oder andere Möglichkeit dem einzelnen Christen freigestellt wurde. In dieser Entscheidung, was für ihn und seine Mitmenschen das beste sei, findet seine freie Berufung ihren konkreten Ausdruck. Von einer verpflichtenden Verbindung zwischen Ehelosigkeit und kirchlichem Amt kann keine Rede sein; eher schon – im Hinblick auf 1 Tim und Tit – von einer verpflichtenden Verbindung zwischen Heirat und kirchlichem Amt. Diejenigen christlichen Kirchen – mit Rom uniert oder nicht –, die auf den Pflichtzölibat als der kirchenrechtlich verankerten Verbindung von Ehelosigkeit und priesterlichem Dienst in Geschichte und Gegenwart verzichtet haben, wissen also das Neue Testament auf ihrer Seite.

Daß die Entwicklung des Pflichtzölibates in der abendländischen Kirche *auch* mit geschlechtsfeindlichen Tendenzen zu tun hat, kann nicht geleugnet werden. Einige Bestimmungen der Synode von Elvira (Anfang 4. Jahrhundert), welche zu Unrecht als Anfang für den Pflichtzölibat angesehen werden, zeigen eindeutig, daß nicht die Ehelosigkeit des Priesters, sondern seine sexuelle Enthaltsamkeit im Vordergrund der Überlegungen und Anordnungen steht. Damit soll aber nicht behauptet werden, daß ein nicht zu bestreitender kirchlicher Manichäismus der einzige (objektive) Grund für die Einführung des Pflichtzölibates war, daß es nicht auch in der Geschichte der Kirche plausible Gründe für diese kirchenrechtliche Regelung gegeben hat, noch daß im subjektiven Vollzug des Zölibats eine solche Verachtung oder zumindestens Verdrängung der Sexualität immer eine Rolle gespielt hat. Aufs Ganze gesehen aber wird man um die Feststellung nicht herumkommen, daß der Pflichtzölibat im Hinblick auf eine menschliche Integration der Sexualität in das Leben des einzelnen Christen wie der kirchlichen Amtsträger eine verheerende Rolle gespielt hat – bis auf den heutigen Tag. Die Tatsache, daß die kirchliche Sexualmoral in Vergangenheit und Gegenwart von Männern reflektiert und auferlegt wurde, war mit ein Grund dafür, daß dringende Probleme wie z. B. die Geburtenregelung, die Wiederverheiratung Geschiedener, die strafrechtliche Sanktionierung des Schwangerschaftsabbruches, die Homosexualität, sexuelle Beziehungen vor der Ehe und die Kultur der erotischen und sexuellen Zärtlichkeit im kirchlichen Raum von einer wirklich menschlichen und damit christlichen Bewältigung weit entfernt sind. Damit soll selbstverständlich in keiner Weise einem oberflächlichen, meistens die Frau beherrschenden, willkürlichen und triebhaften Umgang mit Sexualität das Wort gesprochen werden, sondern ganz im Gegenteil einer verantworteten, sublimierten, menschlichen Integration der Sexualität in Ethik und Leben der Menschen.

In einer Zeit, in der Individuum, Frau, Heirat, Familie und Sexualität eine ganz andere Bedeutung haben als zur Zeit der Entstehung des Zölibatsgesetzes, das ja übrigens aufs Ganze der Kirchengeschichte gesehen nur in relativ kurzen Zeitepochen auch mehr oder weniger effektiv durchgesetzt werden konnte, ist es Aufgabe der Kirche, auf die ursprüngliche neutestamentliche Freiheit der Berufung zurückzukommen, die wahrhaft christliche Freiheit zur Ehelosigkeit oder zur Heirat wiederherzustellen für diejenigen, die für den kirchlichen Leitungsdienst fähig und dazu willens sind. Die Aufhebung des Pflichtzölibats, hier noch abgesehen von dem Problem des Priestermangels, der durch den Pflichtzölibat mitverursacht ist, wird auch die Voraussetzung dafür schaffen, daß die Sexualität als noch überaus wichtige Dimension des menschlichen Lebens und, eng damit verbunden, die Stellung der Frau in Kirche und Gesellschaft entsakralisiert und damit vermenschlicht würden.

Von der Uniformität zur Pluriformität

Die katholische Kirche hat sich weithin daran gewöhnt, den Priester in einer Uniformgestalt zu sehen: männlich, zölibatär, akademisch ausgebildet, hauptberuflich und lebenslang im

Dienste der Kirche tätig (und dazu noch in klerikaler Kleidung). Eine solche uniforme Gestalt ist weder vom Neuen Testament her erforderlich noch wird sie den Anforderungen in der heutigen Zeit und in der Zukunft gerecht.

Der Leitungsdienst in der Kirche hat zum Teil heute schon eine pluriforme Gestalt angenommen und wird dies in Zukunft noch mehr tun müssen. Daß in Zukunft auch Frauen diesen Leitungsdienst ausüben werden, davon war schon die Rede. Daß verheiratete und nichtverheiratete Christen diesen Leitungsdienst zu übernehmen haben, wurde ebenfalls schon betont. Auch in Zukunft wird die Kirche für ihren Leitungsdienst akademisch ausgebildete Theologen benötigen. Denn in einer Gesellschaft, die im wachsenden Maße differenziert und organisiert ist und deren Mitglieder ein wachsendes Maß an Bildung erhalten, muß auch der kirchliche Leitungsdienst den wachsenden Anforderungen entsprechen und den christlichen Glauben auf eine adäquate Weise reflektieren und bezeugen können. Daneben aber wird es sicher in Zukunft auch Gemeindeleiter geben, die ohne ein akademisches Studium sich auf andere Weise (Abendschule, Fernkurse, kürzere Ausbildungsgänge usw.) eine genügende theologische und spirituelle Kompetenz erworben haben. Ferner wird es neben den hauptberuflich im Dienst der Kirche tätigen auch nebenberufliche und vor allem auch ehrenamtliche Gemeindeleiter geben. Dies wird sich vor allem auch nach der Größe der Gemeinden und ihren finanziellen Möglichkeiten differenzieren. Aber es wird in Zukunft einfachhin unmöglich sein, jeder Gemeinde – etwa auch in der Dritten Welt – einen hauptberuflichen Gemeindeleiter einsetzen zu können. Und doch ist von dem Grundsatz nicht abzugehen, daß jede kirchliche Gemeinde ihren eigenen ordinierten Gemeindeleiter benötigt. Es ist in Zukunft auch durchaus denkbar, daß Frauen und Männer ordiniert werden, die von vornherein den Willen bekunden, ihr Amt als Gemeindeleiter nur für eine bestimmte Zeit, etwa für drei oder vier Jahre, auszuüben. Es ist sogar wünschenswert, daß Christen ihre Kirche so viel bedeutet, daß sie eine bestimmte Zeitspanne in ihrem Leben für diesen Dienst in der Kirche opfern, sich dann aber wieder vermehrt ihren Aufgaben in Familie und Beruf, in Politik oder Wissenschaft voll und ganz zuwenden. Damit ist natürlich nicht gesagt, daß diese Personen nicht auch nach ihrer Amtsniederlegung weiterhin die theologische Kompetenz haben, eine Gemeinde zu leiten und den Vorsitz in der Eucharistiefeier einzunehmen. Nur ruht dann diese Kompetenz, so wie heute bei einem Bischof, der aus Altergründen zurückgetreten ist, seine bischöfliche Kompetenz ruht.

Allein eine solche – hier nur angedeutete – Vielgestaltigkeit des kirchlichen Leitungsdienstes wird es der Kirche in Zukunft erlauben, unter den Menschen gegenwärtig zu sein und zu garantieren, daß auch jede kirchliche Gemeinde das ihr zustehende Recht auf einen eigenen ordinierten Gemeindeleiter erfüllt bekommt.

2. Überleben

Übergang bedeutet überleben

Die Kirche steht in einer lebensgefährlichen Krise. Ein wichtiger Aspekt dieser Krise stellt die Infragestellung des kirchlichen Amtes dar. Ein ungeschriebenes, von Vernünftigkeit und christlichem Geist geprägtes Gesetz in der Kirche lautet: cura animarum suprema lex. Frei übersetzt bedeutet dies: Die Sorge um den Menschen ist oberstes Gesetz. Nur eine Kirche, die sich einem radikalen Wandel unterzieht, die im biblischen Sinne »Metanoia« übt, das heißt umkehrt und neue Wege beschreitet, wird einerseits den neutestamentlichen Anforderungen gerecht und andererseits die Zeichen der Zeit verstehen und die Provokationen des Heute und Morgen annehmen können. Die oben skizzierten Überlegungen stellen aber nicht eine billige Anpassung an den Zeitgeist, ein modisches Mitgehen mit bestimmten Plausibilitätsstrukturen dar, sondern bedeuten eben eine Rückbesinnung auf die neutestamentliche Botschaft und auf die Erfordernisse der geschichtlichen Situation.

Im Zentrum des Interesses Jesu stand der Dienst am Menschen und in der Erfüllung dieses Dienstes der Gottesdienst. »Für uns Menschen und um unseres Heiles willen ist er vom Himmel herabgestiegen«, bekennen wir im Glaubensbekenntnis. Das Sabbatgebot – und alle anderen Gebote und Normen – sind im Sinne Jesu für die Menschen da. Dabei lehnt Jesus das Sabbatgebot nicht als solches ab. Aber in dem Augenblick, in dem Menschen darunter zu leiden haben, wird dieses Gebot für ihn irrelevant. Wenn die Kirche dieser christlichen Menschenfreundlichkeit Jesu gerecht werden will, muß sie sich ganz entschieden wieder auf die Interessen der Menschen konzentrieren und die Sorge um die Menschen zu ihrer obersten Norm machen.

Im Lichte dieser Überlegungen kommt man um die Folgerung nicht herum, daß der Pflichtzölibat heute und morgen eine strukturelle Häresie darstellt. Nicht, daß dies notwendigerweise und immer so war. Aber angesichts der Tatsache, daß in der gesamten Kirche – mit ganz wenigen Ausnahmen – ein erschreckender, die Existenz der Kirche bedrohender Priestermangel herrscht und auf der anderen Seite eine große Anzahl von fähigen Frauen und Männern vorhanden sind, die willens sind, einen kirchlichen Leitungsdienst zu übernehmen – und oft schon faktisch ausüben –, bildet der Pflichtzölibat eine offenkundige Gefährdung für das Überleben der Kirche, vor allem für ein Überleben der einzelnen Gemeinden. Alle sind sich einig darüber, daß der Pflichtzölibat ein rein kirchliches Gesetz darstellt, das die Kirche jederzeit aufheben kann. Es ist unverantwortlich, das nicht sofort zu tun. Damit soll natürlich nicht behauptet werden, daß mit der Aufhebung des Pflichtzölibats alle Probleme in der Kirche behoben wären. Ganz im Gegenteil! Die Kirche wird sich neue Probleme einhandeln, wie sie andere christliche Kirchen bereits kennen, etwa die Frage, was mit einem Gemeindeleiter geschieht, der Ehebruch begangen oder sich hat scheiden lassen. Auch gibt es andere schwierige Probleme außerhalb des Pflichtzölibats, welche für die Kirche existenzgefährdend sind, etwa die Frage der Wiederversöhnung der christlichen Kirchen untereinander. Dennoch bleibt davon unberührt, daß das Gesetz des Pflichtzölibates in nächster Zukunft aufgegeben werden muß – um des Überlebens der Kirche willen.

Dabei ist es nicht so, als wenn die Kirchenmitglieder die Notwendigkeit einer solchen Veränderung nicht längst begriffen hätten und sie nicht unterstützen würden. Ganz im Gegenteil! Bei der »Synodenbefragung« (Winter 1970/71) sprachen sich 62 % der Katholiken über 16 Jahre in der Bundesrepublik Deutschland einschließlich West-Berlin für eine völlige Aufhebung des Pflichtzölibats aus; weitere 21 % waren für verheiratete Priester in Sonderfällen, und nur 16 % setzten sich für eine Ehelosigkeit ohne Ausnahme ein. Die Kirchenmitglieder haben also in weitaus größerem Maße begriffen, was die Situation heute von der Kirche erfordert, als die Kirchenleitung.

Die Gemeindemitglieder haben ein Recht darauf, einen eigenen ordinierten Gemeindeleiter zu haben. Sie werden in viel stärkerem Maße als bisher dieses ihr Recht – moralisch – bei ihren Bischöfen und bei der universalen Kirchenleitung einzuklagen haben. Anscheinend ist es ohne diesen massiven Druck von der Basis her nicht möglich, daß die Kirchenleitung eine sicher einschneidende, aber dringend notwendige Entscheidung fällt.

Fragen an den Papst

Johannes Paul II. hat sich am 8. April 1979 in zwei Schreiben an alle Bischöfe der Kirche und an alle Priester der Kirche gewandt und dabei seine Absicht bekräftigt, am überkommenen Priesterbild und damit auch am Pflichtzölibat festzuhalten. Diese seine Absicht hat er später – vor allem auch während seiner Reisen nach Irland und in die Vereinigten Staaten von Nordamerika – bekräftigt. Salva reverentia sind nun aber aus Sorge um das Überleben der Kirche einige drängende Fragen an den Papst zu richten.

Hat der Papst die Ergebnisse der katholischen exegetischen Forschungen gerade auch im Hinblick auf den kirchlichen Leitungsdienst sorgfältig studiert? Wie kann er Begriffe wie »hierarchisches Priestertum« und »Vaterschaft« mit den eindeutigen Aussagen des Neuen Testamentes im Hinblick auf den kirchlichen Leitungsdienst in Übereinstimmung bringen? Ist es möglich, aufgrund der Aussagen des Neuen Testamentes den Pflichtzölibat mit der Ehelosigkeit um des Himmelreiches willen zu identifizieren?

Wie will der Papst es erreichen, daß jede kirchliche Gemeinde ihr Recht auf einen eigenen ordinierten Gemeindeleiter erfüllt bekommt, wenn er an dem Pflichtzölibat festhält? Macht er sich nicht etwas vor, wenn er von dem »kraftvoll erneuerten Leben der Seminare in der ganzen Kirche« spricht oder der Auffassung ist, daß die Kritik am Pflichtzölibat »heute jedoch hier und dort wieder schwächer zu werden scheint«?

Steht der Papst nicht in Gefahr, seine eigene Position, die er aufgrund seiner in der polnischen Kirche gemachten Erfahrungen gewonnen hat, als die Position der Kirche schlechthin auszugeben? Um Mißverständnisse zu vermeiden: Hier geht es nicht darum, die polnische Kirche zu kritisieren. Gerade von dem hier vertretenen Standpunkt aus wird man jeder Nationalkirche ihre eigene, spezifische Ausprägung zugestehen müssen. Spricht der Papst aber wirklich im Namen der ganzen katholischen Kirche, wenn er schreibt: »Die Kirche ist entschlossen, diese Tradition [sc. des Pflichtzölibats] fortzusetzen trotz aller Schwierigkeiten, denen eine solche Treue vielleicht ausgesetzt ist, wie auch trotz der verschiedenen Anzeichen der Schwäche und Krise bei einzelnen Priestern«? Wie steht es mit jener großen Minderheit der Römischen Bischofssynode von 1971, die sich für die Zulassung erfahrener verheirateter Männer zur Ordination ausgesprochen hat? Wie steht es mit den verschiedenen nationalen Bischofskonferenzen, etwa von Brasilien und Peru, die das gleiche fordern? Wie steht es mit der großen Zahl von Theologen, die sich für die Aufhebung des Pflichtzölibats einsetzen? Ist der Papst nicht in Gefahr, die Katholizität der Kirche aufzugeben zugunsten der Partikularität seiner eigenen Position, ganz zu schweigen von der jahrhundertelangen Praxis der mit Rom unierten Kirchen in dieser Frage?

Wie stellt sich der Papst zu der Auffassung der Kirchenmitglieder, welche eine Aufhebung des Pflichtzölibates fordern? Zwar liegen keine Angaben darüber vor, wie die Gesamtzahl aller Katholiken auf der ganzen Welt sich zu dieser Frage stellt. Aber kann der Papst die Einstellung großer Mehrheiten von Kirchenmitgliedern in verschiedenen Ländern einfach übersehen? Kommt in dieser Einstellung vieler Katholiken nicht auch der consensus fidei, der Glaubenssinn der Kirchenmitglieder zum Ausdruck?

Ist der Papst wirklich der Meinung, daß man in den letzten Jahren zu viel »über das Priestertum, die Identität des Priesters, den Wert seiner Präsenz in der Welt von heute« diskutiert hat? Ist es nicht zu einfach, denen, die darüber diskutieren, zu unterstellen, daß sie »allzu wenig gebetet« haben? Woher weiß er das?

Ist sich der Papst bewußt, daß er dadurch, daß er einer notwendigen Entscheidung aus dem Wege geht und an der überkommenen Praxis festhält, die notwendige Autorität in der Kirche aufs Spiel setzt? Eine Kirchenleitung, welche sich sträubt, die notwendigen Entscheidungen zu treffen, untergräbt ihre eigene Autorität. Ist es verwunderlich, wenn einzelne Gemeinden – in Ermangelung einer deutlichen Entscheidung und in vorauseilendem Gehorsam – nichtordinierte Gemeindeleiter haben und auch mit ihnen Eucharistie feiern?

Ist sich der Papst klar darüber, daß diejenigen, die auf einer Aufhebung des Pflichtzölibats bestehen, die eigentlich Konservativen in der Kirche sind, weil sie ja nichts anderes wollen, als daß heute und in Zukunft jede Gemeinde von einer ordinierten Person geleitet und dort regelmäßig Eucharistie gefeiert wird, wie dies seit Jahrhunderten Tradition in der Kirche ist, während der Papst durch sein Festhalten am Pflichtzölibat die Situation in der Kirche dadurch radikal verändert, daß er eine große Zahl von Gemeinden ohne ordinierten Gemeindeleiter läßt? Kann der Papst dafür die Verantwortung vor Gott und den Menschen übernehmen?

Zugegeben: Die Verantwortung des Papstes ist groß, zu groß; sie ist übermenschlich. Und von daher stellt sich die Frage, die hier nicht behandelt werden kann, ob die konkrete Ausgestaltung des Papsttums auch in Zukunft so auf einen einzigen Menschen konzentriert bleiben kann wie bisher. Aber auch die Not in den einzelnen Gemeinden ist groß und fordert eine Veränderung. Die Zeit ist dafür reif, überreif.

XAVER JANSSEN
Nie darf der Dialog aufhören

An Papst
Johannes Paul II.

Lieber Mitbruder im Priesteramt,
Ihr Schreiben vom Gründonnerstag an die Priester habe ich dankend erhalten. Es war mir eine besonders große Ehre, lieber Bruder, von Ihnen aus Rom einen Brief zu bekommen. Ich habe ihn aufmerksam gelesen und bin der Meinung, daß ich Ihnen eine offene Antwort schulde.

Was mich vor allem freute, ist der menschliche Ton Ihres Schreibens. Wir sind ihn von Rom aus in dieser Weise nicht gewöhnt. Es ist ein offener Brief, eine Begegnung von Mensch zu Mensch, ein Gespräch von Bruder zu Bruder. Sie stehen nicht auf der Kanzel, um uns eine Lehre zu verkünden, noch weniger eine aufzuerlegen. Sie wollen, wie Sie sagen, uns, Ihre Brüder im Priesteramt, »teilhaben lassen an Ihren Erfahrungen«, die Sie im Laufe Ihres Priesterlebens gewonnen haben. Diese Erfahrungen stammen ja zum größten Teil aus Ihrer polnischen Zeit. Sie schreiben »zu Beginn Ihres neuen Dienstamtes in der Kirche«. Es sind also vor allem Ihre polnischen Erfahrungen, auf die Sie zurückgreifen, und jeder, der Ihren Brief liest, sollte sich dieser Tatsache bewußt bleiben.

Polen ist nicht die ganze Welt. Ich möchte Ihren polnischen Erfahrungen aus dem Osten gern die meinen und die anderer Priester aus dem Westen gegenüberstellen, damit aus dem brüderlichen Dialog die Wahrheit hervorgeht, die allein uns frei machen kann.

Lieber Bruder im Priesteramt, wer hier im Westen die Entwicklungen der Nachkriegsjahre bewußt miterlebt hat, ist ein anderer Mensch bzw. ein anderer Priester geworden. Vor fast vierzig Jahren wurde ich geweiht. Ich stehe jetzt als Pfarrer in meinem 67. Lebensjahr. Welch ein Abgrund liegt zwischen damals und heute. Wenn ich Ihren Brief lese, dann erkenne ich jene Zeit wieder, da ich geweiht wurde. Das sakrale Priesterbild, das Sie schildern, ist genau jenes, dem ich seinerzeit im Seminar begegnet bin. Dieses Bild ist mir fremd geworden. Ich kann nicht mehr daran glauben. Die ehrliche Besinnung auf die Heilige Schrift hat mir klargemacht, daß Christus nie Priester in diesem Sinne geweiht hat. Das Wort Priester wird im Neuen Testament nur gebraucht von Christus und Seiner Gemeinde. Der Hebräerbrief, den Sie zitieren, sagt sogar deutlich, daß es in der Kirche kein Priestertum geben kann, weil mit dem Priestertum Christi und seinem Kreuzesopfer allem Priestertum und allem Opferkult des Alten Testaments ein Ende gesetzt wurde. Nichts in den Worten Jesu oder in seinem Handeln deutet darauf hin, daß beim letzten Abendmahl die Apostel zu »Priestern« geweiht wurden, und nirgends ist die Rede von einem priesterlichen Auftrag oder einer persönlichen Vollmacht. Das konnte auch nicht sein, denn ein Gemeinschaftsakt kann nur von einer Gemeinschaft vollzogen werden. Darum sagte Jesus »Tut dies zu meinem Gedächtnis«. »Tut dies«, also nicht zu einem einzelnen Jünger, sondern zu der Versammlung der ersten Gemeinde Christi. Ihr und ihren Nachfolgern hat der Herr die Feier des Abendmahls übertragen. Übrigens zeigt die Abendmahlsfeier Jesu deutlich, daß es sich hier nicht um einen sakralen Kultakt, ein magisches Chiffre handelt, sondern um ein tief-menschliches, allgemein verständliches Zeichen, wie es auch bei den übrigen Sakramenten der Fall ist.

Man fragt sich: Wer in der Kirche hatte das Recht, in diese Ordnung einzugreifen und aus diesem von Christus eingesetzten Mahlzeichen eine nach altbiblischem und heidnischem Modell gestaltete Opferfeier zu machen? Bezeugten nicht die altchristlichen Apologeten: »Wir, Christen, kennen keine Tempel, keine Opfer und keine Altäre«? Darum kannten sie auch keine Priester, keinen Hohepriester und keine Hierarchie. Was mich besonders gefreut hat, ist, daß Sie in Ihrem Brief nirgends über eine »heilige Hierarchie« sprechen. Sie betonen vielmehr die Einheit des Priestertums, die aus der gemeinsamen Handauflegung herrührt. Mehr als eine Hierarchie entspricht sie dem allzusehr vergessenen Jesuswort »Laßt euch nicht Meister, nicht Vater, nicht Führer nennen, denn ihr seid alle Brüder!«

Im Neuen Testament ist *nur eine* hierarchische Stufe klar herausgestellt: die der Berufenen, der Herausgehobenen, der Gesandten. Die Schrift nennt sie Apostel. Sie wurden von Christus ausgesandt, der Welt seine Frohbotschaft zu verkünden und seine Gemeinde, die Kirche, zu gründen. Das authentische Zeichen der Weitergabe dieser Sendung war die apostolische Handauflegung. Sie hat keinen anderen Sinn, als neue Apostel auszuschicken, damit der Auftrag Christi erfüllt wurde: »Gehet hin in alle Welt und predigt die frohe Botschaft allen Völkern.« So hat die Handauflegung uns Priester alle zu Aposteln Christi und damit in vollem Sinn und gleichem Rang zu Brüdern gemacht. Und wieder stellt sich die Frage: Wer konnte sich das Recht anmaßen, in diese brüderliche Ordnung einzugreifen und die Gabe des Apostelamts, die er selber unverdient empfangen hatte, nur stufenweise weiterzugeben? Wir sind doch nur Diener, nicht Herren des Glaubens!

Die Aussage des 2. Vatikanischen Konzils, die Sie in Ihrem Brief mehrfach zitieren: »Zwischen dem hierarchischen Priestertum und dem Priestertum des Gottesvolkes besteht ein Unterschied dem Wesen, nicht nur dem Grade nach«, kann nur in neutestamentlichem Sinn verstanden werden, wenn man das »hierarchische Priestertum« als »Apostelturm im Dienst des Glaubens« versteht. Diesem »hierarchischen Priestertum« wurde durch die Handauflegung das Charisma der authentischen Verkündigung und Festigung des Glaubens verliehen. Dem Priestertum des Gottesvolkes wurde dagegen der Dienst des Mahles anvertraut, nicht auf Grund eines persönlichen Charismas, sondern auf Grund der geheimnisvollen Gemeinschaft zwischen dem Haupt Christus und seinem Leib, der Kirche. Weil nur der Dienst des Mahles und nicht der des Wortes einen Opfercharakter hat, wird nur der dem Gottesvolk anvertraute Dienst ein »königliches Priestertum« genannt.

So hat es auch die Frühkirche verstanden. Die Apostel haben es nie als ihre eigentliche Aufgabe angesehen, das Herrenmahl zu feiern oder zu taufen oder sich mit dem Dienst der Armen zu beschäftigen. Sie wußten sich vor allem zur Verkündigung berufen. Die Eucharistie feierten die Gemeinden im Auftrag Christi in eigener Verantwortung. »Die Gläubigen«, sagt die Apostelgeschichte, »feierten das Herrenmahl von Haus zu Haus.«

»Sie brachen das Brot und verharrten in der Gemeinschaft und in der Lehre der Apostel.« Geleitet wurden die Gemeinden von nach alttestamentlichem Vorbild gewählten »Presbytern«, angesehenen Männern, fähig, den Leitungsdienst zu übernehmen. Mit der Abwertung der »Gläubigen« zu »Laien«, zu passiven Befehlsempfängern, ist auch das königliche Priestertum der Gemeinde abgewertet worden und in Vergessenheit geraten. Das Herrenmahl der Gläubigen mußte einem »priesterlichen« Opferkult weichen, der nur dem neuen Stand der priesterlich »Geweihten« vorbehalten war. Diese Monopolisierung des Herrenmahls hat die Lebens- und Expansionskraft der urchristlichen Gemeinden gelähmt. Sie hat ihnen zugleich ein von Christus eingestiftetes Grundrecht, ja, ein Lebensrecht genommen; denn ohne Herrenmahl kann keine Christengemeinde bestehen und am Leben bleiben, wie es die Geschichte der Kirche bis in unsere Zeit bestätigt.

Sie selbst weisen auf die Not der »priesterlosen«, des Herrenmahls beraubten Gemeinden hin. »Denkt an jene Orte«, so fordern Sie uns auf, »wo die Menschen sehnsüchtig auf einen Priester warten, wo sie seit vielen Jahren unablässig einen Priester wünschen, weil sie sein Fehlen schmerzlich empfinden. Es geschieht zuweilen, daß sie sich in einem verlassenen Gotteshaus versammeln, auf den Altar die noch aufbewahrte Stola legen und alle Gebete der Eucharistiefeier sprechen. Im Augenblick, der der Wandlung entsprechen würde, tritt jedoch eine große Stille ein, die manchmal von Weinen unterbrochen wird . . .; so brennend verlangen diese Menschen danach, jene Worte zu hören, die nur die Lippen eines Priesters wirksam aussprechen können!«

Es ist ein ergreifendes Bild, lieber Bruder, das Sie da schildern. Und Sie dürfen uns glauben, daß auch wir Priester unaufhörlich und mit großer Sorge an diese Gemeinden denken. Als Mitapostel sind auch wir für sie mitverantwortlich. Und es schmerzt uns, bekennen zu müssen, daß nicht die Gemeinden, sondern wir selbst, das hierarchische Priestertum, für diese Lage verantwortlich ist. Wir sind es, die uns zu Herren des Glaubens gemacht und den Gemeinden das urchristliche Recht des »königlichen Priestertums« genommen haben. Ihre oben zitierte Aussage: »Nur die Lippen eines Priesters können diese Worte (der Wandlung) aussprechen«, bestätigt dies. Die eucharistische Vollmacht der Jünger soll nicht geleugnet werden, auch sie erwächst jedoch aus dem den Gemeinden erteilten Auftrag. Denn, wenn die Apostel berufen wurden, Christengemeinden zu gründen, dann schließt dies ein, daß sie auch das Herrenmahl als den sie konstituierenden Akt aus eigener Vollmacht vollziehen konnten.

Die gesellschaftlichen Entwicklungen der freien Welt in den Nachkriegsjahren, die fortschreitende Bildung des Volkes, seine kulturelle Entfaltung und wachsende soziale und politische Demokratisierung haben das sakrale Denken gründlich zerstört. Das 2. Vatikanum hat versucht, sich den Entwicklungen anzupassen. Es wurde mehr erreicht als erhofft, aber weniger als die Kirche gebraucht hätte. Über die Identität des Priesters wurde am wenigsten nachgedacht. Sie blieben, was sie waren. Die Folgen müssen wir heute tragen: Resignation, Frustration, Priesterkrise. Die Priester sterben aus. Die Gemeinden verwaisen. Es ist höchste Zeit, ihnen ihr Grundrecht auf das Herrenmahl zurückzugeben. Es darf nicht mehr sein, daß sie zur Feier der Eucharistie von irgendwelchen gemeindefremden Hilfen oder ihr von auswärts zugeordneten Kräften abhängig bleiben. Wem das Leben gegeben, dem gehören auch die Mittel, es zu erhalten. Die Gemeinden brauchen keine Priester alten Stils, um ihre Notlage zu überwinden. Sie brauchen zwar von Gott berufene Hirten, aber wenige in einer Stadt und einer im Pfarrverband auf dem Lande würden ausreichen. Was den Gemeinden wirklich fehlt, sind Priester im ursprünglichen Sinn des Wortes: »Presbyter« (Älteste), von der Gemeinde aus der Gemeinde gewählt, um sie zu leiten und mit ihnen im Auftrag Christi das Herrenmahl zu feiern. Und solche stehen jeder Gemeinde auch heute noch genügend zur Verfügung. Wo

Apostel (Priester) und Presbyter (Älteste) sich in hierarchischer Einheit zusammenfinden, da ist die heutige Priester- und Gemeindekrise weitgehend überwunden. Mit der Wiederherstellung des ursprünglichen Rechts auf die Eucharistiefeier wäre die heutige Not der Gemeinden beseitigt; denn diese Feier wäre dadurch für jede Gemeinde gesichert. Und die Kirche, die nicht an erster Stelle in ihrer weltweiten Organisation lebt, sondern dort, wo die Gläubigen sich in Christi Namen um Seinen Tisch versammeln, würde wieder lebendig werden.

Auch die Priesterkrise wäre behoben; denn durch die klare Trennung von Apostelamt und Presbyteramt würden genügend »Berufene« für die Verkündigung und die Führung der Gemeinden im Glauben freigesetzt. Dann wäre auch das Zölibatsproblem weitgehend entschärft. Denn auf die von der Gemeinde aus der Gemeinde gewählten »Ältesten« trifft diese Forderung nicht zu und für die Apostel und Hirten wäre sie auf Grund der geringeren Zahl der Benötigten leichter zu handhaben.

Lieber Bruder im Priesteramt, hier berühren wir das heikelste Thema Ihres Schreibens: den Zölibat! Ihre Feststellung, daß dieses Problem »schon gründlich und umfassend« behandelt wurde, wird wenige überzeugen. Sie wissen, wie im Konzil dieses Problem von »hoher Hand« der Diskussion der Konzilsväter entzogen wurde. Auch Papst Paul VI. hat aus eigener Vollmacht in seiner Enzyklika »Sacerdotalis Caelibatus« die Zölibatspflicht bestätigt. Die Kirche, das Volk Gottes, ist darüber nicht gehört worden. Darum stimmt auch die Aussage nicht: »Die lateinische Kirche hat die Entscheidung (des Pflichtzölibats) seit vielen Jahrhunderten getroffen.« Nicht die lateinische Kirche, sondern die lateinische Hierarchie hat diese Entscheidung getroffen, ohne die Gesamtkirche. Und daß es eine Entscheidung gegen die Kirche war, beweist die Tatsache, daß sie nur in jahrhundertelangem schmerzlichen Kampf erzwungen werden konnte. Auch heute kann diese Verpflichtung nur zwangsweise aufrechterhalten werden, vor allem, indem jede Diskussion darüber tabuisiert wird. Trotzdem kann nicht einmal mehr gesagt werden: die lateinische Hierarchie stellt sich hinter den Pflichtzölibat; denn immer mehr Bischöfe und Bischofskonferenzen sprechen sich für eine Lockerung oder Abschaffung dieses Kirchengesetzes aus in der Überzeugung, daß ein Gesetz, das zum Heil der Kirche erlassen wurde, aufgehoben werden soll, sobald es der Kirche schadet. Wir alle sind uns darin einig, daß der Zölibat an sich für die Kirche ein großes Gut ist, eine »Gnadengabe des Heiligen Geistes«, wie Sie sagen. Seit den ersten Jahrhunderten galt und gilt daher in der Kirche von Ost und West, daß wenigstens die Bischöfe unverheiratet bleiben sollten. Sie sind, durch Handauflegung aus dem Volk herausgehoben und abgesondert, die Nachfolger der Apostel, durch Berufung ganz dem Dienst des Evangeliums verschrieben. Es ist unbestreitbar, daß für diese Berufenen der Zölibat, wenn auch nicht eine notwendige, so doch eine zeichenhafte und ihrer Aufgabe entsprechende Lebensform ist. Dieses Auswahlkriterium wurde bald auch für die Priester angewendet; denn durch die Handauflegung wurden auch sie in das Apostelkollegium aufgenommen. Aber dieses Kriterium ist nicht das einzige und weniger noch ein notwendiges und darf auch nicht dazu gemacht werden, wie es seit vielen Jahrhunderten in der Kirche der Fall ist.

Die Kirche hat als erste Pflicht dafür zu sorgen, daß aus den von Gott Berufenen genügend Apostel zum Dienst des Wortes gewählt werden. Ein Auswahlkriterium findet nur Anwendung, wenn eine Überzahl von Kandidaten zur Verfügung steht. Es gibt jedoch in der Weltkirche genügend Fälle, da es nichts zu wählen gibt, und andere, wo das Charisma der Ehelosigkeit nicht aufwiegt gegen größere, natürliche oder übernatürliche Gaben eines Kandidaten, der nicht ehelos ist oder bleiben will. Die Ehelosigkeit prinzipiell zu einer Bedingung des Priestertums zu machen, wie die Kirche es tut, ist nach der Überzeugung der Mehrheit des Gottesvolkes nicht zu verantworten. Wenn in der Kirche über diese Frage tiefgreifende Meinungsverschiedenheiten bestehen, dann müssen bei irgendeiner Seite Irrtümer und Fehlurteile vorliegen, die aufzuspüren unser aller Anliegen sein sollte.

»Die lateinische Kirche«, so erklären Sie, »wollte und will weiterhin, daß alle jene, die das Weihesakrament empfangen, den Verzicht (auf die Ehe) auf sich nehmen.« Im kirchlichen Gesetzbuch (can. 132 § 1) ist diese Forderung deutlich formuliert. Sie bestreiten nicht, daß dadurch eine Verpflichtung auferlegt wird. Auch nicht, daß dies mittels eines Kirchengesetzes geschieht. Was Sie ablehnen, ist, daß der Zölibat demzufolge eine »rein gesetzlich auferlegte Verpflichtung« sei. Sie sagen: »Jeder Christ, der das Weihesakrament empfängt, verpflichtet sich zum Zölibat voll bewußt und freiwillig!« Diese Aussage ist zwar richtig, man muß dabei allerdings das Wort »freiwillig« in Anführungszeichen setzen. Freiwilligkeit ist ein komplizierter Begriff. Auch wer bei einem Brand aus dem Fenster eines Hochhauses springt, tut dies in gewissem Sinne »freiwillig«. Trotzdem: er muß es tun, ihm bleibt keine andere Wahl. Menschlich betrachtet, springt er »gezwungen«! Diese »erzwungene Freiwilligkeit« ist gemeint, wenn von »Pflicht- oder Zwangszölibat« geredet wird. Mit vielen Priestern und Nicht-Priestern in der Kirche bin ich der Meinung, daß dieser Zwangszölibat im Widerspruch steht zum Geiste Christi, zur Lehre des Evangeliums und zur ursprünglichen Tradition der Kirche.

Auch die Ehe ist eine Gabe Gottes, der menschlichen Natur als ein Grundrecht und ein Grundbedürfnis eingestiftet. Niemand kann darauf verzichten, außer er besäße das entsprechende Charisma. »Dem es gegeben ist«, sagt Christus. Dieser Verzicht kann zwar »intentionell« für immer, tatsächlich aber niemals unwiderruflich sein; denn keiner kann sich seines Charismas noch seiner Zukunft sicher sein oder darüber verfügen. Dies bedeutet, daß nicht nur die Zölibats*pflicht*, die den Priesterkandidaten den bleibenden Verzicht auf die Ehe von vornherein gesetzlich auferlegt, sondern auch der Zölibats*zwang*, der ihn gegen den Willen des Betroffenen handhaben will, gegen das Naturrecht und deshalb sittenwidrig ist. Gott will keinen erzwungenen Dienst und keine erzwungene Gabe. Er schenkt in Freiheit. Er will in Freiheit empfangen.

So haben es auch die religiösen Orden verstanden und praktiziert. Obwohl das Gelübde der Ehelosigkeit zum Wesen ihres Standes gehört, bleibt jedem, der sein Leben durch ein feierliches Gelübde »für immer und ewig« dem Herrn widmet, allezeit die Möglichkeit, davon zurückzutreten, und er wird dispensiert. Das ist eine menschliche Haltung, wie sie auch in der Welt gepflegt wird. Auch dort kann einem normalen Menschen das Recht auf die Ehe nie für immer genommen werden. Wenn die »Vox populi« in der Kirche auch immer als die »Vox Dei« verstanden worden ist, dann darf keiner sich dieser immer lauter klingenden Stimme verschließen. Der Dialog zwischen dem Volk Gottes und seinen Hirten darf nie aufhören.

Lieber Bruder im Priesteramt, Sie mahnen uns: »Man darf

nicht stehenbleiben bei dem, was man im Seminar oder gar an der Universität gelernt hat.« Soll man dann stehen bleiben bei dem, was im Konzil gesagt und beschlossen wurde? Oder kann man, wie Sie fordern, sein Denken einfangen lassen »von Kategorien, deren sich das Konzil, die Bischofssynode oder der große Papst Paul VI. bedient haben«? Und wie kann man sich, wie Sie wünschen, »freimachen von den Einwänden gegen den Pflichtzölibat«, wenn sie nicht ausdiskutiert sind? Wenn es tatsächlich so ist, daß diese »nun zweifelhaft und von nur relativem Wert« sind, wie Sie sagen, dann muß es doch ein leichtes sein, sie aus dem Weg zu räumen. Wenn Sie die Zölibatspflicht aufrechterhalten wollen, wird sich die Kirche Ihrer Entscheidung in Gehorsam beugen. Aber der Geist ist nicht dem Gehorsam, sondern der Wahrheit verpflichtet. Und nicht der Gehorsam, sondern die Wahrheit ist die letzte Norm unseres Handelns.

Wenn der heilige Paulus sagte: »Da wir alle denselben Geist des Glaubens haben, wie geschrieben steht: Ich glaube, daher lebe ich – so glauben wir, und daher reden wir!« (2. Kor 4,15), dann möchte ich mir diese Worte zu eigen machen. Auch ich habe versucht, aus dem Glauben heraus zu ihnen zu reden als Christ und als Priester, was nie von einander getrennt werden darf. Und nicht nur reden wollen wir Priester, sondern auch, nach Ihrem Wort, »Zeugnis und Zeichen« sein. Nicht wie die Pharisäer, in Äußerlichkeiten, sondern wie Christus, der »den Menschen in allem gleich wurde, außer der Sünde«, und wie der Apostel, der allen alles wurde, um »alle für Christus zu gewinnen«.

Sie selbst sind diesen Weg der Vermenschlichung des Amtes gegangen. Sie haben in den wenigen Monaten Ihres Pontifikats gezeigt, wie Menschlichkeit zum Zeugnis und Zeichen Christi werden kann. Die »Laisierung«, die Sie in Ihrem Brief ablehnen, richtet sich nicht gegen die Vermenschlichung, sondern gegen die Verweltlichung. Und Sie zeichnen uns das Idealbild des Priesters: »mutig im Glauben, eifrig im Beten, überzeugt in der Lehre, lebend aus den Seligsprechungen, selbstlos liebend und allen Menschen, besonders die in Not sind, nahe.« Wie weit unsere Vorstellungen vom Priester und Priestersein auch auseinandergehen mögen, in diesem Priesterbild erkennen wir uns wieder. Unsere Gedanken sind um Christi willen vielleicht getrennt, unsere Herzen bleiben in seiner Liebe vereint. Versuchen wir aus der Gemeinsamkeit dieser Liebe heraus Brücken zu bauen, damit wir uns auch im Geiste näherkommen.

Nie darf der Dialog aufhören.

Höher als die Einheit der Geister steht die Einheit der Herzen. Möge Gott uns jene schenken und diese bewahren.

Wattenweiler (Diözese Augsburg)
Am Fest des Hl. Paul vom Kreuz 1979
Xaver Janssen, Pfarrer

Priesterzölibat – ein umstrittenes Gesetz

JOSEF BLANK
Die Festung der Amtskirche

Systemtheoretische Bemerkungen zum Amtszölibat

»Zur Liebe kann ich dich nicht zwingen,
doch geb ich dir die Freiheit nicht«
(Die Zauberflöte v. W. A. Mozart)

Die knappen Ausführungen des Papstes Johannes Paul II. zum priesterlichen Amtszölibat[1] lassen an Deutlichkeit nichts zu wünschen übrig. Die Argumente, die er vorbringt, versuchen, den traditionellen Standpunkt zu begründen, wobei sich freilich zeigt, daß die moderne Exegese ihren Weg in die päpstliche Theologie noch nicht gefunden hat; auch historische Argumente kommen in den päpstlichen Ausführungen nicht vor. Prophetische Ehelosigkeit, charismatische Ehelosigkeit und Amtszölibat werden ohne Bedenken gleichgesetzt, obwohl dies weder den neutestamentlichen Texten noch der geschichtlichen Entwicklung entspricht[2]. »Das wesentliche, eigentliche und angemessene Motiv«, meint der Papst, »findet sich in der Wahrheit, die Christus verkündet hat, als er von der Ehelosigkeit um des Himmelreiches willen sprach, und die der hl. Paulus herausstellt, wenn er schreibt, daß in der Kirche jeder ›seine Gnadengabe‹ hat« (Art. 8). Mit solchen und ähnlichen Aussagen soll der Amtszölibat theologisch aufgewertet werden. Bei Zölibatskrisen, um die der Papst natürlich weiß, soll man »nicht gleich um Dispens ersuchen, als ob es sich um einen reinen Verwaltungsakt und nicht vielmehr um eine tiefreichende Gewissensfrage und eine Probe auf die eigene Menschlichkeit handelte« (Art. 9). Hier scheint menschliches Verständnis für die Angefochtenen durchzublicken, aber nur in einer ganz bestimmten Richtung. Daß gerade eine tiefgehende Gewissensprüfung und der Wille, die eigene Menschlichkeit und die einer geliebten Frau einem unmenschlichen Gesetz gegenüber zu retten, zur Absage an die zölibatäre Lebensform führen können, ist vom Papst wohl nicht gemeint. Die Frage ist, ob die päpstlichen Ausführungen einer kritischen Überprüfung standhalten, oder ob hier eine Zölibats-Ideologie vorgetragen wird, die wesentliche Punkte übergeht und verschleiert. Es scheint mir daher angebracht, nicht bei der theologischen Diskussion allein zu bleiben, sondern den Stellenwert des Amtszölibats im Kirchensystem genauer unter die Lupe zu nehmen.

Der klerikale Amtszölibat, wie er nach einer wechselvollen Vorgeschichte sich schließlich unter Gregor VII. durchgesetzt und 1139 auf dem 2. Laterankonzil unter Innozenz II. zum Gesetz erhoben wurde, ist zunächst einmal eine kirchenrechtliche Verpflichtung, ein »Kirchengesetz«, und gehört seiner Entstehung nach zum kirchlichen Gewohnheitsrecht[3]. Seine Durchsetzung unter den mittelalterlichen Reformpäpsten, zumal unter Gregor VII. (1073–85), muß im Zusammenhang mit dem papalistischen Herrschaftsprogramm des Reformpapsttums gesehen werden.

»Die alles andere überragende Forderung des gregorianischen Papsttums – und der folgenden Pontifikate – war die Lösung der Geistlichkeit aus den Fesseln, die der germanische, gänzlich unrömische Aufbau der Gesellschaft ihr auferlegt hatte. Sollte diese Befreiung gelingen, so mußte sich die zeitgenössische soziale Struktur einer tiefgreifenden Veränderung unterziehen ... Päpstliche Gesetze und Urteilssprüche, so wurde behauptet, hätten göttliche Billigung gefunden. Dieses System sollte entweder durch unmittelbare Anweisungen untergeordneter Beamter oder mit Hilfe des Gesandtschaftswesens funktionieren. Es ist klar, daß dies eine straffe hierarchische Ordnung voraussetzte, an deren Spitze der Papst als monarchischer Herrscher stand. Die strikte Anwendung des monarchischen Herrschaftsgrundsatzes wurde als das einzige Mittel angesehen, die Mängel, an denen die zeitgenössische Gesellschaft litt, zu beheben: nämlich Priesterehe und Simonie, Laieninvestitur und auch die rechtsetzende Tätigkeit von Bischöfen, Erzbischöfen und Provinzialsynoden«[4]. Damit hat der Historiker *Walter Ullmann* genau das sozialpolitische und systembedingte Problem des Amtszölibats bezeichnet. Die Durchsetzung des Amtszölibats und der Kampf gegen die »Priesterehe« haben ihre funktionelle Bedeutung für die Durchsetzung des päpstlichen Zentralismus im Mittelalter. Bezeichnenderweise findet sich in den amtskirchlichen Texten dieser Zeit nicht der geringste Hinweis auf die »Ehelosigkeit um des

Himmelreiches willen«, viel eher könnte man von einer »Ehelosigkeit um des Papstreiches willen« sprechen. Der Zölibat war vor allem ein kirchenpolitisches Machtinstrument, um die Bischöfe, Äbte und hohen Prälaten aus dem Gefüge der mittelalterlichen Feudalstruktur und des »Eigenkirchenwesens« zu befreien, sie endgültig der Laieninvestitur zu entwinden und aus den Erbschaftsangelegenheiten der Adelssippen herauszuholen. Ein weiterer Grund war die höchst materielle Sorge um die Erhaltung des »Kirchengutes«; man befürchtete, mit einem gewissen Recht, daß Priesterkinder, die natürlich zu versorgen waren, mit Kirchengut ausgestattet würden. Es gab ja noch kein Gehalt, und das Kirchengut bestand vorwiegend aus Immobilien. Dieser Prozeß lief unter der Kampfparole der »Libertas ecclesiae«, der »Kirchenfreiheit«. Dieses Schlagwort ist freilich recht zu verstehen; denn damit ist keineswegs die Freiheit aller Christen gemeint im Sinne von Luthers »Freiheit eines Christenmenschen«. Sondern es ging dabei einzig und allein um die Freiheit der Papst- und Kleruskirche von der Herrschaft des Laienadels. Der Gedanke der »Freiheit eines Christenmenschen«, d. h. aller Christen aufgrund des Glaubens und der Taufe, kam dem Papst als der hierarchischen Spitze der Kleruskirche damals so wenig in den Sinn, wie er später von den Päpsten der Reformationszeit begriffen wurde. Darüber hinaus ist das Problem der »Freiheit eines Christenmenschen«, wo es um die fundamentalen, unveräußerlichen Grundfreiheiten und Grundrechte jedes glaubenden und getauften Christen geht, in der katholischen Kirche trotz erster Ansätze des Zweiten Vatikanum immer noch ein offenes Problem. Wenn also heute der Papst den Zölibat verteidigt, dann verteidigt er noch immer diese feudalistisch-hierarchische Machtstruktur der Kirche, wie sie das mittelalterliche Papsttum durchgesetzt hat. Nun sind aber die geschichtlichen und sozialen Verhältnisse heute völlig andere; aus diesem Grunde bemüht man sich um neue Motivationen, ohne an der Sache selbst, dem Machtsystem, etwas ändern zu wollen.

Will man über die Zölibatsproblematik offen und ehrlich sprechen, dann darf man sie nicht nur mit theologischen Kategorien beschreiben, was gewöhnlich zu einer frommen Verschleierung führt[5]. Dann muß man ihre historische Entstehung ins Auge fassen und analysieren. Dann wird sofort deutlich, daß dieses Kirchengesetz wie wenige andere durch machtpolitische und soziale Faktoren dieser Zeit entscheidend mitbedingt ist, was die theologischen Argumente natürlich nicht ausschließt.

Für die cluniazensische Reformbewegung war nun einmal der asketische, ehelos lebende Mönch die wahre Hochform eines Christen; »Mönch« und »religiosus« galten als identisch. Diesem Ideal sollte auch der Klerus angepaßt werden. Darüber hinaus muß man zugeben, daß im Kampf für die Unabhängigkeit des Hochklerus – der Niederklerus war immer abhängig, entweder von den Grundherren oder von den Prälaten – von der weltlichen Macht ein echtes christliches Anliegen verfochten wurde, dessen Auswirkungen sich bis heute bemerkbar machen. Konkret hieß das damals: Der Bischof oder Abt mußten von der Macht der Sippe freigekämpft werden. Zugleich ging es darum, den gesamten Klerus von der päpstlichen Zentralgewalt abhängig zu machen. Dazu war der Zölibat das wichtigste Mittel. Er machte die Kleriker von den Ansprüchen der Sippe, der Familie frei, allerdings nicht völlig, wie vor allem die römischen Verhältnisse zeigen, und für die Hierarchie und ihre Absichten total verfügbar. Durch den Zölibat wird der Kleriker definitiv ins hierarchische System eingegliedert. Er ist bis heute die ausschlaggebende Bedingung für eine klerikale Karriere. Er ist ein typisches »Kastengesetz«, genauer das kastenbildende Gesetz der römisch-katholischen Hierarchie. Darüber hinaus macht er den Kleriker auch weitgehend finanziell von »der Kirche« abhängig. Wer die Funktionärs-Kaste durch Heirat verläßt, muß mit strengen, empfindlichen, ehrenrührigen Maßnahmen rechnen; handelt er doch der für allein richtig gehaltenen Kasten-Ideologie zuwider. Von der Amtskirche hat er nicht nur finanziell, sondern auch menschlich eigentlich nichts mehr zu erwarten. Er ist wirklich in Acht und Bann, und die Amtskirche läßt es den Betroffenen auf bittere, demütigende Weise fühlen. Vermutlich gibt es nur noch bei den Kommunisten entsprechende Parallelen, daß der Austritt aus der Partei derart einer symbolischen Hinrichtung gleichkommt.

Nachdem der Amtszölibat einmal macht- und kirchenpolitisch durchgesetzt war, erging es ihm wie so manch anderen machtpolitischen Errungenschaften, er bekam eine juristische Legitimation, einen theologisch-ideologischen Überbau. Was den Amtszölibat schließlich durchgesetzt und bis heute aufrechterhalten hat, das sind vor allem die extrem hohen Sanktionen, die kirchlichen und öffentlichen Diskriminierungen, die den Zölibatsbrecher treffen, was schon damit anfängt, daß eine Zölibatsverletzung nicht nur als Verstoß gegen die Keuschheit gilt, sondern darüber hinaus als Sakrileg, das heißt, als besonders schwerwiegender Verstoß gegen die Religion als solche. Von diesen Sanktionen spricht der Papst mit keinem Wort. Doch widerlegen sie am gründlichsten die Behauptung von der Freiheit und Freiwilligkeit des Amtszölibats. Diese »Freiheit« ist im Grunde die Freiheit der Maus vor der Mausefalle, ob sie am Speck anbeißen will oder nicht Hat sie einmal angebissen, dann sitzt sie definitiv in der Falle und kommt nicht mehr heraus. Genauso wird das Zölibatsversprechen als endgültig angesehen, als ein Versprechen, das niemals mehr revidiert werden kann. Dabei wird auch die Möglichkeit des Irrtums kaum mehr gelten gelassen. Es können nach der herrschenden römischen Ansicht nur negative Gründe sein, die jemanden zur Aufgabe des Zölibats veranlassen; die Dispensgesuche kennen die verschiedensten, sehr demütigenden Formen der »Selbstbezichtigung«. Auch hier drängt sich die kommunistische Parallele auf: die Partei hat immer recht; der einzelne grundsätzlich unrecht, vor allem dann, wenn er, sich auf sein Gewissen berufend, den »herrschenden Ansichten« entgegenhandelt.

Nun darf man freilich davon ausgehen, daß junge Menschen, die Priester werden wollen, im Grund nicht direkt den Zölibat anstreben; sie nehmen ihn vielmehr mehr oder weniger engagiert in Kauf, weil ihnen der Priesterberuf mit seinen verschiedenen Möglichkeiten des Pfarrers, der Jugendseelsorge, des Umgangs mit den Menschen, der Verkündigung oder auch der wissenschaftlichen Tätigkeit usw. als attraktiv erscheint. Und das ist wahr, daß dieser Beruf auch in der Gegenwart zahllose Chancen für ein erfülltes Wirken bietet. Allerdings unterschätzen sie gewöhnlich, auch bei gewissenhaftester Selbstprüfung, was der mit dem Zölibat verbundene Verzicht bedeutet, vor allem die menschliche Einsamkeit können nur ganze wenige – kann es überhaupt jemand? – ertragen, ohne Schaden an ihrer Psyche zu nehmen, zumal kaum irgendwo so wenig über die eigenen zölibatsbedingten Probleme gesprochen wird wie in klerikalen Kreisen. Aufrichtigkeit gibt es hier nur zwischen besten Freunden; ansonsten verhindert der Amtszölibat die Ehrlichkeit der Kleriker untereinander mehr, als er sie fördert.

Die eigentliche Absicht, die »intentio recta«, ist gewöhnlich der Priesterberuf und nicht der Zölibat als solcher. Der Zölibat ist dagegen nichts anderes als die unerläßliche »conditio sine qua non«, die man in Kauf nimmt und von der man hofft, damit irgendwie fertig zu werden. Eine andere Einstellung wäre auch völlig anormal und unnatürlich. Mit der »Freiwilligkeit« des Amtszölibats ist es also nicht weit her. Rom hat das im Grunde auch immer gewußt und, wie die Geschichte zeigt, an eine dauerhafte Freiwilligkeit des Charismas niemals geglaubt. Vom »Charisma« im neutestamentlichen Sinn haben die »Römer« nie sonderlich viel gehalten; sie waren immer erst zufrieden, wenn sie der Sache durch Gesetze die nötige Fassung gegeben hatten. Sie hielten die »firma lex« immer für besser und entschieden sicherer als das »Charisma«. Die heutige Rede vom »Charisma des Amtszölibats« ist denn auch erst neuesten Datums und nicht besonders glaubwürdig, solange an der Lex selbst nichts geändert wird. Gerade wenn man die römischen Rechtskonstruktionen mit der neutestamentlichen Auffassung von den Charismen vergleicht, erkennt man den himmelweiten Unterschied, der zwischen der Denkform des römischen Juridismus und der jesuanischen oder paulinischen Denkform besteht. Für die evangelische Freiheit ist im römischen Juridismus mit seinem perfekten Verwaltungsapparat immer weniger Raum.

Von den Begründungen und Motivationen des Amtszölibats war schon wiederholt die Rede; hier ist näher darauf einzugehen. Wenn man die Begründungen, wie sie bei *Denzler* in den Anhängen bequem zusammengestellt sind[6], durchmustert, so ist zu bemerken, daß hier bis ins 19. Jahrhundert herauf überhaupt nicht neutestamentlich argumentiert wird. Die ältere Tradition hat den Amtszölibat nicht als »Ehelosigkeit um des Himmelreiches willen« im Sinne von Mt 19,12 verstanden. Ebenso wurde immer zwischen dem Priester und dem Mönch unterschieden, auch wenn die Klerikalisierung der großen Mönchsorden, die bekanntlich nicht am Anfang stand, dazu beitrug, die Unterschiede zu verwischen. Die neuen Veränderungen in der Zölibats-Ideologie zeigen eine Veränderung in der Gesamtlage an. Man darf sich dadurch aber nicht täuschen lassen; denn was die Praxis betrifft, sind die alten Strukturen noch immer wirksam und ausschlaggebend, ja sie werden durch die neue Ideologie erst recht in ihrer Fragwürdigkeit und unmenschlichen Härte fühlbar.

Wie sah die alte Zölibatsideologie aus? Sie beruht, kurz gesagt, auf einem in der gesamten Antike, auch im AT, verbreiteten *kultischen Heiligkeits- und Reinheitsbegriff*[7]. Alles, was mit dem Kult und besonders mit dem Opfer zu tun hat, hat dadurch Anteil am göttlichen Heiligkeits-Bereich, wobei man sich diesen Bereich als äußerst wirkungsvoll und machtgeladen vorstellen muß. In ihm herrscht eine bestimmte Art von *Energie und Dynamis*, die man heute am ehesten mit der Elektrizität oder der Atomenergie und ihren Wirkungen vergleichen kann. Von dieser Heiligkeits-Energie ist alles ergriffen, was mit dem Kult zu tun hat, der kultische Ort, die kultischen Gegenstände und Riten, nicht zuletzt das gesamte Kultpersonal, in erster Linie die Priesterschaft. Vom Kult, zumal vom Opferkult und seiner streng ritualistisch geregelten Durchführung hängt aber letztlich das Heil der Gemeinschaft ab. Vom Kultpersonal wird daher eine entsprechende »Reinheit« und »Heiligkeit« verlangt als Voraussetzung dafür, daß die erhoffte »Wirkung« der kultischen Handlung auch tatsächlich eintritt und nicht gefährdet wird. Dazu kommt als zweites Syndrom die Vorstellung von einem engen Zusammenhang zwischen dem kultischen Heiligkeitsbereich und der Sexualität. Wir wissen zum Beispiel aus der jüdischen Tradition, daß eine nächtliche Pollution den Hohenpriester dienstunfähig machen konnte, so daß er kultisch unfähig war, das Ritual des großen Versöhnungstages zu vollziehen[8]. Kultische Unreinheit wurde als Hindernis angesehen, die das Eintreten der Versöhnung unsicher machte. Diese Vorstellungen eines Kausalzusammenhangs zwischen kultischer Heiligkeitssphäre und sexueller Reinheit, für die sich massenhaft Beispiele aus der ganzen Religionsgeschichte anführen lassen, ist die eigentliche Grundlage der älteren traditionellen Zölibats-Ideologie. Auf dieser Grundlage beruht die Auffassung eines geheimnisvollen Zusammenhangs zwischen dem eucharistischen Opfer und dem Amtszölibat, begründet in der magischen Angst, daß eine pollutio, erst recht der sexuelle Umgang mit einer Frau das Opfer verunreinigen (»polluere sacramenta«, wie der verräterische Fachausdruck lautet) und dadurch seine Heilswirkung beeinträchtigen könnte. Dieser Gesamtkomplex ist nur einsichtig unter der Voraussetzung einer magischen Denkweise. Man hat dies auch früher schon bemerkt. In den Zeiten, in denen die sexuelle Enthaltsamkeit der Kleriker nicht streng eingehalten wurde (und solche Zeiten hat es fast immer gegeben), kam man zu der Auffassung, daß die Messe eines Konkubinariers das Sakrament nicht beflecken könne, weil letztlich Christus selbst der eigentliche Spender sei. Leider hat man diesen richtigen Gedanken nur als Beruhigungsmittel gelten lassen und daraus nicht die nötigen Konsequenzen gezogen. Denn in diesem Argument zeigt sich klar und deutlich, daß die Feier der Eucharistie als Werk der göttlichen Gnade und kultisch-sexuelle Reinheit im Prinzip überhaupt nichts miteinander zu tun haben. Mit dem *Wesen der Eucharistie* hängt der Amtszölibat eben nicht zusammen, wohl aber mit dem *Eucharistie-Privileg,* das als klerikales Standesprivileg ersten Ranges mit allen Mitteln abgesichert werden soll.

Diese traditionelle Zölibats-Ideologie mit ihrem sakral-magischen Hintergrund hat heute nicht die geringste Überzeugungskraft mehr. Der Gedanke eines sakral-integralistischen Heilssystems mit seinem Ritualismus ist unserer Kultur völlig fremd und muß, wo es noch wirksam ist, als *magischer Restbestand* bezeichnet werden. Hinzu kommt der neutestamentliche Befund, daß Jesus von Nazaret mit einem derartigen Heilssystem nichts im Sinne hatte. Der Spruch Jesu: »Nichts, was von außen in den Menschen kommt, kann ihn unrein machen, sondern das, was aus dem Menschen herauskommt, das ist es, was den Menschen unrein macht« (Mk 7,15), bedeutet die grundsätzliche und radikale Absage an das kultisch-magische Reinheitsverständnis. Nach Mt 5,8 werden die »Herzensreinen« seliggepriesen, und das bezieht sich nicht auf die sexuelle Reinheit/Unreinheit, sondern auf die innere Lauterkeit des Menschen, auf seine Aufrichtigkeit und Wahrhaftigkeit. Geht man davon aus, dann ist in aller Deutlichkeit zu sagen: Die Vorstellung von einem inneren Zusammenhang zwischen dem eucharistischen Opfer und der sexuellen Reinheit hat mit neutestamentlichem Christentum rein gar nichts zu tun, sondern ist ein archaisch-magisches Relikt altheidnischer Religiosität, das sich durch eine Verbindung von alttestamentlich-levitischen Reinheitsvorstellungen mit der altrömischen Sakraltradition ins Christentum eingeschlichen hat. Wer hier noch an einen wirksamen Kausalnexus glaubt, denkt noch in unaufgeklärten magischen Kategorien.

Für den modernen Menschen, und das gilt auch für den Priester, soweit er modern fühlt und denkt (und das werden immer mehr), ist der Zusammenhang zwischen sexueller Reinheit und kultischem Geschehen in Sakrament und Gottesdienst nicht im geringsten mehr einsichtig zu machen. Moderne Medizin und Sexualpsychologie als Faktoren des modernen Bewußtseins haben dazu geführt, daß wir heute zu unserem Leib und zur Geschlechtlichkeit kein angstbesetztes Tabu- und Sündigkeitsverhältnis mehr haben, sondern wesentlich nüchterner, sachlicher und unbefangener mit uns umgehen, als dies zu früheren Zeiten üblich und möglich war. Hier wurde viel Verklemmtheit der früheren Beichtspiegel das sechste Gebot betreffend ausgeräumt. Von daher gesehen, wirken viele lehramtlichen Aussagen über Geschlechtlichkeit, Ehe und Zölibat reichlich antiquiert. Was auf diesem Gebiet erlaubt und nicht erlaubt oder Sünde, gar Todsünde ist, läßt sich nicht mehr einseitig durch amtskirchliche Dekrete bestimmen. Es ist schlimm, daß die amtskirchlichen Spitzenfunktionäre das entweder noch nicht gemerkt haben oder es nicht wahrhaben wollen. Nun ist es durchaus nicht so, daß der moderne Mensch auf diesem Gebiet keiner ethischen Hilfe bedürfte. Aber diese Hilfe kann nur dann wirksam werden, wenn man *zuerst einmal die persönliche Selbstverantwortung des eigenen Gewissens offen und ehrlich anerkennt*. Diese ist jedenfalls gegenüber der Keuschheit das höhere Gut. Das gilt natürlich auch für den Amtszölibat. Die herrschende Praxis anerkennt nicht diesen absoluten ethischen Primat der Selbstverantwortung und des persönlichen Gewissens, sondern stellt das Gesetz über das Gewissen und damit die Institution über die menschliche Person. Das Gewissen ist aber der höhere ethische Wert. Darum steht unter diesem Aspekt der Amtszölibat im Widerspruch zu einem Grundprinzip des christlichen Ethos, in welchem der Wert der menschlichen Person gegenüber dem Staat, der Gesellschaft, aber auch gegenüber der Amtskirche an der ersten Stelle steht. Wie der Papst es auch für den politischen Bereich behauptet.

Er steht auch im Widerspruch zur Liebe und zum ordo caritatis. Immer wieder betonen die Befürworter des Amtszölibats den besonderen Wert der Keuschheit als klerikaler Standestugend. Es sieht so aus, als ob die Keuschheit die klerikale Haupt- und Staatstugend wäre. Dem ist jedoch entschieden zu widersprechen. Auch für den Kleriker sind die christlichen Haupttugenden Glaube, Hoffnung und Liebe; »am größten aber ist die Liebe« (1 Kor 13,13). So daß auch hier in sinngemäßer Abwandlung zu sagen ist: »Und wenn ich alle Keuschheit hielte und keine Frau je angeblickt hätte, hätte aber die Liebe nicht, so wäre ich nichts.« Damit ist auch ein Kriterium gegeben: Macht der Amtszölibat den Kleriker nur »verfügbar«, »zuverlässig« und für die Sakramentenspendung kompetenter und würdiger oder macht er ihn offener, liebesfähiger, strahlender und verantwortungsfreudiger, weniger gehorsams- und fremdbestimmt, dafür aber fähiger zu christlicher Eigeninitiative? Stellt man die Frage einmal so, dann fällt sie nach meiner Erfahrung eher ungünstig für den Amtszölibat aus. Der Amtszölibat produziert sehr oft verängstigte und verklemmte Gemüter mit wenig Mut, er erzeugt mancherlei Neurosen und verzweifelte Lebenskrisen. In der Tat, hier geht es durchaus, wie der Papst sagt, um »die Probe auf die eigene Menschlichkeit«, die man aber nicht *durch* den Amtszölibat, sondern nur *gegen* ihn gewinnen kann. Denn in sturem Zölibatsheroismus, der auf Kosten von Mitmenschlichkeit, Barmherzigkeit, Liebe, Lebensfreude und Güte geht, kann ich jedenfalls keine größere Menschlichkeit erblicken. Wahre Menschlichkeit kommt für den Mann nicht ohne tiefere Begegnung mit der Frau zustande, das gilt auch für den Priester. Die meisten wahrhaft »menschlichen«, gütigen, hilfreichen und mitfühlenden Priester (»er muß Mitleid haben können mit den Unwissenden und Irrenden, da ja auch er mit Schwachheit behaftet ist«, heißt es Hebräer 5,2), denen ich begegnet bin, waren in ihrem Leben irgendwann einmal am Amtszölibat gescheitert. Genau das hat sie menschlich und christlich weitergebracht. Ihre Menschlichkeit kam nicht durch den Zölibat zustande, sondern durch die Erfahrung, daß Glauben, Hoffnung und Liebe die entscheidenden christlichen Tugenden sind, in denen man zur Reife kommen muß, und nicht der blinde, angstbesessene »Gehorsam« gegenüber einem völlig uneinsichtigen Gesetz. Für diese Priester war die Begegnung und Erfahrung der Frau ein persönlicher Gewinn und eine Hilfe zu ihrer christlichen Reife und zu ihrer inneren Freiheit. Dagegen hat es sich oft und oft gerächt, wenn man versucht hat, die Erfahrung der Frau zu verdrängen. Man wird genau dadurch unmenschlich, nämlich in dem Sinn, daß wahrhaft gute menschliche Gefühle unterdrückt werden, daß Kontakt- und Kommunikationsfähigkeit dahinschwinden und der Mensch, der »Priester« und »Hierarch« nur noch in der »Rolle« und in der Maske seiner selbst daherkommt, während Rechthaberei und Eigendünkel wachsen; daß man nur noch in amtlich erlaubten, gesetzlich-dogmatischen Kategorien denken kann und dadurch, daß man die eigenen Gedanken immer hat unterdrükken müssen, am Ende nicht merkt, daß man keine eigenen Gedanken mehr hat, von den trauigen und tragischen Fällen vereinsamter Priester, wie sie wohl jeder, der Einblick hat, kennt, ganz zu schweigen.

Denn, und damit komme ich zum nächsten Punkt, beim Amtszölibat geht es letztlich gar nicht um den Menschen, auch nicht um den Priester als Menschen, sondern um den *Absolutheitsanspruch und um die Selbst-Verabsolutierung des päpstlich-klerikalen Systems.* Das System stellt im Zölibat die Zumutung auf, daß der Kleriker sich selbst ihm total ausliefern soll. Die Ideologie sagt, daß er sich »Christus und der Kirche total zur Verfügung stellen soll«; aber faktisch geht es um das System. Damit erhebt die Amtskirche einen Totalanspruch auf den Kleriker, wie ihn nur Gott gegenüber dem Menschen geltend machen kann. Das wieder kommt daher, daß sie sich in ihrer Spitze mit Gott und Christus in einer Art und Weise identifiziert, die ein theologisch nüchternes Denken nur als maßlose Selbstüberschätzung (bei aller Berechtigung der »apostolischen Amtsnachfolge«) betrachten kann. Ein derartiger Macht-, Gehorsams- und Verfügungsanspruch ist aber nach meiner heutigen Auffassung in sich unzulässig, ungerecht und unmoralisch. Hier besteht eine ziemlich große Ähnlichkeit zwischen dem katholischen Amtssystem und den politisch-totalitären, vor allem mit den kommunistischen Systemen, was die ähnliche Struktur und die inneren Mechanismen (z. B. gegenüber Systemkritikern) betrifft; der ideologische Unterschied ist da fast bedeutungslos. Das ist freilich nicht positiv. Denn jedes System, das den Menschen voll für sich beansprucht, auch seine Funktionäre, ist eben deshalb als totalitär zu bezeichnen. Es ist ungerecht allein schon aufgrund seines totalen Macht-Anspruchs, und das ist um so schlimmer, wenn dieser religiös begründet wird. Auch der Führungsapparat der Katholischen Kirche muß endlich begreifen, daß die Selbst-Absolutsetzung des mittelalterlichen Papsttums, deren unmittelbare Folge der Amtszölibat ist, in historischer Hinsicht eine zwielichtige Periode und gemessen am Neuen Testament ein Irrweg war, wie dies schon Martin Luther richtig gesehen hat. Heute ist damit ernst zu machen, daß die Kirche Jesu Christi für den Menschen dazusein hat und nicht umgekehrt. Dieser Mensch ist aber – Papst, Klerus und das ganze Volk Gottes eingeschlossen – immer ein angefochtenes und unvollkommenes Geschöpf, das oft und in vielen Dingen versagt, das aber schließlich doch das von Gott und Jesus Christus gerade in seiner Problematik, auch in seiner geschlechtlichen Problematik, angenommene, anerkannte und geliebte Wesen ist. Ein Mensch, der auch im kirchlichen Dienst, als Priester seine Menschenwürde, seine Selbstbestimmung und das Recht auf Selbstverwirklichung nicht verliert. Dem man menschlicher- und christlicherseits auch das Recht auf Irrtum in wesentlichen Lebensentscheidungen zubilligen muß. Umkehr (Metánoia) im Sinne Jesu schließt *das persönliche Recht auf Revision der eigenen Lebensentscheidung* notwendig ein. Darüber hinaus ist weiter zu fragen, ob der Papst das Recht hat, ein derartiges »Ehehindernis« wie den Amtszölibat aufzustellen, und ob das nicht gegen menschliche Grundrechte überhaupt verstößt.

Natürlich darf in diesem Zusammenhang der mitleidende Partner, die Frau, nicht vergessen werden. Keine noch so schönen Lobreden auf das »christliche Frauenideal«, kein noch so hohes »Marienlob« können heute noch darüber hinwegtäuschen, daß der Amtszölibat eine Diffamierung, ja Verachtung der Frau impliziert. Hier braucht man nur die Zölibatsgeschichte bei *Denzler* nachzulesen. Daß außer vielen Päpsten hohe und niedere Kleriker, zumal in Rom, ihre Geliebten hatten, ist allgemein bekannt. Aber daß gerade dadurch zahllose Frauen entehrt, erniedrigt und beleidigt und zu klerikalen Lustobjekten degradiert wurden, das wird selten gesagt; dennoch ist es so. Es treibt einem die Schamröte ins Gesicht, wenn man die obszönen Bezeichnungen liest, die hochgescheite, ja heilige Männer für Priester-Frauen übrig hatten, und wenn man erfährt, mit welch unsäglicher, mitleidloser Härte und Brutalität der Amtszölibat durchgesetzt wurde. Von christlicher Menschenachtung und Menschenliebe ist da wenig zu spüren, dagegen viel von fanatischem Frauenhaß und Verfolgungswahn. So ist, wie die kompetente Psychotherapeutin Hanna *Wolff* in ihrem lesenswerten Buch »Jesus der Mann«[9] gezeigt hat, Jesus mit Frauen nicht umgegangen. In diesem Buch wird deutlich, daß hinter dem Amtszölibat *ein unaufgeklärtes, männlich-patriarchalisches Macht- und Angstsyndrom* steht, Angst vor der eigenen Sexualität und Angst vor der Frau, eines das andere bedingend, beides dem Geist Jesu völlig fremd. Woher kommt die eigentümliche klerikale Angst vor der Sexualität? Die Sexualität ist diejenige Seite des Menschen, die ihn am meisten mit der Natur verbindet und die sich nie rational-willentlich in den Griff nehmen läßt – die Geschichte des Amtszölibats ist dafür der beste Beweis. Die Absolutheitstheorien des Papsttums mit seiner spiritualistischen Anthropologie wollen aber, mit Hilfe des Amtszölibats, diesen »Unsicherheitsfaktor«, der die Sexualität ist, ausschalten. Anstatt in Demut und dankbarer Freude die Sexualität anzunehmen, soll sie »beherrscht« werden; das ist aber gegenüber der gottgegebenen kreatürlichen Verfassung des Menschen keine Demut, sondern ein Hochmut, der sich bitter gerächt hat und rächt, desto mehr, als er mit zunehmender Liebesunfähigkeit erkauft wird. Der Amtszölibat ist ein Produkt des römisch-abendländischen Patriarchalismus, dessen Zeit heute allmählich zu Ende geht. Wir verstehen heute wieder das Wort aus dem Matthäusevangelium: »Auch sollt ihr keinen unter euch auf Erden Vater nennen; denn nur einer ist euer Vater, der im Himmel« (Mt 23,10). Dem wird sich auch das Papsttum unterordnen müssen.

Es kommt darauf an, den Amtszölibat nüchtern als das zu sehen, was er, historisch gesehen, ist: ein Mittel im Dienst der Papstkirche, um das amtskirchlich-hierarchische Herrschaftsmodell mit seinen Amtsprivilegien – am wichtigsten: das Eucharistie- und Sakramentsmonopol – abzusichern. So gesehen, ist er in der Tat die »Festung der Amtskirche«[10] und ihres »Systems«. Insofern hat er mit der »Ehelosigkeit um des Himmelreiches willen« ganz und gar nichts zu tun. Letztere ist eine Ideologie, die die unmenschliche, unchristliche und unbarmherzige Struktur, das wahre Gesicht des Zölibats, verklären und verbergen soll.

Dieses Urteil wäre in dem Augenblick zu revidieren, wenn die Ehelosigkeit wirklich dem einzelnen freigestellt würde und wenn die archaisch-magischen Fluch-Sanktionen gegenüber den verheirateten Priestern ohne alle diskriminierende Nebenwirkungen beseitigt würden. Solange aber dieses magische Sakralrechtsdenken herrscht, kann von einer wahren Freiheit nicht die Rede sein. Gegenbehauptungen ohne überzeugende Praxis der Menschenliebe zählen nicht mehr.

Zu postulieren ist eine gründliche Revision des Amtszölibats im Sinn einer »Schleifung der Bastionen«[11]. Geht man vom

Neuen Testament aus, dann ist die Kirche in ihrem Ämtersystem absolut nicht auf eine unauflösliche »Ehe« mit dem hierarchischen Patriarchalismus festgelegt. Wie in der Gesellschaft, so versagt auch in der Kirche dieser patriarchalische Führungsstil immer mehr. Man müßte neu nach den neutestamentlichen Aussagen fragen, ohne von vornherein dem »traditionellen Amtsverständnis« einen normativen Vorrang einzuräumen, der es jeder Kritik entzieht. Die Frage ist, wieweit Papst und Amtskirche zu einer Selbstkritik der eigenen Traditionen fähig sind, oder ob sie sich so mit ihrer traditionellen Rolle identifizieren, daß sie aus deren Versteinerungen nicht mehr herauskommen. »Wahrscheinlich«, so meint der Kirchen-Soziologe *F. X. Kaufmann*, »kommt die katholische Kirche nicht umhin, ihr *Amtsverständnis* neu zu überdenken, wobei das Verhältnis von Sakramentalität des Weiheamtes und kirchlicher Funktionserfüllung neu zu bestimmen sein wird. Es scheint jedenfalls kaum mehr haltbar, sämtliche organisatorischen Führungspositionen auf Dauer einem zölibatären Klerus vorzubehalten und vom untergebenen ›Kirchenpersonal‹ einen ›kirchlichen Gehorsam‹ unter Verzicht auf die heute üblichen Arbeitnehmerrechte zu verlangen«[12].

Nur den festgefügten Steinen kommt es so vor, als bräche bei einer Veränderung des alten Hauses der ganze Bau zusammen; diejenigen aber, die das Haus verändern, weil sie weiterhin darin leben wollen, widerlegen die Steine, indem sie diese auf neue Weise zum neuen Hause fügen.

Anmerkungen

1 Es geht hier vor allem um das Schreiben an alle Bischöfe der Kirche zum Gründonnerstag 1979 und um das Schreiben an alle Priester der Kirche zum Gründonnerstag 1979 vom 8. April 1979.

2 Dazu vor allem *G. Denzler*: Das Papsttum und der Amtszölibat, 2 Bde., Stuttgart 1973–76; *J. Blank:* Prophetische Ehelosigkeit und kultisches Sexualtabu, in: Diakonia 1 (1970) 373–382; *Ders.:* Sexualtabus und Machtstrukturen, in: Diakonia 2 (1971) 105–109.

3 Vgl. dazu *Denzler*: Papsttum und Amtszölibat, wo sich diese Entwicklung an den verschiedenen Dokumenten genau erkennen läßt.

4 *W. Ullmann:* Kurze Geschichte des Papsttums im Mittelalter, Berlin – New York 1978, S. 137f.

5 Zu der von mir gewählten Betrachtungsweise und ihrer Methode vgl. besonders *F. X. Kaufmann*: Kirche begreifen. Analysen und Thesen zur gesellschaftlichen Verfassung des Christentums, Freiburg – Basel – Wien 1979, S. 43f.

6 Vgl. *Denzler*: Papsttum und Amtszölibat I, S. 139–180; II, S. 379–445.

7 Vgl. dazu *J. Blank*: Begegnung mit dem Heiligen als Krise und Entscheidung, in: *J. Sudbrack* (Hrsg. u. a.): Heilkraft des Heiligen, Freiburg – Basel – Wien 1975, S. 45–77; besonders S. 53ff.

8 Vgl. dazu Mischna, Traktat Joma 1,1; 3,2–8.

9 *H. Wolff*: Jesus der Mann. Die Gestalt Jesu in tiefenpsychologischer Sicht, Stuttgart [3]1977.

10 Insofern klingen die Argumente des Kardinals Pallavicini, Staatssekretärs Pius' VI., gar nicht »sonderbar«, sondern ausgesprochen systemkonform, wenn er sagt: »Wenn man den Geistlichen die Ehe gestattet, so ist die römische päpstliche Hierarchie zerstört, das Ansehen und die Hoheit des römischen Bischofs verloren; denn verheiratete Geistliche werden durch das Band der Frauen und der Kinder an den Staat gefesselt und hören auf, Anhänger des römischen Stuhls zu sein, auch werden sie genötigt, dem Interesse der Fürsten zuzustimmen. Ferner wird man bald erkennen, daß warme Verehrer und Verteidiger des Hl. Stuhls sich in öffentliche Widersacher desselben verwandeln«, und wenn er daraus folgert: »Die Staatsklugheit legt es also ihrer Heiligkeit und dem hl. Kollegium auf, derartigen Anträgen niemals Gehör zu schenken« (*Denzler:* Papsttum und Amtszölibat II, S. 277). Der Kardinal hatte den Mut, die strukturelle und institutionelle Bedeutung des Amtszölibats ohne ideologische Verbrämung beim Namen zu nennen, und solange man diesen Punkt nicht klar anvisiert, kommt man an den Kern der Sache nicht heran. Es geht hier nicht in erster Linie um Theologie oder um Moral – da war und ist die Amtskirche nie besonders kleinlich gewesen. Es geht um die Gesamtgestalt der Institution. Der Verzicht auf den Amtszölibat würde diese Gestalt nachhaltig verändern, aber wahrscheinlich im Sinne größerer Freiheit, Offenheit, Menschlichkeit und Beweglichkeit. Ein Zusammenbruch wäre, wenn man die Sache richtig anpackt, meines Erachtens nicht zu befürchten.

11 So der Titel einer Schrift von *H. U. von Balthasar* aus dem Jahre 1952, worin Seite 30 folgender Satz steht: »Was es um jeden Preis zu brechen gilt: das vergreiste, weil von ungenügendem Glauben durchpulste Geschichtsbewußtsein der Christen«! Dieses Postulat gilt noch immer.

12 *F. X. Kaufmann:* Kirche begreifen, S. 182.

DIETMAR MIETH
Argumente für die Priesterehe

Einwände und Alternativen zum Priesterbild bei Johannes Paul II.

Es mag einem verheirateten Theologen wohl anstehen, auf jene Einwände einzugehen, die den Pflichtzölibat des Priesters betreffen und von denen der Papst sich »freizumachen« versucht (Art. 8). Doch sind meine Motive dabei weder persönlich noch pragmatisch, wenn ich auch in einem Kanton lebe, in der das Durchschnittsalter der Pfarrer bereits 59 Jahre beträgt, und wenn ich auch Theologen unterrichte, die zum weitaus größten Teil in die Seelsorge wollen und die zugleich zum weitaus größten Teil die Ehe anstreben. Es erscheint mir freilich schon seit langem bedenklich, daß diese Studenten später als verheiratete Laienseelsorger in minderer Funktion letztlich dazu ausgenutzt werden, den Priestermangel zu kaschieren und dem Pflichtzölibat beim Überwintern zu helfen. Doch werden sich meine zentralen Argumente nicht auf die Fragwürdigkeit dieser Situation, sondern grundsätzlicher auf die Frage Priestertum und Ehe beziehen.

Eine zweite Vorbemerkung: Der Priesterbrief des Papstes zum Gründonnerstag 1979 ist ein Pastoralbrief und keine lehramtliche Erklärung. Der Papst will ja auch nichts Neues sagen, sondern die neueren Dokumente zum Priestertum (Konzil, Paul VI. und Bischofssynode 1971) in Anwendung bringen. Demnach bestünde eine gewisse Hoffnung, daß er für die weiterlaufende Diskussion in der Kirche gesprächsoffen bleibt. Es scheint so, als ginge er zunächst einmal von den Dokumenten und von seinem persönlichen Erfahrungsstand aus, den er auch am Schluß reklamiert. Ob er sich freilich des psychologischen Problems bewußt ist, daß jedes Papstwort die Autorität seines Amtes so einbringt, daß diese durch die Kraft der Argumentation sowohl gestärkt als auch gefährdet werden kann? Gerade die Zölibatsfrage kann ja, weil letztlich nicht auf einer Glaubensaussage beruhend, nur argumentativ oder disziplinarisch entschieden werden. In seinem Brief argumentiert der Papst; man kann also prüfen, inwieweit seine Argumentation stichhaltig und ausgewogen ist. Dazu ist es notwendig, zunächst von seinem Priesterbild im allgemeinen auszugehen, wie er es vor allem in Auslegung eines Konzilstextes[1] entfaltet.

1. Zur Konzilsauslegung des Papstes

Dreh- und Angelpunkt des Priesterbriefes ist die Auslegung des erwähnten Konzilstextes, den er wörtlich zitiert. Diese Auslegung hat entschiedene Akzente. Das beginnt schon damit, daß das Eingangszitat Hebr 5,1 nicht in der gleichen Weise verwendet wird wie im Konzilstext selbst. Die Formel »aus den Menschen genommen, für die Menschen bestellt« wird vom Konzil auf Christi Hoherpriestertum bezogen. Dies entspricht genau der Aussage des Hebräerbriefes, der hier vom Hohenpriestertum Christi redet (Hebr 4,14–5,10). Die Aussage ist so eindeutig, daß es sich exegetisch verbietet, das darin enthaltene Bekenntnis zu Christus als unserem einen Hohenpriester einfachhin auf das Amtspriestertum in der Kirche zu übertragen. Wenn schon eine Ableitung möglich wäre, dann hätte eine Übertragung auf das allgemeine Priestertum im Volke Gottes das gleiche Recht. In der Tat spricht ja das Konzil im unmittelbaren Anschluß von diesem »gemeinsamen Priestertum der Gläubigen«. Der Papst weicht hier von vorneherein programmatisch ab, indem er die Formel eindeutig auf die Amtspriester bezieht (Art. 3).

Solche im doppelten Sinn, gegenüber dem Schrifttext und gegenüber dem Konzilstext, zweifelhafte Exegese hat Folgen. Der Konzilstext akzentuiert eindeutig die Zuordnung des gemeinsamen Priestertums der Gläubigen und des »Priestertums des Dienstes«; die bleibenden Unterscheidungsmerkmale sind im Duktus des Textes Nebenaussagen. Das Fazit des Textes sieht *A. Grillmeier* darin: »Erst das Zusammenwirken von besonderem und gemeinsamem Priestertum ergibt die volle priesterliche Wirklichkeit des Gottesvolkes. Obwohl nicht vom Volke, von unten her verliehen, stellen die Vollmachten des Amtspriestertums, selbst auf der Taufe aufruhend, dennoch eine Funktion des Gesamtvolkes dar.«[2] Der Papst hat nun diesen Duktus einschneidend verändert. Obwohl er mit den Worten des Konzils spricht und daher dem Wortlaut nach nichts anderes sagt als das Konzil, wendet er doch den Duktus so, daß zwar die Zuordnung bestehen bleibt, die Unterscheidungsmerkmale aber den Kern der Aussage bilden. Der Priester erscheint so als aus den Menschen herausgenommen. Das Konzil schränkt die Unterscheidungsmerkmale im Duktus seines Textes ein, der Papst die Zuordnung. Und während das Konzil sagt, das Priestertum sei hierarchisch, weil es ein Dienst sei, sagt der Papst, das Priestertum sei ein Dienst, weil es hierarchisch sei: »Unser Priestertum (ist) hierarchisch . . . und eben deswegen ein Dienst« (Art. 4). Daß das Priestertum, wenn auch aufgrund des eigenen sakramentalen Zeichens unterscheidbar, eine »Funktion des Gottesvolkes« darstellt, entschieden auf das Ursakrament Kirche bezogen bleibt, das alles tritt entschieden zurück: »Es leitet aber nicht von dieser Gemeinschaft seinen Ursprung her, als ob sie ›berufen‹ oder ›delegieren‹ könnte. Es ist vielmehr ein Geschenk für diese Gemeinschaft, das von Christus selber kommt, aus der Fülle seines Priestertums« (Art. 4). Wo bleibt da der ekklesiologische Bezug? Ist der Priester nicht von der Kirche, sondern nur für die Kirche?

Man sage nicht, daß diese Überlegungen spitzfindig sind. Gewiß sollen sie nicht bestreiten, daß der Papst das Konzil richtig auslegen will. Es geht nicht darum, ihm zu unterstellen, er wolle es verändern. Die Konzilsaussagen haben ja oft einen bewußt offenen Charakter, man kann sie daher verschieden akzentuieren. Aber die Auslegung des Papstes ist, schon beim Schriftwort Hebr 5,1 angefangen, der Sache nach gegen den Duktus des Konzilstextes; theologisch geht seine Auslegung vor den Konzilstext zurück. Das wiederum hat seinen einfachen Grund im Priesterbild des Papstes. Dieses ist im wesentlichen darauf gerichtet, die »Identität« des Priesters durch seine Abhebung vom Volke Gottes zu sichern. Das geht bis in Kleiderfragen hinein (vgl. Art. 7, Anm. 26). Was im Konzilstext zwar anerkannt, aber eingeschränkt wird, der »Wesensunterschied« des Priestertums, bildet für den Papst die wiederkehrende, zentrale Aussage (vgl. Art. 6). Versteht das Konzil das Wesen des Priestertums »von oben nach unten und von unten nach oben«[3], so versteht es der Papst nur noch von oben nach unten. Dieses Priesterbild gibt die Ausgangslage vor dem Konzil wieder.

Daraus ergibt sich die besondere Identität des Priesters. Er vor allem ist der Jünger in der Nachfolge Jesu. Sein Einsatz soll »über den eines jeden Laien« hinausgehen (Art. 5). Eines *jeden* Laien! Ein Franziskus von Assisi, selber Laie, hat das anders verstanden: er hat die Priester verehrt, weil das göttliche Wort und der Leib des Herrn in ihren Händen war. Die Nächstenliebe des Priesters soll »einzigartig« sein; in der Seelsorge soll er »Künstler« – auch das eine Herausnahme! – sein. Man versteht jetzt, weshalb das priesterliche Leben vor aller »Laisierung« geschützt werden muß (Art. 6).

Das zentrale Argument, das der Papst neben der spezifischen Einsetzung des Priesters anführt, ist kein theologisches, sondern ein sozialpsychologisches. Wenn die Priester ihre abgehobene Identität aufgäben, dann würden gerade die Laien dies nicht verzeihen. Denn diese sähen letztlich doch auf den Priester, der sich eindeutig unterscheidet. Der sei »gefragt«, und, so lautet das entscheidende Argument: »Wir würden dann aufhören, gefragt und populär zu sein« (Art. 7). Ist das nicht je nach Kultur und Weltregion zumindest verschieden? Oder wie verträgt es sich mit dem biblischen Gleichnis vom Sauerteig? Niemand redet einer Anonymität des Priesters das Wort, aber hängt seine Identität wirklich so sehr vom abgehobenen Erscheinungsbild ab?

Es sei auch gleich auf eine Gefahr dieser sozialpsychologischen Argumentation hingewiesen. Bekanntlich haben in der Bundesrepublik Deutschland die hohen Examensansprüche als Voraussetzung für das Medizinstudium dazu geführt, daß manche Medizin studieren, weil sie ihr sehr gutes Abitur dazu animiert, diesem Sozialprestige zu folgen. Das ist aber ein gefährliches Auswahlprinzip. Es zieht sublime Karrieristen an. Diese gibt es auch auf der Ebene der Frömmigkeit.

2. Zur Zölibatsargumentation des Papstes

Die letzten Überlegungen zeigen, daß der Papst schon sozialpsychologisch von der Notwendigkeit des Pflichtzölibates überzeugt sein muß. Sehen wir aber nach seiner theologischen Argumentation (vgl. Art. 8–9). Diese beruht im wesentlichen auf zwei Argumenten: Erstens, die Ehelosigkeit ist als eschatologisches Freiheitszeichen eine notwendige Gnadengabe für den Dienst am Volke Gottes; zweitens, die Ehelosigkeit ist ein spezifisch katholisches Charakteristikum, das uns von den Traditionen anderer Kirchen unterscheidet, aber nicht trennt. (Diese sind also offensichtlich theologisch nicht illegitim.)

Bleiben wir bei letzterem Argument. Es bezieht sich auf die Tradition. Jeder Kenner der Kirchengeschichte weiß freilich, daß es bis ins Mittelalter hinein verheiratete Priester gegeben hat, auch in der lateinischen Kirche, und daß dies erst zur Vermeidung von Priestererbhöfen völlig abgeschafft wurde. Daß der Pflichtzölibat zur Tradition der apostolischen Lehre gehört (Art. 8), kann man bezweifeln. Wohl gehört die frei gewählte Ehelosigkeit dazu. Nun sagt der Papst aber, die Ehelosigkeit des katholischen Priesters sei frei gewählt. In der Tat wird niemand zu einem Priestertum ohne Ehe gezwungen. Wird aber auch niemand zum Priestertum und zugleich zur Ehe berufen? Das ist doch die Kernfrage, der sich der Papst entzieht. Es ist schade, daß er gegenüber der Überlegung, es gebe mehr Berufe zum Priestertum als zur Ehelosigkeit, die schon der gewiß unverdächtige hl. Hieronymus kannte, mit Motivverdächtigung (»wider besseres Wissen vertreten«, Art. 9) arbeitet, wie überhaupt die Motivverdächtigung sein Hauptmittel ist, sich von Einwänden »freizumachen«. Gegen einen solchen Mangel an fairer Argumentation kann man nur im Namen jener protestieren, die aus tiefster Liebe zur Kirche Einwände gegen den Pflichtzölibat vorgebracht haben.

Im Grunde setzt das Argument mit der katholischen Tradition schon die erste Argumentationsstruktur voraus. Demnach ist die Gnadengabe der Ehelosigkeit, obwohl an sich keineswegs sakramental und für alle Christen, auch für Laien, offen, voll innerer Affinität zum Sakrament der Priesterweihe. Der Grund dafür ist ein zweifacher: einmal wird der Dienst des Amtspriestertums dadurch freier und umfassender; zum anderen lassen sich dadurch Weihesakrament und Ehesakrament mit verschiedenen Gnadengaben, auch was die Lebensführung betrifft, in Beziehung setzen und so zugleich einfach unterscheiden und doch auch parallelisieren. Letzteres entspricht wiederum genau dem schon entfalteten Priesterbild des Papstes: klare, bis ins Äußere hineingehende Unterscheidung von Priester und Laie. Das klare Bild ist freilich dadurch gestört, daß zwar die Gnadengabe der Ehelosigkeit weiterhin dem freien Wehen des Geistes überantwortet bleibt, denn sie ist nicht an das Priestertum gebunden, nur das Priestertum an sie, daß aber die Gnadengabe der Ehe eine eindeutige Laienberufung bleibt. Sie ist es eigentlich, die hier eingeschränkt wird. Wie verträgt sich dies mit der Behauptung des Papstes, er wolle die Ehe nicht abwerten?

Vermindert eine solche Einschränkung einer freien Gnadengabe nicht doch auf sublime Weise ihren Wert? Im Oktober 1979 hat der Papst eine Ansprache an die Priesteramtskandidaten des »Seminario Romano« gehalten, in der er den Verzicht auf Karriere und Ehe in einem Atemzug nannte![4] In einen solchen Duktus wollen wir christlichen Eheleute nicht geraten. Man hat den Eindruck, daß das Lehramt der Kirche stets etwas doppelzüngig redet, wenn das »Geheimnis der Ehe« mit dem Priestertum in Beziehung gebracht wird. Das liegt wohl nicht daran, daß man die Ehe herabsetzen *will*, es liegt nicht am Motiv, es liegt vielmehr an der Denkstruktur, die zwei Gnadengaben mit zwei Sakramenten parallelisieren möchte.

Ich möchte an dieser Stelle nicht Einwände gegen den Pflichtzölibat wiederholen, die sich an der theologisch möglichen und kirchengeschichtlich vielleicht sinnvollen Trennbarkeit von Ehelosigkeit und Priestertum orientieren. Das Thema meines Beitrags ist vielmehr die Priesterehe als sinnvolle Alternative. Diese Alternative stellt sich dem Anspruch der päpstlichen Zölibatsargumentation, der Dienst des Priesters müsse frei und umfassend sein, und behauptet ganz schlicht, daß dies auch in der Ehe möglich ist.

3. Argumente für die Priesterehe

Man muß die Ehe für die Priester nicht einfach deshalb in Betracht ziehen, weil die Sorge um das Heil der Menschen und der Priestermangel dies erfordern. Das ist zwar für die meisten Weltregionen, wenn auch nicht für alle, eine bedrängende Erfahrung, und man fragt sich, wie dem Bedürfnis der Gemeinden nach einem Priester (vgl. Art. 10!) so kühl und souverän mit dem Vertrauen auf Christus begegnet werden kann, wenn doch Christus selbst die Ehelosigkeit der Apostel und Jünger nicht verlangt, sondern nur angeboten hat. Hat die Amtskirche keine Sorge, sich manchmal dem Christusverständnis von Großinquisitoren anzunähern?

Wenn auch solche Überlegungen kritisch gegenüber dem Priesterbrief des Papstes einzubringen sind, sie scheinen mir unzureichend, solange hinter ihnen das Bewußtsein steht, man müsse die Priesterehe aus pastoralen Gründen *in Kauf* nehmen. Die Argumentationsstruktur scheint hier zu sein: Eigentlich wäre ja die Ehelosigkeit für die Priester besser, doch auch die Berufenen können es nicht alle fassen, also muß man der menschlichen Schwäche nachgeben und etwa in bedrängten Regionen der Weltkirche den Bischofskonferenzen die Entscheidung freigeben. Auf eine solche Argumentationsstruktur antwortet eben die Amtskirche: Wenn die Ehelosigkeit das Bessere ist, dann laßt uns auf Christus vertrauen; schließlich verzichten wir auch sonst nicht auf die Verbindlichkeit des Glaubens, wenn die Zahl der Christen zurückgeht. Der Fehler dieser Antwort liegt weiterhin darin, daß man in diesem Falle zwischen der Wahrheit des Glaubens und dem Angebot von Gnadengaben nicht unterscheidet. Gegenüber anderen Forderungen der Jüngerpredigt Jesu verhält sich die Amtskirche seltsamerweise weniger rigoros!

Doch man muß hier nicht nur negativ, sondern auch positiv argumentieren können. Dies setzt voraus, daß die Vorzüge der Priesterehe deutlich gemacht werden. Um dies zu können, ist freilich eine methodische Voraussetzung nötig.

Eine methodische Voraussetzung

Die Ehelosigkeit um des Gottesreiches willen ist ein »eschatologisches Zeichen«. Mit dieser Einsicht freilich, das weiß auch der Papst, läßt sich allenfalls das Ordensleben begründen. Für die Priester ist daher die Ehelosigkeit besser, weil der Zölibat »auch große soziale Bedeutung für den Dienst am Volke Gottes im gegenwärtigen Leben hat« (Art. 8). Alles oder fast alles entscheidet sich also zunächst an diesem Vergleich der sozialen Fruchtbarkeit zwischen Ehe und Ehelosigkeit beim Weltpriester. Betrachten wir diesen Vergleich bei Johannes Paul II., dann fällt er deutlich zugunsten der Ehelosigkeit aus: Der verheiratete Mann ist fruchtbar in der Familie, der ehelose Mann dient einer weitaus größeren Zahl der Menschen. Da muß man sich doch fragen, ob die Dinge wirklich so einfach liegen. Ist denn die Vater- oder Mutterschaft von Eheleuten an der biologischen Grenze der Familie beendet? Für welchen Lehrer oder Arzt, für welche Lehrerin oder Ärztin sind solche Argumente stichhaltig? Schöpfen sie nicht gerade aus ihrer Ehe die Kraft, allen Menschen, die ihrem Aufgabenbereich anvertraut sind, mit Hingabe zu dienen? Macht die Ehe sie unfrei oder aber gerade frei zum Dienst? Natürlich weiß dies der Papst auch. Er wird eben über die Ehe sprechen, je nachdem, ob er zu Eheleuten oder zu Priestern spricht. Aber gerade darin liegt die methodische Anfrage: Ist die Dienstfreiheit des Ehelosen letztlich nicht doch ein eschatologisches und kein empirisches Argument? Setzt man nicht eschatologische Heilsdarstellung gegen empirische Heilsverwirklichung? Bei dieser Anfrage geht es darum, ob man Dinge verschiedener Ordnung miteinander wertend vergleichen kann. Daß man dies beim Charisma der Ehelosigkeit tut und nicht beim Charisma der Armut, ist doch in gewisser Weise signifikant. Hier bleibt es beim eschatologischen Angebot.

Ich möchte den methodischen Fehler an einem Beispiel verdeutlichen. Jahrhundertelang hat man in der Kirche über den Vorrang des kontemplativen Lebens gegenüber dem aktiven diskutiert. Man hat gesagt, die Kontemplation besitze eschatologischen Vorrang, weil sie Antizipation des Bleibenden über die Todesgrenze hinaus sei. Daher, so sagt Augustinus, habe Christus den beschaulichen Johannes mehr geliebt als die anderen Apostel. Doch derselbe Augustinus weist zugleich darauf hin, daß Christus dem aktiven Petrus die Führung der Kirche anvertraut habe: In der Zeit der Kirche habe der Dienst Vorrang; die eschatologische Erwartung müsse zurückstehen, auch wenn sie als Heilszeichen eminent wichtig bleibe. Augustinus hat sich also dagegen gewehrt, eschatologische Präferenzen in innerkirchliche Wertungen umzumünzen. Er hat gesehen, daß es sich um ganz verschiedene Vergleichsebenen handelt, je nachdem, ob man von den Erfordernissen des Dienstes oder aber von der eschatologischen Erwartung ausgeht.[5]

In der Vermischung dieser Vergleichsebenen scheint mir nun der Fehler in der Bewertung der Priesterehe durch das katholische Lehramt zu liegen. Es ist methodisch unsauber und theologisch nicht einsichtig, daß man in der Argumentation zwischen Dienstcharakter und eschatologischem Zeichencharakter hin und her jongliert. Wenn die eine Argumentation nicht zureicht, weicht man in die andere aus. Damit ist nicht bestritten, daß es eine Affinität zwischen eschatologischer Ehelosigkeit und pastoralem Dienst (dasselbe würde dann auch von anderen Diensten gelten!) geben *kann*, freilich nur für die zur Ehelosigkeit Berufenen. Für die anderen könnte der Dienst durch die Ehelosigkeit behindert werden. Denn einen objektiven Vorrang der Ehelosigkeit gegenüber der Ehe, was den Dienstcharakter betrifft, gibt es nicht. Eben dies soll im folgenden dargelegt werden.

Vorzüge der Ehe für den pastoralen Dienst

Ich möchte nun meinerseits nicht den Fehler machen zu behaupten, die Ehe stünde dem priesterlichen Dienst besser an als die Ehelosigkeit. Das kommt auf die Berufung der Betroffenen an. Wenn man aber die Ehe als mögliche positive Alternative ins Auge faßt, dann muß man auch ihre Vorzüge ernsthaft bedenken. Es wäre methodisch ebenso unsauber, würden nur die Vorzüge der Ehelosigkeit für den Dienst an den Nachteilen der Ehe herausgestellt, wie umgekehrt. Ich mache daher keinen Vergleich; er ist in sich unsinnig.

Zunächst ist zu sehen, daß die christliche Ehe sich im Lauf der Geschichte praktisch gewandelt hat. Sie hat sich, so wage ich zu behaupten, den Vorstellungen Jesu und der Urkirche in vieler Hinsicht angenähert. Ich spreche von der christlichen Ehe, nicht von jüngeren gesellschaftlichen Entwicklungen! Eine dieser Annäherungen liegt gewiß in der Gleichwertigkeit von Mann und Frau. Jesus hatte kein hierarchisches Ehebild. Es dauerte lange, bis seine Worte die gesellschaftlichen Verhältnisse vorfanden, in denen sie zünden konnten. Die christliche Ehe entwickelte sich von daher zu einem Ort christlicher Brüderlichkeit; Vaterschaft und Mutterschaft ordnen sich von dorther einander zu und verlieren an Polarität.

Christliche Ehe ist deshalb auch nicht mehr ein Sorgeinstitut für Männer und ein Versorgungsinstitut für Frauen und Kinder. Sie befindet sich, wo sie praktisch konsequent gelebt wird, in Distanz zur bürgerlich-vertraglichen Institution, in der die Regelung von Lust, Besitzverhältnissen und Nachkommenschaft im Zentrum stand. Christliche Ehe und Familie sind nicht mehr nach außen mehr oder weniger abgegrenzt und nach innen lebendige Beziehungen; sie binden icht nur Kräfte, sondern sie setzen sie auch frei. Die Ehezwecke sind nicht mehr biologisch, sondern sozial zu interpretieren: gemeint sind die Intensität und Fruchtbarkeit menschlicher Beziehung.

In allen diesen Punkten hat auch die kirchliche Ehelehre Fortschritte gemacht. Das 2. Vatikanische Konzil und die Enzyklika »Humanae vitae« Pauls VI. sprechen über die eheliche Liebe eine neue Sprache. (Der Konflikt über die Geburtenregelung sei hier ausgeklammert.) Auch Papst Johannes Paul II. hat schon oft als Priester und Bischof diese neue Sprache der ehelichen Liebe in Worte zu fassen verstanden. Diese neue Sprache der Intensität und Fruchtbarkeit menschlicher Beziehung in der christlichen Ehe kann nicht folgenlos bleiben. Und zwar in zweifacher Bedeutung: die eine möchte ich den Ernstfall der Liebe, die andere die Zunahme an sozial wirksamer Befreiung nennen. Beides sei nicht sozialpsychologisch, sondern theologisch interpretiert. Liebe und Freiheit sind schließlich auch theologische Kategorien.

Die christliche Ehe stellt zunächst einen Ernstfall der christlichen Liebe dar. Nehmen wir die Liebe theologisch, als Liebe Gottes zu den Menschen: Gott ist Liebe. Das Spezifikum der Gottes-Liebe besteht darin, daß sie zugleich universal alle Menschen umfaßt und doch jeden einzelnen in der persönlichen Vorzugsordnung der Liebe meint. Liebe ist stets ein personales Verhältnis und damit eine Bevorzugung. Wer geliebt sein möchte, möchte auch bevorzugt sein. Wir Menschen stehen nun in dem Dilemma, daß wir beide Aspekte der Liebe, die von Gott und aus Gott kommt, nicht zugleich konkretisieren können. Universalität und individuelle Bevorzugung der Liebe liegen bei uns in stetem Widerstreit. Bei Gott ist das anders, und eben darin liegt das Geheimnis seiner Liebe. Doch wir haben Anteil an diesem Geheimnis durch Gottes Gnadengaben. Von daher ergeht an uns die Forderung und Befähigung, in der Nachfolge Christi zugleich konkret und universal zu lieben. Das aber bedeutet, daß der christliche Universalismus der Liebe sich von einem allgemeinen Menschheitspathos darin unterscheidet, daß er in konkreten Verhältnissen bewährt sein muß. Pathos ohne praktische Bewährung im Ernstfall ist nicht christlich. Darum muß die universale christliche Liebe konkret gebunden sein. Dies kann in einer religiösen Gemeinschaft oder aber in der Ehe geschehen. Niemand wird behaupten, daß diese beiden Gestalten konkreter christlicher Liebe leicht zu leben sind. Das Zitat des Papstes, daß wir unseren »Schatz in irdenen Gefäßen tragen« (2 Kor 4,7), ist hier voll im Recht. Es ist auf verschiedene Weise schwierig, eine leibliche Vorzugsliebe wie in der Ehe und eine spirituelle Vorzugsliebe wie in der religiösen Gemeinschaft konsistent und konsequent zu leben. Darauf braucht hier nicht eingegangen zu werden. Worauf es ankommt, ist, daß die theologische Intensität der Liebe in der

Ehe konkret werden kann – deshalb hat die christliche Ehe auch sakramentalen Charakter. Entscheidend bleibt, daß diese theologische Intensität, die des konkreten Ernstfalles bedarf, die Bedingung der Möglichkeit für die universale Extensität der Liebe darstellt. Dazu taugt nicht allein die Ehe, aber dazu taugt sie, wenn anders die sakramentale Ehelehre nicht bloßes theologisches Gewäsch sein soll.

Geht man von solchen theologischen Erwägungen aus, warum sollten dann Priester nicht heiraten? Es wäre doch eine – nicht die einzige! – Möglichkeit des Ernstfalles der Berufung, »Mensch für die anderen« (vgl. Art. 8) zu sein. So wie der Papst das Menschsein für andere beim Priester auslegt, entbehrt jedenfalls sein Argument von der Universalität der konkreten Bewährung der Gemeinschaft. Der Amtspriester erscheint als umfassender Hierarch. Seine Liebe – nach dem Papst bräutlicher, väterlicher und mütterlicher Art zugleich (vgl. Art. 8) – soll in der Gemeinde zugleich konkret und universal sein. Das ist in unseren heutigen Großgemeinden schlicht nicht möglich. Hier mag der psychologische Grund dafür liegen, daß zu seinem Priesterbild die Vertrautheit mit Maria (vgl. Art. 11) gehört: ein spiritueller Ersatz für das Fehlen des konkreten Ernstfalles? Nicht ohne Grund sind dort, wo man als Priester die Ehelosigkeit ernsthaft leben will, Priestergruppen und Priestergemeinschaften entstanden. Die religiöse Gemeinschaft ist in der Tat ein alternativer Ernstfall der Liebe.

Man mag einwenden, daß es faktisch auch noch andere Lebensformen gibt als die der spirituellen Gemeinschaft oder der leiblichen Gemeinschaft in der Ehe. Gewiß, aber niemand wird doch die christliche Ehelosigkeit vom Junggesellendasein her interpretieren wollen.

Die christliche Ehe, sagten wir, bedeutet ferner eine Zunahme an sozial wirksamer Befreiung. Auch dies ist nicht exklusiv gemeint, aber es ist eine wirkliche Möglichkeit. Ehe bricht eine immer mögliche Versperrung in uns selbst auf. Die Intensität der konkreten Liebesbeziehung öffnet uns für die Extensität der Liebe. Das mag im Leben oft anders sein, doch dann entspricht es nicht dem christlichen Sinn der Ehe. Die Extensität der Liebe macht nicht bei den biologisch vorgegebenen Möglichkeiten der Familie halt. Ich habe mich oft gefragt, um einmal auf eine persönliche Erfahrung zu rekurrieren, wie es möglich ist, daß Verheiratete ebensoviel Kraft und Leistung freisetzen wie

Unverheiratete. Sie sind doch offensichtlich durch die Familie stark gebunden. Und dennoch ist es objektiv schwer beweisbar, daß sie dadurch gehindert und nicht befreit werden. Das ist das Geheimnis der konkreten Befreiung. Denn der Ehelose bekommt es entschieden stärker mit sich selbst zu tun. Konkreter Ernstfall der Liebe bedeutet auch konkrete Befreiung zur Liebe. Es sei darum auch erlaubt, darauf hinzuweisen, daß der Verheiratete in der Tat Vater und Mutter verläßt, wenn auch für eine neue Bindung, während der Ehelose oft auf intensivere Weise in der eigenen Familie bleibt. Damit ist keine Wertung ausgesprochen, nur ein Hinweis darauf, mit Wertungen über die Freiheit des Ehelosen vorsichtig zu sein.

Was die Zunahme an sozial wirksamer Befreiung betrifft, ist oft der Einwand zu hören, Eheleute seien als Priester in ihrer Freiheit beeinträchtigt, weil sie zuviel Rücksicht nehmen müßten. Letztlich ist dieser Einwand eine Verunglimpfung der Ehepartner. Man sollte das Konkurrenzdenken zwischen Gott und Familie, Kirche und Ehe aufgeben, was den pastoralen Dienst betrifft. Wenn Paulus sagt, ausdrücklich als eigene Meinung, nicht als Herrenwort, der Verheiratete sei im Herrendienst geteilt, der Unverheiratete nicht (1 Kor 7,32–34), mag dies seiner Erfahrung entsprechen, zwingend ist es ebensowenig wie das Frauenbild des Apostels. Denn geteilt sind wir alle, wenn wir aufrichtig sind; denn was wir auch tun, immer sind wir selbst dabei.

Es bleibt noch die Frage: Wenn die Ehe als Förderungsgestalt konkreter Liebe und konkreter Befreiung und damit als eine mögliche Bedingung umfassender Menschenliebe und Menschendienstes verstanden werden kann, worin liegt dann die eschatologische Präferenz der Ehelosigkeit, von der Jesus und Paulus in gleicher Weise sprechen?

Zum rechten Verständnis eschatologischer Präferenz zwischen Ehe und Ehelosigkeit

Zunächst dürfen wir davon ausgehen, daß auch die christliche Ehe als Sakrament ein eschatologisches Heilszeichen ist. Dieses eschatologische Heilszeichen realisiert sich im inneren Auftrag zur Unauflöslichkeit, d. h. zur Bejahung und Annahme der gesamten zeitlichen Dimension der beiden Betroffenen. Worin liegt dabei die eschatologische Perspektive? Gilt doch das alles

»nur«, bis der Tod scheidet? Und besteht die eschatologische Präferenz der Ehelosigkeit nicht gerade darin, daß es für sie keine Todesgrenze gibt? Im Himmel, so könnte man dann sagen, sind wir alle unverheiratet; wer jetzt schon so um des Himmelreiches willen lebt, der bringt schon den Himmel auf Erden. Natürlich ist das nicht empirisch, sondern theologisch gemeint, sonst könnte man manches dagegen einwenden.

Doch man kann auch so gegen diese Denkweise theologische Einwände erheben. Von der Ehelosigkeit im Himmel zu reden, hütet sich die Schrift. Bei Paulus heißt es lapidar: »Alle werden verwandelt werden« (1 Kor 15,52). Wir wissen nicht wie, aber wenn die Ehe nicht als himmlische Lebensform garantiert ist, dann auch nicht die Ehelosigkeit.

Das Entscheidende ist also nicht die Eheunfähigkeit im Himmel, sondern auf Erden, nicht die Erwartung, sondern die Wirklichkeit, die in der Person Jesu schon da ist. In Jesus macht die Eheunfähigkeit die Universalität des Gottesreiches präsent. So ist in der Tat die Ehelosigkeit oder, biblisch gesprochen, die Eheunfähigkeit ein eschatologisches Heilszeichen unter dem Gesichtspunkt konkreter Bruderliebe und universalen Heilswillens. Aber auch die Ehe ist ein eschatologisches Heilszeichen. Ihre eschatologische Signifikation liegt in der Bundestreue Gottes zu den Menschen. Der konkrete Bund der Ehe wird befähigt, den universalen Bund als Ernstfall zu bezeichnen.

Damit wird deutlich, daß man mit Wertungen der Sache nicht beikommt. Das verbindliche Angebot eschatologischer Heilszeichen durch besondere Gnadengaben ist in unserer Kirche – Gott sei Dank – vielfältig. Daher sollte jeder sein eschatologisches Einsatzzeichen erkennen. Dies könnte auch für viele die solidarische Armut sein. Das Herz des Priesters, sagt der Papst, muß für den Dienst der Liebe frei sein: »Der Zölibat ist so Zeichen einer Freiheit, die sich zum Dienst bereit macht« (Art. 8). Und so lautet am Schluß unsere Antwort: Der Zölibat ist dazu eine einzigartige, aber nicht die einzige Möglichkeit.

Anmerkungen

1 II. Vatikanisches Konzil: Konst. »Lumen gentium«, Art. 10.

2 Kommentar von *A. Grillmeier* zur Konst. »Lumen gentium«, in:

Lexikon für Theologie und Kirche. Das Zweite Vatikanische Konzil, Bd. I, Freiburg–Basel–Wien 1966, S. 183.
3 Ebd. 183.
4 L'Osservatore Romano Nr. 237 vom 15./16. Okt. 1979.
5 *Augustinus:* In Ioannem Ev. Tractatus 124,5 ff. Vgl. dazu *D. Mieth:* Die Einheit von vita activa und vita contemplativa, Regensburg 1969, S. 84–96.

KNUT WALF
Gegen die herrschende Meinung?

Das Schreiben unseres Papstes aus Polen über das Priestertum hat Reaktionen ausgelöst. Wenn ich recht sehe, sind sie überwiegend ablehnend und kommen aus den Reihen der zunächst Betroffenen. Ich vermute ferner, daß die Bandbreite der Ablehnung sehr begrenzt ist, da das vom Papst entworfene Priesterbild Zustimmung oder Ablehnung beinahe ohne jede Nuancierung erfordert. Und dennoch enthält das päpstliche Schreiben Elemente, die man bei aller Diskussion über traditionelles und neues Priesterbild nicht gleichsam wie theologische Zeitzünder zur Seite schieben sollte.

Zölibat – Gesetz oder Gelübde?

Liest ein Kirchenrechtler dieses päpstliche Schreiben, fallen ihm möglicherweise Formulierungen auf, über die andere hinweglesen oder die sie für weniger belangreich halten. Ich möchte zunächst auf eine der kirchenrechtlich höchst anfechtbaren Behauptungen eingehen. Der Papst schreibt: »Die oft verbreitete Ansicht, der priesterliche Zölibat sei in der katholischen Kirche eine den Empfängern des Weihesakramentes rein gesetzlich auferlegte Verpflichtung, beruht auf einem Mißverständnis, wenn sie nicht gar wider besseres Wissen vertreten wird« (Art. 9).

Diese Aussage des Papstes bedeutet: Die in der heutigen Kirchenrechtswissenschaft herrschende Auffassung, der Zölibat sei eine (lediglich) durch kirchliches Gesetz auferlegte Verpflichtung und kein Gelübde, wird schlicht und ohne jede

Argumentation als »Mißverständnis«, ja als eine Auffassung bezeichnet, die eventuell wider besseres Wissen vertreten wird. Diese zweite Äußerung des Papstes ist dermaßen stark, daß die zahlreichen Vertreter der zurückgewiesenen Ansicht geradezu moralisch und persönlich disqualifiziert werden. Halten wir aber demgegenüber zunächst nüchtern fest: Die weitaus überwiegende Mehrheit der heutigen Kanonisten, selbst recht konservativer unter ihnen, lehnt die sogenannte Gelübdetheorie hinsichtlich des Zölibats ab.

Die hier angeführte Behauptung des Papstes kann also die alte und wenig sinnvolle Debatte unter Theologen und Kirchenrechtlern wieder aufleben lassen, ob der Zölibat nun Gelübde oder Gesetz sei. Das in Geltung befindliche kirchliche Gesetzbuch, der Codex Iuris Canonici (= CIC) von 1917, hat ebenso wie bereits das Trienter Konzil (1545–1563) gegen die Gelübdetheorie entschieden! So macht etwa der CIC stets eine sorgfältige Unterscheidung zwischen den Bindungen, die aus der hl. Weihe erwachsen, und jenen, die rechtliche Folgen von klösterlichen Gelübden sind (c. 985 n. 3). Wäre dies nicht so, müßte die rechtssystematische Trennung der beiden kirchlichen Ehehindernisse Weihe und feierliche Gelübde (cc. 1072–1073) überflüssig sein. Auch im kirchlichen Strafrecht (c. 2388 § 1) wird diesbezüglich klar unterschieden. Es ist gleichfalls interessant zu wissen, daß auch das in Arbeit befindliche neue Gesetzbuch der katholischen Kirche an der Unterscheidung der Verpflichtungsgrundlagen von Weihe und Gelübde, vom mit der Weihe verbundenen Zölibat und vom Versprechen des Religiosen festhält, ja dies gegenüber dem Codex Iuris Canonici sogar noch präzisiert. In dem dem c. 985 n. 3 entsprechenden c. 994 § 1 n. 3 des 1980 publizierten Entwurfs des neuen Codex (Schema Codicis Iuris Canonici = S. CIC) wird bei den Weihehindernissen zwischen dem Versuch einer Eheschließung durch einen Geweihten und/oder durch eine(n) durch öffentliches Gelübde vollkommener Keuschheit Gebundene(n) unterschieden. Ähnliche Übereinstimmungen finden sich im neuen Recht, soweit es die oben genannten cc. 1072–1073 CIC betrifft (entsprechend c. 1040 § 1 und c. 1041 S. CIC). Wie bereits gesagt, hat diese Unterscheidung der Verpflichtungsgrundlagen von Zölibat und Gelübde eine lange und auch ehrsame Tradition. Sie stützt sich nicht zuletzt auf das sicher nicht im Rufe der Laschheit stehende Trienter Konzil (sess. XXIV c. 9). In diesem Zusammenhang sind zudem erwähnenswert eine Instruktion der Sakramentenkongregation vom 27. Dezember 1930 sowie eine Ansprache des gerade in diesen Fragen sehr gestrengen Papstes Pius XII. vor dem Religionskongreß am 8. Dezember 1950. In beiden kirchenamtlichen Äußerungen wird deutlich auf die Verschiedenheit der Bindungen von Priestern und Religiosen in der hier in Frage stehenden Angelegenheit unterschieden.

Nun scheint sich aber unser Papst nicht nur gegen die Tradition zu stemmen, er stellt auch die bisherige Arbeit der päpstlichen Kommission zur Reform des kirchlichen Gesetzbuches in ein merkwürdiges Licht. Die Kommission hat nämlich den die Zölibatsverpflichtung umschreibenden c. 132 CIC gegen eine neue Formulierung (c. 250 § 1 S. CIC) ausgetauscht. Während der CIC die Inhalte der Zölibatsverpflichtung nennt (rechtliche Eheunfähigkeit, Keuschheit), spricht das (geplante) neue Recht zwar noch von der Verpflichtung zur Enthaltsamkeit (statt Keuschheit!), nennt dann jedoch den übrigen Teil der Verpflichtung schlicht »Zölibat«, ohne dessen Inhalt näher zu erläutern[1].

Der Papst bevorzugt nun ziemlich deutlich die Gelübdetheorie gegenüber der Gesetzestheorie. Während es sich jedoch bei der Gesetzestheorie um ein plausibles, in sich geschlossenes Ganzes handelt, hat es die Gelübdetheorie nicht ohne Grund während ihrer wechselvollen Geschichte außerordentlich schwer gehabt, Plausibilität zu gewinnen oder gar vermitteln zu können. Da bis zum heutigen Tag keine Rede davon sein kann, daß der sogenannte Weltpriester die Zölibatsverpflichtung durch ein Gelübde untermauere – es sei denn, er tue dies privat –, haben Päpste und Theologen, die der Gelübdetheorie Vorschub leisten wollten, auf mancherlei Abhilfe zur Behebung des in ihren Augen mangelhaften Zustandes gesonnen. Dazu ist auch die Empfehlung Pauls VI. zu zählen, die Priester sollten alljährlich am Gründonnerstag, möglichst geschart um ihren Bischof, ihr Zölibatsversprechen erneuern, eine Bestimmung, die inflationistischen romanischen Versprechens- und Eidesvorstellungen entsprungen sein mag und deshalb bislang außerhalb der romanischen Länder kaum beachtet worden ist. So beruft sich der derzeitige Papst in seinem Schreiben an die Priester immer wieder auf seinen Vorgänger im Amte, sofern jener diese Seite des Zölibats akzentuiert hat.

In der Fachliteratur[2] ist nun bereits vor geraumer Zeit aufgelistet worden, wo eher die Vertreter der Gelübdetheorie, wo jene der Gesetzestheorie zu orten seien. Es spricht einiges dafür, die Verfechter der Gelübdetheorie unter den Kirchenrechtlern bei den Ordensangehörigen zu suchen, und man wird sie zudem in größerer Anzahl in den romanischen denn in den nichtromanischen Ländern finden. Unter polnischen Theologen dürfte eindeutig die Gelübdetheorie bevorzugt worden sein, so daß die Einstellung des Papstes in dieser Frage nicht weiter verwundern mag. Auch die sprichwörtliche polnische Marienfrömmigkeit erlangt hierbei ihren spezifischen Stellenwert. Denn Maria wird gern in die Argumentationskette aufgenommen, die durch die Verfechter der Gelübdetheorie aufgebaut wird. So findet man denn auch gleichermaßen in den Schlußteilen der Enzyklika Pauls VI. über den priesterlichen Zölibat und im Schreiben Johannes Pauls II. an die Priester mehr oder minder ausgebreitete Passagen über die Bedeutung Marias als »die Mutter der Priester« (Art. 11).

Laisierung – Verweltlichung oder Befreiung?

Wenn auch bereits in den Erklärungen Pauls VI. zur Zölibatsfrage gewisse Elemente auftauchen, die auf die Gelübdetheorie hindeuten (Gründonnerstagsversprechen, Marienfrömmigkeit), so scheinen sie doch immer noch unvergleichlich angemessener die heutige kirchliche Situation zu erfassen. Während sich Paul VI. – wenn auch auf seine eigene Art – mit Argumenten aktueller Zölibatsdiskussion auseinandergesetzt hat, spricht aus dem Schreiben Johannes Pauls II. nur noch strikte Zurückweisung anderer Positionen. Unter dem Pontifikat Johannes Pauls II. hat sich dementsprechend inzwischen in einer wichtigen Frage kirchlicher Disziplin eine grundlegende Umorientierung vollzogen. Ich spreche von der Frage der sogenannten Laisierung jener Priester, die ihr Amt aufgeben wollen, zumeist wegen des Zölibatsgesetzes. Durch ein geheimes Rundschreiben an alle Bischöfe und Generaloberen priesterlicher Ordensverbände hat Johannes Paul II. sie 1980 in so restriktiver Weise geregelt, daß eine Laisierung nur noch in eng umschriebenen Fällen erlangt werden kann. Damit ist eine positiv zu bewertende Rechtsentwicklung in diesem sensiblen Bereich des Kirchenrechts auf den Stand der Dinge vor 1962 zurückgedreht worden. Die neuere Dispenspraxis der für Laisierungen zuständigen päpstlichen Behörde, der Kongregation für die Glaubenslehre (des früheren Hl. Offiziums), ist folglich rigoros. In den letzten Jahren wurden Fälle von Laisierungen nur noch selten bekannt.

Schaut man nun in das Schreiben des Papstes an die Priester, erhält man so manchen Hinweis zur Erklärung dieser Rückentwicklung der kirchlichen Ordnung. So fällt zunächst die gänzlich andere Verwendung des Wortes »Laisierung« durch den Papst auf. Er schreibt: »Jene, die eine ›Laisierung‹ des priesterlichen Lebens fordern und deren verschiedene Ausdrucksformen begrüßen, werden uns [sc. die Priester einschließlich Papst, Anm. d. Verf.] ganz gewiß im Stich lassen, wenn wir der Versuchung erliegen. Wir würden dann aufhören, gefragt und populär zu sein« (Art. 7). »Laisierung« wird also vom Papst mit Verweltlichung gleichgesetzt, womit der an sich schon wenig glückliche Begriff zusätzlich pejorativ aufgeladen wird. Das Wort »Laisierung« wurde bislang sozusagen als technischer Notbegriff gebraucht, mit dem griffig und bündig der Tatbestand der Rückversetzung eines Priesters in den Laienstand erfaßt werden soll. Da es nun wegen des »unauslöschlichen Charakters« der Weihe theologisch gesehen keine totale Laisierung eines einmal Geweihten geben kann, war »Laisierung« stets ein Begriff in Anführungszeichen. Das heißt, hinter ihm verbirgt sich ein Sogenanntes – wie einst in der bundesdeutschen Politik beim Begriff DDR. Dennoch handelt es sich bisher um einen neutralen, wenn auch nicht offiziellen, so doch bei den kanonistischen Autoren und Kommentatoren inzwischen eingebürgerten Rechtsbegriff. Die offizielle Umschreibung des Tatbestandes »Laisierung« lautet hingegen etwas umständlich und weitschweifig, wenn auch zutreffender: »Zurückführung in den Laienstand« oder gar »Dispensierung von allen Verpflichtungen, die sich aus den hl. Weihen ergeben, eingeschlossen die Verpflichtung, das Gesetz (!) des hl. Zölibats zu beachten«.

Der an sich wenig geeignete Begriff »Laisierung« wird also nun vom Papst in einem gänzlich anderen und durchaus zweifelhaften Kontext benutzt. Man darf sich fragen, ob ein Begriff, der eine in den Augen des Papstes sicherlich bedauerliche Tatsache heutiger kirchlicher Realität und Rechtspraxis umschreibt, zu einem Wort deformiert werden soll, das ein anständiger Katholik nur noch mit Erröten auszusprechen wagt. Da ja Politik, auch und gerade Kirchenpolitik, mit dem Wort und der Sprache bestritten und betrieben werden, wird man diesen etwas merkwürdigen Gebrauch des Wortes »Laisierung« durch den Papst wohl beachten müssen. Einen nahezu schalen Nachgeschmack bekommt das Ganze, wenn der Papst als Folge der »Laisierung« gemäß seinem Verständnis befürchtet, die Priester würden dann aufhören, »gefragt und populär zu sein«. Es ist zu vermuten, daß die Priester hierzulande in großer Mehrheit keinen Wert mehr auf jene Art von Gefragtsein und Popularität legen, wie sie vielleicht noch der Klerus in Polen oder Irland erwartet.

Kehren wir zurück zu den kirchenrechtlichen Anknüpfungspunkten des päpstlichen Schreibens. In Art. 9 seines Briefes kommt der Papst auf die (bisherige?) Möglichkeit der Dispens von den priesterlichen Verpflichtungen, also auf die »Laisierung« im Sinne des Kirchenrechtes, kurz zu sprechen. Für den Papst ist diese Dispens kein reiner Verwaltungsakt, sondern »eine tiefreichende Gewissensfrage und eine Probe auf die eigene Menschlichkeit«. Wenn man einmal in Vergangenheit wie Gegenwart die nicht selten verzweifelte Situation von Priestern kennengelernt hat, die wegen ihrer Treue gegenüber einem geliebten Menschen das Amt aufgeben müssen und in aller Regel vor dem beruflichen Nichts stehen, weiß man auch, daß diese Priester genau jene Erfahrungen machen, von denen der Papst spricht – nur eben in ihrer so gänzlich anderen Situation. Da ist dann die Dispenserteilung leider kein Verwaltungsakt, auf den sie Rechtsanspruch hätten. In der Tat wird ihre Menschlichkeit angesichts einer undurchsichtigen und unberechenbaren Bürokratie auf die Probe gestellt. In der Tat stellte sich für nicht wenige Priester, die ihr Amt aufgaben, die Gewissensfrage, ob sie sich dieser nicht selten wenig feinfühligen Prozedur überhaupt unterwerfen sollten.

Gewinnt man auch nur ein wenig Einblick in die Behandlung der sogenannten Dispensgesuche durch die Glaubenskongregation, empfindet man etwas wie Abscheu darüber, daß sich ausgerechnet eine christliche Bürokratie recht ungewöhnliche Praktiken einfallen läßt. Es sei hier lediglich ein Beispiel aus jüngster Zeit genannt: Im August 1979 erhielten die Generaloberen der Religionsgemeinschaften einen Brief der Glaubenskongregation, in dem der bis auf weiteres vorgesehene Stopp von Laisierungsverfahren mitgeteilt wird. Dem bemerkenswerten Inhalt entspricht nun in keiner Weise die merkwürdige Form, die die kirchliche Bürokratie zur Übermittlung ihrer Botschaft verwendet hat. Das Schreiben trägt zwar den Briefkopf der Glaubenskongregation, jedoch ansonsten weder ein Datum noch gar ein Aktenzeichen. Zudem ist es nicht unterzeichnet, sondern lediglich mit dem Stempel des Sekretärs dieser Kongregation versehen.

Mit dieser etwas eingehenderen Schilderung eines bürokratischen Vorfalls soll demonstriert werden, welche durchaus sonderbaren Ranken die gespaltene römische Bürokratie angesichts des nicht zu leugnenden Phänomens einer weltweiten Laisierungswelle inzwischen treibt. Es werden so ziemlich alle nur denkbaren Mittel angewandt, diesem zu begegnen: Beschwichtigung, Totschweigen, Beschönigung.

Diskussion – Gefahr oder Notwendigkeit?

Vergleicht man das Schreiben des Papstes mit Äußerungen seines Vorgängers im Amte, Pauls VI., zu diesem Problem, so stellt man als Kirchenrechtler mit nicht geringem Erstaunen fest, daß Paul VI. – wenn auch nur ansatzweise und durchaus am Rande der Erörterung dieser Fragen – eine rechtliche Regelung des nun einmal vorhandenen Zustandes ins Auge gefaßt hatte, während man bei Papst Johannes Paul II. neben einer Zurückweisung der ungeliebten Realität kaum noch Ansätze zu einer sachgemäßen Bewältigung des kirchlichen Notstandes findet, der aus der unsicheren Perspektive des Priesterberufes resultiert. Es will in der Tat so scheinen, als ob der Papst, allein gestützt auf seine eigenen, durchaus legitimen theologischen Positionen, einer Erörterung und neuen Regelung der Fragen des Priesterberufes ausweichen möchte. Auch dafür gibt es recht deutliche Anhaltspunkte in seinem Schreiben. So wird von ihm immer wieder deutlich der eingleisige Einbahnweg hierarchischer Verantwortung unterstrichen. In Aneignung eines Ausspruches des hl. Ignatius von Antiochien sieht er den Bischof gar »an Gottes Stelle« (Art. 1), dem die Priester in »Verfügbarkeit« und »demütiger Bereitschaft« (Art. 4) zu folgen haben. Was nun die ohne Zweifel erste Ursache des heutigen

Priestermangels betrifft, heißt es lapidar, »die lateinische Kirche wollte und will weiterhin« den Zölibat bewahren (Art. 8). Wenn nun der Papst an anderer Stelle daran erinnert, daß das II. Vatikanische Konzil »so deutlich die Kollegialität der Bischöfe innerhalb der Kirche betonte« (Art. 1), darf man wohl fragen, wann überhaupt seit jenem immer wieder und beinahe bis zum Überdruß in Erinnerung gerufenen Konzil eine kollegiale Beratung der Bischöfe mit dem Papst in dieser so wichtigen Frage stattgefunden hat. Wurden und werden im Gegenteil nicht alle institutionellen Konsultationsversuche in der Zölibatsproblematik von der römischen Zentrale behindert, verboten oder negiert? Warum erwähnt der Papst mit keinem Wort die Anregungen und Vorstellungen einzelner Bischöfe, ja ganzer Episkopate und Bischofskonferenzen, die im Laufe der vergangenen Jahre eine Revision des Zölibatsgesetzes erbeten hatten? Repräsentieren sie nicht ausreichend bedeutende Teile der lateinischen Kirche, die den bisherigen Zustand keineswegs weiterhin erhalten sehen wollen?

Sätze des Papstes wie jener über die Einstellung der lateinischen Kirche in der Zölibatsfrage sind in der Tat beunruhigend. Hier werden ganz am Beginn des Pontifikates eines Papstes, der unter Umständen zwanzig Jahre lang die Hauptrichtung der kirchlichen Entwicklung entscheidend beeinflussen kann, mit der Autorität des Amtes Grenzpfähle eingeschlagen, von denen selbst der Papst so leicht nicht wird wieder abrücken können. Ähnlich wie bei der Enzyklika »Humanae vitae« wird sich eine derartige Festlegung binnen kurzer Zeit zu einer Autoritätsfrage ausweiten, die das binnenkirchliche Ansehen des Papsttums weiter schmälern dürfte. Eine Kompetenz-Kompetenz, wie sie das päpstliche Amt darstellt, muß sehr sorgsam auf die Äußerungen der ihm untergeordneten Kompetenzen hören. Und weder die Amtskompetenzen (die Bischöfe) noch gar die Sachkompetenzen (die Theologen) können es sich heute leisten, eine so wenig nuancierte Darstellung des Priestertums und des Zölibats abzugeben, wie es nun der Papst getan hat.

Das Petrusamt, als centrum unitatis (Mittelpunkt der Einheit) verstanden, sollte eigentlich Garant des Austausches zwischen den Teilkirchen sein. Nun hören wir statt dessen von unserem neuen Papst, es werde »zuviel diskutiert, dagegen allzuwenig gebetet« (Art. 10). Warum werden Diskussion und Gebet (wieder einmal mehr) gegeneinander ausgespielt? Unsere Kirche hat beides nötig, vermutlich in gleichem Maße, wollen wir nicht in stumpfe Lethargie fallen.

Perspektive – Monolog oder Lernprozeß?

Angesichts des päpstlichen Schreibens wird man sich nach der Perspektive der kirchlichen Entwicklung fragen müssen, spielen doch die vom Papst aufgegriffenen Fragen eine zentrale Rolle. Nachdem hier auf einige Punkte des Schreibens mit kirchenrechtlicher oder ekklesiologischer Bedeutung hingewiesen worden ist, wird sich der Versuch einer Antwort auch auf diese Punkte beschränken.

Beginnend beim zuletzt Genannten ist davon auszugehen, daß der polnische Papst sehr wenig über die religiösen (nicht die binnenkirchlichen!) Strömungen in der Ersten und der Dritten Welt wissen dürfte. Wie die Konferenz der deutschsprachigen Pastoraltheologen im Januar 1978 in Wien deutlich gezeigt hat, ist es selbst führenden polnischen Theologen mit Westkontakten beinahe unmöglich, das Phänomen nichtkirchlicher Religiosität im Westen richtig einzuschätzen[3]. Wer nur ein wenig die Situation der Kirche in der Zweiten Welt kennt, aus der der Papst kommt, weiß um die gänzlich andere Ausgangsposition ekklesiologischer Reflexion. Wie bereits gesagt, spricht der Text des Schreibens des Papstes auch diesbezüglich eine Sprache, die auf westliche Leser nicht selten peinlich wirkt. Damit wird nicht gesagt, uns könne die religiöse (und kirchliche) Erfahrungswelt, aus der der Papst kommt, keine Anregungen geben. Wir müssen lediglich realistisch davon ausgehen, daß die westlichen Kirchen und der Papst, der »aus der Ferne« kam, wohl noch eine geraume Weile lang miteinander sprechen müssen, aber auch nicht vollauf einander verstehen werden. Es handelt sich hierbei um einen mehrseitigen Lernprozeß, über dessen Dauer nur Spekulationen angestellt werden können. So ist etwa die Abschirmung des Papstes von den Mikrosegmenten der westlichen Kirche in Rechnung zu stellen, in denen fern der Massen und der Fernsehkameras die unauffälligen, aber entscheidenden Entwicklungen der Kirche erfolgen. Statt ermüdender Bäder in kurzzeitig emotional erregten Massen wäre es vermutlich sinnvoller, der Papst würde zusammen mit einer überschaubaren, ansprechbaren Gemeinschaft ganz normaler Kirchenangehörigen beten und diskutieren, und dies über einen längeren Zeitraum, der Erfahrungen ermöglicht. Der Soziologe Franz-Xaver Kaufmann hat gezeigt, daß schon Bischöfe in einer Welt leben, die nur noch wenig Kontakt zum gewöhnlichen Alltag der Menschen besitzt[4]. Zudem kommt der Papst aus einer Umgebung, die mit der eines Bischofs im Westen nicht vergleichbar ist. Er hatte in Polen einen sehr viel weiteren Radius von Beziehungen, die nicht nur in den Klerus, sondern eben auch ins Volk reichten. Ganz offensichtlich überträgt der Papst diesen Bezugsrahmen auf die Weltkirche, ohne sich vielleicht doch der bedeutenden Unterschiede völlig bewußt zu sein. Während die polnische Einheit von Bischof, Klerus und Volk nicht nur vom gemeinsamen Glauben, sondern auch von einer immer noch relativ geschlossenen Weltinterpretation getragen wird, trifft dies in weiten Teilen der Weltkirche nicht mehr zu.

Kehren wir noch einmal zur Äußerung des Papstes zurück, in den letzten Jahren sei vielleicht zuviel über den Zölibat diskutiert worden. Da nun andere, besonders Priester und auch nicht wenige Bischöfe, der Meinung sind, es sei eher zu wenig darüber zwischen ihnen und den letzten Päpsten, besonders mit Paul VI., gesprochen worden, stehen sich zunächst einmal gegensätzliche Einschätzungen der Situation gegenüber. Man wird sich aber fragen müssen, warum in der Tat Gespräche nicht zustande kamen. Gespräche erfordern in der Regel Zeit, viel Zeit. Gespräche finden zwischen Menschen statt, die gegenseitig unterschiedliche Positionen zu respektieren vermögen. Liest man aber das Schreiben des Papstes an die Priester, so fällt der trotz aller betonten Wärme monologische, ja zur totalen Einvernahme des Adressaten neigende Duktus des Briefes auf. So wird denn auch keines der zahlreichen Argumente, die in einer nun seit Jahrzehnten geführten Diskussion gegen das Zölibatsgesetz in seiner heutigen Gestalt vorgebracht worden sind, auch nur genannt. Gespräche erfordern neben Vertrauen auch ganz einfach Zeit. Gelegentlich hat man den Eindruck, daß unsere Päpste nicht genügend Raum für Gespräche reservieren. Wann endlich ist jene Ära des Papsttums vorbei, in der es Massenaudienzen, militärisches Gepränge und einen geradezu unerträglichen Persönlichkeitskult gibt? Würde so manches an äußerer und äußerlicher Repräsentation vom

Papst aufgegeben, gewänne er vermutlich Zeit, Kraft und Ruhe für das, was wirklich zählt.

Nehmen wir abermals eines der anderen Worte auf, die uns der Papst liefert: »Laisierung.« Er verwendet den Begriff im Sinn von Verweltlichung oder Säkularisierung (des priesterlichen Lebens). Der Papst schreibt, es gäbe solche, »die eine ›Laisierung‹ des priesterlichen Lebens fordern«. Wir wissen nicht, auf welche Forderung der Papst hierbei konkret Bezug nimmt. Wohl ist bekannt, daß zahlreiche Priester, gestützt auf die Aussagen des letzten Konzils, ihr Amt weniger als Vollmacht (potestas) als vielmehr als Dienst (munus) verstehen, und zwar in steter Verbindung mit dem Dienst der Laien in der Kirche. Die frühere Kluft zwischen Klerus und Laien sollte überwunden werden, um die Botschaft Jesu, die alle Klassen und Stände überwindet, deutlicher und überzeugender, gerade auch für die Außenstehenden, zu realisieren. Diese Entwicklung entspricht – zumindest im Westen – der gesellschaftlichen Tendenz, den einzelnen nach seinem Handeln, nicht auf Grund seiner standes- oder klassenmäßigen Zugehörigkeit zu beurteilen. So sagt denn auch das statische und durative Faktum der Weihe für heutige Kirchenangehörige relativ wenig über die Qualität eines Priesters aus. Sie beurteilen ihn jedenfalls nicht in erster Linie nach diesem, theologisch gesehen, ohne Zweifel grundlegenden Kriterium, sondern nach anderen Gesichtspunkten. Es seien nur Gesprächsbereitschaft oder Lernfähigkeit des Priesters genannt. So liegt denn auch die Perspektive für die Entwicklung des kirchlichen Amtes nicht in der Akzentuierung seines statischen Elementes, sondern in einer Auffächerung der Dienste, die nach funktionalen Gesichtspunkten geschaffen werden. Damit gelten für Priester wie für Laien, die im Dienst der Kirche stehen, vergleichbare Kriterienkataloge, nach denen die Effizienz ihres Wirkens beurteilt werden kann. Eine »Laisierung« des Priestertums wird dadurch jedoch sicher nicht gefördert.

Zum Schluß müssen wir noch einmal auf die Ansicht des Papstes zu sprechen kommen, der Zölibat sei keine rein gesetzlich auferlegte Verpflichtung. Aus einer derartigen Feststellung der höchsten kirchlichen Autorität erwachsen Konsequenzen, eröffnet sich eine zutiefst beunruhigende Perspektive. So ist zu fragen, ob sich die katholische Kirche, die um einer kontinuierlichen Entwicklung willen stets das Traditionsprinzip geachtet hat, von heute auf morgen eine Kehrtwendung in einer zentralen Frage kirchlicher Disziplin wird leisten können, ohne erheblichen Schaden einkalkulieren zu müssen. Stellt sich der Papst in der Bewertung des Rechtscharakters des Zölibats nicht allein gegen eine lange Tradition, sondern auch gegen die heute herrschende Meinung? Wenn man zudem in Anrechnung bringt, daß die Gesetzestheorie hinsichtlich des Rechtscharakters des Zölibats stärker in jenen Bereichen der Kirche vertreten wird, in denen auch auf anderen Sektoren die kritische Erörterung des Zölibats fortgeschritten ist, erscheinen am Horizont der Zukunft gerade jener Teilkirchen besorgniserregende Perspektiven.

Die ernsthaft geführten Erörterungen der Zölibatsfrage, wie man sie in den Jahren nach dem II. Vatikanischen Konzil erleben konnte, sind nicht ungeschehen zu machen. Es ist aussichtslos, sich mit einem wirklichkeitsfernen Idealbild vom Priestertum gegen die erdrückenden Argumente stemmen zu wollen, die die theologische Wissenschaft (von der Psychologie einmal ganz zu schweigen) in den letzten Jahrzehnten gegen das bestehende Zölibatsgesetz aufgeführt hat. Aber nicht nur die vielfältigen exegetischen, historischen und nicht zuletzt auch die kirchenrechtlichen Argumente sprechen eine nur zu deutliche Sprache. Sehr viel überzeugender, weil niederschmetternd, spricht das Bild grauer Zölibatswirklichkeit gegen das vom Papst aufgestellte Ideal.

Anmerkungen

1 Das Wort »coelibatus« taucht im CIC nur einmal im Zusammenhang mit der Rückversetzung eines Klerikers in den Laienstand auf (c. 213 § 2).

2 *B. Puschmann:* Zur Kontroverse über den Rechtsgrund von Zölibat und Keuchheitsverpflichtung bei Majoristen, in: Trierer Theologische Zeitschrift 62 (1953) 309–317.

3 Das Thema der genannten Tagung lautete: »Kirchliche und nichtkirchliche Religiosität.: Vgl. dazu *K. Förster* (Hg.): Religiös ohne Kirche?, Mainz 1977; *F.-X. Kaufmann:* Kirche begreifen, Freiburg – Basel – Wien 1979.

4 Ebd. S. 15–22.

FERDINAND KLOSTERMANN

Der Papstbrief und seine Folgen

1. Der Papstbrief

Johannes Paul II. hat sich zum Gründonnerstag 1979 in einem ersten Brief an alle Priester der Kirche gewandt. Anlaß war die in der Zölibatsenzyklika Pauls VI. vom 24. Juni 1967 nahegelegte gemeinsame Erneuerung des Zölibatsversprechens vor dem Bischof am Gründonnerstag. Der Brief ist in einem sehr persönlichen und herzlichen Ton gehalten und spricht die Priester auf Grund ihrer Ordination an einigen Stellen als »meine Brüder« an, was in päpstlichen Schreiben bisher eher ungewöhnlich war. Einige Passagen, etwa die über die priesterlosen Gemeinden, werden von nüchternen Naturen vielleicht sogar als zu gemütvoll empfunden werden. Die Briefform ist, was den Gesetzescharakter anlangt, die freieste Art einer päpstlichen Kundgebung. Man wird darum diesen Brief, der stellenweise wie eine pastorale Ansprache klingt, auch nicht wie ein Lehrschreiben oder eine wissenschaftliche Abhandlung verstehen dürfen. Um ein Beispiel anzuführen, wird ein Neutestamentler im Zusammenhang mit der derzeitigen Zölibatsgesetzgebung doch kaum von einer »apostolischen Lehre« sprechen wollen; eher würde man das mit Rücksicht auf 1 Kor 9,5 und die Pastoralbriefe vielleicht noch vom verheirateten Priester verstehen können.

Der Brief handelt nicht nur vom Zölibat, dem etwa 8 von 38 Seiten gewidmet sind, der Papst will vielmehr »auf einige Probleme eingehen, die mir in diesem Augenblick der Geschichte der Kirche und der Welt äußerst bedeutsam erscheinen«. So spricht er von der Zuordnung und Unterscheidung des allgemeinen und besonderen Priestertums, beschreibt dieses im Sinn des Zweiten Vatikanum als »Dienst an der Gemeinschaft der Gläubigen«, als Bevollmächtigung, »das priesterliche Volk heranzubilden und zu leiten«, als »Dienst des guten Hirten«, warnt freilich unter Betonung des priesterlichen »Charakters« und trotz aller notwendigen Nähe zum Menschen und seinen Problemen vor »Versuchen und Vorhaben«, das priesterliche Leben zu »laisieren«. In diesem Zusammenhang wird in einer Anmerkung auch ein Passus der Ansprache des Papstes an den römischen Klerus vom 9. November 1978 zitiert: »Bilden wir uns nicht ein, es wäre ein Dienst am Evangelium, wenn wir unser priesterliches Charisma zu ›verwässern‹ versuchten durch ein übertriebenes Interesse für das weite Gebiet der irdischen Probleme; wenn wir den Stil unseres Lebens und Handelns verweltlichen möchten; wenn wir auch die äußeren Zeichen unserer priesterlichen Berufung verwischen. Wir müssen uns den Sinn für unsere einzigartige Berufung bewahren, und diese Einzigartigkeit muß sich auch in unserer Kleidung zeigen. Schämen wir uns ihrer nicht! Gewiß leben wir in der Welt! Doch wir sind nicht von der Welt!«

Schließlich geht der Papst »auf das Problem des priesterlichen Zölibats« ein (Art. 8). Unter Berufung auf das Konzil, die Zölibatsenzyklika Pauls VI. und die Bischofssynode 1971 will er »das Problem noch ausgereifter darstellen« und »den Sinn jener Entscheidung noch eingehender und tiefer erörtern, die die lateinische Kirche seit vielen Jahrhunderten getroffen hat [also nicht von Anfang an], der sie treu zu bleiben suchte und auch in Zukunft treu bleiben will«. Die Kirche sei entschlossen, »diese Tradition fortzusetzen trotz aller Schwierigkeiten, denen eine solche Treue vielleicht ausgesetzt ist, wie auch trotz der verschiedenen Anzeichen der Schwäche und Krise bei einzelnen Priestern«. Der Papst geht dann auf einige der »vielen Einwände und Kritiken« ein und versucht sie zu widerlegen. Dennoch werden »die Achtung vor den verschiedenen Traditionen anderer Kirchen«, der Wert der Ehe, die Berufung zum Familienleben, die eheliche Liebe betont und jede »manichäische Verachtung des menschlichen Leibes und seiner Funktionen« ausdrücklich abgelehnt. Die Ehe und die Berufung zu ihr wird mit Berufung auf 1 Kor 7,7 sogar als »ähnliche, wenn auch andere Gnadengabe«, also als Charisma, bezeichnet wie die Ehelosigkeit um des Gottesreiches willen. Die Koppelung von Ehelosigkeit und Priestertum wird damit begründet, daß »der Zölibat nicht nur ein eschatologisches Zeichen ist, sondern auch große soziale Bedeutung für den Dienst am Volk Gottes im gegenwärtigen Leben hat ... Der Zölibat ist so Zeichen einer Freiheit, die sich zum Dienst bereit macht.« Der Papst mahnt die Priester, die sich in Krise befinden, zum »Stehen zu einem Wort«, zur Treue zu »dem Christus und der Kirche gegebenen Wort«; der Priester »bleibt zugleich in echtem Sinn sich selber, seinem Gewissen, seiner eigenen Menschlichkeit und Würde treu«. Er beschwört schließlich die Priester, die am Sinn ihrer Berufung oder am Wert ihres Dienstes zweifeln: »Denkt an jene Orte, wo die Menschen sehnsüchtig auf einen Priester warten, wo sie seit vielen Jahren sich unablässig einen Priester wünschen, weil sie sein Fehlen schmerzlich empfinden.« Nun ist es freilich oft nicht der Zweifel am Sinn des Priesterberufes und am Wert dieses Dienstes, der Priester in Krisen treibt, sondern der Zweifel an ihrem Charisma der Ehelosigkeit, die sie seinerzeit um des Priesterberufes willen in Kauf genommen haben. Denn die immer wieder gehörte Behauptung, der Zölibat spiele keine oder keine besondere Rolle, ist einfach ein Wunschtraum, wie viele Befragungen von Laientheologen, Priesterkandidaten und laisierten Priestern zeigen, wenngleich der Zölibat sicher nicht die einzige Ursache des Priestermangels ist.

Der Papst stellt dann eine Parallelität zwischen priesterlicher und ehelicher Treue her, da die Verpflichtung zu letzterer in ihrem Vollzug »ähnliche Pflichten mit sich bringt und zuweilen für die verheirateten Männer und Frauen zu ähnlichen Prüfungen und Erfahrungen führt, so daß auch sie in dieser ›Feuerprobe‹ den Wert ihrer Liebe erweisen müssen«. Die Parallelität wird freilich vielfach bestritten, da die Ehe immerhin der menschlichen Natur entspricht und die Bindung an einen menschlichen Partner verschiedenartige Verpflichtungen mit sich bringt. »Verordnete Ehelosigkeit preiszugeben, ist ohne Verletzung einer vergleichbaren Treuebindung möglich.«[1]

Zum Schluß stellt der Papst die Frage, was die Kirche tun müsse, »wenn es anscheinend an Priestern fehlt« und sich »in einigen Ländern und Gegenden der Welt sich dieser Mangel schon besonders schmerzlich bemerkbar macht«. Die wenigen Worte, die dazu gesagt werden und die nur zum Vertrauen auf den »Herrn der Ernte« appellieren, vermögen angesichts der geradezu ungeheuerlichen Priesternot in manchen Ländern nicht zu überzeugen, zumal da Gott das Tun des Menschen nicht ersetzt, der auch in der Kirche das tun muß, was er zur Lösung eines Problems selbst tun kann, soll sein Vertrauen nicht zur Vermessenheit werden. Und daß der Zölibat »nicht vom Wesen des Priestertums selbst gefordert ist, wie die Praxis der frühesten Kirche und die Tradition der Ostkirchen zeigt, wo es neben solchen, die aus gnadenhafter Berufung zusammen mit allen Bischöfen das ehelose Leben erwählen, auch hochverdiente Priester im Ehestand gibt«, lehrt das Zweite Vatikanum ausdrücklich.[2] Der Papstbrief spricht selbst von der »Achtung vor den verschiedenen Traditionen anderer Kirchen« (als der lateinischen).

2. Erster Interpretationsversuch

Was ist also geschehen? Zunächst dachten nicht wenige: Man konnte wohl von vornherein kaum erwarten, daß der Papst in einem Gelegenheitsbrief ohne vorherige Kontakte mit Bischöfen und Bischofskonferenzen eine Änderung der derzeitigen Zölibatsgesetzgebung ankündigen würde. Anderseits konnte er auch das Zölibatsproblem nicht völlig ausklammern. So hat er einfach die bisherige Tradition für die lateinische Kirche bestätigt. Nun hat der Papst seine Meinung gesagt; das ist sein gutes Recht. Die Bischöfe aber sind jetzt verpflichtet, auch ihre Meinung zu sagen, und noch mehr, die Situation, die Not und die Bedürfnisse ihrer Kirche dem Papst mitzuteilen. Und man sollte sich schwer vorstellen können, daß ausgerechnet ein Papst, der die Kollegialität der Bischöfe und deren »immer reifere Ausformung« so betont[3], im völligen Alleingang endgültige Entscheidungen fällen wollte oder fällen würde. Der Papstbrief, der nicht einmal die jetzt schon praktizierten Ausnahmen vom Zölibatsgesetz (etwa für konvertierte evangelische Pastoren) erwähnt, diese aber deshalb sicher nicht abschaffen wollte, schließt darum weitere Entwicklungen auch in der Zölibatsfrage keinesfalls aus, wie auch Paul VI. selbst nach seiner weit grundsätzlicheren Zölibatsenzyklika die Frage der Priesterweihe bewährter verheirateter Männer durchaus offen ließ.

Darum schienen manchen zunächst erstaunlicher als der Papstbrief Reaktionen der Presse, noch mehr aber mancher Bischöfe, auch solcher, von denen man nicht zu lange vorher noch ganz anderes hören konnte. Man sprach schon von einer neuen Zölibats-»Enzyklika«. »Damit ist gesagt, daß für den Papst die Frage entschieden ist.«[4] Der Papstbrief ist ein »wahres Geschenk«, weil er alle Zweifel ausräumt und den Zölibat bestätigt.[5] Da liegt nun doch ein Mißverständnis bischöflicher Kollegialität vor, das der Kirche einen schlechten Dienst erweist. Diese Kollegialität besteht sicher nicht darin, daß einer befiehlt und alle anderen kollegialiter »Amen« sagen. Es ist darum bedauerlich, daß andere Äußerungen von Bischöfen verhältnismäßig selten waren. Eine sehr nüchterne Stellungnahme bezog der frühere Grazer Bischof, Erzbischof *Josef Schoiswohl*: »In Freiheit entscheiden und verantworten ist eine Kunst, die den Menschen auszeichnen soll, die aber nicht allen gelingt.« Zur Begründung des Zölibats durch den Papst heißt es: »Man liest deutlich zwischen den Zeilen, daß bloß rationale Gesichtspunkte keineswegs eine absolut hinreichende Begründung dafür bieten.« Seine Würdigung des Papstbriefes schließt der Erzbischof mit den Worten: »Ob hinsichtlich des Zölibats in der lateinischen Kirche schon das letzte Wort gesprochen ist, will ich dahingestellt sein lassen. Das Schreiben . . . hat jedenfalls für die nächste Zeit Klarheit geschaffen. Dieses Zeichen in Freiheit soll in Zukunft bestehen können und inmitten einer säkularisierten Denkweise in seiner Einmaligkeit und Unersetzlichkeit befestigt werden. Sicher wird weiterhin ernsthaft zu überdenken sein, welche Vorkehrungen im Hinblick auf den akuten Priestermangel zu treffen sind.«[6]

Ein völlig anderes Bild ergeben die Reaktionen von Priestern und Priestergruppen verschiedener Länder, die selbst an den Papst schrieben oder offene Resolutionen verfaßten. Manche Bischöfe wie der Erzbischof von Lyon, Kardinal Renard, erklärten sich sogar bereit, die Resolutionen ihrer Priester selbst dem Papst zu überreichen.[7]

Andererseits erklärte der vom Papst selbst als »einer der großen heutigen Theologen« bezeichnete *Hans Urs von Balthasar* in einem Kommentar zum Papstbrief[8] ohne sonderliche Begründung schlicht und einfach, wer hinsichtlich des Zölibats anderer Meinung sei, störe »den Blutkreislauf im Mystischen Leib Christi«, setze ein »Krankheitssymptom« und sei angekränkelt vom »verdünnten mehrfach filtrierten Jesusbild, das die historisch-kritische Exegese heute einem Theologiestudenten vorführt«; er gehöre zu dem zahlreichen Klerus, der in der Kirche von heute »leeres Stroh drischt und selbst solches ist« und nur in der »lauen Wohlfahrts- und Vermessungsatmosphäre des Westens« gedeihe. Man kann wohl zweifeln, ob mit solch lieblosen, ja hochmütigen Pauschalurteilen und -verdächtigungen der Sache gedient wird. Was Balthasar zur Sache sagt und zu beweisen versucht, daß nämlich der Pflichtzölibat des Priesters auf keinen Fall gelockert werden darf, weil das »Niveauverlust« wäre und nur »unter Verzicht auf das Ursprungsniveau« möglich wäre, überzeugt nicht. Man ist versucht zu sagen: »Wer zu viel beweist, beweist nichts.« Die radikale Jesus- und Kreuzesnachfolge wird, wenn auch in verschiedener Weise, von jedem Christen verlangt, ob verheiratet oder nicht, ob Priester oder Laie. Aber nach Balthasar geht das alles unmittelbar auf die priesterliche Ehelosigkeit. Auch daß ausgerechnet der, von dem angeblich diese radikale Nachfolge in Ehelosigkeit in der zitierten Tiberiasszene gefordert wurde, verheiratet war und uns auch in den späten Pastoralbriefen eigentlich nur verheiratete Gemeindevorsteher begegnen, stört nicht weiter. Denn zum Ursprung gehören offenbar nicht Petrus und die anderen Apostel (1 Kor 9,11), sondern nur »das Bild Pauli und des Liebesjüngers, das die Idee neutestamentlichen Hirtentums prägt«. »Zunächst nimmt Jesus die Menschen, wie sie ihm vom Alten Bund her zukommen: er löst keine Ehe auf. Sodann setzt sich die Idee der paradigmatischen Existenz des Hirten in der Nachfolge Jesu erst in zwei, drei Generationen durch.« In Wirklichkeit hat es freilich erheblich länger gedauert, und auch das nur in einem Teil der Kirche. Zwar spricht auch Balthasar nur von einer »Verwandtschaft von sacerdotium und coelibatus«, aber diese beiden Dinge sind so unzertrennlich, daß die Ehelosigkeit von der »Persönlichkeit des Priesters« als ein »klares Zeichen und ein deutliches Zeugnis« geradezu gefordert wird; daß der »tiefgläubige Priester, der mutig seinen Glauben bekennt, eifrig betet, mit Überzeugung unterrichtet . . . der selbstlos zu lieben weiß«, nur ehelos vorstellbar ist. Auch die Eucharistie wäre nach Balthasar nicht möglich gewesen, »wenn das fleischgewordene Wort seinen von der Jungfrau erhaltenen und selbst jungfräulichen Leib mit einer Frau geteilt, mit ihr ›ein Fleisch‹ geworden wäre«. Schon um geistliche Autorität zu haben, »muß der Priester in einer christusähnlichen Weise seiner selbst enteignet und ›zum Menschen für die anderen‹ umgeformt sein, ganz anders, sagt der Papst, als dies in der Ehe und Familie geschieht«. »Die Totalität seiner (des Priesters) Hingabe ist das, was auf alle ausstrahlt, sie zusammenhält und jeden zu seinem eigenen Werk beseelt.«

Hier liegt, wie leider immer mehr bei Balthasar, ein völlig ungeschichtliches, wirklichkeitsfremdes und ontologistisches Denken vor. Darum kann er sich auch ein heute wieder diskutiertes nebenberufliches Priestertum gar nicht vorstellen, wie es Paulus, der für ihn sonst als Kronzeuge gilt, zum mindesten zeitweilig gelebt hat und wie es später noch Jahrhunderte hindurch gelebt wurde. Die Zitate machen die ganze Ideologie sichtbar. Wenn nämlich dies alles stimmt, dann ist die ganze Urkirche bis weit über das Konzil von Nikaia (325) hinaus einen falschen Weg gegangen und hat das neutestamentliche Priestertum in seinem Wesen mißverstanden, ja dann ist die ganze östliche Tradition, auch die der unierten Kirche, ein Irrweg, dann haben Paul VI. und das Zweite Vatikanum, wenn sie diese Tradition hochhalten und preisen, geirrt. Denn die nach dem Zweiten Vatikanum ostkirchlichen »hochverdienten Priester im Ehestand« können nach H. U. von Balthasar zufolge ihres »Niveauverlustes« keine geistliche Autorität haben; sie verweigern »die Autorität der Hingabe«. Mit einer solchen Ideologiefracht ist wohl dem Charisma der Ehelosigkeit um des Gottesreiches willen, das für die Kirche sicher in gewissem Sinn unverzichtbar ist, am wenigsten gedient.

Zu einem völlig anderen Ergebnis kommt freilich ein Kurzkommentar des Luzerner Dogmatikers *Alois Müller* zum Papstbrief, der in der strengen Abhebung des Priesters vom Volk, in der zweimaligen Warnung vor einer »Laisierung des priesterlichen Lebens« und in den Konsequenzen »vom sehr spirituellen unterscheidenden Standesbewußtsein über die dieses markierende Ehelosigkeit bis zur Priesterkleidung« doch eine Sicht des Weihepriestertums feststellt, die dieses zwar auf die kirchliche Gemeinschaft hinordnet, aber dennoch primär über sie stellt, »gewissermaßen ein Instrument zwischen Christus und der Kirche«, was aber, wie Müller darlegt, doch weithin »das vorkonziliare Priesterbild« ist.[9]

Was nach dem Papstbrief jedenfalls bleibt, ist die traditionelle Generallinie, und solange sie bleibt, darf sich niemand zum Priester weihen lassen, der das Charisma der Ehe hat bzw. der nicht davon überzeugt ist, daß er das Charisma der Ehelosigkeit hat.

Was bleibt, ist freilich auch »die katastrophale Situation« der priesterlosen Gemeinden, »ein Problem auf Leben und Tod« und »die schwerste Krise der gegenwärtigen Kirche«, um die Leiter der römischen Studienkongregation zu zitieren.[10] Bereits 1971 waren wegen dieser Situation in lateinamerikanischen Ländern schon bis 89 % der Priester für die Weihe verheirateter Männer. Diözesane und nationale Synoden, namhafte Theologen und Priester, viele Bischöfe der ganzen Welt, darunter der skandinavische Episkopat, die lateinamerikanische Bischofskonferenz und die ostafrikanischen Bischofskonferenzen, halten die Priesterweihe bewährter Katechisten und Leiter der Basisgemeinden für eine pastorale Notwendigkeit, weil der Großteil der Gemeinden ohne Priester ist. Auch in vielen europäischen Ländern verschärft sich die Situation immer mehr. Was bleibt, ist die tatsächliche Leitung von immer mehr Pfarreien und Gemeinden durch Ordensfrauen, andere Laien und Diakone und damit die Aushöhlung des Priestertums, die verhängnisvolle Trennung von Gemeindeleitung und Eucharistievorsitz und die geistliche Verödung vieler Gemeinden, die der Eucharistie beraubt werden, die ja nicht nur »Mahl« ist, wie man noch bis vor kurzem gegen vermeintliche Engführungen liturgischer Bestrebungen betont hat, und die nach dem II. Vatikanum »Mitte und Höhepunkt des ganzen Lebens der christlichen Gemeinde« ist.[11] Jetzt soll plötzlich auch die Kommunionspendung genügen. Dies alles wäre ein zu hoher Preis für die derzeitige Zölibatsgesetzgebung. Die Probleme bleiben also und warten auf Lösungen; daran hat sich nichts, aber schon gar nichts geändert.

3. Vor einer neuen Situation?

Ähnliche Überlegungen hat der Verfasser, wie auch andere Theologen, schon bald nach Erscheinen des Papstbriefes, wenn auch in verkürzter Form, geäußert.[12] Nicht wenige fragen sich, ob diese verhältnismäßig offene, für Entwicklungen Raum lassende Interpretation nach alldem, was seitdem geschehen ist, noch aufrechterhalten werden kann. Da ist zunächst der erst nur vermutete römische Laisierungsstopp, der unterdessen weltweit Wirklichkeit geworden zu sein scheint. Dadurch würde selbst die ohnedies sehr restringierende Erklärung der römischen Synode von 1971 zurückgenommen: »Der Priester, der die Ausübung seines Dienstes aufgibt, soll gerecht und brüderlich behandelt, nicht aber zu priesterlichen Funktionen zugelassen werden.«[13] Außerdem ergeben sich hier grundsätzliche Fragen, die die Menschenrechte berühren. Josef Blank betont, die Laisierung sei »keine Gnade, sondern ein unveräußerliches Recht, weil ein Mensch auch in der Kirche eine persönliche Entscheidung revidieren können muß, ohne wesentliche Einbußen zu erleiden.[14] Tatsächlich werden nicht wenige Priester durch ein solches Vorgehen, das einen Rückfall in noch nicht lange zurückliegende Unmenschlichkeiten bedeutet, in nicht geringe Gewissensnöte gebracht, und zwar gerade solche, die eine erkannte Fehlentscheidung im Einvernehmen mit der Kirche, zu der sie stehen, korrigieren möchten; andere werden in ein höchst bedenkliches Doppelleben getrieben; auch die Zahl derer wird wachsen, die jetzt schon aus grundsätzlicher Ablehnung des üblichen Laisierungsverfahrens, das sie als Würde und Selbstachtung des Menschen verletzend ansehen, einfach aus dem Amt gegangen sind, was sich freilich nur finanziell Kräftige oder Unabhängige leisten können. Die Leuchtkraft des Charismas der Ehelosigkeit um des Gottesreiches willen wird das alles nicht stärken.

Dann müssen hier wohl die Ereignisse um und nach der 3. CELAM-Konferenz der lateinamerikanischen Bischöfe in Puebla erwähnt werden, von der sich viele Bischöfe, einschließlich des Vorsitzenden, Kardinal Lorscheider, die Erörterung der Frage nach den verheirateten Priestern erwartet hatten, die für die Indios weithin eine Frage der Inkulturation ist, weil der Zölibat für sie unvorstellbar ist[15], ganz abgesehen von dem unerhörten Priestermangel, der wie in Afrika und Asien durch die Priesterweihe vieler Leiter von Basisgemeinden erheblich gemildert werden könnte, »bewährter Männer, die bereit wären, über das Wochenende als Priester tätig zu sein, aber sie sind verheiratet, und die anderen, die nicht verheiratet sind, taugen (oft) nichts. Es ist zum Weinen«, wie der Missiologe Walbert Bühlmann sagt.[16] Im Schlußdokument ist von all dem keine Rede mehr. Der brasilianische Bekennerbischof Adriano Hypolito berichtet, er habe selbst zusammen mit dem Bischof einer Indianerdiözese das Thema auf der Konferenz angeschnitten. Letzterer habe gesagt, daß in der Kultur seiner Indianer ein unverheirateter Mann nichts gelte und der zölibatäre Priester schon deshalb ein Fremdkörper sei. Auch dieser Appell habe nichts erreicht. Der Papst aus Polen, in dessen Heimat es zu keiner Zeit Priestermangel gab, werde nach Meinung vieler Bischöfe in Puebla für neue Formen des Priestertums kein Verständnis aufbringen.[17] Dennoch erklärte der Erzbischof von São Paulo, Kardinal Arns, unter Anspielung auf die Tabuierung dieser Frage in Puebla, der Zölibat dürfe nicht zum Dauer-Tabu erklärt werden, die europäischen Bischöfe müßten mithelfen, die Priesterweihe von verheirateten Männern zu ermöglichen.[18]

Noch schlimmer ist, daß die Hoffnungen, die auf ein größeres Ernstnehmen der Kollegialität gesetzt wurden, nach Puebla nicht wenig enttäuscht wurden. Ganz abgesehen von den Manipulationsversuchen, vor und während der Konferenz[19], war die offenkundig von Rom bestätigte neue CELAM-Führung, die den erfreulicherweise im Episkopat immer geringer werdenden, ausgesprochen konservativen Flügel zur Führung brachte, eine schwere Enttäuschung. Das wirkte sich bald aus, als die erst zur Veröffentlichung freigegebenen Konferenzdokumente nachträglich in Rom auch in einigen wichtigeren Punkten korrigiert wurden.[20] Diesem Auswahlprinzip scheinen auch manche neue Bischofsernennungen in Lateinamerika zu entsprechen.[21]

Noch mehr betreffen unsere Problematik einige Reden auf der spektakulären Papstreise durch Irland und die USA, in der nicht wenige Gedanken des Gründonnerstagbriefes verschärft wieder aufscheinen. Es wurde nicht zu Unrecht darauf hingewiesen, daß sich der Papst dabei einerseits außerordentlich offen für die Probleme der Welt, für den Frieden in der Welt, für die Versöhnung der Völker, für Gewaltverzicht, auf den Schutz der Menschenrechte und des Menschen überhaupt und gegen jeglichen Terrorismus zeigte, daß er aber, sobald er ethische und vor allem innerkirchliche Probleme berührte, zunehmend geradezu ungewöhnlich scharfe und harte Worte fand. Dabei fällt auf, daß mit der gleichen Emphase die verschiedenartigsten und verschiedenwertigsten Dinge einfach nebeneinander gestellt und verurteilt werden: nicht nur die Auflösung der Ehen und Familien, die Kindesabtreibung und die Ablehnung der von ganzen Bischofskonferenzen mit großer Zurückhaltung aufgenommenen Enzyklika Humanae vitae, sondern auch die mangelnde Treue zu Christus, jede Änderung der Zölibatsgesetzgebung, die Priesterweihe von Frauen, das Ablegen der Priester- und Ordenskleidung auf der Straße und andere »Modernismen«.[22]

Schon in der Mahnrede an die Jesuiten in Rom fiel die Betonung der äußeren Disziplin und der »bedingungslosen Treue zum römischen Papst« auf, die einfach neben der »Rechtgläubigkeit« aufscheinen[23]. Für unser Problem sind vor allem die Reden an die Priester und Ordensleute und die beiden Ansprachen im irischen Priesterseminar zu Maynooth bei Dublin und im Priesterseminar von Philadelphia von Interesse. Schon in Irland betonte der Papst: »Glaubt an den Wert sichtbarer Zeichen eures geweihten Lebens für die Männer und Frauen unserer Zeit. Die Menschen brauchen die Zeichen und Erinnerungen an Gott in der modernen verweltlichten Stadt, in der wenige solcher Erinnerungen geblieben sind. Helft nicht auch ihr dem Trend, Gott aus den Straßen zu verjagen, indem ihr weltliche Moden in Kleidung und Benehmen annehmt.«[24] In Philadelphia mahnte der Papst die Priesterkandidaten, vor ihrer Weihe ernsthaft zu prüfen, ob sie sich zu einem Leben in Ehelosigkeit berufen fühlen; der Priester müsse sein Versprechen der Ehelosigkeit mit vollem Bewußtsein und in persönlicher Freiheit ablegen. Die Menschenwürde verlange dann freilich, daß jeder diese Verpflichtung zur Treue gegenüber Christus und der Kirche halte, »gleichgültig, welchen Schwierigkeiten Ihr begegnet und welchen Versuchungen Ihr ausgesetzt seid«.[25]

Noch klarer wurde die Linie in einer Rede an die Studenten des Seminario Romano: »Ihr seid nicht wie andere junge Leute, die hauptsächlich nur die üblichen Ziele wie Karriere, gesellschaftliche Positionen, Ehe und Erfüllung irdischer Wünsche anstreben . . . Ihr seid anders, weil Ihr zum Priester berufen seid.« Andere müßten auf dem Weg der Wahrheit erst dahin gelangen, wo Priesteramtskandidaten bereits seien, die »in der Tat die ganze leuchtende und tröstende Wahrheit« schon besäßen. Der Papst erinnert an den »dramatischen Lebensweg«, auf dem Augustinus und Newman erst mühsam zur Wahrheit gelangten. Als »zweiter Christus« brauche der Priester freilich eine Bildung, die eine Lebensform in Askese, Armut, Opfer und Selbstbeherrschung einschließt.[26]

Hier stellen sich doch gewichtige Fragen. Wird hier nicht der Priester, ja schon der Priesterkandidat, der seine Berufung auf ihre Echtheit erst prüfen muß, dadurch aufgewertet, daß der Laie abgewertet wird? Feiert hier nicht die unselige Lehre des Humbert von Silva Candida und des Decretum Gratiani fröhlich Urständ: von den zwei Arten von Christen, den Vollkommenen, den »königlichen« Klerikern, und den Unvollkommenen, nämlich den Laien, denen »es erlaubt ist, zeitliche Güter zu besitzen . . ., denen es konzediert ist, eine Frau zu nehmen, das Land zu bebauen . . ., Gaben auf den Altar zu legen und Zehent zu zahlen, und so können auch sie gerettet werden, wenn sie Laster meiden und recht handeln«? Müssen nicht auch die Priester und Priesterkandidaten um die Wahrheit und ihre bessere

Erkenntnis ringen und erst recht um das Tun der Wahrheit und mitunter sogar »dramatisch« ringen, solange sie leben? Ist das Unterscheidende der Laien von den Priestern wirklich das Streben nach Karriere, gesellschaftlicher Position, Ehe und Erfüllung irdischer Wünsche? Und was tut übrigens die Ehe, offenbar auch die christliche, in dieser Reihe? Gewiß gibt es karrieresüchtige Laien – aber nicht auch Kleriker bis in die höchsten Ränge? Und sind nicht ein Zweiter-Christus-Sein, Nachfolge Christi, Askese, Armut, Opfer und Selbstbeherrschung, ja sogar »vollkommen sein wie der Vater in den Himmeln« (Mt 5,48) jedem Christen aufgetragen, wenngleich uns allen, Klerikern und Laien, das nur sehr mangelhaft gelingt, solange wir leben? Alois Müller kommentiert mit Recht: »Die Überhöhung des Amtspriestertums zehrt an der ekklesiologischen Bedeutung des Laien, welcher doch das ›Kirchenglied an sich‹ ist. Ihm geht es bei dieser Theologie fast wie dem Esau, der merkt, daß sein Zwillingsbruder ihm den väterlichen Segen abbetrogen hat.«[27]

Aus all dem schließen nicht wenige, daß unter diesem Pontifikat kaum eine Initiative zur Änderung der derzeitigen Zölibatsgesetzgebung zu erwarten sei. Gewiß kommt auch den zuletzt zitierten Reden kein formalrechtlicher Entscheidungscharakter zu; dennoch haben wir klare Willensäußerungen des Papstes vor uns und keinerlei Andeutungen, daß er sich darin von kollegialen Überlegungen beeinflussen lassen würde.

In diesen Papstreden scheint auch die Begründung für den derzeitigen römischen Laisierungsstopp auf: Die Treue zum Zölibat wird einfach der Treue gegenüber Christus und seiner Kirche gleichgestellt bzw. davon abgleitet; das Halten »dieser (!) Verpflichtung zur Treue gegenüber Christus und der Kirche« verlange schon die Menschenwürde, betonte der Papst im Priesterseminar zu Philadelphia.[28] Und vor den Priestern im »Civic Center« dieser Stadt sagte der Papst: Priester ist man für immer. Wir dürfen das einmal gegebene Geschenk nicht zurückgeben. Es kann nicht sein, daß Gott, der den Anstoß zum »Ja« gegeben hat, später ein »Nein« hören möchte. Die Welt sollte nicht verwundert sein, daß der Anruf Gottes mittels der Kirche uns weiterhin einen zölibatären Dienst der Liebe und des Dienstes nach dem Vorbild unseres Herrn Jesus Christus anbietet.[29] So gesehen wird das Aufgeben des Zölibats einfach zum Abfall von Christus, zur Apostasie. Hier verschmilzt das neutestamentliche Priestertum einfach mit dem Zölibat. Hier wird vergessen, daß der »Anruf Gottes mittels der Kirche« durchaus nicht immer so eindeutig ist, daß hier Irrtümer, Fehleinschätzungen und Fehlentscheidungen seitens der kirchlichen Amtsträger und seitens des Priesteramtskandidaten möglich sind, und zwar hinsichtlich des Berufes zum Priestertum und noch mehr hinsichtlich der Eignung zum Zölibat. Hier werden die Erkenntnisse der Psychologie einfach beiseite geschoben, nach denen Fehlentscheidungen, so weit als möglich, schon um des einzelnen Menschen und seiner Würde willen korrigiert werden müssen, wenn es nicht zu schweren Schädigungen kommen soll, oder ihre Gesetze werden im Bereich der Kirche für ungültig erklärt.

4. Was ist zu tun?

Kürzlich schrieb eine Zeitung unter dem Motto »Ein Papst erobert die Welt«, die starre Haltung des Papstes hinsichtlich des Zölibats, der Laisierung, der Weihe von verheirateten Männern oder gar von Frauen betreffe ganz kleine Gruppen von Menschen, die man darum vernachlässigen könne. Das scheint eine sehr gefährliche, ja zynische Argumentation zu sein, die nur einem Machtdenken entspricht, aber mit den Anliegen Jesu nichts mehr gemein hat; dieser hat sich offenbar wenig darum gekümmert, welchen Mehrheiten seine Botschaft zugute kommt.

Die jüngsten päpstlichen Äußerungen haben also den Gründonnerstagsbrief in jeder Hinsicht bestätigt, ja sie zeigen noch deutlicher die dahinterstehende Theorie auf. Die damit verbundenen Probleme werden aber kaum mehr berührt. Die Berufung zum priesterlichen Leitungsdienst und die zur Ehelosigkeit um des Gottesreiches willen gehören untrennbar zusammen. Über andere ehrwürdige Traditionen der Kirche wird nicht mehr geredet, mögen sie auch im Neuen Testament selbst begründet sein; auch nicht über die persönlichen Nöte vieler Priester, die der Kirche weiter treu bleiben möchten; auch nicht darüber, daß es nach Meinung der zuständigen Bischöfe Situationen gibt, in denen ein eheloser Priester gar keine optimale Lösung darstellt und in denen es eben auch für die Verbindung von Priestertum und Ehe sehr wohl Angemessenheitsgründe geben kann. Schon gar nicht ist mehr die Rede von der katastrophalen Priesternot ganzer Kontinente und ihren verhängnisvollen Folgen für die priesterlosen Gemeinden, die eine Entkoppelung der Pflichtverbindung von Priestertum und Ehelosigkeit heute dringend macht, weil sie die Priesterweihe von in Ehe, Beruf und Gemeinde bewährten Männern ermöglicht. Diese heutige Forderung unterscheidet sich darum sehr entscheidend von manchen historischen Bestrebungen um eine Aufhebung des Zölibatsgesetzes, hinter denen oft eine grundsätzliche Ablehnung der Ehelosigkeit um des Gottesreiches willen stand, aber auch eine Bestreitung des Rechtes der Kirche, überhaupt Zulassungsbedingungen zur Ordination aufzustellen.

Gewachsen und aufgerufen ist durch diese Entwicklung die Verantwortung der ganzen Kirche. Denn »Polen ist nicht die Welt« und der Papst ist nicht die Kirche. Die Hauptlast dieser Verantwortung liegt sicher zunächst bei den Bischöfen als den Leitern der großen Ortskirchen; sie müssen deren Sorgen und Anliegen dem Papst gegenüber, und vor allem einem so selbstsicheren Papst gegenüber, in Offenheit, Freimut und Beharrlichkeit vertreten. Es wird an ihnen, freilich auch an den Theologen und anderen Vertretern des Gottesvolkes liegen, nicht zu »stummen Hunden« zu werden (Jes 56,10). Erzbischof Schoiswohl hat kürzlich kirchliche Journalisten ermuntert: In Fragen, die nicht die Glaubenssubstanz betreffen, könne sich der katholische Journalist trotz römischer Äußerungen an den Grundsatz halten: »Roma locuta – aber wir reden auch«; dies entspräche dem augustinischen Grundsatz von der Einheit im Notwendigen, der Freiheit in Zweifelsfällen und der Liebe, die in allem zu wahren sei[30]. Zu Fragen dieser Kategorie gehört zweifellos die Zölibatsfrage.

Anmerkungen

1 *C.-P. Klusmann:* Das achte Sakrament. Kommentar eines betroffenen Pfarrers, in: Publik-Forum 9 (1979) Nr. 9, S. 21.

2 II. Vatikanisches Konzil: Dekret über Dienst und Leben der Priester, Art. 16.

3 Schreiben Papst Johannes Pauls II. an alle Bischöfe der Kirche zum Gründonnerstag 1979.

4 Katholische Presse-Agentur (= KP) Wien, n. 70,2 vom 9. 4. 1979.
5 KP n. 76,3 vom 18. 4. 1979.
6 *J. Schoiswohl:* Die Sendung zum Dienst, in: Die Furche, n. 16 vom 18. 4. 1979.
7 KP-Informationdienst, n. 368,1 vom 2. 8. 1979; SOG-Papiere 11 (1979) n. 4 S. 28–30.
8 Dienst aus der größeren Liebe zu Christus. Schreiben Papst Johannes Pauls II. an die Priester. Mit einem Kommentar von Hans Urs von Balthasar, Freiburg – Basel – Wien 1979. Der Kommentar, dem die folgenden Zitate entnommen sind, steht S. 53–69.
9 Vgl. den Beitrag S. 91–94.
10 KP, n. 268,6 vom 21. 11. 1973.
10 II. Vatikanisches Konzil: Dekret über die Hirtenaufgabe der Bischöfe in der Kirche, Art. 30.
12 *F. Klostermann:* Der Papstbrief, die Bischöfe und der Gemeindenotstand, in: Orientierung 43 (1979) 111–112.
13 Vgl. *F. Klostermann:* Gemeinde - Kirche der Zukunft, Freiburg – Basel – Wien 1974, S. 329.
14 *J. Blank:* Vom Geist, den wir brauchen – nach dem Johannesevangelium, in: *W. Strolz* (Hg.): Vom Geist, den wir brauchen, Feiburg – Basel – Wien 1978, S. 66.
15 Vgl. *L. Kaufmann*: Post-Puebla Unkraut und Weizen, in: Orientierung 43 (1979) 211–213; *J. Sobrino:* Der zentrale Kern von Puebla und sein Interpretationsprinzip, in: Orientierung 43 (1979) 213–216.
16 *W. Bühlmann:* Wo der Glaube lebt, Freiburg – Basel – Wien [2]1975, S. 129.
17 Vgl. *H. Lüning,* Der Papst in Mexiko, Düsseldorf 1979, S. 124.
18 Publik-Forum 9 (1979) Nr. 9.
19 Vgl. Orientierung 42 (1978) 179, 246–247.
20 Vgl. Publik-Forum 8 (1979) Nr. 20, S. 13.
21 Vgl. Kritisches Christentum, Oktober 1979, S. 19–21.
22 Vgl. KP, n. 194,6 vom 8. 10. 1979.
23 Vgl. KP, n. 184,5 vom 24. 9. 1979.
24 Vgl. KP, n. 190,3 vom 2. 10. 1979.
25 Vgl. KP, n. 193,4 vom 5. 10. 1979.
26 Vgl. KP, n. 199,5 vom 15. 10. 1979.
27 Vgl. S. 92.
28 Vgl. KP, n. 193,4 vom 5. 10. 1979.
29 Vgl. KP, n. 193 (Beilage) vom 5. 10. 1979.
30 Vgl. KP, n. 190,4 vom 2. 10. 1979.

CARL-PETER KLUSMANN
Das 8. Sakrament
oder die Verabsolutierung des Zölibates und die Absonderung der Priester

Kritik am Papst ist derzeit nicht populär. In Mexiko, Polen, Irland und den USA jubeln ihm die Massen zu. Das römische Amt, bisher mehr als Inbegriff einer weltentrückten Gerontokratie empfunden, wird plötzlich auf recht unkonventionelle Weise von einem »gestandenen Mannsbild« verkörpert. Dieser Hohepriester sagt sogar ganz einfach »ich«, wenn er von sich selbst redet. Er ist ein Mensch, und das gibt ihm Kredit! Seine persönliche Faszination stellt er in den Dienst der guten Sache. Der Papst predigt Versöhnung und verteidigt die Menschenrechte.

Eine kritische Antwort auf das »Schreiben Seiner Heiligkeit Papst Johannes Pauls II. an alle Priester der Kirche« vom 8. April 1979 mag angesichts des augenblicklichen Papst-Booms manchem als Ausdruck von Querulantentum erscheinen. Fällt man damit nicht dem Papst, der eigentlich unsere Hilfe braucht, in den Rücken?

Jedoch geht es auch in der Kirche um »Menschenrechte«. Gerade im Problembereich des Zölibates, der ein Hauptthema des genannten Schreibens ist, muß die Oberkirche gefragt werden, wie sie es im eigenen Haus mit den Rechten hält, die sie nach außen hin eifrig verteidigt.[1] Wer innerhalb der Kirche das offene Gespräch sucht und auch den Freimut der Kritik nicht scheut, kann die Oberen der Kirche sogar vor einer großen Verlegenheit bewahren. In Andersens Märchen »Des Kaisers neue Kleider« tritt die Blöße des eitlen Monarchen erst bei der großen Prozession zutage, als aus Kindermund die Wahrheit zu hören ist: Der Kaiser hat ja gar nichts an! Peinlich, wenn die Führer der Kirche einmal den Beweis erbringen müssen, daß sie es mit der Achtung vor dem Menschen selbst so ernst nehmen, wie sie es von anderen erwarten.

Im übrigen haben die Mitarbeiter des vorliegenden Sammelbandes das Rezept nicht erfunden, dem Papst nur dort zuzustimmen, wo es ihnen richtig scheint, und ihm anderswo die Gefolgschaft zu versagen. Hat sich die deutsche Oberkirche nicht etwa seit Jahren äußerst schwerhörig gezeigt, wenn aus

Rom allgemeiner Abrüstung das Wort geredet und Kritik an einem Welthandel geübt wurde, durch den die Armen immer noch ärmer und die Reichen reicher werden? Die Bemühungen Papst Pauls VI. um sozialen Fortschritt und Völkerversöhnung haben im offiziellen deutschen Katholizismus allemal nur ein mageres Echo gefunden. Ganz anders stand es mit der restaurativen Innenpolitik der Kirche, die man sich in Rom gleichzeitig ausgedacht hatte.

Wenn hier präzise und damit begrenzt dem Schreiben des Papstes vom 8. April 1979 widersprochen wird, so hat dieses Unternehmen dem genannten Auswahlverfahren gegenüber jedenfalls die Rechtfertigung für sich, daß hier der Widerpart ernstgenommen wird und ihm Argumente entgegengehalten werden.

Der Papst fordert von den Priestern Treue zu ihrem Amt. Das ist nicht nur sein Recht, das ist Pflicht des Papstes. Er identifiziert diese Treue jedoch fast vorbehaltlos mit der Bindung an die Ehelosigkeit, obwohl er weiß, daß der Zölibat der Weltpriester bloß kirchlichen Rechtes ist.

Der Papst warnt in diesem Zusammenhang vor einer »Laisierung« der Priester. Mit diesem Begriff bezeichnet man eigentlich einen kirchenrechtlichen Akt, durch den ein Priester »in den Laienstand zurückversetzt« wird.

Wer als Priester der lateinischen Kirche sich nämlich irgendwann entschließt zu heiraten, kann eine kirchenrechtlich gültige Ehe nur eingehen, wenn er zuvor von der Zölibatsverpflichtung dispensiert wird. Ohne kirchlich anerkannte Eheschließung sind dem Priester fast alle beruflichen Möglichkeiten innerhalb und außerhalb der Kirche verschlossen, die für ihn aufgrund seiner Berufsausbildung, vor allem des theologischen Studiums, in Frage kommen. Oft genug geht es nicht nur um die Frage, wie er seinen eigenen Lebensunterhalt verdienen kann, sondern auch darum, wie er Frau und Kind ernähren soll.

Eine Dispens vom Zölibat wird nach bisheriger Praxis mit dem Ausschluß vom Priestertum verbunden. Durch die »Laisierung« wird ein Priester gegenüber anderen sogar nur ein Laie minderen Rechtes.

Als Laisierung bezeichnet der Papst jedoch in seinem Schreiben vorzugsweise etwas anderes. Er gebraucht den Begriff in einem viel weitergehenden Sinn. Aus seiner Sicht muß nämlich der Priester eine eigene Spiritualität haben und sich bis in das äußere

Verhalten hinein (z. B. Kleidung) von anderen Menschen unterscheiden. Huldigt ein Priester diesem Klerikalismus nicht, sagt ihm der Papst nach, daß er der Laisierung verfallen sei (Art. 6).

Seinem Brief zufolge ist der Papst nicht dazu in der Lage, einen offenkundigen Sachverhalt anzuerkennen: daß nämlich die überwiegende Mehrzahl der Priester, die ihre Dispens vom Zölibatsgesetz beantragen, damit nicht ihren genuinen Weihepflichten entsagen wollen, sondern lediglich der sekundären Verpflichtung zur Ehelosigkeit. Der Papst mag für sich diese Unterscheidung verwischen wollen. In seinem Urteil über andere Menschen sollte er deren Motive achten.

Ausgedehnt behandelt der Papst die Treue zum zölibatären Priestertum in Parallele zur ehelichen Treue. Vor dem Hintergrund einer Interpretation, welche die Ablehnung der Zölibatsverpflichtung als Untreue gegen die priesterliche Berufung versteht, wird die Bindung an den Zölibat mit der Bindung an den Ehepartner gleichgesetzt (Art. 8). Der Zölibat wird gleichsam vom Papst zum 8. Sakrament ernannt.[2] Diese Analogie begründet seine Schlußfolgerung: Wer sich der Zölibatsverpflichtung entledigen will, gibt den »Brüdern und Schwestern im Ehestand« ein schlechtes Beispiel (Art. 9). Wer jahrelang als Priester bei der Trauung Brautleuten das Versprechen ehelicher Treue abgenommen hat, bekundet demnach seine eigene Untreue, wenn er selbst heiraten will. Schließlich ist er ja bereits mit dem Zölibat verheiratet; seine eigene Heirat ist also für den Priester eine Art von Ehebruch. Darf man derartig die menschliche Bindung an einen Ehepartner gleichsetzen mit der Bindung an das Versprechen der Ehelosigkeit?[3]

»Jeder Christ, der das Weihesakrament empfängt, verpflichtet sich zum Zölibat voll bewußt und freiwillig, nachdem er sich mehrere Jahre lang durch gründliche Prüfung und eifriges Gebet darauf vorbereitet hat«, schreibt der Papst (Art. 9). Muß man nicht sein gegebenes Wort halten? heißt die suggestive Frage.

Die meisten Priester bleiben bekanntlich im Zölibat. Darf jemand aber den Stab brechen über diejenigen, die zu spät feststellen, daß ihnen mit 23 oder 24 Jahren die Konsequenzen der Ehelosigkeit nicht genügend vorstellbar waren? Aus meinem Studium in den fünfziger Jahren kann ich zum Beispiel bezeugen, daß damals das Thema Zölibat weithin tabu war. Bestenfalls wurde es als sexuelles Problem, aber nicht annähernd realistisch als menschliches Problem dargestellt und erkannt.

Wie es in dieser Sache anderswo aussah, kann man nur vermuten. Auf Vermutungen ist allerdings auch der Papst angewiesen. Wieweit ein Priester »voll bewußt und freiwillig« den Zölibat übernommen hat, wieweit auch nur seine Vorbereitung realitätsgerecht war, kann man wohl bestenfalls im Einzelfall entscheiden. Dem Vernehmen nach dienen die bei dem Dispensantrag auszufüllenden Fragebogen kaum dazu, die tatsächlichen Hintergründe, die zu einem solchen Antrag geführt haben, aufzuhellen. Vielmehr werden dadurch die Antragsteller oft ins Unrecht gesetzt.

Mit den Einwänden gegen die Zölibatspraxis der lateinischen Kirche setzt sich der Brief des Papstes nicht auseinander. Die Diskussion, welche die Zölibatsenzyklika Pauls VI. hervorgerufen hat, wird ignoriert. Johannes Paul II. geniert sich nicht, schlechthin zu fordern, man solle sich von den verschiedenen Einwänden »freimachen«, die schon immer gegen den Zölibat vorgebracht worden seien. Andere kritische Argumente werden pauschal als »dem Evangelium, der Überlieferung und dem Lehramt der Kirche fremd« abgestempelt (Art. 8).

Eine Auseinandersetzung mit den Bedenken gegen das Zölibatsgesetz hätte man von diesem Brief des Papstes nicht erwarten können, wird den Kritikern gern vorgehalten. Ein Brief sei eben keine umfassende Abhandlung. Diese Verteidigung rechtfertigt jedoch nicht die Schroffheit, mit der Andersdenkende im Brief aus Rom behandelt werden. Außerdem überschreitet der Verfasser selbst den Rahmen eines Briefes. Er schreibt nämlich, die lateinische Kirche wolle auch in Zukunft der Entscheidung treu bleiben, zum Priestertum nur Zölibatswillige zuzulassen (Art. 8). Eine so schwerwiegende Entscheidung sprengt den Rahmen eines Gelegenheitsbriefes. Ausdrücklich wird »die Kirche« für diese Auffassung in Anspruch genommen. Wer den Mund so voll nimmt, muß es sich gefallen lassen, nach seinen Argumenten und den Antworten auf Einwände gefragt zu werden.

Einen Hinweis zur speziellen Begründung des Zölibates der Weltpriester gibt das Schreiben. Als gemeinsame Motivierung für Ordensleute und Priester wird vom »eschatologischen Zeichen« der Ehelosigkeit gesprochen. Hinzu kommt nach Auffassung des Papstes eine »große soziale Bedeutung für den Dienst am Volk Gottes . . . Der Priester wird durch seinen Zölibat zum ›Menschen für die anderen‹« (Art. 8). Wenn man diese Darlegung beim Wort nimmt, ist damit eine pragmatische Begründung vorgelegt, die sich grundsätzlich einer empirischen Überprüfung nicht entziehen kann. Auch in anderen Berufen werden »Menschen für die anderen« gebraucht. Ist aber je untersucht worden, ob etwa praktizierende Ärzte und evangelische Pfarrer in ihrem Engagement für andere Menschen gebremst werden, wenn sie in der Ehe und Familie leben? Muß man nicht umgekehrt den Betroffenen aus solchen Berufen Glauben schenken, die erklären, daß sie den Belastungen des Berufes nicht gewachsen wären, wenn sie nicht den menschlichen Halt, den Raum emotionaler Befriedigung hätten, die eine gelungene Partnerschaft und eine intakte Familie bieten können? Müßten nicht manche klerikale Verschrobenheit, die Eitelkeit und Machtliebe mancher kirchlichen Würdenträger ebenfalls in den Zeugenstand gerufen werden?

Eine generelle Abschaffung des Zölibats über Nacht wird ohnehin niemand fordern wollen. Viele ältere Priester, die mühsam den Zölibat ihr Leben lang gehalten haben, würden sich geprellt vorkommen, wenn sie feststellen müßten, daß sie einige Jahrzehnte zu früh gelebt hätten. Mit Rücksicht auf diese Kollegen ist ein schrittweises Vorgehen ratsamer. Statt dessen geht Rom aber zurück. Johannes Paul II. hat dem Vernehmen nach noch keine »Laisierung« ausgesprochen, die unter Paul VI. zwar unter diskriminierenden Bedingungen, aber immerhin relativ zuverlässig zu erhalten war. Soll etwa das polnische Muster für die ganze Kirche gelten? In Polen waren offenbar auch in den letzten Jahren Laisierungen selten. Für laisierte Priester hätte es auch kaum adäquate berufliche Alternativen gegeben. Statt dessen, so ist zu hören, seien beim Klerus in der Heimat des Papstes »zölibatsfreie Tage« weit verbreitet. Daß Priester mehr oder weniger offen eine Ehe führen, ohne je geheiratet zu haben, mag im Einzelfall eine menschlich erträgliche Lösung darstellen. Kann man aber im Vertrauen auf ein solches »Ventil« eine rigorose Zölibatspolitik betreiben?

»Wir alle sollen uns dessen bewußt sein, daß niemand von uns sich so verhalten darf, daß er die Bezeichnung ›Tagelöhner‹ verdient«, schreibt der Papst (Art. 7). Der Tagelöhner läßt nach dem biblischen Gleichnis die Schafe im Stich. Im Anschluß an diese Mahnung schneidet der Papst das Problem des Zölibats an. Soll man die Warnung davor, bloßer Tagelöhner ohne Verantwortung zu sein, speziell als Mahnung an Zölibatsmüde verstehen?

Andererseits werden »wir alle« gemahnt, keine Tagelöhner zu sein. Schreibt der Papst in der ersten Person, um sich selbst einzuschließen und dabei Selbstkritik zu üben? Viele Gemeinden fühlen sich in der Tat von der Oberkirche im Stich gelassen, denn der Priestermangel verschärft sich immer mehr. In absehbarer Zeit würden noch einmal 30 Prozent weniger Priester zur Verfügung stehen, erklärte jüngst offenherzig der Vorsitzende der Deutschen Bischofskonferenz. Gäbe es die Klausel des Zölibates nicht, würden wahrscheinlich sehr viel mehr junge Theologen zur Übernahme eines kirchlichen Amtes bereit sein. Jahrelang hat man geglaubt, den Zölibat als Hindernis des Priesternachwuchses bagatellisieren zu können mit dem Hinweis auf vergleichbare Schwierigkeiten in der evangelischen Kirche. Demnächst rechnet man dort sogar mit einer »Pfarrerschwemme«.

Nun bieten sich katholische Theologiestudenten an, später als Laien in den kirchlichen Dienst zu treten. Seitens der deutschen Bischöfe wird aber auch hier stark gedrosselt. Manche Diözesen weigern sich, Diplomtheologen überhaupt in den Gemeindedienst zu lassen. Die Folgen für viele Gemeinden sind katastrophal. Vor allem die Jugend hat immer weniger Ansprechpartner. Der Klerus ist überaltet und weithin überlastet durch die Aufrechterhaltung des kirchlichen Kultbetriebes, des Kasualienservice und der Verwaltung.

Eine vernünftige Lösung wird also durch die Verabsolutierung des Zölibates blockiert. Wer spielt hier die Rolle des Tagelöhners, der die Herde Gottes ihrem Schicksal überläßt?[4]

Der Papst postuliert die »Verwirklichung« der »Gnade des Zölibats« in ausreichendem Maße (Art. 8). Die Gnadengabe Gottes ist jedoch ein Geschenk. Darauf gibt es keinen Anspruch. Sie läßt sich nicht berechnen und verplanen. Warum sollte Gott dem Papst gegenüber in dieser Sache eine Ausnahme machen? Selbst wenn die sogenannte »Verwirklichung« lediglich als (aktiver) Empfang göttlicher Gnade verstanden würde – woher wissen die Verantwortlichen der Kirche, daß Gottes Angebot sich nach den Bedürfnissen kirchlicher Statistik richtet?

Die Oberhirten haben hier als Antwort parat: Gegenwärtig erlebe die Kirche in bezug auf den Priesterberuf eine Durststrecke. Die Tendenz sei aber wieder steigend. Außerdem sei der gegenwärtige Priesternachwuchs besonders qualifiziert, von besonders kirchlichem (gemeint ist hierarchischem) Sinn, wird oft hinzugefügt.

Wie weit der Optimismus bezüglich der Nachwuchszahlen Ergebnis von Gesundbeterei ist, wird die Zukunft zeigen. Viele Gemeindepriester sehen hier zuviel Wunschdenken am Werk. Was die Qualität des Nachwuchses angeht, sei mit aller Behutsamkeit eine Frage angemeldet.

Mir fällt in diesem Zusammenhang immer der alte Witz ein: Eine Gemeinde feiert eine doppelte Primiz. Der eine Neupriester trägt nach alter Sitte einen Myrtenkranz auf dem Haupt, der andere nicht. Am Straßenrand rätseln zwei Damen über die Bedeutung dieses Unterschiedes. Schließlich sagt die eine: »Ich hab's; der eine mußte geweiht werden.« Ich würde die Dame gern fragen, wen von beiden sie damit gemeint hat. Ich vermute, den Umkränzten. Man kann wirklich nicht ausschließen, daß der eine oder andere Priester geweiht werden mußte, weil er für etwas anderes nicht zu gebrauchen war. An sich handelt es sich um ein altes Problem. In Priesterseminaren wurde den Alumnen in ähnlichem Sinne oft gesagt, zum Zölibat sei nur tauglich, wer aufgrund seiner menschlichen Qualität auch zur Ehe tauglich wäre. Man kann die Frage nicht vermeiden, ob nicht wenigstens die Gefahr besteht, daß heute eine größere Zahl von Priesterkandidaten um des Zölibates willen Priester werden will, während vor etwa zwanzig Jahren öfter die Motivierung für den Priesterberuf »trotz Zölibat« anzutreffen war. Man kann in das Priesteramt auch flüchten. In solchen Fällen dürfte bei der Ausübung des Amtes ein Klerikalismus kaum vermeidbar sein.

Als Hauptproblem des Papstbriefes erscheint so die Frage, ob er nicht auf einen Neoklerikalismus hinausläuft. Das Problem Zölibat wäre in diesem Fall mehr ein Symptom.

Wenn man den Text genau nimmt, ist eine derartige Kennzeichnung kaum zu vermeiden. Gemeint ist nicht ein Primitiv-Klerikalismus, demzufolge die Laien mehr für den Klerus da seien als umgekehrt. Sehr deutlich betont das päpstliche Schreiben die Dienstfunktion der Priester (Art. 3–5). Diese Sichtweise ist zweifellos sehr ehrlich und ernst gemeint.

Dennoch bleibt der Eindruck nicht aus, daß der Papst die Konzilsformel, das Amtspriestertum unterscheide sich dem

Wesen nach vom gemeinsamen Priestertum, sehr strapaziert. Es scheint, daß so unter der Hand doch eine Überbewertung des Priesters im Sinne einer Quasi-Identifizierung mit der Kirche insgesamt zustande kommt.

Vielleicht ist die Umdeutung des Augustinus-Wortes »vobiscum sum Christianus« in »mit euch bin ich Priester« nur Ausdruck von Übereifer (Art. 1). Die Priester seien »kraft des Weihesakramentes« Brüder des Papstes, ist jedoch eine Deklassierung der mit der Taufe gegebenen Bruderschaft aller Christen. Die Gleichsetzung der speziellen Liebe schließlich, die der Papst den Priestern nachsagt, mit der »größten Gabe des Heiligen Geistes« unter ausdrücklicher Bezugnahme auf die Schriftstellen Röm 5,5; 1 Kor 12,31; 13 zeigt, daß dem Priester zugeschrieben wird, was nach dem Glauben der Kirche allen Christen zukommt (Art. 2).

Besonders pikant ist in diesem Zusammenhang die Passage, die der Papst aus seiner eigenen Ansprache an den römischen Klerus zitiert (Art. 7). Der Priester sei in der Welt, aber nicht von der Welt, wird dort erklärt. Diese Formel ist zwar nicht als Schriftstelle ausgewiesen, aber als solche hinreichend bekannt (vgl. z. B. Joh 17,14). Jedoch sind ursprünglich alle Jünger als »nicht von der Welt« gekennzeichnet. Folglich sind die Forderungen, die etwa bezüglich der Kleidung der Priester aufgestellt werden, gegenüber Nichtpriestern ebenso gut oder ebenso schlecht begründet. Wäre der Papst konsequent, müßte er allen Katholiken eine Soutane verpassen, um ihre »einzigartige Berufung« zu demonstrieren.

Ein merkwürdiger Hinweis findet sich in Zusammenhang mit der Warnung vor einer »Laisierung« des Priesters, hier wieder verstanden als Verlust oder Vernachlässigung des vom Papst propagierten Priesterideals. »Wir würden dann aufhören, gefragt und populär zu sein« (Art. 7). Der Papst scheint den Verzicht auf klerikales Gehabe, den er »Laisierung« nennt, aufzufassen als Versuch, sich denen anzubiedern, welche einen »weltlicheren« Stil begrüßen. Offenbar ist dem Papst die typische Problematik des Priesters in einer säkularisierten Umwelt fremd. Dort begegnet die Kirche aufgrund des oft weltfremden und zugleich autoritären Gehabes ihrer offiziellen Repräsentanten leicht der Ablehnung oder dem völligen Desinteresse. Unzählige pastorale Erfahrungen beweisen, daß in solchen Fällen nur ein völlig unprätentiöses Verhalten kirchlicher Amtsträger den Abgrund überbrücken kann. Die Menschen suchen Priester, die ihnen zunächst einmal »menschlich«, d. h. normal, begegnen. Wenn der Papst solchen Erwartungen unterstellt, daß sie im Grunde auf eine Preisgabe priesterlicher Identität hinausliefen, dann kennt er die wirklichen Menschen zu wenig. Dazu gehören schließlich auch die Angehörigen der Kirche, denen der Priester doch dienen soll und die selbst ohne klerikale Absonderung in der modernen Welt leben müssen. Ich habe in fast 20 Jahren Seelsorgearbeit noch keinen einzigen Menschen getroffen, der nicht bereit gewesen wäre, meinen Glauben und meinen Auftrag zu respektieren, gerade wenn ich ihm nicht penetrant priesterlich entgegengetreten bin.

Anmerkungen:

1 Zum Begriff der »Oberkirche« vgl. SOG-Papiere 1979/4, Beilage zur Zeitschrift »imprimatur« (Trier) vom 6. 7. 1979.

2 In »Publik-Forum« vom 4. Mai 1979 habe ich die gleiche These vertreten: Der Zölibat wird gleichsam vom Papst zum 8. Sakrament ernannt. Ein deutscher Bischof schrieb mir auf diesen Artikel hin einen entrüsteten Brief. Darin hielt er mir vor, meine Aussage sei »theologisch völlig unzutreffend«. Gewiß: Es gibt nur 7 Sakramente, ich beschwöre es! Bei gleicher Gelegenheit sollte ich jedoch des weiteren belehrt werden: »Denn bei den Sakramenten werden menschliche Situationen entsprechend der Stiftung Christi und im Auftrag der Kirche durch das Wort des Glaubens auf die Ebene eines Heilszeichens gehoben. Der Ehelosigkeit um des Himmelreiches willen gilt dagegen als solcher eine göttliche Verheißung. Sie ist bereits im Diesseits sozusagen vorweggenommene menschliche Daseinsweise im Reiche Gottes (Luk 20,27 f.).« Da versagt meine Katechismus-Kenntnis. Was besagt schon die »Entsprechung« zur Stiftung Christi bei den Sakramenten gegenüber der göttlichen Verheißung, die der Ehelosigkeit (um des Himmelreiches willen) »als solcher« zukommen soll? Ich befürchte, hier wird der heilige Zölibat fast noch zum Supersakrament ernannt. Im Ernst: Geschieht hier nicht eine Mystifizierung des Zölibates, mit der eine behutsamere Sakramententheologie nicht Schritt halten kann?

3 Die Parallelisierung von ehelicher Treue und Gehorsam gegen den Zölibat könnte auch auf eine klassische Fehlleistung des Papstes zurückweisen. Das kanonistische Verständnis von der absoluten

Unauflöslichkeit der Ehe ist ja in der Tat als positiv-kirchenrechtliches Prinzip dem Zölibatsgesetz als Gesetz der kirchlichen Hierarchie vergleichbar.

4 Vgl. Das Recht der Gemeinde auf Eucharistie, hrsg. von der Solidaritätsgruppe katholischer Priester (SOG) der Diözese Speyer, Trier 1978.

HELMUT BLASCHE
Das Recht der Gemeinde auf Eucharistie

Papst Johannes Paul II. bemerkt in seinem Schreiben an die Priester, daß es sich bei seinem Brief »um Worte handelt, die ihm die Liebe zur Kirche eingegeben hat, die bei aller menschlichen Schwäche ihre Sendung für die Welt nur dann erfüllen kann, wenn sie Christus die Treue hält«.

Davon bin ich überzeugt. Und ich hoffe, daß es gleichfalls nur die Liebe zur Kirche ist, die mich veranlaßt, manches an dem, was der Papst sagt, in Frage zu stellen. Die Liebe zur Kirche und das Verlangen, daß sie die Sendung, die Christus ihr gegeben hat, erfüllen möge. Ich befürchte nämlich, daß ihre eigene Gesetzgebung sie daran hindert, das zu tun. Konkret handelt es sich um das Gesetz des Priesterzölibats in der lateinischen Kirche.

Ich möchte vorausschicken, daß ich selbst mich seinerzeit völlig frei, überlegt und mit großer Freude für den Zölibat entschieden habe – im einigermaßen reifen Alter von 26 Jahren –, daß ich diese Entscheidung nie bereut habe und heute noch genauso dazu stehe. Für mich persönlich will ich nichts anderes. Aber für die katholische Kirche wünsche ich mir, daß sie die Koppelung von Priesterberuf und Zölibat aufgibt.

Ich bin selbstverständlich überzeugt, daß es eine echte Berufung zum ehelosen Leben »um des Reiches willen« gibt. Ich bin ebenso überzeugt, daß dieses Charisma heute wie immer vielen Männern und Frauen in der Kirche gegeben wird. Ich bin aber keineswegs überzeugt, daß Gott dieses Charisma jedem gibt, den er zum Priestertum beruft. Es handelt sich ja schließlich um zwei verschiedene Gnadengaben. Freilich kann ein Mensch beide Charismen bekommen haben, ebenso wie er mancherlei andere Gaben empfangen haben kann. Wo aber steht, daß Gott nur solche zum priesterlichen Dienst beruft, denen er auch das Charisma der Ehelosigkeit gegeben hat?

Das biblische Zeugnis zeigt wohl eher das Gegenteil. Das Wort Jesu von denen, die auf die Ehe verzichten »um des Himmelreiches willen«, hat in dem Zusammenhang, in dem es gesprochen wird, wohl kaum etwas mit den Ämtern in der Kirche zu tun. In den Gemeinden des Neuen Testaments gibt es ein Amtspriestertum, wie es die Kirche heute kennt, zwar überhaupt nicht; wo aber bei Paulus von den Diensten der Verkündigung und des Lehrens, vom Apostel-, Hirten- und Prophetenamt die Rede ist, wird nirgends etwas von Ehelosigkeit erwähnt. Wo aber, wie in den Pastoralbriefen, vom Amt des kirchlichen Vorstehers gesprochen wird und die Voraussetzungen dafür aufgezählt werden, heißt es ausdrücklich, daß der Vorsteher »nur einmal verheiratet und ein guter Familienvater« sein soll, »der seine Kinder mit aller Würde zum Gehorsam erzieht«. Denn »wer das eigene Haus nicht leiten kann, wie soll der für die Gemeinde Gottes sorgen?« (1 Tim 3,2ff.)

Aus diesem Text ließe sich wohl eher die Bedingung, ein guter Ehemann und Vater zu sein, als die Bedingung der Ehelosigkeit als Voraussetzung für die Zulassung zum Priesteramt ableiten. Daher kennt die Frühzeit des Christentums auch kein zölibatäres Amt in der Kirche. Und das war, weiß Gott, nicht die schlechteste Zeit der Kirche.

Wenn aber Gott einer genügend großen Zahl von Menschen die Berufung zum Priestertum schenkt, die Kirche sie aber nicht zur Weihe zuläßt, weil sie nicht auch die Berufung zum ehelosen Leben empfangen haben, dann handelt sie meines Erachtens nicht im Gehorsam gegenüber ihrem Meister. Wenn sie Millionen Menschen seelsorglich verwahrlosen läßt, bloß um ihrer Tradition treu zu bleiben, wird sie ihrem eigentlichen Auftrag untreu.

Allein in der Erzdiözese Wien haben derzeit 107 Pfarreien keinen Priester mehr. Viele von ihnen sind Dörfer mit ein paar hundert Einwohnern. Es ist schwer zu begreifen, warum dort nicht auch ein verheirateter Priester mit Familie und unter Umständen sogar mit einem Nebenberuf sehr gut die Gemeinde leiten könnte. Freilich, wenn ein Pfarrer neben seiner eigenen Pfarrei noch ein halbes Dutzend Dörfer mitbetreuen muß, wird er durch eine Familie in seiner Verfügbarkeit sehr behindert sein. Aber wäre es nicht besser und richtiger, jeder Pfarrei ihren eigenen, wenn auch verheirateten Priester zu geben? Hat sie nicht Anspruch darauf?

Der Papst schildert in seinem Schreiben in erschütternder Weise die Sehnsucht der Menschen nach der Kommunion, die sie nach kirchlicher Lehre »nur durch die Vermittlung des priesterlichen Dienstes empfangen können«. Er fragt: »Wie sollen wir den Hunger nach dem Wort und dem Leib des Herrn stillen?« Mich würde es drängen zu antworten: Indem wir diesen Gemeinden einen Priester geben, einen, den Gott berufen hat, »der seiner Familie gut vorzustehen weiß« und daher auch die Voraussetzungen mitbringt, ein guter Gemeindevorsteher zu werden.

Der Papst aber schreibt, daß die Kirche dennoch entschlossen ist, am Zölibat ihrer Priester festzuhalten, und er sieht in diesem Festhalten keinen Ungehorsam gegenüber dem Herrn der Kirche, sondern vielmehr ein Bekenntnis ihres Glaubens und ihres Vertrauens.

Ich zweifle nicht im geringsten an der Aufrichtigkeit dieses Bekenntnisses. Ich wundere mich höchstens, daß der Papst angesichts der »Zeichen der Zeit« an seiner Sicherheit nicht zu zweifeln beginnt.

Ich kenne persönlich einige und ich weiß von vielen jungen Menschen, die Theologie studieren und gerne Priester werden würden, sich auch dazu berufen fühlen, aber sich nicht in der Lage sehen, die Verpflichtung eines zölibatären Lebens einzugehen, weil sie sich dazu nicht sicher berufen fühlen. Sie sind keineswegs sicher, ob sie heiraten werden, sie wollen sich aber nicht zur Ehelosigkeit verpflichten bzw. einen Beruf anstreben, den sie zwar sehr gern ausüben würden, aber aufgeben müßten, wenn sie erkennen sollten, daß sie nicht zur Ehelosigkeit berufen sind. Ich glaube nicht, daß man bei ihnen allen von mangelndem Vertrauen sprechen kann. Eher von Verantwortungsbewußtsein und großer Ehrlichkeit.

Der Papst schreibt, daß wir uns Rechenschaft geben müssen über unsere Kleingläubigkeit und den Mangel an Glauben. Könnte diese Kleingläubigkeit nicht auch darin bestehen, daß man Angst hat vor den Schwierigkeiten, die sich aus dem Fallenlassen der Zölibatsbestimmungen ergeben würden? Angst, unterzugehen?

Ich hätte eher Angst, daß die Kirche wieder einmal, wie schon öfters in ihrer Geschichte, ihre heilsgeschichtliche »Stunde« versäumt.

Den Priestern sagt der Papst: »Wir dürfen das Priestertum nicht wegen der Schwierigkeiten, die uns begegnen, und wegen der von uns geforderten Opfer aufgeben.« Man hat manchmal den Eindruck, daß die Kirchenleitung eher bereit ist, das Priestertum aufzugeben, als die Schwierigkeiten und Opfer auf sich zu nehmen, die mit dem Aufgeben des Zölibats verbunden wären, riskiert sie doch, daß es in weiten Gebieten bald keine Priester mehr gibt.

Der Papst sagt weiter: »Der Priester wird durch seinen Zölibat zum ›Menschen für die andern‹ . . . Der Zölibat ist so Zeichen einer Freiheit, die sich zum Dienst bereit macht.«

Das trifft zweifellos voll und ganz zu, wenn einer wirklich die Gabe der Ehelosigkeit um des Himmelreiches willen empfangen hat und sich verzehrt im Dienst an den andern. Aber ist der Zölibat nicht manchmal eher Zeichen junggesellenhafter Opferscheu? Ob nicht ein Pfarrer mit Frau und Kindern, der die Pflichten und Sorgen eines Familienvaters kennt, manchmal ein weit schwierigeres und opfervolleres Leben hätte als ein zölibatärer Pfarrer? Wenn aber das Einhalten des Zölibats für den Priester solche Schwierigkeiten und Opfer mit sich bringt, ist er dann wirklich »frei«? Wäre er dann nicht viel freier für den Dienst an den andern, wenn er verheiratet wäre? »Es ist besser zu heiraten, als zu brennen«, sagt Paulus, dem es gerade um diese Freiheit geht (1 Kor 7,9).

Daß der Zölibat in der derzeitigen Form nicht mehr als Zeichen der Freiheit, ganz für die andern da zu sein, erkennbar ist, gibt der Papst selbst zu, wenn er darüber klagt, daß der Zölibat als rein gesetzlich auferlegte Verpflichtung gesehen wird. Die Ehelosigkeit des Priesters hätte nur dann den Zeichencharakter, den der Papst in ihr sehen will, wenn der Priester jederzeit die Möglichkeit hätte, zu heiraten und dennoch sein Amt weiter auszuüben. Was für eine Kleingläubigkeit anzunehmen, es gäbe dann keine Priester mehr, die ehelos blieben!

Nun ist mir, wie gesagt, freilich klar, daß der Papst nicht will, daß die Kirche ihrem Auftrag untreu wird, sondern daß er im Gegenteil überzeugt ist, daß die Kirche im Festhalten am Zölibat der Priester ihren Glauben unter Beweis stellt. Und da ich an das Wirken des heiligen Geistes in der Kirche glaube, frage ich mich, ob das Ganze nicht eine providentielle Bedeutung haben kann. Wenn der Papst ebenso wie seine Vorgänger und die Mehrheit der Bischöfe, deren aller Bereitschaft, Gottes Willen zu erfüllen, doch nicht im Ernst bezweifelt werden kann, am Priesterzölibat festzuhalten wünschen – wenn auch wahrscheinlich im Gegensatz zur großen Mehrheit des Gottesvolkes –, so kann sich ja möglicherweise gerade darin dieses Wirken des heiligen Geistes zeigen.

Vielleicht will Gott damit erreichen, daß die Gemeinden mündiger werden. So wie heranwachsende Kinder manchmal gerade dann reif und verantwortungsbewußt werden, wenn sie den Vater verloren haben, weil sie wissen, daß sie jetzt die Sache der Familie selbst in die Hand nehmen müssen, so könnten auch die Gemeinden durch den Wegfall des Seelsorgers selbständig werden. Sie könnten erkennen, daß die Sache der Gemeinde, die Verwirklichung ihrer Sendung, ihre eigene Sache und Aufgabe ist; daß vieles, was bis dahin der Priester gemacht hat, von Gemeindemitgliedern selbst geplant, organisiert und durchgeführt werden muß; daß die Existenzfrage der Kirche nicht von der Lösung des Priesterproblems, sondern von der Existenz lebendiger Gemeinden abhängt. Und das wäre eine ganz wichtige Erkenntnis

Noch andere Strukturänderungen könnten sich aus der absurden Situation, die jetzt entsteht, ergeben:

Der Priestermangel hat ja schon jetzt zur Folge, daß Nicht-Ordinierte (Gemeindeassistenten, Katechisten, Ordensschwestern) vom zuständigen Bischof mit der Leitung der priesterlosen Gemeinde beauftragt werden. Sie stehen der Gemeinde vor, halten mit ihr Gottesdienst, verkünden ihr das Wort Gottes, bereiten auf den Empfang der Sakramente vor, spenden die Taufe, teilen die Kommunion aus, assistieren bei Trauungen – kurz und gut, sie üben das priesterliche Amt aus, ohne »Amtspriester« zu sein.

Sie dürfen nicht mit ihrer Gemeinde die Eucharistie feiern. Dazu muß gelegentlich ein Priester von auswärts kommen, der zu der betreffenden Gemeinde gar keine Beziehung hat. Er konsekriert einen gewissen Vorrat von Hostien, die dann bei den Gottesdiensten der folgenden Wochen vom eigentlichen, nichtgeweihten Gemeindeleiter verteilt werden. Der Widersinn einer solchen »Ordnung« ist augenfällig.

Es erübrigt sich wohl, darauf hinzuweisen, was für ein

Priesterbild und Eucharistieverständnis so einer Praxis zugrunde liegen oder aus ihr erwachsen müssen. Daß bei einer solchen Praxis der Priesterberuf für junge Leute nicht gerade erstrebenswert erscheinen wird, liegt auf der Hand. Es wird dadurch der Priestermangel also noch drückender werden, die wenigen vorhandenen Priester aber immer mehr zu hektischen Managern.

Es könnte aber auch sein, daß die Gemeinden sich darauf besinnen, daß es in der Kirche zwar immer die Feier der Eucharistie, nicht aber immer ein Amtspriestertum gegeben hat. Aus dem ersten Korintherbrief geht hervor, daß in Korinth die Gemeinde der Eucharistie ohne Vorsteher gefeiert hat, sonst hätte Paulus wohl einen Amtsträger getadelt. Auch in den Pastoralbriefen ist in den Anweisungen an die Amtsträger keine Rede davon, daß sie der Eucharistie vorzustehen hätten. In der Didache wird das Vorsteheramt den Propheten, nicht aber den Presbytern zugeteilt.

So könnten die Gemeinden auch heute sich sagen, daß sie ja schließlich ein Recht auf die Eucharistie haben. Hat nicht Christus uns den Auftrag gegeben, »dieses Geheimnis zu feiern« zu seinem Gedächtnis? Wozu man die Pflicht hat, darauf hat man auch Recht und Anspruch. Wenn also die Gemeinde ein Recht auf die Eucharistie hat, die Kirche ihr aber keinen Priester gibt, der der Eucharistie vorstehen soll, was folgt daraus?

Jedenfalls gibt es heute schon namhafte Theologen, die von der Möglichkeit einer »Noteucharistie« sprechen, bei der Nichtgeweihte der Feier vorstehen, die Eucharistie sprechen und die Gaben konsekrieren. Zweifellos wäre eine solche Noteucharistie sinnvoller und berechtigter als eine »Nottaufe«.

Ich hielt es aber nicht für gut, wenn die Kirche es zu so einer Notsituation kommen ließe. Denn ich bin überzeugt, daß die Entwicklung des Amtspriestertums in der Kirche dem Wirken des Gottesgeistes zuzuschreiben und daher durchaus positiv und dem Wesen der Kirche entsprechend ist.

Die Funktion des Amtspriesters ist es, in seiner Person die Einheit der Gemeinde, der er vorsteht, mit der Gesamtkirche zu gewährleisten. Das ist das Unterscheidende des priesterlichen Dienstamtes gegenüber den andern Ämtern in der Kirche.

Vor jedem Amt in der Gemeinde geht die Gemeinde selbst und ihre Sendung. Um diese Sendung erfüllen zu können, bedarf die Gemeinde vieler Ämter und Dienste, die sich aus der jeweiligen Situation ergeben und für welche Gemeindemitglieder, entsprechend den ihnen verliehenen Charismen, sich zur Verfügung stellen werden. Ein Amtsträger aber kann nicht von der betreffenden Gemeinde, sondern nur vom Bischof als Vertreter der Gesamtkirche eingesetzt (»geweiht«) werden, weil er eben den Bischof vertritt und, wie gesagt, in seiner Person die Einheit der verschiedenen Glieder und Gruppen seiner Gemeinde wie dieser Gemeinde selbst mit allen andern Gemeinden der über den ganzen Erdkreis hin ausgebreiteten Kirche und zeitlich bis zurück zur Zeit der Apostel gewährleistet: der Priester.

So ist es durchaus sinnvoll, daß die Kirche, als sie sich immer mehr auszubreiten begann und die Diözesen in immer zahlreichere Ortsgemeinden zerfielen, das Dienstamt des ordinierten Priesters einführte. Und es ist richtig, daß der Vorsitz bei der Feier der Eucharistie, dem Sakrament der Einheit, dem vorbehalten ist, der für diese Einheit verantwortlich ist: dem Priester. Alles andere wäre nur im Notfall, wenn eben für lange Zeit kein Priester verfügbar ist, denkbar und vielleicht zu verantworten.

Aber könnte es nicht sein, daß eines Tages ein Bischof – vielleicht ist es der Bischof von Rom –, wenn er sieht, wie ein von ihm als Gemeindeleiter eingesetzter verheirateter Katechist oder Diakon, oder eine Ordensschwester, die er mit seiner Vertretung betraut hat, in geisterfüllter Verkündigung die Gemeinde aufbaut und leitet, sich fragt, wie es ähnlich einst der Apostel Petrus getan hat (Apg 10,47): »Kann jemand denen das Sakrament der Priesterweihe verweigern, die ebenso wie wir den heiligen Geist empfangen haben?« Und daß er sie weiht.

Er wird sich dann vielleicht rechtfertigen müssen vor seinen Amtsbrüdern in der Bischofssynode, aber er wird sagen: »Wenn Gott ihnen die gleiche Gabe verliehen hat wie uns: wer bin ich, daß ich Gott hindern könnte?«

Und vielleicht wird es geschehen, daß dann alle sich beruhigen und Gott preisen (Apg 11,17f.). Es wäre also nicht das erste Mal in der Kirchengeschichte, daß die etwas schwerfällige Institution Kirche dem Wirken des heiligen Geistes nachhinkt.

Wie immer es kommen wird, ich bin zuversichtlich, daß die Kirche eines Tages es als ihre Pflicht erkennen wird, jeder Gemeinde ihren Priester zu geben, egal, ob der nun ehelos oder verheiratet ist, ob er männlich oder weiblich ist, ob er sein Amt haupt- oder nebenamtlich ausübt.

Denn wie Johannes Paul II. schreibt: »Gefragt ist letztlich von den Menschen immer nur jener Priester, der sich seines Priestertums im vollen Sinn bewußt ist: der tiefgläubige Priester, der mutig seinen Glauben bekennt, der eifrig betet, mit Überzeugung in der Lehre unterrichtet, der dient und in seinem Leben das Programm der Seligpreisungen verwirklicht, der selbstlos zu lieben weiß und allen nahe ist, besonders denen, die sich am meisten in Not befinden.« Alles andere ist sekundär.

ERNST MAYER
Zölibat zwischen Ideal und Wirklichkeit

Papst Johannes Paul II. hat durch sein spontanes Eintreten für die Menschenrechte die Erwartung geweckt, längst totgesagte Reformbestrebungen doch wieder zu beleben. Nach seiner Wahl versprach er, die Beschlüsse des 2. Vatikanischen Konzils durchzuführen. Dieses Konzil hatte zwar unter Nutzung moderner Gedanken das Erscheinungsbild der Kirche der heutigen Zeit anzugleichen versucht, aber durch ein hartnäckiges Festhalten an sexueller Repression gerade jene enttäuscht, die ihr Leben mit den katholischen Normen in Einklang bringen wollten. Dies hatte zur Folge, daß man Rundschreiben aus Rom, zum Beispiel die Enzyklika »Humanae vitae«, nicht mehr schweigend hinnahm. Weil das kirchliche Lehramt das Austragen brennender Fragen wie Geburtenregelung und Pflichtzölibat zu verhindern suchte, setzte eine Emigration aus der Kirche ein. Als dann die Zahl der Priester, die heiraten wollten, immer größer wurde, verordnete Paul VI. ein etwas flexibleres Dispensverfahren, um ausscheidende Priester wenigstens als Glieder der Kirche zu erhalten.

Da aber der jährliche Aderlaß von ungefähr 3000 Priestern immer katastrophalere Konsequenzen zeitigte, stoppte Johannes Paul II. die Dispenspraxis völlig und ermunterte dafür die in die Krise geratenen Geistlichen zum Durchhalten. In seinem Schreiben an die Priester zum Gründonnerstag 1979 forderte er die heiratswilligen Priester auf, »unter dem Kreuz« auszuharren. Der »Wiener Kurier« (Oster-Ausgabe vom 15. 4. 1979) kommentierte den harten Kurs des Papstes in der Zölibatsfrage mit den Worten: »3000 Priester in Verzweiflung – Keine Chance für Zölibats-Dispens. Über 3000 katholische Priester, die ihr Amt niederlegen – vornehmlich um zu heiraten – brauchen auf positive Antworten aus Rom nicht mehr hoffen. Vorerst wird es nur noch in ganz wenigen Ausnahmefällen eine Dispens von der Zwangsehelosigkeit der katholischen Priester geben: Der Papst hat den Zwang zum Zölibat in einem Brief an alle Pfarrer mit unerwartetem Nachdruck vertreten.«

Das Scheitern vieler Priester, der spärliche Priesternachwuchs trotz zahlreicher Theologiestudenten und das vergebliche Bemühen einer überalterten Priesterschaft, die Jugend für den Priesterberuf zu gewinnen, sind Anlaß genug, um über Ideal und Wirklichkeit des Priesters im Zusammenhang mit dem Zölibat nachzudenken.

Das Kunststück, als Priester »ein wirklicher Künstler« zu sein und einer faszinierten Menge zu demonstrieren, wie Lebensformen eines geschlossenen Systems aus dem Mittelalter mit einem aufgeklärten Lebensstil einer offenen Gesellschaft von heute zu vereinbaren sind, gelingt wohl nur wenigen.

Paul VI. war sich eines solchen seiltänzerischen Unternehmens nicht ganz so sicher, wenn er die prekäre Lage des katholischen Priesters dem Philosophen Jean Guitton gegenüber so charakterisierte: »Ich weiß, für viele ist der Priester der Erbe eines untergegangenen Mittelalters, der Verbündete eines egoistischen Konservativismus, der lebensfremde Bonze einer längst überholten Liturgie.«[1] Der katholischen Existenzweise ist es jedoch eigen, obwohl sie sich über einen Abgrund gehalten weiß, mit nachtwandlerischer Sicherheit ihren Weg zu gehen. Dies verleiht dem Katholizismus einen traumhaften Glanz, und die Tugenden, voran die des Priesters, glitzern wie Edelsteine, am funkelndsten der Zölibat, ein strahlender Edelstein, wie Paul VI. in seinem Rundschreiben über den Zölibat betont.

Diese zauberhafte Blütenpracht typisch katholischer Vorstellungen scheint aber in der Nähe einer Traumwelt zu gedeihen, die unter dem Namen Gnosis bekannt ist. »Denn die Gnosis gleicht einer Orchidee: sie ist die schönste unter allen Blumen, aber an ihrer Wurzel lauern Giftschlangen.«[2] Ist der Zölibat des Priesters wirklich mit einem strahlenden Edelstein oder einer herrlichen Blume zu vergleichen?

Patriarch Maximos IV. Saigh muß der Zwangszölibat erhebliches Unbehagen bereitet haben. Er schrieb Paul VI., nachdem dieser die Diskussion des Zölibatsproblems durch das Konzil verboten hatte, in einem sorgenvollen Brief: »Hochverehrter Heiliger Vater, dieses Problem besteht und wird von Tag zu Tag schwieriger. Es erfordert eine Lösung. Es dient zu nichts, vor diesem Problem die Augen zu verschließen oder daraus ein Tabu zu machen. Eure Heiligkeit weiß sehr wohl, daß Wahrheiten, die man verschweigt, zu Gift werden.«[3]

Gibt es also in der katholischen Kirche Pillen, die man schlucken muß? So sagte schon David Hume, die Religion sei eine solche Pille, die man schnell schlucken müsse, damit sie wirke; zerkauen dürfe man sie nicht, weil sie sonst bitter schmecke.

Der Mehrzahl der Katholiken ist es heute ziemlich gleichgültig, ob ein Priester verheiratet ist oder nicht. Sie empfinden das Zölibatsgesetz nur als eine Herausforderung, ihr eigenes Unbehagen an repressiven Normen der Religion artikulieren zu können.

Der Zölibat dient gewiß nicht dem Priester in seinem Menschsein, wohl aber dem »System Kirche«, das einen Omnipotenzanspruch anmeldet. Eine repressive Moral trug seit alters her zur Stabilisierung von Herrschaftsverhältnissen bei. Dieser Auffassung war schon Lukrez, wenn er sagte: »Tantum religio potuit suadere malorum.«[4]

Wer ein vorkonziliares Priesterseminar besucht hat, wird noch nach vielen Jahren an den unverdauten Indoktrinationen und Introjektionen der Instruktionen und Adhortationen leiden. Ein sich streng objektiv gebendes Lehr- und Erziehungssystem, unerschöpflich im Erklären und Begründen, aber trocken und herzlos, machte sich anheischig, selbst das individuelle Interesse für die Freiheit noch besser erklären zu wollen. Bei schwächlichen Naturen führte dies nicht selten zu einer völligen Lähmung des eigenen Willens. So bedeutete es für die damals zuständige Autorität eine Routineangelegenheit, ein Dokument vorzulegen, in dem der Seminarist seine »freiwillige« Übernahme des Zölibats unterschrieb. In Wirklichkeit blieb das Thema Zölibat die ganze Ausbildungszeit hindurch tabu; denn es ließ sich mit der tridentinischen Priesterausbildung nicht vereinbaren, den Zölibat in die Entscheidungsmächtigkeit des einzelnen Kandidaten zu stellen. Er sollte allein die Gnade für den Zölibat erbitten. So bekannte Kardinal

Faulhaber, man müsse Theologen wagen, um Priester zu erhalten. Und Kardinal Höffner meint, daß es sich bei der Übernahme des Zölibats um eine »Wir-Entscheidung« handele.

Vielleicht zeigt der rapide Rückgang der Priester an, daß heute weniger Druck auf die Kandidaten im Priesterseminar ausgeübt wird und daß sie eher zu einer persönlich freien Berufsentscheidung finden. Wie weit freilich dabei die Ehelosigkeit in Kauf genommen wird, wäre erst genau zu prüfen. Man muß aber doch allen Ernstes fragen, ob ein junger Mann eine lebenslange Verpflichtung zum Zölibat überhaupt eingehen kann, da weder sein Wille noch sein Verstand in der Lage sind, die Entwicklung und Veränderung seiner Natur zu beeinflussen. Wenn der Zölibat mit 20 Jahren lebbar ist, heißt das noch nicht, daß er es auch noch mit 30, 40 oder 50 Jahren ist. Ein Seminarregens sagte einmal, es gebe um das 50. Lebensjahr herum Priester, die des Zölibats wegen ihren Beruf aufgeben, doch der Kirche blieben immer noch genügend Priester. Ob er heute auch noch so leichtfertig reden würde? Immerhin mußte ihm, im Gegensatz zum Seminaristen einer noch heilen Welt, klar gewesen sein, daß ein durch Askese und Abtötung erreichtes Ja zum Zölibat noch nicht alle Lebenskrisen überwinden hilft.

Das Schreiben Johannes Pauls II. an die Priester, das in seiner Diktion an Ermahnungen eines vorkonziliaren Priesterseminars erinnert, ist ein Beispiel dafür, wie das Thema Zölibat und damit auch der Bereich der Sexualität in einem katholisch geschlossenen Raum verdrängt wurde und heute noch verdrängt wird. Es heißt: »Wir können nur versuchen, das Problem tiefer zu verstehen und ausgewogener darauf zu antworten, indem wir uns von den verschiedenen Einwänden freimachen, die schon immer – und so auch heute – gegen den priesterlichen Zölibat vorgebracht wurden.« Der Papst tut dann alle Einwände mit dem Satz ab: »Doch entspricht keines der Motive, mit denen man uns zuweilen davon zu ›überzeugen‹ sucht, daß der Zölibat nicht mehr angebracht sei, der Wahrheit, die die Kirche verkündet.« Damit wird also allen wissenschaftlichen Arbeiten, die den Zölibat als Gesetz in Frage stellen, keine Bedeutung beigemessen, da sie ja nur »überzeugen« wollen.

Hat nicht auch Papst Johannes XXIII. dem Philosophen Etienne Gilson gegenüber ausgesprochen, daß der Zölibat kein Dogma sei und vom Evangelium nicht gefordert werde? Ebenso lehrte auch das 2. Vatikanische Konzil, daß die Ehelosigkeit des

Priesters nicht als Forderung aus dem Wesen des Priestertums abzuleiten sei. Trotzdem hält Rom an dem Junktim von Priester und Zölibat unverändert fest. Die Päpste verlangen damit von den Priestern mehr, als Jesus von seinen Aposteln und Jüngern gefordert hat, indem er den Zölibat zwar als eine höhere Lebensform empfahl, ihn aber nicht als Verpflichtung auferlegte: »Wer es fassen kann, der fasse es« (Mt 19,12).

Es gibt heute gute Gründe, den Zölibat von seiner psychischen Wirkung her als bedrohlich und von seiner rechtlichen Seite her als ungültig (lex iniqua) auszuweisen.[5]

Ein der wissenschaftlichen Redlichkeit fernliegendes »Überzeugen« scheint in der Priesterausbildung üblich gewesen zu sein. So schrieb Richard Dawkins in seinem Buch »Das egoistische Gen«: »Das Mem für das Zölibat wird von Priestern an junge Burschen weitergegeben, die noch nicht entschieden haben, was sie mit ihrem Leben anfangen wollen. Das Medium der Übermittlung ist menschlicher Einfluß der verschiedensten Art, das gesprochene und geschriebene Wort, das persönliche Beispiel . . .«[6]

Es ist hier nicht möglich, Dawkins' Theorie von den Memen, den neuen Replikatoren einer zweiten Evolution, darzulegen. Unter Memen versteht er lebendige Strukturen, Träger von Informationen, die von Gehirn zu Gehirn über verschiedene Medien übermittelt werden können und replizierbar sind. Ihre Replikation erfolgt um so leichter, je profilierter ihre Typik ist, durch die sie bestimmten Zwecken entsprechen können. Formal können sie so etwas anderes vorgeben, als sie tatsächlich verfolgen. So kann zum Beispiel das Mem »Hölle« ein sehr wirkungsvolles Vehikel für die Erzwingung des Gehorsams sein.

Indem das »System Kirche« sich durch die Eigengesetzlichkeit leiten läßt, den eigenen Mempool zu verstärken, folgt es damit einem rein immanenten Trend. Die Kirche gibt aber vor, ihre Sendung nicht sich selbst, sondern der Offenbarung und damit der Transzendenz zu verdanken. Dies könnte sie freilich nur glaubhaft machen, wenn sie dem einzelnen Menschen den Freiheitsraum für seine Selbstverwirklichung eröffnete, denn existentielle Freiheit ist ein Geschenk der Transzendenz. So ist das Grundthema der Bibel die Freiheit, wie sie sich aus der Schöpfungswirklichkeit Gottes ergibt. In diesem Sinne kam Jesus, um den Menschen aus einer totalen Vergesetzlichung zu befreien.

Jesus hat darum das »Reich Gottes« nicht in ein Glaubenswissen gefaßt, sondern in Gleichnissen verkündet, die Strukturmodellen des Lebens entsprechen. Diese Gleichnisse, der Lebenswirklichkeit entnommen, sind, im Gegensatz zur Ideologie, wieder in das Leben rückführbar. Sie enthalten immer nur ein hilfreiches Angebot und nie einen fiktiven Anspruch.

Wie kommt es, daß die Jugend heute »Jesus ja – Kirche nein« sagt? Heinrich Rombach gibt diese Antwort: »Die Gläubigen lehnen sich gegen das Fixierte bestehender Systeme auf und wollen in lebendigere Formen des religiösen Geschehens mit aufgenommen sein. Offenbar haben die Kirchen erst dann, wenn sie sich zu flexiblen Strukturen entwickeln, die Nähe zum Grundbild des lebendigen Organismus, die sie gemäß der Bestimmung suchen müssen, die sie zum fortlebenden Leib Christi macht.«[9] Die Kirche darf nicht im System erstarren, sie darf nicht ins Ghetto zurückkehren. Ein lebendiger Organismus braucht die Luft der Freiheit.

Nach Johannes XXIII. und Johannes Paul I. meinen viele Menschen auch in Johannes Paul II. etwas von der Menschenfreundlichkeit Gottes zu verspüren. Wie kaum einer seiner Vorgänger versteht er die Massen anzuziehen und zu begeistern. Während er so für die Kirche neues Terrain gewinnt, begrenzt er auf der anderen Seite den Freiraum innerhalb der Kirche immer mehr. So hat Karl Jaspers wohl recht gesehen, wenn er schreibt: »Die großen Traditionen der Kirche sehen heute in ihrer Bewußtheit oft aus wie ein Wiederherstellen der eigenen unwiederbringlichen Vergangenheit unter weitherziger Nutzung aller modernen Gedanken. Kirche scheint immer schwerer die Selbstständigkeit eines unabhängigen einzelnen tolerieren zu können . . . Sie hat nicht mehr die echte Spannung von Autorität und Freiheit in sich, wohl aber die Fähigkeit zu rücksichtsloser Ausscheidung des Eigenständigen in der großartigen Konzentration ihres geistigen Apparates zur Beherrschung und gehaltvollen Erfüllung einer Massenseele.«[10]

Die gehaltvolle Erfüllung der Volksseele scheint ein besonderes Charisma des neuen Papstes zu sein. Dies sollte ihn aber nicht davon abhalten, notwendige Reformen weiterhin ruhen zu lassen und Nonkonformisten ins Abseits zu drängen.

Was soll es bedeuten, wenn beim jüngsten Amerika-Aufenthalt des Papstes Kommunionausteilerinnen für diesen Augenblick durch Kommunionausteiler ersetzt wurden? Was für eine Mentalität wird offenkundig, wenn Priester, denen man eine echte Berufung nicht absprechen kann, allein wegen Heirat entlassen und durch Laienkräfte ersetzt werden? Kann man die transzendente Bestimmung und Sendung des Priesters so leicht durch noch so hervorragende Leistungen eines Laien ausgleichen?

Gewiß wurde der Priester früher in ungebührlicher Weise überhöht. Dies konnte bei der Verletzung des Zölibats zu einem umso tieferen Sturz führen. »Begehre nicht, wie Jade zu schimmern. Und falle dann tönend herab wie ein gewöhnlicher Stein« (Laotse, 39. Spruch).

Der Priester braucht bei seiner schwierigen Aufgabe, transzendente Sinngehalte zu verkünden, auch eine gesunde immanente Basis, von der aus er wirken kann. Sonst wird er in einer pluralistischen Gesellschaft durch die Vielzahl der Bezüge leicht selbst zum Torso. Ehe und Familie würden es ihm leichter gestatten, die biblische Seinserfahrung nachzuvollziehen, die in der geschlechtlichen Existenzweise gründet und so das Leben bejaht und das Sterben meistert. Der Zölibat hingegen ist die spezifische Existenzweise des Mönchs, der vor allem seiner eigenen Vervollkommnung lebt.

Der Zölibat ist nicht das »Normale« und als Ideal nur unter idealen Bedingungen zu erwählen. Diese bestehen meist in Ordensgemeinschaften, in denen eine Berufung greifen kann und bei gegenteiliger Entscheidung Hilfestellung geleistet werden kann.

Der Priesterstudent aber stand unter dem Druck einer Erwartungshaltung und geriet in Zugzwang. Nach einem mühevollen Studium wirkte mit 24 Jahren das Eheverbot wie ein harter Schlag auf eine hoffnungsvolle Berufung zum Priestertum. Es blieb dann oft nur die Flucht nach vorne.

Warum sollte dem Priester das Naturrecht auf Ehe und Familie vorenthalten bleiben? Ein Priester, der zwischen Einsamkeit und Aktivität hin und her gerissen wird, kann kein Vertrauen erwecken und seinen Auftrag, den Menschen zu helfen, kaum erfüllen. Es gibt heute einen wachsenden Hunger nach Sinn. Wer könnte berufener sein, den Menschen bei der Sinnfindung beizustehen, als der Priester?

Es fehlt aber immer mehr an Seelsorgern. Die Zahl der priesterlosen Gemeinden wächst. Die Verpflichtung des Priesters zur Ehelosigkeit ist eine Hauptursache dafür.[9] Wer kann es verantworten, daß wegen eines mittelalterlichen Kirchengesetzes und im Banne innerlich nicht mehr vollziehbarer Rituale ungezählte Priesterberufungen scheitern?

Der Priester soll Zeugnis dafür geben, daß die »Welt« nicht alles ist und der Mensch sich in der Freiheit der Transzendenz als geschenkt erfährt. Hier ist aber keine gegenständliche Auffassung von jenseitiger Transzendenz gemeint. Wer den Willen Gottes erkennt und die Chiffren der Transzendenz zu lesen versteht, wird die Dinge wesenhaft sehen. Auch möchte er sein Leben frei gestalten können und sich nicht durch Verbote einengen lassen.

Anmerkungen

1 *Jean Guitton:* Dialog mit Paul VI., Wien 1967, S. 240.
2 *Georg Koepgen:* Die Gnosis des Christentums, Trier [3]1978, S. 334.
3 Zitat bei *Fritz Leist*: Zölibat – Gesetz oder Freiheit. Kann man ein Charisma gesetzlich regeln?, München 1968, S. 12.
4 *Carus Lucretius:* De rerum natura I, 102.
5 Vgl. *Heinz-Jürgen Vogels*: Pflichtzölibat. Eine kritische Untersuchung, München 1978.
6 *Richard Dawkins:* Das egoistische GEN, Hamburg 1978, S. 234.
7 *Heinrich Rombach:* Strukturontologie, eine Phänomenologie der Freiheit, Freiburg – München 1971, S. 13.
8 *Karl Jaspers:* Die geistige Situation der Zeit, Berlin 1971, S. 130.
9 *Ferdinand Klostermann:* Gemeinde ohne Priester – Ist der Zölibat eine Ursache?, Mainz 1981.

ALFONS BEIL
Zölibat als Charisma

Wie zu erwarten war, kreist die Auseinandersetzung mit dem Schreiben des Papstes an die Priester vor allem um die Frage des Zölibats.

Jesus sagt zu seinen Jüngern: »Es gibt Ehelose, die sich um des Himmelreiches willen selbst dazu gemacht haben. Wer das zu fassen vermag, der fasse es« (Mt 19,12). Der Apostel Paulus aber bekennt von sich (in Erwartung der nahe bevorstehenden Wiederkunft des Herrn): »Ich möchte, alle Menschen wären wie ich (unverheiratet). Doch jeder hat seine Gnadengabe (sein Charisma) von Gott, der eine so, der andere so« (1 Kor 7,7). Demnach gehört der Zölibat, der Verzicht auf die Ehe um des Gottesreiches willen, zum Bestand der Stiftung Jesu. Es ist aber der frei erwählte, charismatische Zölibat. Ihm haben in unseren Tagen evangelische Gemeinschaften wie die Brüder von Taizé und die Ökumenischen Marienschwestern von Darmstadt-Eberstadt zu neuer Wertschätzung verholfen.

Der Zölibat der Priester in der Römisch-Katholischen Kirche ist aber seit langem kein ganz frei erwählter mehr. Wer dem Ruf zum Priestertum folgen will, ist genötigt, auf die Ehe zu verzichten. Diese gesetzliche Regelung ist mit den Gegebenheiten des Neuen Testamentes schwer zu vereinbaren. Nach Mk 1,30 (und Parallelen) war Simon Petrus verheiratet. In Kor 9,5 fragt Paulus: »Haben wir etwa nicht ein Recht darauf, eine Schwester als unsere Frau mitzuführen, genauso wie die andern Apostel, die Brüder des Herrn und Kephas?« Er geht also davon aus, daß die anderen Apostel verheiratet waren. Beim Versuch, Frau hier als »weibliche Hilfe« zu verstehen, ist wohl der Wunsch Vater des Gedankens.

Diese neutestamentlichen Gegebenheiten und die folgende Geschichte des Preisterzölibats waren jedem angehenden Priester mehr oder weniger bekannt. Da ist aber ein Unterschied zu bedenken. Die vor über 50 Jahren Geweihten wußten wohl davon, doch dieses Wissen war nicht existenzieller Art. Die Tradition der lateinischen Kirche wurde von ihnen im allgemeinen ohne ernste Schwierigkeiten als Gegebenheit angenommen. Die Priester, die in den letzten 30 Jahren geweiht wurden, sind in einer erheblich anderen Lage. Man denke nur daran, wie selbstverständlich und unbefangen die meisten von ihnen hierzulande – anders als etwa in Polen – in ihren Studienjahren Frauen begegneten. Viele dieser Priester nahmen den Zölibat mehr »in Kauf«, weil sie nur so Priester werden konnten. Das mindert die Freiwilligkeit ihrer Entscheidung beträchtlich.

Das Abrücken von der Sitte des apostolischen Zeitalters hatte gewiß seine Vorteile. Der zölibatär gebundene Priester war freier für den Ruf Gottes, freier verfügbar für die Gemeinde. Das hat allerdings nicht verhindert, daß Pfarrer, einmal als solche eingesetzt, inamovibel wurden, d. h. ein Recht auf ihre

»Pfründe« haben und nur in äußersten Fällen abgesetzt werden können, als ob das Pfarr-»Amt« ihr Privatbesitz wäre. Ob dieses Zugeständnis an das individualistische Denken nicht auch eine Art »Entschädigung« (Kompensation) ist?

Doch jenem Vorteil steht offenbar eine Reihe von Nachteilen gegenüber. Die gesetzliche Koppelung von Priestertum und Zölibat führte zu schweren Schäden für das Leben des Priesters und der Kirche selbst.

Der Priester wurde leicht dem Geschlechtlichen gegenüber peinlich befangen. Sein sittliches Ringen erschöpfte sich nahezu im Kampf um die geschlechtliche Reinheit auf Kosten der Liebe und des Frohsinns, der Freiheit und Freude der Söhne Gottes. Befangen wurde er namentlich den Frauen gegenüber. Er schützte sich vor ihnen durch die bekannte »Weiberfeindschaft«. Sie bekundete sich in Ausdrücken, die die Frau abwerteten, ja verächtlich machten. Die Abwertung wurde sogar grundsätzlich, metaphysisch unterbaut. Bekannt ist, daß Thomas von Aquin die Frau als »per accidens« erschaffen, somit als eine Art Nebenprodukt der Schöpfung betrachtete. Die diesbezügliche Auffassung und Haltung seines Lehrers Albert d. Gr. wurde anläßlich des Papstbesuchs im Jahr 1980 in der Bundesrepublik einer breiten Öffentlichkeit bekannt und löste eine leidenschaftliche Erregung aus. Der im übrigen so große Augustinus zeigt unter diesem Gesichtspunkt tiefenpsychologisch wohl noch größere Peinlichkeiten.

Wie jene Befangenheit sich auswirken kann: Ein verheirateter Laie klagte mir einmal, es falle bei der Beichte auf, daß Priester oft so wenig aufmerksam seien bis das sechste Gebot an die Reihe komme; dann aber spitzten sie die Ohren.

Mit der hier in Frage stehenden Fehlhaltung hängen, abgesehen von heimlicher Illegalität, eng zusammen gewisse Ersatzbefriedigungen wie die schon angedeutete Verächtlichmachung der Frau, Vergehen mit Kindern, Schwäche gegenüber Alkohol und Nikotin und anderen Genüssen, eine gewisse Vielgeschäftigkeit und hektische Betriebsamkeit, Großtun mit Pseudo-Modernität in äußerlichen Dingen und die klerikale Herrschsucht.

Damit wird aber das Leben der Kirche selbst in Mitleidenschaft gezogen. Das geschieht schon im inneren Bereich. Da ist vor allem zu bemerken, daß es schädlich sein muß, wenn aus einem Charisma (1 Kor 7,7) ein Gegenstand des Gesetzes wird.

Näherhin hat der gesetzliche Zölibat den Unterschied zwischen Priester und Mönch, zu dem der Zölibat ja gehört, verwischt. Vollmönche waren durchweg Priester, wie im Allgemeinbewußtsein übrigens nur der Ordenspriester Vollpriester ist. Diese Denkweise und Sitte hat auch zur Vorherrschaft der Privatmesse geführt. Man kann aber gerade diesen Mangel nicht erwähnen, ohne auch die schon weitgediehene Neubesinnung in diesem Betracht festzustellen.

Der gesetzliche Priesterzölibat ist einerseits nicht zuletzt daraus zu erklären, daß das Priestertum der Kirche wohl vom 3. Jahrhundert an im Widerstreit zum Neuen Testament mehr und mehr nach Art des alttestamentlichen – und auch des heidnischen – verstanden und der Priester einfachhin als Kultdiener, Opferer, Sanctificator und Consecrator gewertet wurde. Andererseits hat der Pflichtzölibat des Priesters diese Verzerrung durch Überbetonung der Vertikalen auf Kosten der Horizontalen verstärkt. So wurde der Priesterstand zu einer Art Kaste, vom Laienstand – abgesehen von Titeln und Kleidung auch in der Anlage der Kirchen – scharf geschieden.

Unschwer sieht man, wie dieses Bild vom Priester mit dazu geführt hat, daß die Katholische Kirche – jedenfalls bis zum letzten Konzil, ja vielfach darüber hinaus – sich nicht in erster Linie als Gemeinschaft der Glaubenden, sondern als Ordnungsmacht sieht und – man denke an die Debatte um § 218 – durch ihre Leitung auch nach dem weltlichen Strafrichter ruft, sie, die Kirche Jesu Christi, und so auch zu der irrigen Meinung beiträgt, daß weltliche Straffreiheit und sittliche Erlaubtheit sich decken.

In einem nicht zu übersehenden Zusammenhang mit diesem Priester- und Kirchenbild steht auch der Wandel im Bild Mariens. Sie wurde, zumal seit Lourdes, weniger als Mutter Jesu denn als Jungfrau und Königin gesehen, und das bis weit hinein in die Liturgie. Das hatte auch Einfluß auf die Farbe ihrer Kleidung: früher rotes Gewand und blauer Mantel, jetzt schneeweißes Gewand und himmelblauer Gürtel bzw. Mantel. Der Tiefenpsychologe mag fragen, ob bei männlichen Zölibatären in der Marienminne nicht auch eine sublimierte Ersatzbefriedigung mit im Spiel ist.

Vielleicht kann man hier noch tiefer gehen. Der Priesterzölibat in seiner Ausschließlichkeit hat wohl auch dazu beigetragen, daß man das Bild von Gott einseitig vom Mann und Vater her sah (vgl. den Ausspruch Papst Johannes Pauls I. über das Muttersein Gottes). Diese Verengung kann sich nicht einfach auf die Schrift berufen. Schon im Alten Testament steht für das Erbarmen Gottes ein Wort (rachamim), das der Wurzel nach mit dem Wort für Mutterleib zusammenhängt. Ob das einseitig männliche Gottesbild nicht auch dazu geführt hat, daß das urmenschliche Verlangen nach der Mutter-Gottheit in der volkstümlichen Marienfrömmigkeit Erfüllung gesucht und gefunden hat? Bezeichnend etwa im Lied »Wunderschön prächtige«: »Gut, Blut und Leben will ich dir geben; alles, was immer ich hab', was ich bin . . .« Solche Hingabe gebührt doch nur Gott, dem einen Vater-Mutter-Gott.

Zu den schlimmsten Auswirkungen des gesetzlichen Zölibats dürfte seine Einwirkung auf die Sexualmoral der Kirche gehören. Diese Seite der Moraltheologie wurde zu einem wahren Zerrbild der Wirklichkeit. Nicht nur von kirchengegnerischer Seite wird hier von einer Vergiftung gesprochen. Weil fast ausschließlich von Zölibatären betrieben, ging die Lehre von der Geschlechtlichkeit und die entsprechende Unterweisung einmal betont negativ vor, sie war schlechthin eine Sündenmoral; zum andern ging sie nicht, wie es vom Dekalog her selbstverständlich gewesen wäre, von der Ehe, sondern von der Ehelosigkeit aus. So wurde das Eheleben vor allem, wenn nicht nur biologisch gewertet. Von Ausnahmen abgesehen, blieb die Liebe bis zum letzten Konzil nahezu ausgeklammert. Daher auch das peinliche Reden von den »Zwecken« statt vom Sinn der Ehe. Heute noch eignet fast allen kirchenamtlichen Verlautbarungen, soweit sie irgendwie die Geschlechtlichkeit betreffen, eine für manche rührende, für andere ärgerliche Hilflosigkeit, um es nicht noch schärfer auszudrücken. Die ihr zugrunde liegende Sorge steht in einem bezeichnenden Mißverhältnis zu dem etwa angesichts des Rüstungswettlaufs angebrachten Entsetzen. Jene Hilflosigkeit wirkt um so peinlicher, als die überkommene Befangenheit, ja Verkrampftheit dem Geschlechtlichen gegenüber nicht zuletzt auch unter dem Einfluß größerer Vertrautheit mit der Hl. Schrift allenthalben einer positiven und im guten Sinn gelösten Haltung zu weichen begonnen hat. Zölibatären steht den Fragen der Sexualität gegenüber wohl mehr Zurückhaltung an. Die Brüder von Taizé könnten da Vorbild sein.

Nicht unerwähnt darf bleiben, wie schwer das zölibatäre

Priestertum in seiner Ausschließlichkeit und seinem Einfluß auf das Bild von der Kirche unser Verhältnis zu den nicht römisch-katholischen Christen, zumal zu den evangelischen, belastet hat und neuerdings verstärkt belastet, wenn hier auch die Neubesinnung von der Basis her weitgehend gediehen, ja offenbar auf dem besten Weg ist. Dabei könnte die durchweg zurückhaltendere und differenziertere Haltung und Stellungnahme der anderen christlichen Bekenntnisse (vgl. Taizé) zu Fragen der Geschlechtlichkeit uns heilsam zu denken geben.

Das uns beschäftigende Fehlverhalten bekundet sich aber vielleicht am bedenklichsten im jahrhundertelangen Übergewicht des Gebots bzw. Verbots der Geschlechtlichkeit über das Hauptgebot der Liebe.[1] Immerhin ist schon viel geschehen, dem von der Botschaft Jesu geforderten Vorrang der Liebe Geltung zu verschaffen. Die Neubesinnung begann zaghaft schon bald nach dem Ersten Weltkrieg.

Im Vordergrund der Aufmerksamkeit aber steht heute die Auswirkung des gesetzlichen Priesterzölibats auf den Priestermangel. Gewiß erklärt sich dieser Mangel nicht nur von dort her, doch zu einem großen Teil eben doch.[2] Man denke nur daran, wie viele heute Theologie studieren, aber offensichtlich wegen der Zölibatsverpflichtung nicht Priester werden wollen. Und wenn man sich in den Gemeinden umsieht, ist man je nachdem überrascht, wie viele »viri probati« für die Ordination zu gewinnen wären. Im allgemeinen denkt man bei dem in Frage stehenden Mangel fast nur an die zahlreicher werdenden priesterlosen Gemeinden, die öfter am Sonntag die Eucharistiefeier entbehren müssen. Man denkt freilich auch daran, daß viele Gläubige einen Wortgottesdienst mit Austeilung der Kommunion von einer vollgültigen Eucharistiefeier bald werden nicht mehr unterscheiden können. Aber da ist noch etwas anderes: Der Priester droht mehr und mehr zum reinen Kultdiener und durch die Häufigkeit der Zelebration zu einer Art Funktionär zu werden, der gewohnheitsmäßig ohne innere Ergriffenheit seinen Dienst tut.

Bei dieser Sachlage kann man nicht umhin, für die Freistellung des Zölibats einzutreten. Dann könnte die Kirche, was den Priester betrifft, etwa diese Gestalt bekommen:

Da sind einmal die in freier Entscheidung zölibatären Priester. Sie sind nicht nur familiär, sondern im Zusammenhang damit auch örtlich weniger gebunden, also – wenn auch nicht autoritär – freier verfügbar, wie es der Missionskirche entspricht. Missionskirche aber haben wir mehr und mehr allüberall. Wahrscheinlich werden solche Priester sinnvoll und zweckmäßig in einer Gemeinschaft leben, sei es als Glieder eines Ordens wie der Franziskaner, Dominikaner und Jesuiten oder als Glieder einer Priestergemeinschaft wie des Oratoriums des hl. Philipp Neri.

An zweiter Stelle sind die Teilzeitpriester zu nennen, die ordinierten »viri probati«. Trotz immer noch starken Widerstandes von oben kann ihre Zulassung zum Priesterdienst nur eine Frage der Zeit sein. Viele Bischöfe halten ihre Ordination schon längst für geboten. Dabei wird man ja an die Sitte des apostolischen Zeitalters anknüpfen. Der Apostel Paulus, zwar ehelosen Standes, übte bekanntlich das Zeltmacher-Handwerk aus (vgl. Apg 18,3). Andere Missionare waren verheiratet und hatten einen bürgerlichen Beruf.

Schwieriger zu beantworten ist die Frage, ob es in der katholischen Kirche auch den verheirateten Vollpriester geben soll. Einmal werden gerade in einer solchen Ehe beide Partner einer echt geistlichen Grundhaltung bedürfen. Andererseits soll die Frau als Frau voll ernst genommen und geachtet werden können. Ähnliches gilt auch von den Kindern. Diese sollen keinen Grund haben, als Kinder einer Pfarrersfamilie Minderwertigkeitsgefühle zu bekommen; sie sollen auch so geartet sein, daß besonders ihre Altersgefährten sie als voll nehmen können. Aber wenn eine solche Ehe gar scheitert, vielleicht gerade deshalb scheitert, weil der Mann sich von seinem geistlichen Beruf so in Anspruch nehmen läßt, daß die Frau sich vernachlässigt fühlt? Andererseits hat die Ehe der vollberuflichen orthodoxen und evangelischen Geistlichen – wenn wir diese Bezeichnung gebrauchen wollen; denn eigentlich sind alle wahren Christen Geistliche – eine jahrhundertealte Tradition. Von den Schwierigkeiten dieser Pfarrerfamilien ist heute – leider auch in allzu billigen Witzen – häufig die Rede.

In engem Zusammenhang mit unserer Frage steht die andere nach der Eignung der Frau für die Priesterweihe. Daß ihr, streng theologisch gesehen, nichts im Wege steht, ist ziemlich allgemein anerkannt. Es ist auch zu bedenken, daß der Ausschluß der Frau vom Priestertum von einer Verschiedenheit der

Geschlechter ausgeht, die nicht den Tatsachen entspricht; wissen wir doch, daß jedes der beiden Geschlechter auch eine verschieden starke Komponente des anderen hat. Die Frage ist jedoch, ob die Ordination der Frau pastoral vertretbar ist. Allüberall, namentlich in den USA, wie sich beim Papstbesuch wieder gezeigt hat, gibt es unter katholischen Frauen, gerade auch unter Ordensfrauen, eine starke Bewegung zum Priestertum der Frau. Dabei geht es freilich nicht darum, ob und worauf jemand ein Recht hat, sondern was der Kirche angemessen und darum Pflicht ihrer Leitung ist. Bis jetzt lehnt diese die Weihe der Frau entschieden ab. Allerdings schloß vor Jahren ein Bischof, der jetzt im Rang eines Kardinals steht, einen Vortrag mit dem Satz: »Ich möchte es als Bischof noch erleben, daß ich einer Frau die Priesterweihe spenden darf.«

Doch kehren wir zu unserem Thema zurück. Gegen eine Priesterehe wird, abgesehen von dem bereits Erwähnten, noch manches andere geltend gemacht. Man sagt, die Gemeinden lehnen die verheirateten Priester ab. Das gilt heute längst nicht mehr allgemein. Bei der allenthalben erfolgten Umbesinnung in bezug auf die Geschlechtlichkeit ist es ja auch gar nicht anders zu erwarten. Dann wird auf die Tatsache verwiesen, daß Priester bei der Partnerwahl oft peinlich daneben greifen. Was für die Illegalität zutreffen mag, dürfte in der legalen Lage sich erheblich anders verhalten. Die hier aufgezeigte Gefahr soll jedoch nicht einfach bestritten werden.

Vielleicht mehr Berechtigung hat der Einwand, wir bekämen so mehrere Klassen von Priestern. Dazu ist zu bemerken, daß wir, wenn man schon von Klassen reden will, zwei Klassen, richtiger zwei Gruppen von Priestern längst schon haben, nämlich auf der einen Seite die Ordenspriester, auf der anderen die Säkularpriester. Da gab es sicher viele Spannungen; doch heute jedenfalls fühlen sich die beiden Gruppen kaum als Klassen, die gegeneinander kämpfen. In dem Maß, in dem die auf allen Gebieten in Gang befindliche Erneuerung in Denken und Wollen nicht abgewürgt wird, sondern voranschreitet, wird aus dem befürchteten Neben- oder gar Gegeneinander ein brüderliches Miteinander. Die angedeutete Lösung wird ja auch nicht zuletzt zur Folge haben, daß zwischen Priester und Gemeinde die unbiblische Kluft mehr und mehr der vertrauensvollen Verbundenheit weicht. Nicht der letzte Gewinn wird es sein, daß Priester auch als Ehepartner und Väter ein in den

Nöten der heutigen Welt so überaus wichtiges christliches Zeugnis geben können.

Höchst bedenkenswert sind auch Gespräche, die der in Paris lebende orthodoxe Christ Olivier Clément mit dem inzwischen verstorbenen Patriarchen Athenagoras führte. Der Patriarch, bekanntlich mit Papst Paul VI. befreundet, erklärte, er halte dafür, daß die Existenz eines verheirateten Klerus in der Orthodoxen Kirche eine große Wohltat sei; auch einem schon Ordinierten sollte die Heirat gestattet werden; und es werde früher oder später in der Katholischen Kirche verheiratete Priester geben. Diese Worte des unvergeßlichen Patriarchen wiegen offenbar besonders schwer.[3]

Unser derzeitiger Papst ist der volkstümlichste, den es je gegeben hat. Gleichzeitig ist er freilich der, der mit starker Hand restauriert. Das wollen wir als heilsamen Zwang nehmen, unser Anliegen vor dem Angesicht des Herrn der Geschichte unseres Heils wieder und wieder gewissenhaft zu überdenken.

Anmerkungen

1 Vgl. *August Adam*: Der Primat der Liebe. Eine Untersuchung über die Einordnung der Sexualmoral in das Sittengesetz, Köln – Krefeld 1948.
2 Vgl. *Ferdinand Klostermann*: Gemeinde ohne Priester – Ist der Zölibat eine Ursache?, Mainz 1981; *Josef Maria Reuss:* In der Sorge um die Priester und das ganze Volk Gottes. Überlegungen zum Zölibatsproblem, Mainz 1982.
3 Vgl. *Olivier Clément*: Dialogues avec le patriarche Athénagoras, Paris 1969.

RUDOLF SCHERMANN
Im Geruch der Unheiligkeit sanft entschlafen

Gewiß ist der Zölibat nur *ein* Aspekt der priesterlichen Existenz; das entsprechende Gesetz eine höchst partikuläre Frage der Kirchendisziplin, die – so scheint es – lediglich die private Lebensgestaltung der Kleriker betrifft.

So sehr auch die Qualität dessen, was und wie einer etwas

beruflich tut oder unterläßt, von seiner psycho-physischen Gesundheit abhängt, meinen doch viele, die Frage, ob der Priester heiraten dürfe oder nicht, könne das Kirchenvolk und vollends das große Publikum letztlich kalt lassen.

Schließlich gibt es tatsächlich eine ganze Menge anderer Aspekte, die im Hinblick auf »Priester für heute« mindestens ebenso wichtig, ja sogar wichtiger sind.

Viele warnen daher von einer allzu breitgetretenen Diskussion, haben diese bereits satt oder versuchen, sie herunterzuspielen. Die Frage des Zölibatsgesetzes und seiner historischen Implikationen scheint ihren Stellenwert somit eher als Ventil antikirchlicher Emotionen zu behalten oder als Dauerbrenner zölibatsfixierter Progressisten in Theologenkluft, während eine seltsame Allianz von ultrakonservativen Katholiken mittelalterlich-restaurativer Couleur und ehegesättigter Zyniker die angeblich »höhere Weisheit« zölibatären Lebens preist.

Spätestens hier dämmert einem freilich, daß die Zölibatsdiskussion ihre trotz all diesen Faktoren auffallende Heftigkeit nicht aus ihrer Relevanz in bezug auf das Privatleben der Priester erhält, sondern aus der Rolle, die sie in den höchst aktuellen gesellschaftsethischen Fragen der Aufrichtigkeit, Wahrhaftigkeit, Gewissensfreiheit und somit auch der Menschenrechte spielt, von ihrer tiefenpsychologischen Dimension in Verbindung mit dem Fragenkomplex Sexualität – Triebunterdrückung – Herrschaftswille ganz zu schweigen.

Wie sehr ein jeder noch so gut gemeinte Versuch zur Verteidigung des Zölibatsgesetzes zum Hantieren mit einem unzulässigen theologischen Instrumentarium verleitet und unweigerlich in eine phrasenumwobene Unwahrhaftigkeit mündet, zeigt der, freilich durchaus aufrichtig gemeinte, Brief des Papstes an die Priester, der diesem Mechanismus ebenso wenig entkommen konnte wie alle anderen Beiträge dieser Art auch.

Aus einer zutiefst gespürten Schwäche der Argumentation heraus ist der Versuch verständlich, bereits das Vorfeld der Diskussion mit einer Art Gehorsamspritze zu anästhesieren. Was im Falle dieses Papstes viel leichter unter die Haut geht als je zuvor.

Denn die ambivalente Größe dieses Papstes besteht darin, daß er, infolge eines entsprechenden Charismas, in aller Welt die Massen begeistert, damit aber in wachsendem Ausmaß eine

Atmosphäre schafft, in der eine jede Kritik an dem, was er sagt und tut, als Beckmesserei, lästiges Kritikastertum, ja aufmüpfige Ungezogenheit schlechthin erscheinen muß. Dabei ist die Gefährlichkeit der jeweiligen Massenbeweger und charismatischen Führerpersönlichkeit an der Resignation und an dem Opportunismus jener abzulesen, die ansonsten, zumindest verbal, für ein waches, nüchternes und im Interesse der Wahrhaftigkeit kritikfähiges Bewußtsein eintreten.

Wo anstelle der nüchternen Prüfung umstrittener Sachverhalte schwärmerische Kapitulation tritt, unreflektiertes Strammstehen vor einem, der es endlich »denen Progressisten« hineinsagt und der »endlich wieder die traditionellen Werte des Christentums« hochhält, ist Gefahr im Verzuge, stehen Unredlichkeit und Unwahrhaftigkeit schon aus diesem Grunde ante portas.

Wenn Hans-Urs von Balthasar in seinem Kommentar zum Papstbrief die Tatsache, daß viele Priester zu den Zölibatsempfehlungen des Papstes kein »Ja« zu sagen bereit sind, ein Krankheitssymptom nennt, dann ist exakt dies ein Krankheitssymptom. Denn dahinter steckt der Wunsch zur Verhinderung des »Alles prüfet, das Gute behaltet«, der Versuch, an der Stelle erwägenden Denkens ein unbedingtes »Jawohl« treten zu lassen.

Aber es geht nicht nur allein um den Versuch des Entzuges kritischen Denkens und Redens, und damit um die Einschränkung des Freiheitsraumes. Es geht ebenso auch um den Versuch, die kirchliche Legitimation all jenen abzusprechen, ihnen sozusagen die Staatsbürgerschaft in der Kirche abzuerkennen, die durchaus für den Zölibat als freies Charisma, nicht aber für das Zölibatsgesetz optieren. Nirgendwo entblößt sich ideologisches Zweckdenken im Rausch autoritären Eifers, der aus einer tiefen inneren Unsicherheit entspringt, so drastisch wie hier.

Ein jeder Erstkläßler weiß mittlerweile, natürlich weiß es auch der Papst und der konservativste Theologe, daß die Kirche nicht mit dem Klerus, mit den Bischöfen oder gar mit dem Papst identisch ist, wie Gratian und das ganze Mittelalter aus Gründen der Machtsicherung behauptet hatten, sondern daß Kirche den unendlich facettenreichen Komplex aller Getauften meint, ob nun Zölibatsgegner oder Zölibatsbefürworter, ob »Kleriker« oder »Laien«.

Doch sobald es um die Verteidigung des Zölibatsgesetzes

geht, wird der alte und falsche Kirchenbegriff, der die Kirche in einen monolithischen Block klerikaler Prägung umlügt, hervorgeholt und zur Auskittung der verbeulten Stellen der Argumentation herangezogen.

»Tut alles«, so der Papst an die Bischöfe über das Zölibatsversprechen der Priester, »was in Eurer Macht steht, daß sie diesem Versprechen treu bleiben; so fordert es ja die heilige Tradition der Kirche, die aus dem Geist des Evangeliums entstanden ist.«

Heilige Tradition? Welche Tradition ist damit gemeint? Jene, die sich auf Jesus berufen kann, der eben keinerlei Zölibatsverpflichtung erließ? Oder auf Paulus, der die Wahl des Lebensstandes ebenso der freien Disposition des einzelnen anheimstellte wie die anderen Apostel auch? Oder jene spätere, hier als »heilig« apostrophierte Tradition, die zunächst den Priester und seine legitime angetraute Frau mit dem unmenschlichen Gebot traktierte, unter dem gemeinsamen Dach, aus Gründen der kultischen Reinheit, kein Eheleben zu führen? Die später gegen jahrhundertelang währenden und bis heute nie unterbrochenen Widerstand das Zölibatsgesetz durchpeitschte, wobei Gegenargumente übergangen, Priester und ihre Frauen »Hurenböcke« und »Huren« tituliert und mit Schwert und Bann belegt wurden? Geist des Evangeliums? Der Liebe?

Ist es nicht recht armselig, gegen die gesamte urkirchliche Tradition sich letztlich an das dunkle Eunuchen-Logion (Mt 19,12) anzuklammern, das, wohlgemerkt, auf alle Jesusjünger gemünzt war und keinerlei Angemessenheits-Prioritären für Apostel oder »Kleriker« auch nur andeutet?

Müßten sich die Zölibatsgesetz-Befürworter, die gegen biblische Fakten lediglich eigene Interpretationen anzuführen wissen, dann schon nicht gleich auf das Hauptgebot des Christentums berufen, das da lautet: »Du sollst den Herrn deinen Gott lieben, aus deinem ganzen Herzen, aus deiner ganzen Seele und aus deinem ganzen Denken und aus deiner ganzen Kraft«?

Denn beim zitierten Logion ging es um ein »wer es fassen *kann*«. Hier aber geht es um ein ausdrückliches, den *ganzen* Menschen forderndes »*soll*«. Und »größer als dieses ist kein anderes Gebot« (Mk 12,30–31). Da dieses Gebot aber unbestritten auf alle Jesusjünger gemünzt ist, müßte man dann nicht zur

Konklusion gelangen, daß ausnahmslos alle Christen »aus größerer Liebe zu Christus« ehelos leben müßten?

Ich will damit nur andeuten, zu welch absurden Resultaten ein ideologisches Zweckdenken führt, das zu einer vorfabrizierten Konklusion Prämissen erstellen und dabei die klare, vernünftige und menschenfreundliche Einstellung der urchristlichen Tradition zur Seite schieben muß.

Dieser Widerspruch kann nicht besser demonstriert werden, als es im Papstbrief selbst unfreiwillig geschieht: »Hat Jesus Christus nicht, als er seinen Jüngern das Problem der Ehelosigkeit ›um des Himmelreiches willen‹ dargelegt, die bezeichnenden Worte hinzugefügt: ›Wer es fassen kann, fasse es‹? Die lateinische Kirche wollte und will weiterhin, daß nach dem Beispiel Christi, unseres Herrn, der apostolischen Lehre und der ganzen ihr eigenen Tradition alle jene, die das Weihesakrament empfangen, diesen Verzicht um des Himmelreiches willen auf sich nehmen« (Art. 8).

Welch ein drastischer Unterschied zwischen dem milden »wer es fassen kann« Jesu Christi und dem »wollte und will« der Kirche, die in Wirklichkeit freilich immer nur *ein Teil* dieser Kirche war und ist, der apostolischen Lehre widerspricht, und welche »ganze Tradition« sagt, obwohl bekanntlich die Tradition gerade in dieser Frage alles andere als einheitlich ist!

Zeigt sich schon hier eine offenkundige Unwahrhaftigkeit der Argumentation, die ihrerseits freilich auch schon ihre Tradition hat, reicht dies noch tiefer dort, wo es vom historisch-theologischen ins Existentielle geht und die Frage der Gewissensfreiheit und somit eines der grundlegendsten Menschenrechte tangiert wird.

»Die oft verbreitete Ansicht«, so der Papst, »der priesterliche Zölibat sei in der katholischen Kirche eine den Empfängern des Weihesakraments rein gesetzlich auferlegte Verpflichtung, beruht auf einem Mißverständnis, wenn sie nicht gar wider besseres Wissen vertreten wird. Es ist uns allen bekannt, daß es nicht so ist. Jeder Christ, der das Weihesakrament empfängt, verpflichtet sich zum Zölibat voll bewußt und freiwillig, nachdem er sich mehrere Jahre lang durch gründliche Prüfung und eifriges Gebet darauf vorbereitet hat. Er fällt die Entscheidung für ein Leben im Zölibat nur, nachdem er zur festen Überzeugung gelangt ist, daß Christus ihm zum Wohl der Kirche und zum Dienst für die anderen diese Gnadengabe schenkt. Erst dann verpflichtet er sich, den Zölibat während des ganzen Lebens zu halten« (Art. 9).

Nun ist der Hinweis auf die freie Entscheidung in der Zölibatsfrage ein ebenso beliebtes wie falsches Argument. Falsch deshalb, weil die angeblich freie Wahl ebensowenig frei ist wie die Möglichkeit, in einem kommunistischen Land eine andere als die Einheitspartei zu »wählen«. Sie ist mit anderen Worten keine freie, sondern eine einseitig manipulierte Wahl. An sich wäre daran nichts auszusetzen, daß, gemäß der Absicht eines gewissen Teils der Katholiken, der Kirchenführung und des Papstes, für das Zölibatsgesetz in den Priesterbildungsanstalten eine positive Werbung betrieben wird. Doch, von einer freien Wahl kann redlicherweise nur dann gesprochen werden, wenn die Theologiestudenten ebenso breit auch die Gegenargumentation kennenlernen dürften. Dies aber ist nicht der Fall, war es zumindest bis zur jüngsten Zeit nicht. Ich kann mich hier nur auf eigene Erfahrungen stützen.

Zunächst einmal wurde vor gar nicht allzu langer Zeit der Priesterstudent in den entscheidenden Jahren seiner Entwicklung von der Umwelt weitgehend abgesondert. Er wurde in einem Priesterseminar »kaserniert«.

Doch nicht genug. Während man das Zölibatsversprechen als einen heiligen und, seiner Männlichkeit entsprechend, heroischen Akt tugendhafter Gottesliebe hinstellte, das man sicher einlösen könne, sofern man nur fleißig bete, wurden die spärlichen Hinweise auf zölibatsgegnerische Argumente mit der Andeutung feilgeboten, bei ihren Urhebern handele es sich ohnehin um dunkle Figuren, die der Leidenschaft verfallen und von heimlichen Lastern geknechtet sind. Nichts war leichter, als jungen Leuten, die schon seit der frühen Kindheit in der Atmosphäre einer leibfeindlichen Moral aufgewachsen sind, in der erfahrungsarmen Isolation und an ihren jugendlichen Idealismus appellierend, ein Versprechen abzulocken, das sie um so unbekümmerter abgegeben haben, als sie der Hinweis auf göttliche Hilfe und die unzweifelhaften Schönheiten des Priesterberufes über jenen Rest der Unsicherheit hinwegsehen halfen, die sie vielleicht noch verspürten. So übernahm man eine Verpflichtung, von der man weder genau wußte, wie sie historisch wirklich entstand, noch ermessen konnte, wie sie einem später im Leben drücken könnte. Erst als ich selber in einen Konflikt geriet und dabei die innere Erfahrung machte, daß die Liebe zu einem Mädchen meiner innigen Gottesliebe und meinem priesterlichen Eifer in keiner Weise Abbruch tat, sondern im Gegenteil zu noch größeren Dankbarkeit und Gottesliebe angeeifert hatte, kam mir der Verdacht, daß da etwas nicht in Ordnung ist, und so begab ich mich in die Bibliotheken. Und hier entdeckte ich eine ganze Reihe von Büchern – kein Mensch hatte uns je etwas beispielsweise von Theiners Zölibatsgeschichte erzählt –, die mir die Problematik des Zölibatsgesetzes in einer ganz anderen Perspektive erscheinen ließ.

Jetzt erst erfuhr ich, daß es in der Kirche, von der urchristlichen Zeit bis heute, eine ununterbrochene und überaus kräftige, wenn auch seit dem Mittelalter stets unterdrückte, zölibatsgegnerische Tradition gibt.[1] Einerseits fühlte ich mich betrogen durch eine angeblich freie Entscheidung, die sich hinterher als dicke Manipulation herausstellte, andererseits befand ich mich in der Gewissenslage, die sich mir keineswegs in der gerne präsentierten falschen Alternative darstellte: entweder Priester zu bleiben oder »auszutreten« und zu heiraten, sondern in der festen Gewissensüberzeugung, daß Priester zu sein und *gleichzeitig* verheiratet zu sein der Ganzhingabe an Gott keinen Abbruch tut und historisch gesehen von der ursprünglichen Tradition des Christentums vollauf legitimiert ist.

Darf ich aber diesem meinem wohlgeprüften Gewissen folgen? Nein. Das Gesetz zwingt mich – denn ich muß es seither als Zwang empfinden –, entweder Priester zu bleiben, aber dann nicht zu heiraten, oder zu heiraten, aber dann meinem heißgeliebten Beruf zu entsagen. Jedenfalls aber entgegen meinem Gewissen zu handeln. Das Gewissen als oberstes Prinzip freier Entscheidung? Wie ein Hohn muß in diesem Zusammenhang die feierliche Versicherung des 2. Vatikanischen Konzils klingen: »Durch kein menschliches Gesetz können die personale Würde und die Freiheit des Menschen so wirksam geschützt werden, wie durch das Evangelium Christi, das der Kirche anvertraut ist. Diese Frohbotschaft nämlich verkündet und proklamiert die Freiheit der Kinder Gottes; sie verwirft jede Art von Knechtschaft, die letztlich aus der Sünde stammt, sie respektiert sorgfältig die Würde des Gewissens und seiner freien Entscheidung; unablässig mahnt sie dazu, alle menschlichen Talente im Dienst Gottes und zum Wohl der Menschen

Frucht bringen zu lassen«.[2]

Das Zölibatsgesetz wird eines Tages ganz sicher zu Grabe getragen werden, um dem wahrhaftig freien Charisma des Zölibats eine Gasse zu bahnen. Wann dieser Tag gekommen sein wird, ist allerdings schwer abzuschätzen. Solange die kirchliche Sexualethik selber aus der Sackgasse des Triebunterdrückungs- und Herrschafts-Syndroms[3] nicht herausfindet und ein aus Glaubensschwäche und Kleinmut entspringender Eifer in bezug auf das Charisma des »Nicht-Anders-Könnens« aus Gottesliebe auf die brüchige Prothese des Gesetzes pocht, wird dieses Gesetz aus Argumentationsnot weiterhin Unwahrhaftigkeit, Gewissensunfreiheit und damit Verletzung eines der elementarsten Menschenrechte sowie letztlich Leid, Unglück und Unglaubwürdigkeit verbreiten.

Ein »heiliges« Gesetz? Auf seinem Grabe wird einstmals das Epitaph prangen: »Im Geruch der Unheiligkeit sanft entschlafen.«

Anmerkungen

1 Vgl. mein unter dem Pseudonym *Gerd Hamburger* veröffentlichtes Buch: Katholische Priesterehe oder der Tod eines Tabus?, Reinbek 1968.
2 II. Vatikanisches Konzil: Konst. Gaudium et spes, Art. 41.
3 Vgl. mein Buch: Woran die Kirche krankt, Düsseldorf – Wien 1981.

RICHARD LIPOLD
Die Spirale der Priesternot

Wenn ich zur Feder greife, dann geschieht es aufgrund vielfältiger Erfahrungen in der Seelsorge, vor allem Erfahrungen, die ich in Krieg und Gefangenschaft gemacht habe, aus ungezählten Gesprächen erwachsen. Dazu kommt, daß bei der großen Laisierungswelle vor einigen Jahren viele ausscheidende Priester bei mir Rat und Hilfe erbaten. Auf diese Weise erhielt ich besondere Einblicke in die Situation dieser Priester.

Natürlich wäre es nicht schwer, ein Loblied auf den gelungenen, erfüllten Zölibat zu singen. Ich erfuhr ja auch, daß der Zölibat eine Chance für ein freies und reiches Leben sein kann. Dies zu leugnen, wäre unredlich.

Aber dieser erfreulichen Erfahrung steht die andere gegenüber, daß das Zölibatsgesetz die Ursache für unbeschreiblich große menschliche Not war und ist. Ein Gesetz, das so viel Not und Unheil angerichtet hat und anrichtet, ist ein in sich schlechtes Gesetz; es verstößt gegen die Vernunft und vor allem gegen das Evangelium Jesu Christi.

Viele werden empört sagen, diese Behauptung sei zumindest übertrieben. Ihre Empörung ist verständlich, weil viele keine Ahnung haben von der tatsächlichen Situation. Sie sehen nur die altgewohnte Fassade, aber nicht, was sich dahinter verbirgt. Alle Not der Priester ist verborgen. Niemand spricht davon. Die Beichtväter müssen schweigen. In Wirklichkeit aber dreht sich hinter der Fassade eine erschreckende Spirale der Not.

Es begann schon bei der Entscheidung für das Priestertum. Man kam in das Knabenseminar. Dort wurde dem Seminaristen in Abgeschlossenheit von der Umwelt eine Erziehung auf den Zölibat hin zuteil. Machte sich einer der Zöglinge auch nur einer flüchtigen Begegnung mit einem Mädchen, etwa in den Ferien, »schuldig«, folgte die Entlassung auf den Fuß. Eros und Sexus wurden negativ dargestellt. Die wenigsten Schüler wußten, was diese Kräfte für das Leben wirklich bedeuten. Im Priesterseminar ging es nicht viel anders zu. Die Alumnen akzeptierten nahezu alles, weil ihnen, voll von Idealismus, das faszinierende Priesteramt vor Augen stand.

Nach der Priesterweihe fand sich dann der junge Kaplan mitten im Leben einer Pfarrgemeinde vor. Jetzt begegnete er auch Mädchen und Frauen. Dies war für viele ein neues Erlebnis. Und schon begann auch die Not. Es ergaben sich ganz natürlich Freundschaften mit dem anderen Geschlecht, mehr oder weniger intensiv. Manche führten bald zu großer Gewissensnot. Kein Wunder, die herrschende Moraltheologie erschien ja legalistisch und überaus eng.

Der Teufelskreis nahm seinen Anfang. Ein Priester, der heiratete, verlor seinen Beruf, wurde aus der Kirche ausgeschlossen, seine Ehe war kirchlich ungültig, und so war der einst so bewunderte Geistliche über Nacht diskriminiert. Kirchliche Behörden wußten solchen »abgefallenen « Priestern den Zugang zu bestimmten Berufen oft zu verbauen. In Italien können ehemalige Priester aufgrund des Konkordates, das Pius XI. und Mussolini miteinander geschlossen haben, heute noch weder eine staatliche noch eine kommunale Anstellung finden. Trotz dieser Ächtung entschlossen sich nicht wenige Priester zur Heirat. Heute zählt man Zehntausende verheirateter Priester auf der ganzen Welt.

Es gab aber auch viele, die diesen entscheidenden Schritt nicht vollzogen. Manche lösten unter tiefer seelischer Not die Bindung an ein geliebtes Mädchen. Doch der zermürbende Kampf um die Einhaltung des Zölibatsgesetzes wirkte oft zermürbend. Ein Priester gestand mir einmal, die Hauptkraft seines Lebens verschwende er für die Verwirklichung der Ehelosigkeit. Und dies nicht selten ein ganzes Leben hindurch.

Andere Priester aber hielten die Freundschaft aufrecht, und wieder ergaben sich schwere Gewissenskonflikte für den Priester wie für die Frau. Was in beiden Fällen an verborgener Not zu tragen war, können sich unsere frommen Kirchenbesucher nicht vorstellen.

Es gab aber auch Menschen, die diese Not ahnten. Das erfuhr ich besonders in Gesprächen mit Kameraden in Krieg und Gefangenschaft. Diese Gespräche und vor allem auch Priesterbeichten machten mein Wissen um die Zölibatsnot immer breiter und erschütternder. Eindringlich bestätigt wurden meine eigenen Erfahrungen durch zwei Bücher von Professor Dr. Fritz Leist: Zum Thema Zölibat. Bekenntnisse von Betroffenen (Kindler-Verlag München 1973) und Der sexuelle Notstand und die Kirchen (Herder-Verlag Freiburg 1972; Gütersloher Verlagshaus Mohn Gütersloh 1972). Im erstgenannten Buch steht der Satz: »Ich bin nun schon bald 60 Jahre alt. Ich bin immer noch Priester mit Leib und Seele, habe die Krise des Amtes persönlich nie erlebt, bin immer noch voller Eifer wie ein junger Kaplan, aber trotzdem würde ich nie mehr Priester werden, nur wegen des Zölibatsgesetzes – verflucht sei es« (S. 13). Nach all meinen Erfahrungen kann ich dieses Wort verstehen.

Inzwischen ist die Lage besser geworden. Priester können im Frieden mit der Kirche heiraten (unter dem gegenwärtigen Papst Johannes Paul II. soll es jedoch wieder sehr schwierig sein), sie können in kirchlichen Berufen arbeiten, so daß die unchristliche Diskriminierung nicht mehr so schlimm erscheint. Trotzdem geht die Spirale der Not weiter. Der Priester muß, wenn er heiratet, seinen Priesterberuf aufgeben. Das ist und bleibt bitter, da die Betroffenen oft sehr an ihrem Beruf hingen. Und außerdem belastend für die Frau, die gerade darunter leidet, daß ihr Mann auf seinen geliebten Beruf verzichten mußte, und dies ihretwegen.

Diese vielfältige Not erwächst aus dem Zölibatsgesetz, einem rein kirchlichen Gesetz, das schon von der Entstehung und Begründung her äußerst problematisch ist, eigentlich zu allen Zeiten umstritten war und oft übertreten wurde (vgl. z. B. das Buch von Professor Dr. Georg Denzler: Das Papsttum und der Amtszölibat, 2 Bände, Hiersemann-Verlag Stuttgart 1973–76). Hier gilt ganz allgemein der Satz: Ein Gesetz, das so viel Not und Unheil angerichtet hat und weiterhin anrichtet, ist gegen die Vernunft und, was noch schlimmer ist, gegen das Evangelium.

Wenn man mit der aus diesem Gesetz entspringenden Not konfrontiert wird, tauchen viele Fragen auf und melden sich zahlreiche Proteste. Dies gilt auch für den Papstbrief an die Priester vom Gründonnerstag 1979. Ich will mich darauf beschränken, einige wichtige Punkte herauszugreifen.

1. Die Kirche beruft sich immer auf die Tradition – mit Kirche ist natürlich das Lehramt der Kirche gemeint! –, vor allem auf die »apostolische Tradition«. Doch gerade diese apostolische Tradition (erinnert sei nur an die Pastoralbriefe), ja die Tradition der ersten christlichen Jahrhunderte und die Tradition der Ostkirchen sprechen nicht für den Priesterzölibat, sondern für die freie Wahl der Priesterehe.

2. Zur Begründung beruft man sich immer auf Jesus und Paulus. Doch gerade Jesus hat ausdrücklich gesagt: »Wer es fassen kann, der fasse es« (Mt 19,12). Und nach Paulus handelt es sich bei der Wahl der Ehelosigkeit um des Himmelreiches willen um ein besonderes Charisma (1 Kor 7,7). Aus dieser Geistgabe aber machte die Kirchenobrigkeit ein Gesetz und machte sie zur Bedingung für die Zulassung zum Priestertum. Viele Priester nehmen den Zölibat notgedrungen in Kauf. Eine so entscheidende Sache aber kann und darf man nicht nur in Kauf nehmen. Und bei Paulus unterschlägt man den nicht weniger wichtigen Satz: »Das meine ich nur zu eurem Besten, nicht um euch eine Schlinge überzuwerfen« (1 Kor 7,35). Das Zölibatsgesetzt ist genau diese Schlinge. In dieser Schlinge blieb man früher unrettbar gefangen. Heute kann man zwar von

ihr frei werden, aber nur unter seelischer Not.

3. Offizielle Verlautbarungen rühmen immer nur die positiven Seiten der pflichtmäßigen Ehelosigkeit, verschweigen aber die beschwerlichen Momente. Gewiß kann der Zölibat Freiheit, Verfügbarkeit und Engagement bedeuten. Das weiß ich aus eigener Erfahrung. Wenn aber diese geforderte Ehelosigkeit nicht bewältigt wird, stellen sich Lähmung und Begrenzung ein, werden Leben und Dienst zur Last. Erst wenn die Möglichkeit der Priesterehe bestünde, erhielte der wirklich frei gewählte Zölibat seinen Glanz. Viele Menschen zweifeln an unserem zölibatären Leben, und ihre Zweifel sind nur allzu oft begründet. Die Wahl zwischen Ehe und Ehelosigkeit wäre tausendmal glaubwürdiger als das Gesetz des Zölibats.

4. Die Klagen über den Priestermangel verstummen nicht, im Gegenteil, sie werden zahlreicher und dringlicher. Entgegen oft wiederholten Behauptungen ist das Zölibatsgesetz am meisten Schuld daran, daß die Zahlen des Klerus immer kleiner werden.

Die Theologiestudenten wachsen heute nicht mehr wie früher in der Abgeschlossenheit eines Seminars auf. Sie begegnen der Frau schon während ihres Studiums und schließen nicht selten Freundschaften. Die jungen Leute wissen um die Bedeutung des Sexus und Eros, und sie wissen auch um die Schwierigkeiten und Nöte, die aus dem Zölibat erwachsen können. Ungezählte wollen deshalb nicht Priester werden, obwohl sie für diesen Beruf geeignet wären und ihn auch gerne ergreifen würden. Ich bin überzeugt, daß viele junge Männer zum Zölibat ja sagen würden, wenn eine spätere Ehe nicht absolut ausgeschlossen wäre. So aber haben sie Angst vor der »Schlinge«, die Paulus meint. In meiner Pfarrgemeinde gäbe es jedes Jahr einen Neupriester mit besten Qualifikationen, wenn nur die Priesterehe in Frage käme. Die Weihe bewährter verheirateter Männer (viri probati) wäre ein Weg aus der Sackgasse.

5. Warum ist das Zölibatsthema weithin immer noch tabu? Warum werden die Argumente gegen ein Gesetz lässig beiseite geschoben? Warum hat Paul VI. dem II. Vatikanischen Konzil die offene Diskussion dieses Problems untersagt? Vermutlich offenbart sich hier immer noch viel Angst vor dem Bereich der Sexualität. Und die falsche Einschätzung von Sexus und Eros gehört zum Urtrauma der Kirche. Dieses Trauma ist die Ursache

für all die Not, die aus dem Zölibatsgesetz entsprungen ist, freilich auch Ursache für viele Nöte in christlichen Ehen und Familien.

Ich hoffe wider alle Hoffnung, daß die »Schlinge« des Zölibatsgesetzes eines Tages doch gelöst wird und die »Freiheit der Kinder Gottes« auch in dieser Frage aufleuchten kann.

ERHARD BERTEL
Die Mutlosigkeit wird immer größer

Ist es schon überflüssig, zu Beginn einer solchen Antwort zu erwähnen, daß jemand, der 1960 zum Priester geweiht wurde, »Priester« anders kennenlernte und auch verstand, als er heute seine Rolle als »Priester« erlebt? Dieser Wandel, der in der Auffassung über den Priester eingetreten ist, liegt wohl begründet in der eigenen Person des Betroffenen, in der Gemeinde oder in den Gemeinden, in denen er arbeitet, aber sicher doch auch in der kirchengeschichtlichen Wandlung der letzten 20 Jahre.

Damals Priester werden zu wollen, bedeutete einen Beruf anzustreben, zu dem man »berufen« war. Die geistlichen Betreuer während des Studiums vertieften diesen Gedanken. Es bedeutete auch eine verlockende Vielfalt von Möglichkeiten für einen Einsatz an konkreten Menschen. Und es bedeutete schließlich, einen Beruf zu wählen, der von vielen jungen Menschen gewählt wurde und an vielen Männern beobachtet werden konnte. Dieser Beruf war theologisch gut begründet, und es gab keine Unsicherheit in den Gemeinden, wie man den Priesterberuf einordnen sollte.

Wenn man bangte, ob wohl der Priesterberuf der geeignete Beruf für einen selbst war, dann bezog sich dieses Bangen nicht auf das Verständnis des Priesterbildes, so wie es war; denn dies stand nicht zur Disposition. Dieses Bangen bezog sich vielmehr auf die eigene Person, auf die persönliche Eignung: ob man dieser vorgegebenen Berufsrolle gewachsen sein würde. Zur Klärung dieser Frage erhielt man Hilfen von den Spiritualen. Keine Anregung dagegen erhielt man, um ein geschichtlich gewordenes Priesterbild zu diskutieren und neu zu durchdenken. So war die Welt des Priesterseminars heil. Spannungen gab es nur um die Einhaltung der Hausordnung und um das Einhalten vorgegebener geistlicher Übungen.

In diesem Bestreben des damaligen jungen Priesters, möglichst genau der vorgegebenen Rolle gerecht zu werden, unterstützten ihn die Familie, sein Freundeskreis und später auch die Gemeinde. So erlebte der junge Kaplan zwar schon einmal den nicht so ernst gemeinten Hinweis »so ein schöner junger Mann wird Priester?«, aber dies bedeutete nicht ein Infragestellen seines Berufes. In den Gemeinden gab es Spielregeln für den Umgang mit dem Kaplan. Es sollte ihm nichts schwer gemacht werden. Unebenheiten in seiner Person und in seiner Berufsausübung entschuldigte man mit seiner Jugendlichkeit.

All das bisher Gesagte bezieht sich ohne Zweifel auch auf die Frage der zölibatären Lebensweise. Keiner von uns hat je ernsthaft daran gezweifelt, daß die Zölibatsverpflichtung eng mit dem Priesterberuf zusammengehörte. Man wollte Priester werden, also mußte man diese Lebensweise mit in Kauf nehmen. In einer verpflichtenden Beichthäufigkeit wurden Ratschläge erteilt, wie man mit der eigenen Sexualität fertig werden kann. Über einen positiven Aspekt der eigenen Sexualität hörte man nichts. Wer sich »beherrscht«, kann ein guter Priester werden. Mit einem teuflischen Flair wurde ein erster Geschlechtsverkehr umgeben. Wer ihn je erlebt habe, sei untauglich für das Priesteramt. Dadurch wurde eine psychologische Mauer errichtet, die man nicht überspringen durfte. Und siehe da, wer wollte es leugnen, solche Rezepte und Auffassungen wurden angenommen und ließen sich auch realisieren.

Dann aber hat sich im Laufe der letzten Jahre dieses kirchliche Umfeld für den Priester total verändert. Kirchliche Autorität, auch die Rolle des Priesters, wurden kritisch hinterleuchtet. Das Erlebnis eines Konzils, in dem gerade die deutschen Bischöfe es waren, die jenseits der Alpen so erfrischend Mutiges zu sagen wußten. Der »Laie« wurde aufgewertet, das »allgemeine Priestertum« betont. Zu Ehe und Sexualität verlauteten positive Aussagen, das Menschenbild wurde auf dem Hintergrund humanwissenschaftlicher Aussagen im kirchlichen Bereich neu dargestellt. Zum erstenmal zeigte sich, daß auch Aussagen über den Priester geschichtlich gewordene Aussagen waren. Die Geschichte und der exegetische Befund zur Frage einer verpflichtenden Übernahme des Zölibats machten dann weiter deutlich, wie unbegründet diese Lebensweise als zwanghaft verbunden mit dem Priesteramt war. Zu einem entscheidenden Erlebnis schließlich wurde die Veröffentlichung der Enzyklika Pauls VI. zur Geburtenkontrolle. Im Beichtstuhl erlebte man die Not der Eheleute, die sich an die kirchlichen Aussagen gebunden fühlten. Da konnte man auch als Priester nicht mehr der »alte« bleiben. Man bekam ein neues Problembewußtsein für die eigene Rolle und auch für die Rolle der Hierarchie in der Kirche, die da so selbstherrlich traditionelle Thesen weitersagte, die dem konkreten Menschen in der Gemeinde nicht mehr gerecht wurden. Jetzt ging es beim Priester um einen existentiellen Zwiespalt: Sollte er im Beichtstuhl die Moralvorstellungen eines Papstes vertreten oder mußte er nicht auf der Seite der Eheleute stehen, die nicht leichtfertig, sondern in Verantwortung vor Gott, ihren Kindern und sich selbst eine Ehepraxis gewählt hatten, die nach ihrem Gewissen moralisch gut und verantwortet war?

In dieser Spannung lernte man plötzlich auch seine Zölibatsverpflichtung neu zu sehen. Die gleiche kirchliche Autorität, die in der Moralauffassung der Eheleute so daneben lag, hatte ja auch diese Verpflichtung erlassen. Über tausend Jahre hat die Kirche ohne den Gesetzescharakter des Zölibates leben können. Eigenartige Befunde konnte man lesen über Motivationen, die die »Kirche« bewogen, den verpflichtenden Charakter des Zölibats auch für den Seelsorgerklerus anzuwenden. Die neutestamentlich-exegetische Wissenschaft lieferte keinen Hinweis darauf, daß die zölibatäre Lebensweise ein konstitutives Element dessen war, was man als »Presbyter« oder Ähnliches bezeichnete. Viele Priester erhofften sich zu dieser Zeit vom Konzil und der nachkonziliaren Epoche, daß die Autoritäten der Kirche aus diesem Befund Rückschlüsse ziehen würden in Richtung auf freie Übernahme oder Nichtübernahme der Zölibatsverpflichtung zu ihrem Priesterberuf. Nichts geschah! Folglich zogen viele meiner Kollegen die persönliche Konsequenz: sie heirateten und wurden auf Grund dieser Tatsache aus ihrem freiwillig übernommenen Priesterberuf hinausgedrängt.

Ich habe bewußt diesen breiten Vorspann gewählt, um mein Urteil über das Papstschreiben an die Priester besser begründet erscheinen zu lassen. Dieses Schreiben ist für mich und viele meiner Freunde deprimierend. Der in den Augen der Öffentlichkeit vitale und viel umjubelte Papst spricht aus einer Welt und mit einer Sprache, die wir nicht mehr verstehen. Er stellt Thesen auf, die ich von früher her noch kenne, er behauptet Tatbestände, die mir höchst zweifelhaft geworden sind, und er schärft »alte Wahrheiten« ein, die mir aus der Erfahrung der letzten Jahre unglaubwürdig wurden. So werden viele Priester noch mutloser, weil sie sich nun überhaupt nicht mehr verstanden fühlen in ihrer persönlichen Lebensgeschichte.

»Im übrigen dürfen wir uns über die vielen Einwände und Kritiken nicht allzu sehr wundern, die sich in der Zeit nach dem Konzil verschärft haben, heute jedoch hier und dort wieder schwächer zu werden scheinen« (Art. 8). Da werden Überlegungen der letzten Jahre, wenn auch kritische Überlegungen, einfach mit dem Hinweis beiseite geräumt: Zu warten! Das Schlimmste ist ohnedies schon vorbei!

Diese Phase der »vielen Einwände und Kritiken« ist aber in meinen Augen eine wichtige Phase gewesen, die auch die Verantwortlichen der Kirche veranlassen müßte, Konsequenzen zu ziehen und nicht nur abzuwarten. Kann man allen Ernstes meinen, daß Priester, die ihre Anliegen ernsthaft diskutiert haben möchten und nun merken, daß man mit Zuwarten ihre Probleme übergehen will, bereit sind, jungen Männern den Beruf eines Priesters zu empfehlen? Ist es nicht die Perspektivlosigkeit des eigenen Berufes, die viele noch im Amt befindlichen Priester in die Resignation treibt? Oder glaubt man allen Ernstes, wenn es heute ruhiger um die Priester wird, die sich in den vergangenen Jahren in Solidaritätsgruppen artikuliert haben, daß diese mit ihren Problemen inzwischen fertiggeworden seien? Ist nicht an die Stelle einer, auch theoretischen, Reflexion in vielen Fällen bei den Priestern ein resignatives Sich-in-die-Arbeit-Stürzen getreten, um einfach »überleben« zu können? Wer heute so tut, als sei die Überwindung der Krise des Priesterberufes mit gutem Willen der Betroffenen zu bewerkstelligen, der nimmt die Wurzeln der Krise nicht ernst und dient damit nicht der Sache.

Und was sagt der Papst zum Problem des Zölibats? »Die lateinische Kirche wollte und will weiterhin, daß . . . alle jene, die das Weihesakrament empfangen, diesen Verzicht um des Himmelreiches willen auf sich nehmen . . . Die Kirche ist entschlossen, diese Tradition fortzusetzen trotz aller Schwierigkeiten, denen eine solche Treue vielleicht ausgesetzt ist, wie auch trotz der verschiedenen Anzeichen der Schwäche und Krise bei einzelnen Priestern« (Art. 8). Hier wird eine globale Krise zur Krise und Schwäche einzelner Priester gemacht und so getan, als wären nur diejenigen die Schwachen, die den Schritt etwa der »Laisierung« gehen, und nicht auch diejenigen, die aus unterschiedlichen Gründen zurückbleiben.

Und weiter liest man: »Warum aber verbindet die lateinische katholische Kirche diese Gnadengabe [gemeint ist der Zölibat] ... mit der Berufung zum hierarchischen Priestertum und Dienst? ... Zölibat [ist] nicht nur ein eschatologisches Zeichen, sondern ... der Priester wird durch seinen Zölibat zum ›Menschen für die anderen‹ ... Der Priester sucht eine andere Vaterschaft [als die Verheirateten], ja fast sogar eine andere Mutterschaft ... Der Zölibat ist so Zeichen einer Freiheit, die sich zum Dienst bereit macht« (Art. 8). Wo werden diese Aussagen begründet? Decken sie sich wirklich mit der persönlichen Erfahrung der Priester, so daß sie eine Hilfe sein können? Wird hier nicht auch eine Sprache gesprochen, die kaum noch verstanden wird und aus einer Welt zu kommen scheint, die vielfach nicht mehr die Welt der angesprochenen Priester ist?

Ist es weiterhin verständlich, wenn der Papst das Zölibatsversprechen mit dem Treueversprechen zweier Eheleute vergleicht (Art. 9)? Werden da nicht Äpfel mit Birnen verglichen? Immerhin ist das Zölibatsversprechen ein mehr oder weniger zufällig gewordenes Versprechen, das man der Kirche gibt, während ein Treueversprechen beider Eheleute ein im Neuen Testament verankerter Wert ist, der konstitutiv für ein Sakrament ist.

Von denjenigen, die sich um eine Dispens von ihrer Zölibatsverpflichtung bemühen, kann folgender Passus doch wohl nicht als hilfreich verstanden werden: »Gott hat ein Recht darauf, daß jeder von uns sich dieser Prüfung stellt, wenn es schon wahr ist, daß das irdische Leben für jeden Menschen eine Prüfungszeit bleibt. Gott will aber auch zugleich, daß wir siegreich aus solchen Prüfungen hervorgehen, und er schenkt uns dazu die entsprechende Hilfe« (Art. 9). Haben sich also meine laisierten Freunde dieser Hilfe Gottes versagt, als sie zwar bereit waren, weiterhin ihren Priesterberuf auszuüben, aber dies mit einem Leben in der Ehe verbinden wollten? Kann Gott wollen, daß die lateinische Kirche die Verbindung des Priesteramtes mit dem Zölibat unbeugsam aufrechterhält, daß dies aber gleichzeitig anders sein kann in den Kirchen des Ostens?

»Was muß die Kirche tun, wenn es anscheinend an Priestern fehlt, wenn in einigen Ländern und Gegenden der Welt sich dieser Mangel schon besonders schmerzlich bemerkbar macht? ... Wenn die Kirche dennoch entschlossen ist, am Zölibat ihrer Priester als besonderer Gnadengabe um des Reiches Gottes willen festzuhalten, dann bekennt sie damit zugleich ihren Glauben an ihren Meister, Erlöser und Bräutigam und bezeugt ihm ihr Vertrauen, der ja auch der ›Herr der Ernte‹ und der ›Spender der Gnadengabe‹ ist« (Art. 10). Da sind der Priestermangel und seine Ursachen nicht mehr eine Herausforderung an die Kirche der Gegenwart, sondern eine Herausforderung an Christus, dieser Kirche zu helfen.

Diese Appelle des Papstes an seine Priester, die »schwach« zu werden drohen, erinnert an die Geschichte, die als Fabel erzählt wird: »Eine Kaulquappe hatte einen Weißfisch geehelicht. Als ihr Beine wuchsen und sie ein Frosch zu werden begann, sagte sie eines Morgens zu ihm: ›Martha, ich werde jetzt bald einer Berufung aufs Festland nachkommen müssen; es wird angebracht sein, daß du dich beizeiten daran gewöhnst, auf dem Land zu leben.‹ – ›Aber um Himmels willen!‹, rief der Weißfisch verstört, ›bedenke doch, Lieber: meine Flossen! Die Kiemen!‹ Die Kaulquappe sah seufzend zur Decke empor. ›Liebst du mich, oder liebst du mich nicht?‹ – ›Ei, aber ja‹, hauchte der Weißfisch ergeben. ›Na also‹, sagte die Kaulquappe.« (Wolfdietrich Schnurre)

Ermutigt werden auch die Priester im Amt nicht von der Praxis des Papstes den Kollegen gegenüber, die einen Antrag auf Dispens von der Zölibatsverpflichtung gestellt haben. Die Härte, die hier zu Tage kommt, sagt auch über den Schreiber des Briefes an seine Priester etwas aus. Da gab es eine Verordnung Papst Pauls VI., nach der die Anträge gestellt werden konnten. Eine große Zahl von Priestern hat sich zum Antrag auf Laisierung entschlossen. Nun setzt unser derzeitiger Papst diese Verordnung Pauls VI. einfach außer Kraft und läßt all diejenigen in der Luft hängen, die eine positive Antwort auf Laisierung erwarten durften. Sie sind jetzt gezwungen, in einer nach kirchlicher Ansicht ungültigen Ehe zu leben. Sie sehen sich in einen Konflikt gestürzt gegenüber ihren eigenen Familien, auch gegenüber ihren bisherigen Gemeinden, in denen sie gearbeitet haben. Nach welchem Rechtsempfinden kann man eine Ordnung außer Kraft setzen, die für die damaligen Antragsteller verbindlich war? Entsteht da nicht der fatale Eindruck, daß Einzelschicksale geopfert werden, um die große Linie durchzuhalten? Ist es verwunderlich, wenn die Betroffenen von Verletzung ihrer Menschenrechte sprechen?

Abschließend sei gesagt, daß der Papst sicher in lauterer Absicht an seine Priester schreiben wollte, um ihnen Hoffnung und Mut zum Weitermachen zu vermitteln. Nach meiner Ansicht und der vieler meiner Freunde aber hat er das Gegenteil bewirkt. In noch größerer Mutlosigkeit gehen viele ihren Weg weiter, weil sie sich in ihren Problemen nicht ernst genug genommen sehen. Die einzige Hoffnung, die bleibt, ist die, daß der Papst dies erfährt und daß er entsprechend darauf reagiert. Denn die Sorge um seine Priester, die er in seinem Brief zum Ausdruck gebracht hat, müßte eine Garantie dafür sein, daß er nun neu nachdenkt mit seinen Gremien, auch mit den betroffenen Priestern, und eine neue Antwort versucht. Dies wäre zum Wohl der einzelnen Priester, aber auch zum Wohl der Gemeinden insgesamt wünschenswert.

ELMAR SCHNITZLER
Was würde Jesus tun?

Lieber Bruder Johannes Paul II.,
Du hast uns Priestern zum Gründonnerstag 1979 einen Brief geschrieben. Dafür danke ich Dir. Ich erhielt ihn zwar erst über das Amtsblatt einige Wochen nach dem Priesterfesttag. Gestatte mir, daß ich als einer der unmittelbar Betroffenen darauf ebenfalls in der Form eines Briefes antworte. Es fällt mir so leichter, das zu schreiben, was mich schon seit den anfänglichen Verlautbarungen in den Massenmedien und ganz besonders seit der Lektüre Deines Briefes bewegt.

Ich danke Dir, daß Du Dich als mein Bruder fühlst und daß Du an den Anfang das Wort von der Liebe zu Jesus Christus stellst, die ja der entscheidende Maßstab unseres Lebens sein muß. Ich danke Dir auch dafür, daß Du für mich betest; dies ist für mich ein großes Geschenk.

Natürlich kennst Du mich nicht persönlich. Deswegen möchte ich auf einige Erlebnisse, die mich geprägt haben, und die daraus sich ergebenden Erfahrungen hinweisen, die mir in diesem Zusammenhang wichtig erscheinen. Mein Schicksal ist eigentlich nichts Besonderes, es ist das von tausenden Priestern und Laien, und doch ist es ein persönliches, ein wichtiger Teil meines Lebens.

Seit dem 12. Lebensjahr stehe ich im aktiven Dienst unserer Kirche, zunächst als junges Mitglied des damaligen Katholischen Jungmännerverbandes, als Ministrant und Sängerknabe. Die schreckliche Zeit des Nationalsozialismus brach immer bedrohlicher über uns herein. Ich mußte meine erste Bewährungsprobe mit 14–15 Jahren bestehen. Wir trafen uns heimlich in den Kellergewölben unserer Kirche und auf der Bude unseres Kaplans, wurden abgefangen, geschlagen und in der Schule diskriminiert. Einige sprangen ab. Viele aber wuchsen, vereint im Schatten der Heimatkirche, mit dem Kaplan zu einer verschworenen Gemeinschaft zusammen. Als dieser in den Krieg mußte, führte ich bald selbst eine treue Schar von etwa 50 Jugendlichen. In dieser Notzeit wurden wir zu einer Gemeinschaft, die viele Lebensbereiche miteinander teilte. Es gab kein kirchliches Fest, an dem ich nicht mit meinen 50 großen und kleinen Ministranten an der Seite unseres alten Pfarrers maßgeblich beim Planen, Gestalten, Beten und Singen beteiligt war. Als ich selbst eingezogen wurde, übergab ich die Leitung jüngeren. Ich wurde Luftwaffenhelfer und dann Soldat. Aufgrund meiner Einstellung stand ich mit 17 Jahren in einem extremen, permanenten Gewissenskonflikt, den mir niemand abnehmen konnte. Wer selbst diese schrecklichen Zeiten mitgemacht hat, weiß, was es heißt, nicht klein beizugeben, seinen Idealen treu zu bleiben und sie auch gegen viele öffentlich zu vertreten. Als das Ende des Krieges für uns junge Menschen noch nicht überschaubar war, wurde es mir jedoch klar, daß die Aufgabe eines Priesters ungeheuer wichtig und unersetzbar ist, und meine Überzeugung, zum Priester berufen zu sein, festigte sich. Zum Schluß des Krieges standen wir vor äußeren und inneren Ruinen. Wir selbst aber konnten nicht umgebracht werden. Ich stürzte mich mit einer Schar von Freunden voller Eifer und Hoffnung ins Studium, wurde Priester und stehe nun seit 31 Jahren mit ganzem Einsatz im Dienst.

Einige wichtige Erfahrungen kennzeichnen mein Leben:

1. Der einzige Weg, der vor Gott und dem eigenen Leben bestehen kann, ist der Weg des Gewissens. Er muß gegangen werden, tapfer und treu, streckenweise auch ganz alleine.

2. Die Person Jesu wird auf dem Hintergrund eines Lebens immer deutlicher und wird der eigentliche Orientierungspunkt.

3. Ämter der Kirche und Personen haben uns in entscheidenden Augenblicken im Stich gelassen und zeigen, daß wir in einer anfälligen Kirche der Sünder leben. Dies mache ich meiner Kirche nicht zum Vorwurf. Ich kann es jedoch immer weniger verstehen, wenn diese Tatsache übergangen und verschwiegen wird, wenn Kirche mit Hierarchie verwechselt wird oder Hierarchie sich als Kirche betrachtet. Die Kirche braucht sichtbar eine immerwährende Bekehrung und muß demütig sein, so wie jeder einzelne Christ. Kirche ist, wie uns das II. Vatikanische Konzil deutlich gesagt hat, das ganze Volk Gottes, und der Geist Gottes weht, wo er will, und läßt sich nicht vorschreiben, die amtlichen Ein- und Ausgänge zu benutzen. Deswegen muß auch das ganze Volk Gottes deutlich gefragt und ernstgenommen werden.

4. In dieser gebrechlichen Kirche habe ich Heilige kennengelernt. Nicht Heilige im dogmatischen Sinne, solche auch, nein, hier meine ich prächtige Menschen, denen man Spuren von Jesus anmerkt und die so zu Beispielen und Wegweisern wurden. Einige davon sind meine Jugendkapläne, von denen ich manchem ein Denkmal in meinem Herzen gesetzt habe. Einer ist der gute Papst Johannes XXIII., der meines Wissens als erster Papst das Wort vom Bruder aller Menschen gebraucht hat. Er ist für mich ein Heiliger, nicht wegen seines äußeren Erscheinungsbildes (auch dieses war das Bild eines guten Vaters), sondern weil seine Sprache die Sprache der lebendigen Menschen war und weil er Taten vollbrachte, auf die viele warteten, die beispielhaft waren, die mitrissen. Er sprach uns aus dem Herzen, er brachte einen Frühling der Hoffnung zustande. Wir spürten, unsere Probleme sind in seinem Herzen lebendig und in seinen Händen gut aufgehoben. Es gab zwar keinen Jubel der Begeisterung über die ganze Erde hin. Was aber Millionen von Gläubigen und Ungläubigen berührte, war, daß einer die verborgenen Sehnsüchte im Menschenherzen ansprach und das Echo erfuhr: »So kann man glauben und leben.« Ein neuer Stil wurde sichtbar, ein menschlicher, ein christlicher, der Stil Jesu.

5. In der Kirche bereiteten steinerne, zeit- und erkenntnisbedingte Gesetze nicht wenigen Menschen eine Hölle. In Wirk-

lichkeit aber sollte die Kirche doch nach dem Willen Jesu den Menschen ein Stück Himmel bieten. Menschengesetze können grundsätzlich von Menschen wieder aufgelöst werden.

Verstehst Du nun auch meine Enttäuschung über Deinen Brief, der so wenig eigentlich Brüderliches enthält? Wenn man so will, brüderliche Belehrung und brüderliche Zurechtweisung. Liest man ihn im Kontext zu Deinen jüngsten Äußerungen, in denen Du vom Zügelanziehen und von Disziplin sprichst, dann muß ich die Frage stellen: Ist es Bruderart, Zügel anzuziehen und auf Disziplin zu pochen? Müßtest Du nicht eher fragen: »Bruder, was denkst Du, wie geht es Dir, was für Anliegen bedrängen Dich?« Müßte ein Bruder, so angesprochen, nicht zuerst spüren, daß sein Glaube, seine Liebe und seine Hoffnung nicht in Zweifel gezogen werden, obwohl er in manchen Punkten andere Schwerpunkte setzt und teilweise eine gegensätzliche Meinung vertritt. Wer möchte leugnen, daß solche Gegensätze in bestimmten Fragen durchaus der Treue gegen Gott und das Gewissen entspringen können?

Die Kunst der Seelenführung, auf die Du mit Deinem Vorgänger Gregor dem Großen († 604) hinweist, kann doch wohl nicht darin bestehen, daß man diese Seele in den Griff bekommt, sondern sie beginnt da, wo diese eigene einmalige Schöpfung Gottes liebevoll betrachtet wird, ehe man zögernd etwas mit ihr anfängt. Versteh' mich richtig. Ich achte Deine Meinung, ja ich schätze Deine Belehrung. Ich stelle Deine Liebe zur Kirche nicht in Zweifel und bin überzeugt, daß Du es wirklich gut meinst. Aber Deine Einseitigkeit in Fragen, in denen es nun wirklich im breiten Volk Gottes wohlbegründete gegenteilige Überzeugungen gibt, ist keine Seelsorge, sondern eine evangelienfremde Reglementierung, die wie ein Hinausstoßen wirkt und Mutlosigkeit und Resignation hinterläßt.

Die Sicht des hierarchischen Priestertums, unter der ich vor 31 Jahren angetreten bin, läßt drängende Fragen, die sich inzwischen energisch stellen, außer Acht. Hat sich Jesus nicht gerade mit dem hierarchischen Priestertum seiner Zeit radikal auseinandergesetzt? Ist der Priester nicht allmählich in eine gewisse Ersatzfunktion in unserer Gesellschaft hineingewachsen, nach dem Motto: »Was wir nicht können oder wollen, sollen die Priester sein und tun«? Wird der Priester nicht als Mensch in seiner herkömmlichen Stellung psychisch überfordert und damit in unmittelbare Gefahr des Pharisäismus und eines gefährlichen Formalismus gebracht? Hier liegen ungelöste Probleme, die nicht übergangen werden dürfen, sondern überzeugend behandelt werden müssen.

Das Zölibatsgesetz in unserer Kirche gehört nicht zum Wichtigsten, das es zu diskutieren gilt, aber es ist ein Prüfstein für die Denk- und Handlungsweise unserer Kirche und der verantwortlichen Männer. Und es ist für viele Priester zur entscheidenden Frage ihres Lebens geworden, an der sie menschlich zerbrochen sind; trotzdem harren sie in ihrem Dienst aus.

Nicht weil sie ein bequemeres Leben suchen, auch nicht, weil sie persönlich mit ihren Problemen, die der Pflichtzölibat mit sich brachte, nicht fertig wurden, obwohl dies allein schon eine Überprüfung rechtfertigte, sondern weil sie zu der Überzeugung kamen, daß das Gesetz der Ehelosigkeit nicht Gottes Wille sein kann und daß dieses Gesetz sie in ihrem Beruf fixiert und mehr hindert als fördert, fordern viele Betroffene die Abschaffung dieses Gesetzes und haben Zehntausende unfreiwillig ihr Priestertum stillgelegt.

Nicht nur persönlich Betroffene stellen den Pflichtzölibat in Frage, sondern eine große Zahl ernstzunehmender Fachleute, die es mit den Menschen zu tun haben, kommt von den verschiedensten Standpunkten aus zu der gemeinsamen Überzeugung, daß dieses Gesetz fallen muß. Viele sehen es sogar im Zusammenhang mit den Menschenrechten. Doch Du schreibst: »die Kirche verdankt ihm viel«, und: »es ist ein Schatz«, und gehst nicht darauf ein, daß es durch die Jahrhunderte hindurch auch eine leidvolle, beschämende Geschichte des Pflichtzölibats gibt. Es ist eigentlich erschrekkend, wie wenig ernst Du die Arbeit der vielen nimmst, wenn Du schreibst: »Diese Kriterien, so fügen wir hinzu, erweisen sich, was ihre anthropologische Zuverlässigkeit und Begründung angeht, als sehr zweifelhaft und von nur relativem Wert.« Du nimmst das, was Tausende Deiner Mitbrüder oft leidvoll erlebt, durchbetet, durchdacht und formuliert haben, nicht ernst, tust es ab und forderst Unterwerfung gegen bessere Erkenntnis und gegen das Gewissen unter ein Gesetz, um dessen Anfechtbarkeit es ja gerade geht. Dein Übersehen, Deine Einseitigkeit weckt den im Evangelium begründeten »Widerstand ins Angesicht«.

Vor kurzer Zeit, im September 1979, trafen sich bei mir etwa

60 Leute. Frauen, Kinder, Männer. Die Männer waren größtenteils Priester ohne Amt. Deswegen ohne Amt, weil sie geheiratet haben. Sie waren mit ihren Frauen und Kindern gekommen. Wir feierten Eucharistie, dann verbrachten wir miteinander viele Stunden in froher Gemeinschaft. Hier erlebten wir, wie der älteste Teilnehmer anschließend schrieb, »die sakramentale Brüderlichkeit und ihre Macht und Schönheit«. Während des Nachmittags, der vom fröhlichen Gelächter und Geplapper der Kinder »musikalisch« umrahmt war, sagten zwei Frauen zu mir: »Wenn das nur der Papst und die Bischöfe mitkriegen könnten, dann müßten sie doch einsehen, wie gut das ist und was wir für die Kirche bringen könnten.«

Ich kann nicht umhin, Dein Beispiel von der Gemeinde, die so sehr auf einen Priester wartet und die sich in der Kirche versammelt, eine Stola an den Platz des Altars legt, wo der Priester stehen sollte, die Meßgebete spricht und bei den Wandlungsworten stockt, aufzugreifen. Ich hatte dieses Beispiel noch nicht ganz durchgelesen, da kam mir schon die Frage: »Ja, ist das denn möglich, daß der Papst so reagiert?« Suprema lex salus animarum! Mir fällt das Wort eines Studienkollegen ein, der jetzt Professor ist; es heißt: »Die Gemeinde hat ein Recht auf Eucharistie.« (Blank)

Lieber Bruder Johannes Paul, mach' doch aus der von Dir erwähnten Gemeinde einen der gläubigen Männer zum Priester. Du hast es ja in der Hand. Die Menschen, für die Du Papst bist, warten darauf. Kannst Du es verantworten, hier nichts zu tun? Was würde Jesus tun?

Wenn Dir auch Millionen zujubeln, tritt einmal in ein ehrliches Gespräch mit diesen Menschen, schau ihnen in die Seele und auf ihren Mund.

Wenn ich Dir so schreibe, sollst Du spüren, daß ich dies eigentlich nur tun kann, weil ich die Kirche Jesu liebe. Sag' nicht, wenn es mir und anderen nicht paßt, dann könnten wir ja gehen. Spüre auch, daß ich mir meiner Verantwortung für die Kirche in unserer Zeit voll bewußt bin und an der Zukunft dieser Kirche mitbauen will. Spüre, daß ich mich bemühe, mit einem lebendigen Herzen Jesus zu folgen.

Ich meine auch, es sei genug diskutiert, gefordert und erklärt worden. Jetzt wäre die Zeit der Seelsorge, d. h. des Hineinhorchens in die Brüder und Schwestern, die Zeit des gegenseitigen Ernstnehmens und des Vertrauens, die Zeit wahrer Brüderlichkeit im Namen Jesu. Mir scheint, diese Zeit zum Handeln wird uns nicht lange gewährt sein. Es ist darum höchste Zeit.

Du sprichst mich als Bruder an. Du liebst Jesus und die Kirche. Das weckt in mir Hoffnung, daß Du auch meine Liebe nicht in Zweifel ziehst.

So grüßt Dich herzlich
Dein Bruder
Elmar Schnitzler

Buchbesprechung

JOSEF SCHOISWOHL
»Priester für heute«.
Gedanken zu einem kritischen Buch[1]

Das Buch ist eine sehr offene Auseinandersetzung mit Problemen der priesterlichen Existenz, freilich vorwiegend der Zölibatsfrage zugewendet, die seit dem Vaticanum II vielfältig im Klerus und beim Kirchenvolk nicht mehr zum Verstummen kommt. Diese ist gewiß nicht die wichtigste Frage; andere wie etwa die Glaubensverkündigung, die Ausspendung der Geheimnisse Gottes, der pastorale Dienst, das Gebet, die Hinführung zur inneren Freiheit, zur Unterscheidungs- wie Entscheidungsfähigkeit, die Bewältigung des Lebens aus dem Glauben und der Liebe haben den Vorrang. Im Priesterleben hat dennoch die Zölibatsfrage ihre große Bedeutung; sie ist in unserer Zeit auch deshalb neu gestellt worden, weil die Humanwissenschaften in Abkehr vom dualistischen Leib-Seele-Verständnis nun die Ganzheit des Menschen als einer leib-seelischen Einheit betonen.

Mag das Zölibatsproblem lange Zeit vorwiegend im Zusammenhang mit der leiblich sexuellen Komponente gesehen worden sein, die in einer eigenartigen Abwertung des Körperlich-Irdischen (terrena despicere ...) ihren Ausdruck fand, so hat sich die Sicht bedeutend gewandelt. Vom Konzil wurde mit der Konst. Gaudium et spes auch in der Kirche eine Neubewertung des Geschöpflichen nachvollzogen. Diese war schon durch Philosophen, Naturwissenschafter, Mediziner, Psychologen, Soziologen und auch Theologen vorbereitet worden. Heute schätzen wir alle die Gaben Gottes, dem wir die Eigenart unserer Natur verdanken, und versuchen gerade der Einseitigkeit einer materialistischen Weltsicht gegenüber die Verantwortung für das Ganze, auch für die leib-seelische Einheit zu betonen. Die Bejahung der Güter der Natur wie des Leibes in ihrer gottgewollten Verfaßtheit fügt sich ins Ganze einer sinnvollen geistigen Bewältigung unseres Weltauftrages. Hierin sieht der Christ einen wesentlichen Teil seiner Bewährung vor Gott.

So hat sich etwa auf dem Gebiet der ehelichen Gemeinschaft eine vertiefte Einsicht der Partnerschaft in der kath. Ehemoral durchgesetzt; sie hat sich von der Auffassung der Kinderzeugung als dem ersten und vorwiegenden Zweck der Ehe zur umfassenden Einheit aller ehelichen und familiären Lebensbezüge durchgerungen. Die Liebe soll den Partner in seiner Persönlichkeit ebenso fördern wie sie ihm in Beruf, den täglichen Mühen, in Krisen und Fehlhaltungen dienen soll. Die verantwortete Elternschaft hat im Rundschreiben Pauls VI. »Humanae vitae« ihren selbstverständlichen Platz gefunden; manichäische Anklänge einer fragwürdigen Spiritualität gehören der Vergangenheit an.

Es ist daher nicht verwunderlich, wenn in einer Zeit geistiger Unruhe und vieler Neuansätze innerhalb der Kirche auch das Zölibatsproblem aufgegriffen wurde. Es ist keineswegs ein besorgniserregendes oder gar schlechtes Zeichen, wenn bedrängende Fragen gestellt sind; Sterilität und Erstarrung signalisierte ihren Tod. Beim Konzil kam diese Erkenntnis sehr deutlich zum Vorschein, da es von Anfang an der Vorstellung der Kirche auf Erden als einer vollkommenen Gesellschaft sine ruga et macula entschieden widersprach. Dem Gleichnis vom wachsenden Rebzweig am Weinstock folgend, redete es von einer ecclesia semper reformanda, also vom Wachstum der Kirche in steter Erneuerung. Auch das Bild von der wandernden Kirche meinte (trotz möglicher Fehlhaltungen) eine Kirche, die sich entfaltet, freilich sich auch über ihren Weg stets neu Rechenschaft geben muß.

Wie das geschehen könnte, hat Paul VI. in seinem ersten Rundschreiben[2] ausführlich dargelegt. Er mißt hierin dem Dialog ein entscheidendes Gewicht für die Wahrheitsfindung bei. Zwar akzeptierte Paul VI. erst allmählich die volle Weite des Dialogs, weil er Sorge hatte, es könnte sich der Geist des Konformismus einschleichen. Doch sind ihm die Bedingungen eines echten Dialogs klar: Dieser setzt gleichberechtigte Partner voraus; er kann nicht einseitig sein (hie Lehrer – hie Hörer). Das Spannungsverhältnis läßt sich sprachlich nicht adäquat meistern, da menschliches Sprechen immer unvollkommen und zeitbedingt ist (was etwa auch bei dogmatischen Aussagen zu Schwierigkeiten führt). Gewisse Spielregeln sind einzuhalten, wenn der Dialog sinnvoll geführt werden soll: Offenheit für alle Fragen des Partners, Zuhörenkönnen, Achtung vor abweichenden Meinungen, was nicht heißt, daß man sich damit identifizieren müßte. All das wird auch für den innerkirchlichen Dialog Gültigkeit haben; wir sind von früher her wenig daran gewöhnt, es bedarf oft auch erst der Einübung, was auch den Verantwortlichen in der Kirche nicht schon von Haus aus vorgegeben sein muß. Gewiß gibt es die unaufgebbare Substanz des Glaubens von Christus her. Die eigentlichen Glaubenswahrheiten können nicht in Frage gestellt werden, wenn wir Christen bleiben wollen. Doch gibt es genug Bereiche auch innerhalb der Kirche, die einem Dialog zugänglich sind.

Gehört nun der Zölibat zu dieser Art Fragen? Die Verfasser des Buches über den Priester von heute nehmen das als gegeben an. Johannes Paul II. bestätigt dies, indem er selbst sich mit dem Zölibatsproblem in seinem Gründonnerstagbrief[3] auseinandersetzt. 19 Autoren haben nun zu diesem Schreiben Stellung genommen. Sie ist begreiflicherweise recht unterschiedlich, wie denn auch der Ton der Aussagen von einer unverkennbaren Achtung vor dem regierenden Papst bis zu dramatisierenden Darstellungen und leicht zynischen Passagen reicht. Gemeinsam ist allen die Kritik der päpstlichen Äußerungen zum Zölibat. Mag sie da und dort einer spürbaren Voreingenommenheit entspringen, im allgemeinen baut sie auf Argumenten auf, die zu einem sachlichen Dialog einladen.

Die wesentlichen Differenzen zur päpstlichen Aussage sind:

1. Jesus hat mit der Beauftragung der Apostel zur Fortsetzung seines Werkes keine Zölibatsverpflichtung verbunden.

2. Die Worte von der Ehelosigkeit um des Himmelreiches willen (Mt 19,11f) hängen eindeutig mit der Frage nach der Ehescheidung und deren Beantwortung durch Jesus zusammen. Die Kritik Jesu an der damaligen Ehescheidungspraxis führte zur provokanten Jüngerfrage, ob der Verzicht auf die Ehe nicht vorzuziehen sei. Jesus schließt die Möglichkeit des Verzichtes nicht aus und stellt sich damit auch gegen die geltende gesellschaftliche Auffassung. Ihr zu folgen, fassen keineswegs alle, sondern nur solche, denen es gegeben ist. »Wer es fassen kann, der fasse es.« Jesus spricht also die volle Entscheidungsfreiheit an; er tut dies aber ohne jeden inneren Zusammenhang mit der Jüngerberufung.

3. Die ursprünglichen Jünger Jesu haben seinen Rat keineswegs als condicio sine qua non für ihren weiteren Lebensweg verstanden. Wer 1 Kor 9,5 ernst nimmt, wird nicht gut von einer

apostolischen Tradition eines zölibatären Lebens der Jünger Jesu sprechen können. Auch in der späteren Zeit erwähnen die Pastoralbriefe mit der größten Unbefangenheit die Voraussetzungen für die Ausübung kirchlicher Ämter, wozu (gewiß nicht notwendigerweise) auch dem Ehestand des kirchlichen Vorstehers Raum gewährt wurde. Johannes Paul II. berücksichtigt dies zwar in Nr. 8 seines Schreibens mit der Erwähnung jener Entscheidung, »die die lateinische Kirche seit vielen Jahrhunderten getroffen hat«, die somit keineswegs schon von Anfang an allgemeine Gültigkeit hatte. Doch wäre zu überlegen gewesen, ob zu Recht Einwände zu bemängeln waren und ebenso »verschiedene Deutungen anhand von Kriterien, die dem Evangelium, der Überlieferung und dem Lehramt der Kirche fremd sind«. Wenn Kriterien (wie unter zwei und drei angeführt) sich direkt auf die Hl. Schrift und die frühe Überlieferung stützen, dürften sie nicht als sehr zweifelhaft und von relativen Wert bezeichnet werden.

4. Die Angemessenheit des Zölibats wird von mehreren Autoren durchaus anerkannt. Es wäre zweifellos ein großer Verlust, wenn es dieses Zeugnis der Nachfolge Jesu nicht mehr geben würde. Es ist auch anzunehmen, daß die wenigen Weihekandidaten heute aufgrund einer sehr ernsten Selbstprüfung vom Charisma des Zölibats getragen werden. Die Autoren widersprechen aber der Annahme, daß Berufung zum Priestertum und Berufung zum Zölibat notwendigerweise zusammenfallen müssen.

Was es nicht nur bei einzelnen Priestern, sondern in der Geschichte der Kirche an Spannungen und Widerständen, an Versagen und Ausbrüchen, an Eigenmächtigkeiten und an Scheitern zufolge des Zölibates gegeben hat, geziemt sich nicht an die Oberfläche zu bringen, schon gar nicht von solchen, die die Jüngergemeinschaft Jesu lieben; sie sind eher traurig wie redliche Kinder über die tatsächlichen Fehler einer Mutter, die sie selbst nicht bloßstellen wollen. Gewiß darf deshalb die Defizienz des Priestertums nicht dramatisiert werden, weil sehr viele von den Stillen den Zölibat durchaus positiv und ohne Verkrampfung bewältigt haben; sie soll und kann aber auch nicht bagatellisiert und verharmlost werden, weil die an ihrem frühen Idealismus Gescheiterten erst recht der verstehenden Liebe und erforderlichenfalls der neuen Wegbereitung bedürfen.

Die Seelsorger unter den Autoren dieses Buches spüren begreiflicherweise im eigenen Umkreis den lebensbedrohenden Priestermangel. Die Erwartung, daß es sich hierbei um eine vorübergehende Durststrecke handle, ist längst einer nüchternen Resignation gewichen, da die bisherigen Vorkehrungen eine z. T. unzumutbare Mehrbelastung oder den Versuch einer Gewichtsverlagerung gebracht haben; unversehens führen diese zur Aushöhlung der priesterlichen Funktionen in den Gemeinden und im öffentlichen Bewußtsein. Der priesterlose Gottesdienst entbehrt der eigentlichen Mitte, der Eucharistiefeier; die priesterlose Gemeinde fühlt sich aber verlassen und neigt zunehmend zur Absenz. Wie soll, wie kann das weitergehen? Soll man vor dem Ernst der Lage den Kopf in den Sand stecken? Die Seelsorger tun es nicht und setzen ihre mögliche Kraft ein im Bewußtsein, vielfach den Erwartungen und Ansprüchen nicht mehr nachzukommen. Sie sehen sich um Helfer aus Laienkreisen um, sicher ein Gewinn auch für die Zukunft, der aber den bestehenden Mangel nicht kompensiert. Sie meinen nun, daß in der Kirche auch weiterhin gelte: suprema lex salus animarum. Ein menschliches Gesetz könne dem gegenüber keinen Vorrang haben. So kam der Vorschlag, viri probati zum priesterlichen Amt zuzulassen, auch wenn sie verheiratet sind. Papst Paul VI. hat einem österreichischen Bischof gegenüber auch nach der Behandlung dieser Frage auf der Bischofsynode erklärt, die Möglichkeit hierfür sei keineswegs versperrt. Die Seelsorger hegen die Sorge, daß man die Probleme vor sich herschiebe in der vagen Hoffnung, daß eine Besserung der Lage eintrete; nun drängen sie, es mögen die Bischöfe in Rom deutlich zur Sprache bringen, daß es höchste Zeit sei, die möglichen Wege zu beschreiten.

Die Autoren aus den theologischen Fachgebieten haben z. T. mit beachtlichen Beiträgen aus ihrer Disziplin den Fragenkomplex zum Thema Zölibat behandelt. Gemäß der heute allgemein anerkannten Methode finden sie sich keineswegs mit der Wiederholung eingespielter Formulierungen ab; sie sehen ihre Aufgabe darin, eine Frage von ihrer Wurzel her anzugehen. Je nach dem Standort gibt es für einen Gegenstand verschiedene Aspekte, die erst in einer richtigen Zusammenschau das Ganze einigermaßen erfassen lassen. Auch die begleitenden Wissenschaften können im Verlauf der gegenwärtigen Entwicklung neue und ungewohnte Gesichtspunkte einbringen. Vor allem auf psychologischem und pädagogischem Gebiet, aber auch im Bereich der Moral sind so viele neue Erkenntnisse und gewiß auch Probleme in den letzten Jahrzehnten aufgetaucht, daß es unverantwortlich wäre, sie wegzuwischen, weil ältere Semester in ihrer Jugend davon noch nichts gehört oder sie nicht wahrgenommen haben. Auch innerhalb der Kirche wird es richtig sein, das fruchtbare Gespräch mit den Theologen zu suchen in Berücksichtigung jener Voraussetzungen, die oben für den Dialog genannt wurden.

Auf eine Beobachtung sei noch verwiesen, die im vorliegenden Buch anklingt und den Regierungsstil des Hl. Vaters betrifft. Alle Welt nimmt sein Charisma einer staunenswerten Kommunikationsfähigkeit zur Kenntnis, und die Dankbarkeit dafür vor Gott ist unter den Gläubigen groß. Der Papst versteht es, so menschlich mit jedermann umzugehen, daß der bei verschiedenen Gelegenheiten aufbrechende Jubel der Massen verständlich ist. Sein Wort trifft oft genug die momentane Erwartung seiner Zuhörer und wird mit den spontanen Äußerungen der Zustimmung quittiert. Wieweit dahinter eine echte Wandlung der Angesprochenen steht, verbirgt sich wohl im Herzen der einzelnen. Es steht niemand zu, darüber ein Urteil abzugeben. Der Geist weht auch heute noch, wo er will, und die Gnadenwege Gottes sind für menschliche Spekulationen unzugänglich. Wir beten mit Johannes Paul II., daß seine seelsorglichen Bemühungen bei vielen ankommen mögen.

Nun hat der einstige Konzilsteilnehmer noch die Rede des Bischofs von Brügge, De Smet, im Ohr, da dieser zusammen mit Juridismus und Klerikalismus auch den Triumphalismus ablehnte und davor warnte, ein kirchliches Regime darauf aufzubauen. Wir sind überzeugt, daß der Papst keinen Triumphalismus sucht, dieser ihm vielmehr ungewollt in den Schoß fällt. Die Geschichte Christi und die christliche Geschichte raten zur Distanz; wohl auch deshalb, weil dahinter die Versuchung steht, eine Zustimmung anzunehmen, wo es um schwerwiegende Fragen geht, mit denen ein einzelner weder allein fertig wird, noch auch darüber allein entscheiden soll. Kardinal Suenens wurde kürzlich befragt, was er zum Regierungsstil des Hl. Vaters zu sagen habe; er meinte, daß der Papst seine polnische Vergangenheit und die entsprechende Sicht der Dinge mit sich trage, er also noch manches dazulernen wird, um der Papst für die universale Kirche zu sein.

Das hat Johannes Paul II. wohl selbst gespürt, als er am Beginn seines Pontifikates die Mitwirkung des Weltepiskopates erbat und die Kollegialität aller Verantwortlichen in der Kirche unterstrich. Er hat auch ein hervorragendes Beispiel gegeben, als er die holländischen Bischöfe zu einer Sondersynode nach Rom einlud. Die Erwartung, daß ähnliches auch auf anderen Gebieten geschähe, ist groß. Beim Konzil wurde einige Male der Wunsch laut, daß der Papst bei Rundschreiben oder bei Unternehmungen von weltweiter Bedeutung Experten aus aller Welt, ob Bischöfe, ob Fachleute, zu Rate ziehe und seine Mitbrüder mit wichtigen Kundgebungen nicht vor vollendete Tatsachen stelle. Das Gewicht manch schwieriger Entscheidung käme in der Öffentlichkeit nachdrücklicher an, wenn auch das Kollegium der Bischöfe daran beteiligt wäre. Einsame Entschlüsse verlieren dann ihre Durchschlagskraft, wenn ihnen mit innerer oder äußerer Reserve begegnet wird.

Der Wunsch nach breiter gefächerter Kollegialiät besteht heute noch intensiver, weil es bei allem Fleiß und großer Genialität auch in der Kirche niemand gibt, der alles übersehen und dirigieren könnte. Auch verlangt die Mündigkeit weiter Kreise und deren Kritikfähigkeit, daß man *mit* ihnen spreche und in der Beurteilung von Vorgängen innerhalb der Kirche auf ihre ernsten Äußerungen höre, ja sie auch suche. Ein echtes Vertrauensverhältnis von Autorität und gläubigem Volk wird es auf die Dauer nur geben, wenn die Achtung vor der Eigenständigkeit und Eigenverantwortung auf beiden Seiten gewahrt wird. Die Selbstprüfung darüber obliegt nicht nur den Kritikern inmitten der Gläubigen, sondern auch den Personen und Gremien, die das gesamte Gottesvolk leiten und ihm mit ihrer Verantwortung dienen sollen.

Anmerkungen

1 Theologisch-praktische Quartalschrift 128 (1980) 281–284.
2 »Ecclesiam Suam« vom 6. August 1964. AAS LVI (1964) 609–659.
3 Datiert vom Palmsonntag, 8. April 1979. AAS LXXI (1979) 393–417.

Der Fall Janssen

GEORG DENZLER
Ketzerurteil ohne Prozeß

Der Beitrag »Nie darf der Dialog aufhören« von Pfarrvikar Pater Franz Xaver Janssen enthält nach Meinung des Augsburger Bischofs Dr. Josef Stimpfle vier bestimmte Irrlehren. Deswegen auch wurde Janssen vom Bischof zum öffentlichen Widerruf aufgefordert. Auch wenn ich als Herausgeber nicht jede einzelne Aussage der Mitarbeiter verantworten muß, so stehe ich doch als Kirchenhistoriker hinter Janssens bibel-historischen Thesen, einschließlich der vom Bischof inkriminierten, weil gerade mit ihnen schwerwiegende Probleme verbunden sind.

Chronik der Vorgänge

Janssen erörtert in seinem achtseitigen Aufsatz hauptsächlich zwei Probleme. Zum Amtspriestertum stellt er fest: »Nichts in den Worten Jesu oder in seinem Handeln deutet darauf hin, daß beim letzten Abendmahl die Apostel zu ›Priestern‹ geweiht wurden, und nirgends ist die Rede von einem priesterlichen Auftrag oder einer persönlichen Vollmacht.« Und über die gesetzliche Verpflichtung des Priesters zur Ehelosigkeit lautet sein Urteil: »Mit vielen Priestern und Nicht-Priestern in der Kirche bin ich der Meinung, daß dieser Zwangszölibat im Widerspruch steht zum Geiste Christi, zur Lehre des Evangeliums und zur ursprünglichen Tradition der Kirche.« Beide Ansichten mögen zwar in manchen Kirchenkreisen anstößig klingen, sie werden aber heute von zahlreichen Bibelexegeten und Kirchenhistorikern vertreten, ohne daß einer von ihnen verurteilt oder abgesetzt worden wäre.

Da jedoch die von Theologen des hohen Mittelalters erarbeiteten und von Konzilien gebilligten Definitionen über das Priesteramt anders lauten und heute noch als verbindliche Lehre der Kirche gelten, trat Bischof Stimpfle auf den Plan und forderte Pfarrvikar Janssen in einem Brief vom 6. August 1980 auf, die in dem genannten Beitrag niedergeschriebenen Irrlehren »in angemessener, öffentlicher Form zu widerrufen« und damit folgende Lehren der Kirche zu bejahen: Die Priesterweihe ist ein wahres und eigentliches, von Christus eingesetztes Sakrament. Vollzieher der Eucharistie ist nur der gültig geweihte Priester. Die Bischöfe haben als Nachfolger der Apostel die Aufgabe ihres Dienstamtes in mehrfacher Abstufung verschiedenen Trägern in der Kirche rechtmäßig weitergegeben. In der Eucharistie wird Gott ein wahres und eigentliches Opfer dargebracht (Nr. 1).*

In einer sehr ausführlichen Abhandlung mit Datum des 18. September 1980 begründete Janssen dem Bischof gegenüber seine Auffassungen und versicherte zum Schluß: »Mein Antwortschreiben an den Papst will keine Verkündigung sein, noch weniger eine Lehre, sondern nur ein persönlicher Beitrag im Suchen der Kirche nach der Identität des Priesters im Geiste des Neuen Testaments, eine Besinnung auf ihre konkrete Gestalt gemäß den Erfordernissen der Kirche in unserer Zeit« (Nr. 2).

Darauf reagierte Bischof Stimpfle am 14. November 1980 mit dem für die ganze Auseinandersetzung bezeichnenden Hinweis, daß er anstatt einer weiteren Erklärung den geforderten Widerruf der irrigen Meinungen erwartet habe. Wer die katholische Lehre leugne oder in Frage stelle, fügte er warnend hinzu, dürfe keiner Gemeinde vorstehen. Den beschuldigten Pfarrvikar mahnte er abermals zu bedingungslosem Widerruf (Nr. 3). Doch Janssen wollte sich so schnell nicht unterwerfen, sondern verlangte in einem Brief von Weihnachten 1980 an Bischof Stimpfle eine »objektive und überparteiliche Prüfung« seiner beanstandeten Thesen und versprach gleichzeitig, bei negativem Urteil den geforderten Widerruf zu leisten (Nr. 4).

Weil aber Janssen nicht sogleich zum Widerruf bereit war, fuhr Bischof Stimpfle am Neujahrstag 1981 nach Wattenweiler, um den unter Häresieverdacht stehenden Geistlichen ein letztes Mal zur Umkehr zu bewegen. Als ihm dies wiederum nicht gelungen war, begab er sich in die Kirche, um mit der ahnungslos versammelten Gemeinde die Eucharistie zu feiern und am Ende zu verkünden, daß ihr Seelsorger »bis auf weiteres beurlaubt« sei, weil er sich von seinem gegen die katholische Glaubenslehre verstoßenden Buchbeitrag nicht distanziere. Noch am selben Tag teilte Bischof Stimpfle dem beurlaubten Pfarrvikar schriftlich mit, daß das von ihm geforderte »Verfahren zur Feststellung der Wahrheit« nicht nötig sei, obwohl er ihm noch am Morgen die gewünschte Überprüfung des Artikels zugesagt hatte. Trotzdem erklärte sich der Bischof bereit, die ganze Angelegenheit mit der Dokumentation des Schriftwechsels der Glaubenskommission der Deutschen Bischofskonferenz zur Prüfung zuzuleiten, ohne daß dadurch jedoch die verfügte Beurlaubung vom priesterlichen Dienst aufgeschoben sei (Nr. 5).

Für den Augsburger Generalvikar Otto Weckbach hingegen scheint der Konflikt bereits zu diesem Zeitpunkt beendet gewesen zu sein. Denn schon am 7. Januar 1981 beauftragte er den Benefiziaten von Thannhausen, Manfred Madel, mit der kurzfristigen Vertretung der Pfarrei Wattenweiler und ließ ihn wissen, daß für Wattenweiler bald ein neuer Pfarrer, voraussichtlich ein polnischer Priester, ernannt werde. Der Provinzial der niederländischen Passionisten sei gebeten worden, Pater Janssen in die Heimat zurückzurufen (Nr. 6). Provinzial Pater Thijssen indes sah keinen Grund, dem Ersuchen der bischöflichen Behörde in Augsburg nachzukommen. Seine »persönliche Einschätzung« des Streitfalles wollte er »lieber von der objektiven und überparteilichen Prüfung der Glaubenskommission der Deutschen Bischofskonferenz abhängen lassen«; er vergaß auch nicht, darauf hinzuweisen, daß der umstrittene Artikel Pater Janssens nur als Beitrag zu einem theologischen Dialog zu betrachten sei (Nr. 10).

Weil Bischof Stimpfle die strittige Sache vorerst auf sich beruhen ließ, sah Janssen sich gezwungen, am 3. Februar 1981 bei der Glaubenskommission der Deutschen Bischofskonferenz ein Lehrbeanstandungsverfahren gegen sich selbst zu beantragen. Außerdem wandte er sich an den Münchener Rechtsanwalt Dr. Christian Sailer um Rat und Hilfe. Bischof Stimpfle jedoch lehnte es in einem Brief an Rechtsanwalt Sailer vom 23. März 1981 grundsätzlich ab, »mit einem Priester, der in meinem Seelsorgsbereich tätig war, über einen Rechtsanwalt zu verkehren«. Zur Begründung verwies er auf »das Besondere des Dienstverhältnisses Priester-Bischof«. Daraufhin äußerte der Rechtsanwalt seinen Unmut über die Haltung des Bischofs in einer Pressemitteilung vom 25. Juni 1981 mit den Worten: »Aufgrund der innerkirchlichen Rechtslage ist gegen die doktrinäre Radikalität des Bischofs kein erfolgversprechender Rechtsschutz möglich . . . Der Vorgang erscheint mir so skandalös, daß er nicht unter dem innerkirchlichen Teppich verschwinden, sondern zur Kenntnis einer breiteren Öffentlichkeit gelangen sollte.«

Das für das Verfahren bei der Glaubenskommission notwendige Gespräch zwischen Professor Pater Dr. Georg Söll SDB (Benediktbeuren) als Beauftragten des Bischofs und Pater Janssen in Wattenweiler am 12. Mai 1981 führte zu dem Ergebnis, daß Janssen die in Frage stehenden Glaubenswahrheiten nicht leugne, nur im Blick auf die eucharistische Vollmacht vom allgemeinen kirchlichen Standpunkt abweiche. Einer von Professor Söll nachträglich – ob aus eigenem Antrieb oder auf Einwirkung von anderer Seite hin? – vorgenommenen Änderung des Gesprächsprotokolls, das jetzt »im Fall der Eucharistievollmacht die klare Leugnung einer Wahrheit vom Rang eines Dogmas« zum Ausdruck brachte, konnte Janssen nicht zustimmen.

Mit Schreiben vom 13. Juli 1981 an Pfarrer Janssen lehnte der Münchener Erzbischof Kardinal Dr. Joseph Ratzinger als Vorsitzender der Glaubenskommission den Antrag auf Eröffnung eines Lehrbeanstandungsverfahrens ab, weil es nach Überzeugung der Kommission evident sei, »daß in mindestens zwei Punkten (Frage nach der Vollmacht zur Feier der Eucharistie und Frage nach der theologischen Verhältnisbestimmung zwischen Presbyterat und Episkopat) Aussagen vorliegen, die die kirchliche Glaubenslehre verfälschen und zum Teil ihr auch widersprechen«. Ein eigenes Verfahren erübrige sich, weil die irrigen Ansichten Janssens von offizieller Seite schon öfters zurückgewiesen worden seien. Die Kommission verschwieg freilich nicht, »daß der Gesamtkomplex der anstehenden Themen der ernsthaften theologischen Forschung noch manche Fragen aufgibt« (Nr. 13). Doch eben darum ging es Janssen, wenn er in seinem Buchbeitrag kritische Fragen stellte.

Da sich Janssen, wenn auch ohne eigentliches Verfahren, als verurteilt fühlen mußte, erklärte er Bischof Stimpfle in einem Brief vom 1. August 1981 seine Bereitschaft, die konstatierten »Widersprüche zur kirchlichen Glaubenslehre zurückzuziehen«, und bat gleichzeitig um Wiedereinsetzung in das Pfarramt. Doch Bischof Stimpfle erwartete jetzt, wie seinem Brief vom 4. August 1981 an Janssen zu entnehmen ist, über den Widerruf hinaus noch Wiedergutmachung des Ärgernisses. Janssen war auch dazu bereit. Doch statt der von Bischof

Stimpfle in Aussicht gestellten Antwort auf Janssens wiederholt bekundeten Willen zum Widerruf und zur Wiedergutmachung erhielt Janssen am 1. September 1981 von Dekan Sing, Pfarrer in Krumbach, die überraschende Mitteilung, daß für Wattenweiler ein neuer Pfarrer ernannt worden sei. Und am 30. September 1981 teilte Generalvikar Weckbach dem abgesetzten Pfarrvikar Janssen mit, daß der Pfarrhof »unverzüglich, auf jeden Fall aber bis spätestens 1. November 1981« zu räumen sei. Wenn dies nicht geschehe, werde Räumungsklage beim Zivilgericht erhoben.

Am 28. Oktober 1981 richtete Bischof Stimpfle zum letzten Mal ein ausführliches Schreiben an Janssen, um die Rechtmäßigkeit und Unwiderruflichkeit seiner Entscheidung zu begründen und zu bekräftigen. Beigelegt war das Formular eines öffentlichen Widerrufs. Der Bischof versäumte wieder nicht den Hinweis, daß die verfügte Abberufung aus dem Amt »unbeschadet des in Aussicht gestellten Widerrufs in Kraft bleibt«.

Pater Janssen bewarb sich nun, da eine Einigung mit dem Augsburger Bischof nicht mehr zu erwarten stand, beim Bischöflichen Ordinariat der Nachbardiözese Rottenburg-Stuttgart um eine Seelsorgestelle. Dort besann man sich freilich schnell auf die Pflicht zur Solidarität mit der Augsburger Kirchenbehörde und erteilte Janssen am 16. November 1981, ohne freilich dessen Streitsache näher geprüft zu haben, als Auskunft: »Die Auseinandersetzung um Ihre Person bzw. Ihre theologischen Aussagen, zu denen wir hier keine Stellung nehmen wollen, sind in unserer Diözese, die der Diözese Augsburg benachbart ist, weitgehend bekannt geworden. Wir halten es deshalb nicht für sinnvoll, daß Sie bei uns in nächster Nähe einen Seelsorgedienst übernehmen.« Am Ende verwehrte man Janssen sogar, daß er sich mit seiner Haushälterin in dem leerstehenden Pfarrhaus zu Eggmannsried als Mieter niederließ.

Der Aktionskreis Augsburg, die Evangelische Studentengemeinde Augsburg, der Freundeskreis Kirche für unsere Zeit und das Komitee für Christenrechte in der Diözese Augsburg veranstalteten am 27. Januar 1982 in der Universität Augsburg eine öffentliche Podiumsdiskussion zum Thema »Der Fall Janssen und seine Hintergründe – eine Herausforderung an die Kirchen«. Neben dem betroffenen Pater Janssen saßen auf dem

Podium die Theologieprofessoren Dr. Josef Blank (Saarbrükken), Georg Denzler (Bamberg), Ernst Käsemann (Tübingen), Studiendirektor Franz Kramer und als Moderator der evangelische Studentenpfarrer Dr. Rainer Hennig. Das bischöfliche Ordinariat Augsburg lehnte es ab, einen Vertreter zu benennen, weil die Veranstalter, wie Generalvikar Weckbach dem Studentenpfarrer am 12. Januar 1982 schriftlich informierte, in dieser Sache »keine legitimierten Gesprächspartner« seien (Nr. 23). Diese ablehnende Begründung kommentierte Professor Käsemann in einem Diskussionsbeitrag so: »Es gibt keinen Menschen, der für einen Christen nicht legitimer Gesprächspartner wäre.« Eine große Mehrheit der zahlreichen Teilnehmer unterzeichnete folgende Resolution: »1. Wir fordern die Durchführung eines Lehrbeanstandungsverfahrens. Es ist unerträglich, daß Pfarrer Janssen als ein Priester hingestellt bleibt, der den Glauben der Kirche verfälscht hat, ohne daß ein klärendes Verfahren stattgefunden hat. 2. Wir fordern bis zum Ergehen eines Urteilsspruches die Rücknahme der Entlassung aus dem Dienst der Diözese. 3. Wir fordern darüber hinaus, daß niemand ohne ein ordentliches kirchliches Gerichtsverfahren aus seinem Amt suspendiert oder entlassen werden kann.«

Nach mehreren Monaten bangen Wartens verabschiedete sich Pater Janssen am 16. März 1982 bei einer Eucharistiefeier von seiner ehemaligen Pfarrgemeinde Wattenweiler, in der er 16 Jahre als Seelsorger gewirkt hatte. In einer kurzen Ansprache begründete er sein Verhalten in der Auseinandersetzung mit Bischof Stimpfle: »Ich habe, solange ich bei euch war, versucht, nach meinem Gewissen zu handeln, auch wenn ich dabei nicht nach meinem Bischof gehandelt habe. Gewissen ist mehr als Gehorsam, und keiner darf den Gehorsam zum Vorwand nehmen, sein Gewissen zu verleugnen, denn es steht geschrieben: ›Man muß Gott mehr gehorchen als den Menschen‹ (Apg 5,29).«

Um vielleicht doch noch zu seinem Recht zu kommen, beantragte Janssen am 16. Mai 1982 ein Lehrbeanstandungsverfahren bei der Deutschen Bischofskonferenz. Sollte auch dieser Antrag abgelehnt oder negativ beschieden werden, bleibt ihm nur noch die Möglichkeit einer Beschwerde bei der Kleruskongregation in Rom.

Pater Franz Xaver Janssen wohnt seit 17. März 1982 in Oberopfingen (Dekanat Ochsenhausen, Diözese Rottenburg-Stuttgart) ohne jeden seelsorgerlichen Auftrag. Er darf zwar die hl. Messe lesen, aber nicht predigen. Also nur ein halber Priester?

Kritische Anmerkungen

Mit den von Franz Xaver Janssen formulierten und von Bischof Stimpfle verurteilten Thesen über das allgemeine Priestertum der »Laien« und das spezielle Amtspriestertum sind bibelexegetische und kirchengeschichtliche Probleme gegeben, deren historisch-kritische Erforschung vom Standpunkt heutiger Theologie aus nicht nur möglich, sondern nötig ist. In der Alten Kirche war der Leiter der kirchlichen Gemeinde gleichzeitig auch Leiter der Eucharistiefeier. Erst im Laufe von Jahrhunderten vollzog sich im Westen ein bedeutender Wandel insofern, als die Fähigkeit zum Vorsitz bei der Eucharistie an die Priesterweihe, deren sakramentalen Charakter (character indelebilis) man übrigens erst zur Zeit der Scholastik im hohen Mittelalter erkannte, gebunden wurde. »Es gibt nach dem Neuen Testament«, erklärt der Saarbrückener Exeget Josef Blank in einer Stellungnahme, »keine Einsetzung eines ›Sakramentes der Priesterweihe‹ durch den historischen Jesus von Nazareth. Hier müßte der Bischof das Gegenteil beweisen, was ihm aber nicht gelingen dürfte. Hier ist im Gegenteil die dogmatische Interpretation auf ihre Haltbarkeit hin zu befragen« (Nr.12).

Bischof Stimpfle erregte während des 2. Vatikanischen Konzils weithin Aufsehen, als er bei einer Intervention in St. Peter am 29. Oktober 1964 zum Ausdruck brachte: »Im Bereich der Wissenschaft muß der wissenschaftlichen Forschung volle Freiheit gegeben werden, wenn sie zum tieferen Verständnis der Offenbarung beitragen soll. Auf dem Gebiet der kirchlichen Verwaltung und Gesetzgebung muß sich das Leben des Geistes größter Freiheit erfreuen; allzu große Beschränkung oder Beeinträchtigung der Freiheit ist schädlicher und gefährlicher als Mißbrauch der Freiheit« (L. A. Dorn – G. Denzler: Tagebuch des Konzils, Nürnberg-Eichstätt 1965, S. 261). Doch fast zwei Jahrzehnte später zeigte derselbe Bischof in einem Brief vom 14. November 1980 an Janssen die Grenze seiner Gesprächsbereitschaft auf: »Wenngleich ich bei diskutablen, erwägenswerten Fragen durchaus zu einem Dialog bereit bin, sehe ich mich hinsichtlich Ihrer Ausführungen nicht in der Lage, in einen solchen einzutreten, da diese offensichtlich der ausdrücklichen Lehre der Kirche widersprechen« (Nr. 3). Welche hehre Auffassung vom Wächteramt des Bischofs den Augsburger Oberhirten heute erfüllt, erläuterte er im Blick auf die Janssen-Kontroverse mit den Worten: »In der Ausübung seines Auftrags, das vom Herrn und den Aposteln überlieferte Glaubenserbe zu bewahren, zu verkündigen und zu verteidigen, ist der Ortsbischof mit der Autorität Christi ausgestattet; er ist der authentische Lehrer des Glaubens in seinem Bistum« (Kirchenzeitung für die Diözese Augsburg vom 1. Februar 1981). Wenn man das Spannungsverhältnis zwischen kirchlichem Lehramt und theologischer Wissenschaft so interpretiert, erübrigen sich alle Studien der Theologen in wesentlichen Glaubensfragen. Antworten wären immer nur bei den Bischöfen abzuholen. Heutzutage aber kommt es sehr darauf an, daß die Aussagen kirchlicher Autoritäten dem gesicherten Forschungsstand der Theologie entsprechen und eben nicht bei der unkritischen Zitierung konziliarer oder päpstlicher Verlautbarungen früherer Zeiten stehen bleiben.

Bischof Stimpfle hat bei Pfarrvikar Janssen den Eindruck erweckt, als würde er die umstrittenen Thesen zunächst der Glaubenskommission der Deutschen Bischöfe zur Überprüfung zuleiten und erst danach, falls überhaupt noch notwendig, Sanktionen gegen ihn ergreifen. Janssen selbst versicherte, daß er das Urteil eines unparteiischen Gremiums jederzeit anerkennen werde. Der Bischof wartete aber dann den Spruch einer Prüfungskommission nicht ab, sondern bestrafte den beschuldigten Seelsorger allzu schnell mit der Suspension vom Pfarramt.

Das absolutistische, nach dem geltenden Kirchenrecht jedoch legitime Vorgehen des Bischofs gegen Janssen offenbart deutlich und erschreckend zugleich, daß ein von der kirchlichen Obrigkeit abhängiger Religionslehrer, Kaplan oder Pfarrer es nicht wagen darf, eine von der offiziellen Kirchenlehre eventuell abweichende Ansicht zu publizieren. Das Kirchenrecht ist in der Tat ein höchst einseitiges Hierarchenrecht. Niedere Kleriker und Laien erfreuen sich nicht des geringsten Rechtsschutzes, sie bleiben der nahezu unbeschränkten Gewalt des zuständigen Bischofs ausgeliefert. Nur ein Rekurs an den Papst könnte zur Revision einer bischöflichen Entscheidung führen. Da dieser Weg gewöhnlich aber lange Zeit in Anspruch nimmt und überdies keine aufschiebende Wirkung der verhängten Strafe mit sich bringt, erweist sich dieser Ausweg in der Regel als hoffnungslos. Bleibt also die dringende Frage: Wann erhält die römisch-katholische Kirche ein am Neuen Testament orientiertes Gesetzbuch? Wann kann ein Beschuldigter und Gemaßregelter mit einem angemessenen Rechtsschutz rechnen?

Das in der Bundesrepublik Deutschland seit einigen Jahren mögliche Lehrbeanstandungsverfahren soll zwar einem Autor zu seinem Recht verhelfen, bleibt aber so lange mangelhaft, als Eröffnung und Durchführung eines Verfahrens gegen Maßnahmen des Ortsbischofs keine aufschiebende Wirkung haben und – was noch schlimmer ist – der Bischof an den Urteilsspruch der für dieses Verfahren zuständigen Glaubenskommission überhaupt nicht gebunden ist. Es müßte heute selbstverständlich sein, daß disziplinäre Maßnahmen aus dogmatischen Gründen grundsätzlich erst nach einem geordneten Verfahren, das heutigem Rechtsempfinden und christlichem Ethos entsprechen muß, in Betracht gezogen werden. Andernfalls besteht die Gefahr, daß Beurteilungen und Verurteilungen durch einen Bischof willkürlich und ungerecht erfolgen.

Dafür lieferte Bischof Stimpfle selbst in jüngster Zeit ein sprechendes Beispiel. Als Kaplan Bernhard Vikari von Augsburg 95 Thesen verschickte, die nicht nur gegen Martin Luther und die Evangelischen Kirchen, sondern auch und vielleicht sogar in erster Linie gegen sogenannte progressiv denkende Katholiken, vornehmlich Theologen, gerichtet sind, distanzierte sich der Bischof zwar von diesem Elaborat, verlangte aber nicht – im Gegensatz zu seinem Vorgehen im Fall Janssen – einen öffentlichen Widerruf und dachte schon gleich gar nicht daran, den Kaplan des Priesteramtes zu entheben (Nr. 25). Hier ist doch klar ersichtlich, wie ein Bischof mit zweierlei Maß rechnen kann.

Pater Franz Xaver Janssen, Mitglied der Passionisten-Kongregation in Holland, ist 1962 wegen Priestermangels nach Deutschland gekommen, um in der Seelsorge mitzuhelfen. Wenn Bischof Stimpfle, diese Bereitschaft disqualifizierend, bei einem Pfarrabend erklärte, er habe Janssen nicht gerufen (Nr. 7), muß man sich für den Bischof schämen und den Pater um Verzeihung bitten. Obwohl die Notlage inzwischen noch größer geworden ist, sollte der 69jährige Priester jetzt wieder in die Heimat abgeschoben werden, nur weil er es gewagt hat, in theologischen Fragen eigene Meinungen zu äußern. Wie läßt sich ein solch rigoroses Vorgehen mit den Forderungen christlicher Liebe, Gerechtigkeit und Dankbarkeit vereinbaren? Die betrüblichen Vorgänge machen deutlich, wohin dogmatische Engstirnigkeit führen kann. Bischof Stimpfle mangelt es, wie der »Fall Janssen« beweist, an der Fähigkeit, kircheninterne Kontroversen auf menschlich faire Weise, im Geist christlicher Versöhnung und mit überzeugenden theologischen Argumenten auszutragen.

Die Tatsache, daß Bischof Stimpfle und Generalvikar Weckbach den Abdruck ihrer offiziellen Schriftstücke zu der Auseinandersetzung mit Franz Xaver Janssen nicht gestatten (Nr. 25), bestärkt mich in der Vermutung, daß sie sich ihrer Argumente und Maßnahmen alles andere als sicher sind. Was sonst sollte sie von einer Veröffentlichung abhalten? Der Streit um Janssen ist keine private Angelegenheit, sondern ein Vorgang von allgemeinem Interesse. Die hier vorgelegte Auswahl von Dokumenten bleibt deshalb nicht nur verantwortbar, sie ist sogar unerläßlich, um eine öffentliche Diskussion dieses Konflikts sachgemäß führen zu können.

* Die in Klammern beigefügten Nummern beziehen sich auf die Dokumentation.

Dokumentation des Konflikts zwischen Bischof Dr. Josef Stimpfle und Pfarrer Franz Xaver Janssen

1 Brief Bischof Stimpfles an Pfarrer Franz Xaver Janssen vom 6. August 1980

DER BISCHOF VON AUGSBURG 6. August 1980
8900 AUGSBURG
HOHER WEG 18

Hochwürdigen Herrn
Pfarrer
Franz Xaver Janssen
8909 Wattenweiler

Hochwürdiger Herr Pfarrer,
unter dem Titel »Nie darf der Dialog aufhören« haben Sie in dem Buch »Priester für heute. Antworten auf das Schreiben Papst Johannes Pauls II. an die Priester« (Hrsg. Georg Denzler, München 1980, Kösel Verlag), Stellung zum Schreiben Papst Johannes Paul II. an alle Priester der Kirche vom 8. April 1979 genommen (Seite 84–92). Ihr Wunsch, »der Dialog zwischen dem Volk Gottes und seinen Hirten darf nie aufhören« (Seite 91), ist berechtigt. Dieser Dialog kann jedoch nicht die Lehre der Kirche außer acht lassen oder sie gar in Frage stellen, wie dies leider in Ihren Ausführungen geschieht.

1. Sie schreiben unter anderem:

1.1. »Das sakrale Priesterbild, das Sie schildern, ist genau jenes, dem ich seinerzeit im Seminar begegnet bin. Dieses Bild ist mir fremd geworden. Ich kann nicht mehr daran glauben. Die ehrliche Besinnung auf die Heilige Schrift hat mir klargemacht, daß Christus nie Priester in diesem Sinne geweiht hat. Nichts in den Worten Jesu oder in seinem Handeln deutet darauf hin, daß beim letzten Abendmahl die Apostel zu Priestern geweiht wurden, und nirgends ist die Rede von einem priesterlichen Auftrag oder einer persönlichen Vollmacht« (Seite 85).

1.2. »Nichts in den Worten Jesu oder in seinem Handeln deutet darauf hin, daß beim letzten Abendmahl die Apostel zu ›Priestern‹ geweiht wurden, und nirgends ist die Rede von einem priesterlichen Auftrag oder einer persönlichen Vollmacht. Das konnte auch nicht sein, denn ein Gemeinschaftsakt kann nur von einer Gemeinschaft vollzogen werden. Darum sagt Jesus ›Tut dies zu meinem Gedächtnis‹. ›Tut dies‹, also nicht zu einem einzelnen Jünger, sondern zu der Versammlung der ersten Gemeinde Christi. Ihr und ihren Nachfolgern hat der Herr die Feier des Abendmahls übertragen« (Seite 85). Dem »hierarchischen Priestertum wurde durch die Handauflegung das Charisma der authentischen Verkündigung und Festigung des Glaubens verliehen. Dem Priestertum des Gottesvolkes wurde dagegen der Dienst des Mahles anvertraut, nicht auf Grund eines persönlichen Charismas, sondern auf Grund der geheimnisvollen Gemeinschaft zwischen dem Haupt Christus und seinem Leib, der Kirche« (Seite 86).
Die eucharistische Vollmacht der Jünger soll nicht geleugnet werden, auch sie erwächst jedoch aus dem den Gemeinden erteilten Auftrag. Denn, wenn die Apostel berufen wurden, Christengemeinden zu gründen, dann schließt dies ein, daß sie auch das Herrenmahl als den sie konstituierenden Akt aus eigener Vollmacht vollziehen konnten« (Seite 87).

1.3. Die Handauflegung hat »uns Priester alle zu Aposteln Christi und damit in vollem Sinn und gleichem Rang zu Brüdern gemacht. Und wieder stellt sich die Frage: Wer konnte sich das Recht anmaßen, in diese brüderliche Ordnung einzugreifen und die Gabe des Apostelamtes, die er selber unverdient empfangen hatte, nur stufenweise weiterzugeben? Wir sind doch nur Diener, nicht Herren des Glaubens!« (Seite 86).

1.4. »Übrigens zeigt die Abendmahlsfeier Jesu deutlich, daß es sich hier nicht um einen sakralen Kultakt, ein magisches Chiffre handelt, sondern um ein tief-menschliches, allgemein verständliches Zeichen, wie es auch bei den übrigen Sakramenten der Fall ist. Man fragt sich: Wer in der Kirche hatte das Recht, in diese Ordnung einzugreifen und aus diesem von Christus eingesetzten Mahlzeichen eine nach altbiblischem und heidnischem Modell gestaltete Opferfeier zu machen?« (Seite 85).

»Das Herrenmahl der Gläubigen mußte einem priesterlichen Opferkult weichen, der nur dem neuen Stand der priesterlich ›Geweihten‹ vorbehalten war. Diese Monopolisierung des Herrenmahles hat die Lebens- und Expansionskraft der urchristlichen Gemeinden gelähmt« (Seite 87).

2. Ihre unter 1.1.–1.4. zitierten Ausführungen stehen im Gegensatz zur Lehre der Kirche.

Zu 1.1.:
Die Weihe ist ein wahres und eigentliches, von Christus eingesetztes Sakrament. De fide (Konzil von Trient, Denzinger 961, 963, 966).

Die Priesterweihe ist Sakrament. De fide (Konzil von Trient, Denzinger 963; Pius XII. »Sacramentum ordinis«, 1947; II. Vatikanisches Konzil, Dogmatische Konstitution über die Kirche, »Lumen gentium«, Art. 28; Dekret über Dienst und Leben der Priester »Presbyterorum ordinis«, Art. 2).

Das Weihesakrament verleiht dem Empfänger eine dauernde geistliche Gewalt. De fide (Konzil von Trient, Denzinger 960 f., besonders D 961).

Zu 1.2.:
Vollzieher oder Konsekrator der Eucharistie ist nur der gültig geweihte Priester (Denzinger 430, 949, 961; Pius XII. Mediator Dei 40–42; II. Vatikanisches Konzil, Dogmatische Konstitution über die Kirche »Lumen gentium«, Art. 10, 17, 28; Dekret über Dienst und Leben der Priester »Presbyterorum ordinis«, Art. 2,13).

Zu 1.3.:
Die Bischöfe haben als Nachfolger der Apostel die Aufgabe ihres Dienstamtes in mehrfacher Abstufung verschiedenen Trägern in der Kirche *rechtmäßig* weitergegeben (II. Vatikanisches Konzil, Dogmatische Konstitution über die Kirche »Lumen gentium«, Art. 28).

Zu 1.4.:
In der Eucharistie wird Gott ein wahres und eigentliches Opfer dargebracht. De fide (Konzil von Trient, Denzinger 948; Pius

XII. Mediator Dei; Paul VI. Mysterium fidei; II. Vatikanisches Konzil, Konstitution über die heilige Liturgie »Sacrosanctum Concilium«, Art. 2,47).

Die heilige Messe ist ein wahres Lob- und Dankopfer, ein Bitt- und Sühnopfer für Lebende und Tote. De fide (Denzinger 940, 950, 997; Pius XII. Mediator Dei 75, 78).

Hochwürdiger Herr Pfarrer, Sie haben von der Kirche, insbesondere durch die Weihe zum Priester, den Auftrag erhalten, den Glauben der Kirche zu verkünden. Dieser Auftrag muß in Einheit mit dem lebendigen Lehramt der Kirche erfüllt werden, da ihm – wie das II. Vatikanische Konzil lehrt – die verbindliche Erklärung des Wortes Gottes zukommt: »Die Aufgabe aber, das geschriebene oder überlieferte Wort Gottes verbindlich zu erklären, ist nur dem lebendigen Lehramt der Kirche anvertraut, dessen Vollmacht im Namen Jesu ausgeübt wird. Das Lehramt ist nicht über dem Wort Gottes, sondern dient ihm, indem es nichts lehrt, als was überliefert ist, weil es das Wort Gottes aus göttlichem Auftrag und mit dem Beistand des Heiligen Geistes voll Ehrfurcht hört, heilig und treu auslegt und weil es alles, was es als von Gott geoffenbart zu glauben vorlegt, aus diesem einen Schatz des Glaubens schöpft. Es zeigt sich also, daß die Heilige Überlieferung, die Heilige Schrift und das Lehramt der Kirche gemäß dem weisen Ratschluß Gottes so miteinander verknüpft und miteinander zugesellt sind, daß keines ohne die anderen besteht und daß alle zusammen, jedes auf seine Art, durch das Tun des einen Heiligen Geistes wirksam dem Heil der Seelen dienen« (Dogmatische Konstitution über die göttliche Offenbarung »Dei verbum«, Art. 10).

Die Bischöfe sind »authentische, das heißt mit der Autorität Christi ausgerüstete Lehrer. Sie verkünden dem ihnen anvertrauten Volk die Botschaft zum Glauben und zur Anwendung auf das sittliche Leben und erklären sie im Lichte des Heiligen Geistes, indem sie aus dem Schatz der Offenbarung Neues und Altes vorbringen (vgl. Mt 13,52). So lassen sie den Glauben fruchtbar werden und halten die ihrer Herde drohenden Irrtümer wachsam fern (vgl. 2 Tim 4,1–4)« (II. Vatikanisches Konzil, Dogmatische Konstitution über die Kirche »Lumen gentium«, Art. 25).

In dieser Verantwortung des Bischofsamtes frage ich Sie, Hochwürdiger Herr Pfarrer: Sind Sie bereit, Ihre unter 1.1–1.4

zum Ausdruck gebrachte persönliche Meinung in Einklang mit der Lehre der Kirche zu bringen und in angemessener, öffentlicher Form zu widerrufen?

Hochwürdiger Herr Pfarrer, seitdem Sie Ihr Wort verfaßt haben, hat unser Heiliger Vater in seinem Schreiben vom 24. Februar 1980 »über das Geheimnis und die Verehrung der Eucharistie« wesentliche Punkte des Glaubens der Kirche über die Beziehung des Priestertums zur Eucharistie (Nr. 2,8–9) dargelegt und erklärt: »Die Diener der Eucharistie müssen sich daher vor allem in unseren Tagen von der Fülle des lebendigen Glaubens erleuchten lassen, und in seinem Licht alles, was nach dem Willen Christi und seiner Kirche zu ihrem priesterlichen Dienst gehört, verstehen und vollziehen« (Nr. 8).

Sind Sie bereit, die Lehrschreiben Papst Johannes Paul II. »an alle Priester der Kirche zum Gründonnerstag 1979« und »über das Geheimnis und die Verehrung der heiligen Eucharistie« vom 24. Februar 1980, auch wenn sich der Papst darin nicht ausdrücklich auf das Charisma der Unfehlbarkeit beruft, als die Lehre der Kirche anzuerkennen und die Lehre der Kirche in der Ausübung des Dienstes zu verkündigen?

In der Erwartung einer zufriedenstellenden Antwort bis spätestens 30. September 1980 verbleibe ich mit brüderlichen Grüßen und bischöflichem Segen

Ihr im Herrn ergebener
† Josef
Bischof von Augsburg

Anlage: Schreiben Papst Johannes Paul II. »über das Geheimnis und die Verehrung der heiligsten Eucharistie« vom 24. 4. 1980.

2 Erklärung Pfarrer Janssens an Bischof Stimpfle vom 18. September 1980

(Der Text ist hier stark gekürzt wiedergegeben.)

»Es geht um die Vitalisierung und Aktivierung der Gemeinde. Unsere Gemeinden, die Priester und alle Gemeindemitglieder, müssen begreifen, daß die Gemeinde selbst verantwortlich ist für das Leben und für die Verlebendigung der Gemeinde. Das ›Versorgungsdenken‹ muß überwunden werden«. (Kardinal Julius Döpfner)

I. VORBEMERKUNGEN

1. »Der Dialog darf nie aufhören.«

Unter diesem Titel habe ich meinen Beitrag zum Sammelband »Priester für heute« veröffentlicht. Daß diese Aussage, trotz der inzwischen erfolgten Intervention gegen Prof. Dr. Hans Küng, in der Kritik bejaht wurde, muß man begrüßen. Wie schwer es dennoch ist, dieses Prinzip in die Praxis umzusetzen, beweist die vorliegende Kritik. Denn was dort als Dialog begonnen wurde, endete doch wieder als Monolog, indem zum Schluß kategorisch Forderungen gestellt wurden, deren Berechtigung erst das Ergebnis eines echten Dialogs sein könnte.

Ein solcher offener Dialog wird nach meiner Überzeugung ergeben, daß meine Darlegungen weder mit der Lehre der Kirche, noch mit der offiziellen Verlautbarung der deutschen Bischöfe »Über das priesterliche Amt« vom Jahre 1969 in grundsätzlichem Widerspruch stehen. Das bedeutet, daß auch die in der Kritik formulierten Forderungen unbegründet sind. Weil die Kritik an meinem Beitrag gerade von bischöflicher Seite kommt, werde ich besonders dieses Schreiben der deutschen Bischöfe (als PA zitiert) zur Grundlage meiner Verteidigung machen.

2. »Sie haben [als Pfarrer] von der Kirche . . . den Auftrag erhalten, den Glauben der Kirche zu verkünden. Dieser Auftrag muß in Einheit mit dem lebendigen Lehramt der Kirche erfüllt werden, da ihm – wie das II. Vatikanische Konzil lehrt – die verbindliche Erklärung des Wortes Gottes zukommt.«

In dieser Aussage, die ich voll unterschreiben kann, sollte man zum richtigen Verständnis zwei Aspekte nicht übersehen. Erstens: der Auftrag der Kirche den Glauben zu verkünden betrifft mich als Pfarrer, in welcher Qualität ich diesen Auftrag für meine Gemeinde erfülle. Er betrifft mich nicht als Privatperson, auch nicht wo ich mich »außeramtlich« über den Glauben äußere. Zweitens: der Glaube der Kirche betrifft nicht alles, was von der Hierarchie verkündet wird, sondern nur das, was als solches, d. h. als Glaube der Kirche verkündet wird und demzufolge, wenn auch nicht notwendig eine unfehlbare, so doch eine verbindliche Lehre darstellt.

Ich habe den beanstandeten Artikel nicht als Pfarrer meiner Gemeinde, sondern als durch Handauflegung Berufener und in der Nachfolge der Apostel Stehender geschrieben. Aus dieser Verantwortung heraus habe ich meine Glaubensüberzeugung im Bezug auf das priesterliche Amt, das in der Kirche unserer Zeit sehr umstritten ist, nicht vor meiner Gemeinde, sondern für die Öffentlichkeit der Kirche und zu ihrem Heil kundgetan. Das ist nicht nur ein Recht. Es sei denn, man meint, wie es kürzlich eine Zeitung formulierte: »Nur der Papst oder der Bischof darf denken.« Es ist auch eine Pflicht, wie von den deutschen Bischöfen in ihrem »Schreiben an alle, die von der Kirche mit der Glaubensverkündigung beauftragt sind«, bestätigt wird. »Es ist nämlich nicht möglich, den Glauben glaubhaft zu verkünden, ohne sich den Fragen, welche an die Gläubigen herangetragen werden oder welche sich ihnen von selbst ergeben, wahrhaft zu stellen« (Nr. 9).

3. »Dieser Dialog kann jedoch nicht die Lehre der Kirche außer acht lassen oder sie gar in Frage stellen.«

Der erste Teil dieser Aussage ist evident, denn die Lehre der Kirche ist gerade Gegenstand des kirchlichen Dialogs. Den zweiten Teil, daß sie nicht in Frage gestellt werden kann, möchte ich in dieser allgemeinen Form, hier vorgetragen, verneinen. Wenn dies zuträfe, dann wäre ja wohl jeder Dialog, jede Diskussion und theologische Wissenschaft unmöglich. Sogar die unfehlbaren Aussagen der Kirche sind nicht der Kritik des Glaubens entzogen. Jede Lehre ist in menschlicher Sprache, aus einer menschlichen Situation heraus formuliert worden. Sie muß mit der Entwicklung der Geschichte und der Menschheit, wo nötig, neu interpretiert, gegebenenfalls neu formuliert werden. Auch »ein bleibendes Dogma der Kirche« bleibt »unbeschadet seines endgültigen Wahrheitsanspruches doch für eine positive Weiterführung offen« und »gewisser Ergänzungen und insofern auch Korrekturen fähig« (PA 36). Wenn dies für dogmatische Aussagen der Kirche gilt, um so mehr gilt dies für nicht-dogmatische Aussagen. »Es wäre daher ein Mißverständnis, wollte man solche Wandlungen, die nicht ihr bleibendes Wesen betreffen, stets als illegitim oder gar als Abfall vom Willen und von der Sendung Christi bewerten« (PA 3). Ganz besonders gilt dies für die Diskussion über das priesterliche Amt. »Die Frage nach dem priesterlichen Amt ist heute . . . in die Diskussion geraten . . . Mit Recht fragt man heute vor allem nach der Zusammengehörigkeit von Laien und Priestern im Gottesvolk und der Weise ihrer Zusammenarbeit im Heilsdienst der Kirche« (PA 1).

4. »Ihre zitierten Ausführungen stehen im Gegensatz zur Lehre der Kirche.«

Im 2. Teil dieser Schrift werde ich die Unhaltbarkeit dieser Behauptung im einzelnen widerlegen. Hier einige grundsätzliche Vorbemerkungen dazu.

Die in der Kritik angeführten Argumente – um diese Behauptung zu untermauern – sind, um die wichtigsten zu nennen, einige dogmatische Texte des Trienter Konzils und vereinzelte Aussagen des II. Vatikanischen Konzils. Dazu ist zu bemerken: eine solche Zitatensammlung ist nicht ohne weiteres überzeugend. Es geht hier nicht um bloße Texte, sondern um deren Inhalt und Sinn. Diese sind nicht ein für allemal festgelegt. Ihr Verständnis wechselt mit dem Wechsel der Zeiten. »Die Kirche steht nicht unwiderruflich zu allen einzelnen Wandlungen in ihrer Geschichte. Sie muß nicht alle Formen festhalten wollen, die je einmal kirchliche Ordnung oder kirchlicher Brauch waren ... Vielmehr muß die Kirche sich immer erneut fragen, wie sie den christlichen Glauben am besten ursprungsgetreu und situationsgemäß verwirklichen kann. In diesem geschichtlichen Prozeß, die Wahrheit des Glaubens für jede Zeit unverfälscht und gegenwartsnah zu verkünden, ist nicht immer leicht zu entscheiden, was im einzelnen von den konkreten Verfassungsformen (zum Beispiel der frühen Kirche) ein bleibendes Erbe bildet oder eine zeitbedingte Erscheinung darstellt ... Macht man sich nun an die Aufgabe, eine jeweils besondere Gestalt des kirchlichen Amtes zu beschreiben, so muß man einen möglichst umfassenden und geschichtlich korrekten Kontext gewinnen ... Auch die dogmatischen Quellen und die lehramtlich verbindlichen Äußerungen stellen das konkrete Priesterbild nicht erschöpfend dar ... Auch einzelne dogmatische Aussagen sind im weiteren Kontext der umfassenden Geschichte des Glaubens zu lesen. Sie dürfen nicht als eine isolierte, abgeschlossene Systemgestalt verstanden werden, die das geschichtliche Mitbestimmtsein ihrer eigenen Aussagen verbirgt. Die einzelnen dogmatischen Entscheidungen müssen in ihrer ganz bestimmten Sinnspitze und Aussagerichtung aufgenommen, dann durch den Rückbezug auf Schrift und lebendige Überlieferung in den großen Zusammenhang des kirchlichen Glaubens und Lebens gestellt und somit wieder entschränkt werden. Diese Verfahrensweise muß besonders bei Dogmen in Anwendung kommen, die in einer bestimmten, vielleicht sogar polemischen Situation entstanden sind und selbst nach weiterer Ergänzung verlangen. Diese hermeneutischen Grundsätze werden besonders bei der Interpretation der Trienter Konzilsentscheidung über das Weihepriestertum ihre Bedeutung gewinnen« (PA 25).

Besser könnte die Illegitimität der Verfahrensweise, nur mit Konzilstexten herumzuschlagen, ohne sie zu interpretieren, nicht nachgewiesen werden.

5. Die Interpretation der zitierten Konzilstexte.

»Es ist erstaunlich, daß die Kirche erst durch die Herausforderung der Reformatoren – von einigen anderen Entscheidungen abgesehen – zu einer ausdrücklichen Bestimmung des Priestertums schritt. Tatsächlich greift das Konzil in der endgültigen Form seiner Entscheidung nur in den von den Reformatoren bestrittenen Fragen auf die überlieferte ›katholische Lehre‹ zurück, so daß das verkündete Dogma eher eine verdeutlichende Rechtfertigung des faktisch in der Kirche ausgeübten Amtes darstellt als eine umfassende theologische Reflexion der gestellten Probleme. Das Konzil machte vor allem das faktische Selbstverständnis der Kirche in ausdrücklicher Form verbindlich« (PA 30). Diese Aussage ist von großer Tragweite. Wenn vom *»faktischen Selbstverständnis«* der Kirche gesprochen wird, dann schließt dieses Wort die ganze geschichtliche Entwicklung dieses Selbstverständnisses in sich ein. Faktisch heißt: hic et nunc, und setzt sich damit ab gegen das, was vorher oder ursprünglich war. Wenn nun das Konzil dieses faktische Selbstverständnis für verbindlich erklärt, dann weist dies nicht so sehr auf die Festlegung einer Glaubenswahrheit, sondern vielmehr einer Glaubenspraxis hin. Diese Praxis mußte gegen die Erneuerungen der Reformation verteidigt und gehandhabt und darum verbindlich gemacht werden.

»Die Intention des Konzils«, so fügen die deutschen Bischöfe hinzu, »muß aber nach seinem eigenen Verständnis noch stärker eingeschränkt werden . . . Da die innerkirchlichen Lehrmeinungen in einzelnen Fragen, über die das Konzil nicht entscheiden wollte, sehr divergierten, die Theologie über die Stellung des Episkopats innerhalb der Kirche in einigen Punkten heftig umstritten war und manche, auch kirchenpolitische Motive eine größere Synthese verhinderten, wurde der Entwurf der ›Doctrina‹ immer mehr auf die Abwehr der reformatorischen Lehre konzentriert und reduziert. Eine Ekklesiologie, die für eine ausreichende theologische Antwort an Martin Luther notwendig gewesen wäre, konnte dieses Konzil noch nicht bieten« (PA 30).

Die Schlußfolgerung Prof. Hans Küngs aus dieser eingeschränkten Zielsetzung des Trienter Konzils ist dann auch unanfechtbar und allgemein anerkannt: »Die Entscheidungen des Konzils von Trient können nicht als verbindliche Definitionen für Fragen angeführt werden, die heute in einer ganz anderen Problemstellung neu gefragt werden. Was die Väter von damals nicht kannten, das können sie auch nicht entschieden haben. Das betrifft vor allem neue exegetische und historische Fragen, die erst in jüngster Zeit überhaupt aufbrachen und einer neuen Lösung bedürfen. Kein Konzil erhält eine neue Offenbarung, sondern ist in seinen Lösungen an die Möglichkeiten der Theologie seiner Zeit gebunden« (Die Kirche, Freiburg 1977, S. 494).

Wichtige Korrekturen wurden vom II. Vatikanischen Konzil an den Aussagen von Trient vorgenommen, gerade auch an jenen Canones, die zur Begründung der Kritik an meinen Darlegungen herangezogen wurden. Korrigiert wurde u. a. der Artikel (D 966): »Wer sagt, in der katholischen Kirche sei keine durch göttliche Anordnung eingesetzte Hierarchie, die aus Bischöfen, Presbytern und Dienern besteht, der sei ausgeschlossen.« Ähnliches geschah mit den Termini »Priester«, »Diakon« und »Episkopos«, wie mit den diesen letzten exklusiv zuerkannten Vollmachten der Ordination und Firmung. (Vgl. D 873 u. 967; H. Küng, S. 492). Auch das II. Vatikanische Konzil hat sich nicht zu einer Synthese über das Priesteramt durchringen können. Noch vierhundert Jahre nach Trient erwiesen sich die Meinungsunterschiede zu tief, als daß eine Einigung herbeigeführt werden konnte. »Die Texte stellen oft eher einen mühsam erkämpften ›Ausgleich‹ der von den Konzilsteilnehmern geäußerten Anschauungen dar« (PA 36).

So überrascht es nicht, wenn Edward Schillebeeckx und Johann B. Metz im Vorwort zur inzwischen erschienenen Nummer 1980/3 von »Concilium« über »Das Recht der Gemeinde auf einen Priester« erklärten: »Was hier geschildert wurde (das kultisch-sakrale Priesterbild), ist zwar kein christliches Dogma, aber es ist doch immerhin die offizielle Lehre der lateinisch-westlichen Kirche. Aber dann muß man hier wohl auch noch anfügen, daß diese Sicht erst ungefähr seit dem Ende des zwölften Jahrhunderts datiert, daß sie also selbst in der lateinischen Kirche noch ziemlich neueren Datums ist und sich merklich unterscheidet von den altkirchlichen Amtsauffassungen. Unbewußt läuteten die mittelalterlichen Konzilien eine neue kirchliche Amtsauffassung und Amtspraxis ein; eigentlich vor allem eine neue priesterliche Spiritualität. Was besonders in der nachtridentinischen Priesterspiritualität fast als Dogma empfunden wurde, ist tatsächlich nur eine begrenzte, historisch sehr bedingte, konkrete Gestalt des Amtes. Es kann angesichts der Praxis und der Auffassungen des ersten christlichen Jahrtausends unmöglich eine unveränderliche Gegebenheit sein. Wäre dies tatsächlich der Fall, dann würde dies bedeuten, daß die Kirche zehn Jahrhunderte lang einer ketzerischen Praxis gehuldigt hätte, oder umgekehrt: daß der Canon von Chalkedon über das Amt eine regelrechte Verurteilung der Trienter Amtskanones enthielte. Das erste und das zweite christliche Jahrtausend würden dann einander ihre authentische Christlichkeit bestreiten.«

Diese Ergebnisse der Theologie sind auch von den deutschen Bischöfen in ihrem Schreiben über das priesterliche Amt gewürdigt worden: »Die Theologie vornehmlich der letzten Jahrzehnte hat sich bemüht, die Aussagen des Konzils von Trient stärker in das Gesamt der kirchlichen Überlieferung einzuordnen. Diese Mühe trug auf dem Zweiten Vatikanischen Konzil ihre Frucht« (PA 34).

II. DAS MODERNE PRIESTERBILD UND DIE LEHRE DER KIRCHE

Die vorausgehenden allgemeinen Vorbemerkungen bilden die Grundlage für meine Stellungnahme zu den vorliegenden Beanstandungen.

1. Christus hat nie Priester in kultisch-sacerdotalem Sinn geweiht.

Nirgends in der Theologie gibt es vielleicht solche terminologischen Probleme wie in der Ekklesiologie. Sie entstanden hauptsächlich aus ihrer geschichtlichen Entwicklung: alte Termini nutzten ab, neue Begriffe wurden ihnen oft unterschoben. Ein sprechendes Beispiel ist das Wort »Kirche«, das bis heute, auch in offiziellen kirchlichen Verlautbarungen noch immer als Synonym der Hierarchie verwendet wird, obwohl die Kirche vom II. Vatikanischen Konzil eindeutig als das ganze Volk Gottes gekennzeichnet wurde.

Ein ähnlich zweideutiges Wort ist das Wort »Priester«. Es deckt zwei ganz verschiedene Inhalte. Zuerst seinem Ursprung nach der Begriff »Presbyter«, Ältester, und zwar als designierter Repräsentant einer Gemeinschaft. In diesem Sinn wurde es im Neuen Testament und in der Frühkirche gebraucht. Zweitens das gleiche Wort, neu interpretiert im Sinne der alten, außerchristlichen Religionen als der sakrale Kultdiener, der Mittler zwischen Mensch und Gott, der durch den Opferkult Versöhnung und Goodwill Gottes oder der Götter erlangen konnte. Eine legitime Entwicklung?

Im Schreiben der deutschen Bischöfe liest man: »Im Neuen Testament ist nicht ausdrücklich gesagt, daß die Amtsträger auch für kultisch-sacerdotale Aufgaben bestellt sind« (PA 5). Tatsache ist jedoch, daß sie in späterer Zeit kultisch-sacerdotale Aufgaben übernommen haben, daß diese sogar zur Hauptaufgabe geworden sind. Für die Kirche entstand das Problem, diese himmlische aber fundamentale Begriffsänderung zu rechtfertigen. Darum konstruiert das Schreiben der deutschen Bischöfe für das Wort »Priester« einen dritten Begriff, nl. »das geistliche Amt« in sehr umfassendem Sinn. (PA 5). In einer ausgedehnten und mühsamen Beweisführung wird versucht aufzuzeigen: 1. daß dieses von Christus gestiftete Amt auf Grund des Priestertums Christi auch ein priesterliches Amt »in umfassendem Sinn« ist, und 2. daß dieses Amt auch »priesterlich« ist »in eigentlichem Sinn« und ihm deshalb die priesterlichen Aufgaben des kultisch-sacerdotalen Priestertums zustehen. In dieser Weise hat man erreicht, was im Neuen Testament verneint wurde, als indirekt bejaht vorzustellen. Diese Interpretation steht jedoch im Widerspruch zur Haltung und Lehre Jesu gegenüber jeglichem »priesterlichen« Dienst und »religiösen« Kultformen, die auch in der Frühkirche immer erhalten blieb. Noch Augustinus weigerte sich nach wie vor Bischöfe und Presbyter »Priester« im eigentlichen Sinn zu nennen. Der Clemensbrief und Tertullian betonen ausdrücklich den nichtsakralen Charakter des Vorstehers des Herrenmahls, indem sie bezeugen, daß für die Eucharistiefeier keine Priester notwendig sind, auch Laien können als Vorsteher der Gemeinde die Eucharistie feiern. »Ein Zusammenhang des Presbyter- und Episkopenamtes mit der Leitung der Eucharistiefeier läßt sich aus dem Neuen Testament nicht nachweisen« (PA 22). »Das neutestamentliche Verständnis des Amtes kennt nach allgemeiner Überzeugung der modernen Exegeten kein Amtspriestertum im späteren mittelalterlichen oder tridentinischen Sinn ... Es ist völlig unmöglich, die Einsetzungsberichte des Herrenmahls als Dokumente für die Einsetzung eines Sakraments der Priesterweihe heranziehen zu wollen« (H. K. Schelke, Theologie des Neuen Testaments, Bd. IV/2, S. 151). Wer dies versucht, fordert mehr, als das Neue Testament hergibt. »Nach dem Neuen Testament wird der Auftrag der Presbyter und Episkopen nicht erst dadurch priesterlich(er), daß sie das Opfer Jesu Christi speziell in der Eucharistie vergegenwärtigen« (PA 22).

Jesus hat keine Priester berufen und keine geweiht. Er berief Apostel. Nur wer dieses urchristliche Amt »priesterlich« in umfassendem Sinn und die Berufung und spätere Handauflegung eine »Weihe« nennen will, kann sagen: »Christus hat Priester geweiht« und »Die Priesterweihe ist ein wahres und eigentliches von Christus eingesetztes Sakrament« (D 961, 963, 966).

2. Christus hat die Feier des Herrenmahls direkt der Gemeinde als Auftrag hinterlassen.

Das Abendmahl des Herrn war, wie jede Mahlfeier, eine Gemeinschaftstat. Diese Gemeinschaftstat ist, theologisch gesprochen, das Zeichen des Sakramentes der Eucharistie. Dieses Zeichen kann nur von der Gemeinschaft gesetzt werden. Darum kann der Auftrag, es zu setzen, auch nur an die Gemeinschaft ergangen sein. Daß dies auch tatsächlich der Fall war, erweist sich aus den Worten Jesu, mit denen er der Gemeinschaft der Jünger diesen Auftrag weitergab: »Tut dies zu meinem Gedächtnis«. So hat es die Urkirche verstanden. Auch für sie war die Gemeinde das aktive Subjekt des »offerimus panem et calicem«.

»Vor allem proklamiert die Gemeinde im Herrenmahl, dem zentralen Geschehen des urchristlichen Gottesdienstes, ›den Tod des Herrn‹, bis er kommt (1 Kor 11,2). . . . So vergegenwärtigt das priesterliche Volk der Christen, das aus dem Opfer Jesu Christi entstanden ist, in seinem Gottesdienst . . . das endzeitliche Opfer Jesu Christi« (PA 20).

Wenn nun in Gegensatz dazu das Konzil von Trient erklärt: »Vollzieher oder Konsekrator der Eucharistie ist nur der gültig geweihte Priester« (D 480, 949, 969), dann ist es die Aufgabe der theologischen Wissenschaft, diesen Widerspruch durch eine richtige Interpretation zu lösen. Das Schreiben der deutschen Bischöfe öffnet dazu einen Weg.

Tatsächlich greift das Konzil in der endgültigen Form seiner

Entscheidung nur in den von den Reformatoren bestrittenen Fragen auf die überlieferte katholische Lehre zurück ... Das Konzil machte vor allem das faktische Selbstverständnis der Kirche in ausdrücklicher Form verbindlich (PA 30). Diese Erklärung zur eingeschränkten Zielsetzung des Konzils deutet darauf hin, daß hier keine Lehraussage, sondern vielmehr eine Kirchendisziplin verbindlich gemacht werden sollte. Angesichts der Ergebnisse der exegetischen und kirchenhistorischen Forschung ist eine andere Interpretation auch nicht möglich, will man die Urkirche nicht einer falschen, häretischen Glaubenspraxis beschuldigen ...

Die deutschen Bischöfe erklärten: »Die Antwort des Konzils will aber keine prinzipielle und exklusive Bestimmung des Priestertums geben ... Vorentwürfe zur endgültigen Fassung und das große Reformdekret des Konzils beweisen, daß man das gemeinsame Priestertum der Gläubigen ... deutlich vor Augen hatte. Im Zug der Kürzung des Entwurfs, der internen Meinungsverschiedenheiten, der Beschränkung auf die Kontroverspunkte ... entschied man sich aber, diese Funktionen und Zusammenhänge nicht zu erwähnen« (PA 31). Die Theologie vornehmlich der letzten Jahrzehnte hat sich bemüht, die Aussagen des Konzils von Trient stärker in das Gesamt der kirchlichen Überlieferung einzuordnen« (PA 34).

Zu einer endgültigen Synthese war auch das II. Vatikanische Konzil nicht fähig. Es erzielte auch nur einen mühsam erkämpften Kompromiß (vgl. PA 36).

3. Durch die Handauflegung werden die Berufenen in vollem Sinn und gleichem Rang zu Aposteln Christi.

Berufung und Sendung kommen von Christus. Er rief seine Apostel, um in seiner Nachfolge die Frohe Botschaft zu verkünden. Sie lehren im Auftrag Christi. Und weil dieser Auftrag nicht auf die damalige Generation beschränkt bleiben sollte – die Verkündigung sollte sich bis an die Grenzen der Erde ausdehnen – mußten die Apostel ihre Aufgabe weitergeben an jene, die ihnen nachfolgen wollten. Dies geschah durch die Handauflegung. Damit war in der Kirche Christi eine evangelische Autorität und ein evangelisches Amt geschaffen. Kein Amt zum Herrschen, sondern nach dem

Willen Christi zum Dienen: ein Lehren und Führen zum Dienst an der Gemeinde.

»Wenn es ein Amt in der Kirche gibt, dann ist der Apostolat das Uramt, von dem sich alle späteren Ämter herleiten« (PA 7) . . .

Die Ausbreitung der Kirche und der damit organisatorisch notwendig gewordene Ausbau ihrer Struktur gab Anlaß, das von Christus begründete Apostelamt nach den in Staat und Gesellschaft vorliegenden Modellen zu differenzieren und sein Verhältnis zu der Gemeinde neu zu ordnen. Daß dies keine demokratische Ordnung blieb, wie sie von Anfang an in den Gemeinden vorherrschend war, sondern eine vertikale, hierarchische, lag im Hinblick auf die damaligen imperialistischen, absolutistischen, feudalistischen Staats- und Gesellschaftsformen auf der Hand. Auch die weitere Strukturentwicklung der Kirche ist das Ergebnis einer jahrhundertelangen Geschichte, bis auf unsere Zeit von ihrer gesellschaftlichen Umwelt mitbestimmt und auch heute noch aufgefordert, sich den gesellschaftlichen Bedingungen und Bedürfnissen der Zeit ständig anzupassen. Aus diesem Grund ist das johanneische »aggiornamento« zu einem der Hauptziele des II. Vatikanischen Konzils geworden.

Diese historische Entwicklung stützt sich nicht auf eine von Christus ableitbare Ordnung, sondern auf eine menschliche Notwendigkeit, die legitim ist, sobald sich in der Kirche eine rechtmäßige Autorität gebildet hat. Darum sagt das II. Vatikanische Konzil: »Die Bischöfe haben, als Nachfolger der Apostel, die Aufgabe ihres Dienstamtes in mehrfacher Abstufung verschiedenen Trägern in der Kirche rechtmäßig weitergegeben« (Lumen Gentium 28). Das heißt nicht, daß dieser rechtmäßige Akt demzufolge auch »göttlichen« Rechts ist. Das Konzil ersetzt wohlbewußt die tridentinische Formel »ordinatio divina« durch das relativierende und indifferente »ordinatio ab antiquo«: von altersher, schon in der alten Kirche war es so . . .

4. »In der Eucharistie wird Gott ein wahres und eigentliches Opfer dargebracht« (D 948).

Daß dieser Kanon des Konzils von Trient in der Kritik angeführt wird, zeigt, daß der Sinn meiner Ausführungen nicht richtig verstanden wurde. Ich habe die Lehre der Kirche über die Eucharistie als Opfer nirgends angeschnitten, in Zweifel gezogen oder gar widersprochen. Im Gegenteil, der Opfercharakter wurde ausdrücklich anerkannt: »Weil nur der Dienst des Mahles und nicht der des Wortes einen Opfercharakter hat, wird nur der dem Gottesvolk anvertraute Dienst des Mahles ein ›königliches Priestertum‹ genannt.« (Priester für heute, S. 86).

In meinem Artikel geht es nicht um die Frage über die innere Wirkung oder Gnade dieses Sakraments, sondern vielmehr um die Materie.

Thomas von Aquin definiert ein Sakrament als ein »signum rei sacrae«. Das signum oder Zeichen gehört zum Wesen des Sakraments. Es ist quasi das Instrument seiner Wirkung. Das Zeichen der Eucharistie ist das Mahl. Im allgemein-menschlichen Zeichen des Mahles hat Christus die Eucharistie eingesetzt. Das ist die übereinstimmende Lehre des Neuen Testaments, das evidente Zeugnis der Evangelien und die Praxis der Urkirche. Dieses Zeichen ist nicht willkürlich gewählt worden: es ist das prägnanteste Zeichen der evangelischen Botschaft der Liebe, das Zeichen der Verbundenheit und der Gemeinschaft mit Christus und der Christen miteinander, das Zeichen also des ureigensten Gebotes des Herrn: »Liebet einander, wie ich euch geliebt habe.«

Dieses profan-menschliche Zeichen wog dem Herrn offensichtlich schwerer als das priesterlich-sakrale Zeichen des Opfers. Auch theologisch ist dies einleuchtend, weil das Opfer seinen Sinn nicht in sich selber hat, sondern in jener Liebe, die den Herrn zu seinem Opfer geführt hat. Das Opfer weist auf sie und führt zu ihr hin. Darum hat der Sinn des Opfers, die Liebe, im Zeichen seinen Ausdruck bekommen. Darum darf dieses Zeichen auch nicht geändert werden, auch nicht von der Kirche. Es ist eine wesentliche Bestimmung, die von Christus selber herrührt. Wenn dies doch, wenn auch unbeabsichtigt, geschehen ist, muß dies, sobald man sich davon bewußt wird, korrigiert werden. Das II. Vatikanische Konzil hat dies eingesehen und versuchte nach dem Maß seiner Möglichkeiten, eine solche Korrektur durchzuführen, aber auch hier blieb das Ergebnis, wie in vielen anderen Fällen, nur ein mühsam erkämpfter Kompromiß.

Die Eucharistiefeier zu einem wahrhaft menschlichen Zeichen der Tischgemeinschaft zu machen ist keineswegs erreicht. Es bleibt eine der Kirche für die Zukunft ständig zur Verwirklichung aufgegebene Forderung.

5. Die Briefe Papst Johannes Pauls II. an die Priester vom Gründonnerstag 1979 und an die Bischöfe vom 1. Fastensonntag 1980.

Am Schluß meiner Darlegungen möchte ich zwei Fragen beantworten, die am Ende der bischöflichen Kritik formuliert wurden:

1. *»Sind Sie bereit, die Lehre der Kirche in der Ausübung des Dienstes zu verkündigen?«* Diese Aufforderung ist Verpflichtung eines jeden, der von Christus zur Verkündigung des Evangeliums berufen und durch die Handauflegung von der Kirche zur Ausübung dieser Berufung gesendet wurde. Denn, weil die Kirche die treue Hüterin des Evangeliums ist, ist ihre Lehre a priori auch die Lehre des Evangeliums. Darum stehe ich zur Lehre der Kirche und, wie ich oben schon sagte, nicht nur dort, wo es sich um eine »unfehlbare« Lehrentscheidung handelt, sondern auch, wo es sich um in der Kirche umstrittene Auffassungen handelt. (Vgl. Vorbemerkungen I,1)

2. *»Sind Sie bereit, die Lehrschreiben Papst Johannes Paul II. ›an alle Priester der Kirche zum Gründonnerstag 1979‹ und ›über das Geheimnis und die Verehrung der heiligen Eucharistie‹ vom 24. Februar 1980, auch wenn sich der Papst darin nicht ausdrücklich auf das Charisma der Unfehlbarkeit beruft, als die Lehre der Kirche anzuerkennen?«*

Diese Aufforderung ruft in ihrer allgemeinen Formulierung einige Fragen auf, die eine differenzierte Antwort fordern.

Das II. Vatikanische Konzil erklärte ausdrücklich und von vornherein, keine dogmatischen, d. h. unfehlbaren Lehraussagen vornehmen zu wollen. Daraus ist ersichtlich, wie behutsam das katholische Lehramt – nach mancher bitteren Erfahrung – bezüglich solchen Aussagen geworden ist. Ebenso vorsichtig sollte man sein mit der Bezeichnung »Lehre der Kirche«. Wie ich oben sagte, stehe ich zu der »Lehre der Kirche«. Die Frage ist, muß ein Schreiben des Papstes ipso facto als »Lehre der Kirche« verstanden und als solche anerkannt werden? Ich meine dieses »ipso facto« bezweifeln zu dürfen. Ein Schreiben des Papstes kann nur als solches bezeichnet werden, wenn es ausdrücklich als »Lehre der Kirche« vorgetragen wird: als ganzes oder für bestimmte Teile. Inwieweit der Brief des Papstes an die Bischöfe vom 1. Fastensonntag 1980 die »Lehre der Kirche« verkünden will, möchte ich hier nicht erörtern. Diesen Brief habe ich auf diesen Aspekt hin nicht studieren können. Ipso facto kann er nicht als solcher betrachtet werden. Dies wäre eine Überforderung der päpstlichen Lehrbefugnis. Die Briefe des Papstes sind seine Briefe und nicht die Briefe der Kirche. Nur was darin als Lehre der Kirche enthalten ist, muß als solches anerkannt werden. Das heißt nicht, daß man ein solches Schreiben leichtsinnig übergehen darf. Es ist schließlich der Papst, der Nachfolger Petri, der Stellvertreter Christi auf Erden, der da schreibt, und nicht ein Theologieprofessor oder ein Pfarrer. Dennoch bleibt der Papst ein Mensch, und auch im Papst wirkt der Heilige Geist keine Wunder, wie die Geschichte lehrt. Darum kann es zweifellos ernsthafte Gründe geben, die nach reiflicher Überlegung einen Professor oder Pfarrer, ebenfalls aus dem Geist und dem Charisma seines Amtes heraus, veranlassen können, bestimmte Auffassungen des Papstes zur Diskussion zu stellen.

Das tut ein Pfarrer dann nicht »in der Ausübung seines Dienstes«, damit die Einheit der Verkündigung und die Gemeinsamkeit mit dem Lehramt gegenüber der Gemeinschaft bewahrt bleibe, er tut es vor jenen, die sich mit solchen Problemen in der Kirche beschäftigen und die ein Recht darauf haben, über diese Probleme informiert und aufgeklärt zu werden. »Darum hat die theologische Diskussion ihren legitimen Platz inmitten der Kirche«, sagten die deutschen Bischöfe (Schreiben an alle, die mit der Glaubensverkündigung beauftrag wurden, 1967). Die Geschichte der Kirche lehrt, die Wahrheit des Glaubens wird in und durch die Gemeinschaft des Glaubens und des Gottesvolkes gefunden. Auch der Papst kann sich dabei nicht auf eigene Kräfte verlassen.

Das hat auch Papst Johannes Paul II. in seinem Brief an die Priester vom Gründonnerstag klar zum Ausdruck gebracht, als er sagte: »Unablässig ... suche ich mit Euch nach Wegen geistlicher Einheit und Zusammenarbeit« (Nr. 1). Er will uns in seine Überlegungen einbeziehen. »Der bevorstehende Gründonnerstag drängt mich, Euch einige Gedanken anzuvertrauen, die ich Euch in diesem Brief vorlege« (Nr. 1). Hier ist gar keine Rede von einer Lehre der Kirche, oder von einer Lehre überhaupt, hier werden nur einige Gedanken vorgetragen. Und hier wird nichts auferlegt, sondern nur vorgelegt. Der Brief ist eine Einladung zum Dialog. In meinem Artikel habe ich diese Einladung angenommen. Mein Antwortschreiben an den Papst will keine Verkündigung sein, noch weniger eine Lehre, sondern nur ein persönlicher Beitrag im Suchen der Kirche nach der Identität des Priesters im Geiste des Neuen Testaments, eine Besinnung auf ihre konkrete Gestalt gemäß den Erfordernissen der Kirche in unserer Zeit. So habe ich versucht zu erfüllen, wozu die Bischöfe selber uns aufgerufen haben: »Stets sind wir aufgerufen, in der geschichtlich variablen Gestalt durch Besinnung auf den Ursprung diesen selbst erneut deutlich zu machen. Wir wollen diese Besinnung in der Bereitschaft anstellen, auch kritische, unser bisheriges Verständnis korrigierende Einsichten anzunehmen, damit das Priestertum in unserer Gegenwart eine solche Gestalt erhält, daß es seine notwendige Aufgabe in der Kirche und für die Welt erfüllen kann« (PA 4). Möge diese, von den Bischöfen angesprochene offene Haltung auch diesem Schreiben gewährt sein.

3 Brief Bischof Stimpfles an Pfarrer Janssen vom 14. November 1980

DER BISCHOF VON AUGSBURG Augsburg, 14. November 1980

Hochw. Herrn Pfarrer
Franz Xaver Janssen
Kath. Pfarramt
8909 Wattenweiler

Hochwürdiger Herr Pfarrer!
Mit Dank bestätige ich den Empfang Ihres umfangreichen Schreibens vom 18. September, das ich aufmerksam gelesen habe.

Nichts liegt mir ferner, als verantwortliches und ausgewogenes theologisches Nachdenken zu verkennen und einem gewissenhaften sowie verantwortungsbewußten Theologen unrecht zu tun. Das kann mich jedoch nicht von der Verantwortung entbinden, gegebenenfalls für die Lehre der Kirche einzutreten und dem Irrtum zu widersprechen. Als Bischof habe ich darüber zu wachen, daß in der mir anvertrauten Kirche die unverkürzte und unverfälschte Botschaft des Glaubens verkündet wird. Wollte ich dieses Wächteramt vernachlässigen, so würde ich mich schuldig machen an der Verführung der »Kleinen«, an der Verwirrung der Schwachen und an verständlichen Protest-Reaktionen von verunsicherten Gläubigen. Wenngleich ich bei diskutablen, erwägenswerten Fragen durchaus zu einem Dialog bereit bin, sehe ich mich hinsichtlich Ihrer Ausführungen nicht in der Lage, in einen solchen einzutreten, da diese offensichtlich der ausdrücklichen Lehre der Kirche widersprechen. Diese Tatsache wird auch nicht durch die zu Ihrer Rechtfertigung aufgeführten kirchlichen Erklärungen, die in keiner Weise der allgemein verbindlichen Lehre der Kirche in den angesprochenen Punkten entgegenstehen, entkräftet.

Aus diesem Grund erscheint es unangebracht, daß Sie mir Ihren bereits bekannten Standpunkt in einem vierzehnseitigen Schreiben noch einmal darlegten; ich hatte lediglich einen Widerruf der von Ihnen in dem Buch »Priester für heute« geäußerten irrigen Auffassungen erwartet. Sie scheinen der Meinung zu sein, daß eine Wiederholung des eigenen Standpunktes eine Rücknahme beanstandeter Überzeugungen ersetze.

Unangenehm überrascht bin ich ferner davon, daß Sie – unter Berufung auf den anerkannten Grundsatz »suprema lex salus animarum« – glauben, meinen Beanstandungen dadurch entgehen zu können, daß Sie für Ihre Person unterscheiden zwischen der von Ihnen bejahten Dienstfunktion als Pfarrer einer Gemeinde und der »Privatperson«, die jenen, »die erwachsen sind im Glauben«, »feste Speise« verabreichen kann. Sind Sie im Ernst der Meinung, die im Glauben nicht »erwachsenen« Glieder Ihrer Gemeinde von der Kenntnisnahme Ihrer »außeramtlichen« Darlegungen abschirmen zu können? Würden Sie sich wundern, wenn beide Gruppen zu der Überzeugung kämen, ihr Pfarrer spreche mit doppelter Zunge und weiche mit der dargebotenen »festen Speise« auch noch den Glauben der also Gespeisten auf?

»Niemand darf«, betont Papst Johannes Paul II. in seiner ersten Enzyklika, »aus der Theologie so etwas machen wie eine einfache Sammlung von eigenen persönlichen Auffassungen; sondern jeder muß darauf bedacht sein, in enger Verbindung zu bleiben mit dem Sendungsauftrag, die Wahrheit zu lehren, für die die Kirche verantwortlich ist« (Enzyklika »Redemptor hominis«, Nr. 19).

Wenn Sie Ihre Auffassungen damit begründen, daß Jesus

Christus nach Ausweis des Neuen Testamentes nicht vollzogen hat, was dann die Kirche – in der Überzeugung, im Sinne des Herrn und unter dem Beistand des von ihm verheißenen Heiligen Geistes zu handeln – so geordnet hat, wie es sich uns heute darstellt, d. h. also auch ein Priesteramt im kultisch-sakralen Sinn, dann müßten Sie folgerichtig ebenso die Legitimität anderer Sakramente, ja die Kirchenbildung sowie den neutestamentlichen Kanon selbst in Frage stellen. Die Kirche als Hüterin der geoffenbarten Wahrheit erfindet ihre Lehre nicht; sie bezeugt, bewahrt, legt aus und vermittelt. Was hierbei die von ihr angewendete Terminologie betrifft, so wissen Sie sicher, daß in nicht wenigen Fällen die Begriffsbildung den Tatsachen erst nachgefolgt ist. Die Dogmengeschichte bietet dafür genügend Beispiele. Wer wollte behaupten, die auf den ersten großen Konzilien gewählten Termini hätten den damit gemeinten Glauben der Kirche erst konstituiert?

Da Sie – mit verschiedenen zeitgenössischen Theologen – meinen, dogmatisch bindende Erklärungen des Konzils von Trient in Frage stellen zu können, empfehle ich Ihnen, besonders hinsichtlich des Dienstamtes der Priester, die Lektüre der einschlägigen Dokumente des Zweiten Vatikanischen Konzils, das unbeschadet seines vorwiegend pastoralen Charakters die Garantie des Beistandes des Heiligen Geistes hat und dessen Entscheidungen der bisherigen Lehre der Kirche voll entsprechen. Diese jüngsten Willens- und Lehräußerungen der Gesamtkirche dürften doch wohl schwerer wiegen als die Konstruktion eines »modernen« Priesterbildes. Wer die Kirche dazu verleiten möchte, ihren Glauben dem Geschmack des veränderlichen Zeitgeistes anzupassen, dem antwortet sie mit den Aposteln: Non possumus! »Wir können unmöglich schweigen über das, was wir gesehen und gehört haben« (Apg. 4,20).

Wenn Sie schließlich der Meinung sind, die Schreiben des Heiligen Vaters vom Gründonnerstag 1979 und vom 24. Februar 1980 müßten inhaltlich nicht »ipso facto« identisch mit der verbindlichen Lehre der Kirche sein, dann gebe ich Ihnen zu überlegen, ob man ernstlicher- und begründeterweise annehmen darf, Papst Johannes Paul II. lege, wenn er in seiner Hirtensorge über das Priesteramt und die heilige Eucharistie schreibt, nicht die allgemein gültige Lehre der katholischen Kirche dar.

Sie wollten »nur einige Gedanken« vorlegen, nicht auferlegen. Diese Gedanken tun Sie jedoch als Priester und – wie Sie selbst auf S. 2 Ihres Schreibens vom 18. September 1980 ausführen – »für die Öffentlichkeit der Kirche und zu ihrem Heil« kund. Wer aber im Auftrag der Kirche den Glauben verkündigt, muß das lehren, was die Kirche glaubt und verkündigt. Er darf die Öffentlichkeit nicht verunsichern durch die Ergebnisse privater Wahrheitssuche. Der Glaube ist nie etwas bloß Privates oder Sache des einzelnen, er hat vielmehr eine ekklesiale und soziale Dimension. Wer deshalb die katholische Lehre leugnet oder in Frage stellt, der darf keiner Gemeinde vorstehen, die den katholischen Glauben bekennt. Mit zwei Zungen zu reden, bedeutet Heuchelei, die schlechte Früchte zeitigen wird, vor allem dann, wenn jemand Verantwortung in der Kirche trägt.

Hochwürdiger Herr Pfarrer, in der Verantwortung des Bischofsamtes lege ich Ihnen nochmals in tiefer Sorge die Frage vor: Sind Sie bereit, Ihre in dem Buch »Priester für heute« unter dem Titel »Nie darf der Dialog aufhören« gemachten Ausführungen in Einklang mit der Lehre der Kirche zu bringen und öffentlich zu widerrufen? Der Widerruf muß bei der amtlichen Verkündigung im Pfarrgottesdienst Ihrer Gemeinde erfolgen. Der Wortlaut des Widerrufs, der ausdrücklich die Distanzierung von Ihrem Beitrag »Nie darf der Dialog aufhören« (zu dem Buch »Priester für heute«) enthalten muß, ist an mich zu senden. Er wird im Amtsblatt für die Diözese Augsburg veröffentlicht werden.

Zerstreuen Sie meine Sorgen und Zweifel und stellen Sie durch einen Widerruf klar, daß Sie auf dem Boden der Kirche und ihrer Lehre stehen. Sollten Sie dies aber nicht tun wollen und weiterhin für richtig halten, was Sie in Ihrem beanstandeten Artikel ausführten, dann muß ich Sie auffordern, die Konsequenzen zu ziehen. Wenn Sie nicht mehr an die in meinem Schreiben vom 6. August 1980 dargelegte Lehre der Kirche glauben, so wäre dies Ihre persönliche Entscheidung, die ich zwar tief bedauern, aber respektieren müßte.

Seien Sie der Gnade des Herrn anbefohlen!

Mit brüderlichen Grüßen
† Josef
Bischof von Augsburg

4 Brief Pfarrer Janssens an Bischof Stimpfle vom 25. Dezember 1980

Hochw. Herrn Dr. Josef Stimpfle — Weihnachten 1980
Bischof von Augsburg
Augsburg

Hochwürdigster Herr Bischof,
lieber Bruder im Priesteramt,
ein Arbeiter arbeitete seit vielen Jahren in einem großen Kernkraftwerk. Eines Tages verspürte er in seiner Arbeitshalle ein unbekanntes Rauschen, das sich allmählich zu einem beängstigenden Pfeifen ausweitete. Im Bewußtsein seiner großen Verantwortung ging er umher, um der Ursache auf die Spur zu kommen. Da begegnete ihm der Oberdirektor. Der fragte ihn, weshalb er da herumlief. Der Arbeiter erklärte ihm die Situation. Der Direktor, dem der Ernst des Falles scheinbar noch gar nicht bewußt war, sagte: »Geh wieder an die Arbeit. Sie schaffen Unruhe in der Belegschaft. Unsere Experten werden sich schon rechtzeitig um die Sache kümmern.« Der Arbeiter zögerte. Dann ging er schweigend zurück an seinen Arbeitsplatz. Eine Stunde später explodierte der Atomreaktor!

Herr Bischof, ich fühle mich wie dieser Arbeiter. Überall höre und spüre ich im Betrieb der Kirche die Notsignale. Ich bemühe mich – in der Mitverantwortlichkeit des Amtes – Ursachen zu erkennen und Auswege zu suchen. Sie werfen mir aber vor, Unruhe in die Gemeinschaft hineinzutragen. Wird hier nicht Ursache und Folge verwechselt? Unruhe und Unsicherheit sind schon längst da, wenn man es auch oft nicht wahrhaben will. Der Papst erlebte bei seinem Besuch in Deutschland fast eine triumphierende Kirche. Es blieb der Vertreterin der Katholischen Jugend vorbehalten, als einzige auch etwas von den Nöten dieser Kirche öffentlich zu artikulieren. Wieviel Zeit wird uns noch gelassen, die Katastrophe abzuwenden?

Die Jugend wandert aus der Kirche aus. Die Arbeiterklasse ging schon voran. Es folgten die Intellektuellen. Dann die Priester. Sie treiben hinaus oder werden hinausgetrieben. Jetzt stehen die Frauen an der Tür, um das Haus zu verlassen, wo ihnen kein vollwertiger, ihrer Würde angepaßter Platz zugestanden wird. Und immer gehen die besten und fähigsten zuerst. Was bleibt der Kirche da noch übrig als nur die Angepaßten, die Gleichgeschalteten, und Ruhe und Ordnung, die einer Friedhofsruhe sehr ähnlich sehen? Darf ein Christ, darf ein Priester da schweigen?

Wie kann sich die Kirche »semper reformanda« dann noch erneuern? Wie hätte das Konzil so viele Reformen zuwege bringen können, wenn ihre Priester und Theologen nicht Jahrzehnte lang immer wieder die Lehre der Kirche zur Diskussion gestellt hätten. Diese Lehre muß immer vorwärts schreiten und sich entwickeln. Keiner will heute noch dem gelehrten Papst Gregor XVI. beipflichten, der verkündete: »Die Lehre der Gewissensfreiheit ist eine falsche Überzeugung, ja vielmehr ein Wahnsinn.«

Wenn begründete Argumente vorliegen, ist es ein Recht, ja eine Pflicht, sogar »ausdrückliche« Lehren der Kirche zur Diskussion zu stellen. »Darum gibt es in der Kirche«, schreibt Prof. Karl Lehmann, »wenn sie sich recht versteht, auch nicht jene unheimliche Linientreue und jenen Kadavergehorsam, die alles und jedes immer von vorherein rechtfertigen müssen.« Ich nehme an, daß Sie diese Meinung teilen.

Herr Bischof, ich respektiere Ihre Sorge für das Heil der Kirche und für unser Bistum. Es ist Ihre Aufgabe und sie ist nicht leicht. Ich bin überzeugt, daß Sie diese Aufgabe nach bestem Wissen und Gewissen erfüllen. Dennoch meine ich aus meiner Sicht die Art und Weise bedauern zu müssen, wie Sie sie gelegentlich erfüllen, so wie im vorliegenden Fall meines Briefes an den Papst. Ich habe auch Ihr letztes Schreiben mehrfach gelesen und überdacht. Es bleiben mir viele Fragezeichen. Ich frage mich, ob in meinem Fall wohl genügend der Unterschied berücksichtigt wurde: zwischen einer geäußerten Meinung und einer verkündeten Lehre; zwischen einer Aussage im Namen der Kirche und im eigenen Namen; zwischen fehlbaren und unfehlbaren Aussagen; zwischen einer Lehre des Papstes und der Lehre der Kirche; zwischen einem päpstlichen Lehrschreiben und einem Pastoralschreiben.

Meinen von Ihnen beanstandeten Text habe ich nicht für meine Gemeinde geschrieben oder ihn dort vorgetragen. Er ist der Gemeinde als solcher unbekannt. Was ich schrieb, ist eine persönliche Antwort in offener Form auf den Brief, den der Papst den Priestern und damit auch mir geschrieben hat.

Wenn nicht als Pfarrer, so schrieb ich dennoch nicht als einfacher Christ, sondern als Priester Christi, von ihm berufen und zur Verkündigung der frohen Botschaft bestellt und gesandt, im Licht und in der Kraft, die mir von seinem Geist geschenkt wurden. Darf ich aus falsch verstandenem Gehorsam meine Berufung verleugnen und schweigen, wo das Heil der Kirche gebietet zu reden?

Ich habe nie eine fundamentale Glaubenslehre der Kirche geleugnet und werde sie nie leugnen. Aber Sie sollten mir, nicht als Pfarrer, sondern als Priester, mit Ihnen zum Apostel auserwählt, jenen legitimen Freiraum des Theologen zugestehen, der außerhalb dieser fundamentalen, irrtumsfreien Lehren liegt. Sie verweisen nach Denzinger. Ich glaube zu dessen Gebrauch auf die Warnung eines so unverdächtigen wie zuverlässigen Zeugen wie Yves Congar hinweisen zu dürfen, der sagt: »Bald wird sich keiner mehr in gültiger Weise auf Denzinger beziehen können, ohne den ganzen historischen, philologischen und kirchlichen Zusammenhang zu beachten.«

Vom Konzil in Trient, das Sie zitierten, heißt es: »Von den Canones von Trient wurde nur zwei der Wert einer Lehrentscheidung zuerkannt« (D 817 und 884). Und weiter: »Manche glauben noch, daß jede mit dem ›anathema sit‹ verurteilte These ein Glaubensdogma betreffe, dessen Gegenteil eine Häresie wäre.«

Wenn Sie mich in Ihrem ersten Schreiben aufforderten, einigen von Ihnen zitierten Sätzen der Kirche zuzustimmen, dann steht dem meinerseits nichts im Wege. Aber damit ist das Problem nicht gelöst. Es bleibt die Frage, wie Sie im heutigen Verständnis zu werten und zu interpretieren sind. Wenn darüber die Meinungen innerhalb der Kirche auseinandergehen, ist dies noch keine Katastrophe. Daran geht die Kirche nicht zugrunde. Im Gegenteil. Es zeigt, daß sie lebt! Sie sollen ausdiskutiert werden. Aber, sagt Karl Rahner, »wo dies der Fall ist, ist Vorsicht, Geduld, nicht rasch-abgebrochener Dialog, Verständnisbereitschaft, kurz, Toleranz von beiden Seiten erforderlich; Toleranz, die von der Sache selbst, von der menschlichen Würde des betroffenen Theologen und von einer legitimen Freiheit der Theologie gefordert ist«. Ich glaube, daß diese, von einem weisen und in diesen Angelegenheiten erfahrenen Menschen aufgestellten Normen Beachtung verdienen und eingehalten werden sollten, will man ein gerechtes Verfahren erreichen. Sie auf den vorliegenden Fall anwenden, will heißen, daß zuerst und vor allem geklärt werden soll, ob in meinem Brief an den Papst der legitime Freiraum der Theologie überschritten oder dadurch einer letztlich verbindlichen Lehre der Kirche widersprochen wurde. Dies ist keine rechtliche, sondern eine Wahrheitsfrage und kann darum nicht auf autoritärem Wege oder mit disziplinären Maßnahmen, sondern nur durch theologisch-wissenschaftliche Prüfung entschieden werden.

Würde nach einer solchen objektiven und überparteilichen Prüfung – ich meine, daß mir dieses Recht, wie jedem anderen Theologen, zusteht – die Antwort lauten: affirmative: dann bin ich bereit, mich dieser Entscheidung zu unterwerfen und die inkriminierten Texte meines Briefes öffentlich zu korrigieren; sollte die Frage jedoch verneint werden, dann erhoffe ich, daß die mir gestellten Forderungen sich erübrigen, weil ihre Grundlage verfallen ist.

Lieber Herr Bischof, keiner besitzt die volle Wahrheit. Sie ist unendlich und nur in Gott. Wir sind ständig und mit Mühe unterwegs zu ihr. Sie und ich, wir sollten es in Demut erkennen. Es ist schon zuviel und zu leichtfertig als Wahrheit auferlegt worden, was später doch wieder revidiert werden mußte. Wir sollten nicht Herren des Glaubens sein wollen, sondern nur Diener der Wahrheit. Ich schrieb nur, um ihr zu dienen.

Unser Herr, dives in misericordia, sei allezeit mit Ihnen.

Ihr
Xaver Janssen
Pfarrer

5 Brief Bischof Stimpfles an Pfarrer Janssen vom 1. Januar 1981

DER BISCHOF VON AUGSBURG — Augsburg, Neujahr 1981

Hochwürdigen Herrn
Pfarrvikar Franz X. Janssen
Katholisches Pfarramt
8909 Wattenweiler

Hochwürdiger Herr Pfarrvikar,
lieber Mitbruder in Christus,
es tut mir leid, daß ich Sie heute am ersten Tage des neuen Jahres aufsuchen mußte, um zum drittenmal – nunmehr im persönli-

chen Gespräch – und endgültig zu versuchen, Sie zu bewegen, Ihre in »Priester für heute« (Hrg. Prof. Dr. Georg Denzler) vertretene Lehrmeinung öffentlich zu widerrufen und in Einklang mit dem Glauben der Kirche zu bringen. Dieselbe Aufforderung hatte ich bereits schriftlich am 6. August 1980 und am 14. November 1980 an Sie gerichtet. In Ihren Schreiben vom 18. September 1980 bzw. Weihnachten 1980 hatten Sie erneut versucht, Ihre Auffassungen zu rechtfertigen anstatt in Übereinstimmung mit dem verbindlichen Glauben der Kirche zu bringen. Das gleiche Ergebnis zeigte unsere heutige Unterredung.

Mein Bemühen, Sie zur Einsicht und zum Einlenken sowie zur Distanzierung von irrigen Lehrmeinungen in einer klaren, verbindlichen Erklärung zu veranlassen, ist zu meinem Bedauern erfolglos geblieben. Offensichtlich weigern Sie sich beharrlich, Ihre in dem Buch »Priester für heute« unter dem Titel »Nie darf der Dialog aufhören« gemachten Ausführungen öffentlich zu widerrufen.

Worauf ich bestehen muß und worin Sie Ihre Meinung ändern und dies öffentlich kundtun müssen, habe ich in meinem Schreiben vom 6. August 1980 im einzelnen dargelegt.

Ich habe Ihnen ausdrücklich den legitimen Freiraum theologischen Bemühens zugestanden, der sich im Rahmen der verbindlichen Glaubenslehre der Kirche bewegt. Auch diese habe ich in meinem Schreiben dargelegt, bzw. auf die Quellen verwiesen. Deshalb ist ein von Ihnen gefordertes Verfahren zur Feststellung der Wahrheit bzw. Ihres Abweichens von derselben in dieser Frage nicht nötig.

Ich erhebe jedoch keinen Einspruch gegen eine »objektive und überparteiliche Prüfung« – wie Sie sich ausdrücken in Ihrem Weihnachtsbrief –, weise aber Ihre Unterstellung mit aller Entschiedenheit zurück, daß ich als Bischof in der Verantwortung für die Bewahrung und Verteidigung der Glaubenslehre der Kirche nicht befugt sei, die von mir getroffene Entscheidung zu fällen.

Ich habe mich deshalb genötigt gesehen, Sie ab heute vom priesterlichen Dienst im Bistum Augsburg zu beurlauben. Dies habe ich – wie ich Ihnen mitteilte – auch der zum Gottesdienst versammelten Pfarrgemeinde Wattenweiler kundgetan.

Ihrem Ansuchen gemäß übergebe ich die Angelegenheit mit der Dokumentation unseres Schriftwechsels an die Glaubenskommission der Deutschen Bischofskonferenz zur »objektiven und überparteilichen Prüfung«. Ich bemerke aber, daß dieser Vorgang keine aufschiebende Wirkung Ihrer amtlich verfügten Beurlaubung vom priesterlichen Dienst hat.

In der Hoffnung, daß Sie nach der zu erwartenden Entscheidung das in Ihrem Weihnachtsbrief gegebene Versprechen einlösen, d. h. bereit sein werden, sich »dieser Entscheidung zu unterwerfen und die inkriminierten Texte (Ihres) Briefes öffentlich zu korrigieren«, verbleibe ich mit den besten Genesungswünschen

Ihr
† Josef
Bischof von Augsburg

6 Brief Generalvikar Weckbachs an Provinzial Cor Spruit vom 7. Januar 1981

DER GENERALVIKAR
DES BISTUMS AUGSBURG

89 Augsburg, den 7. Jan. 1981
Nr. 46

Hochwst. Herrn Provinzial
P. Cor Spruit
Prov. Weg Oost 62
Haastrecht (Z.–H.)
Holland

Hochwürdigster Herr Pater Provinzial!
Ich habe die wenig erfreuliche Aufgabe, Ihnen mitzuteilen, daß sich unser Hochwürdigster Herr Bischof gezwungen sah, den die Pfarrei Wattenweiler in der Diözese Augsburg betreuenden Herrn P. Franz Xaver Janssen, Mitglied Ihrer Gemeinschaft, seines Amtes zu entheben und zu beurlauben. Grund für diese Maßnahme ist die von P. Janssen in Zeitungsartikeln und vor allem in dem von Georg Denzler herausgegebenen Buch »Priester für heute« hartnäckig vertretene Leugnung des Amtspriestertums. Einzelheiten über die dem Glauben der Kirche widersprechenden Auffassungen von P. Janssen, der sich in seinen irrigen Meinungen als Supertheologe gebärdet, mögen Sie der Beilage entnehmen. Im übrigen scheint ihn der Umstand, daß er

von uns als Amtspriester und nur als solcher Gehalt bezog, keineswegs irritiert zu haben.

Trotz geduldigster Bemühungen ist es dem Hochwürdigsten Herrn Bischof nicht gelungen, P. Janssen zu einem Widerruf seiner häretischen Behauptungen zu bewegen. Auch ein persönliches Gespräch, das der Hochwürdigste Herr Bischof am Neujahrstag in Wattenweiler mit P. Janssen führte, blieb erfolglos, so daß notgedrungen die Beurlaubung, die einer Suspension gleichkommt, auszusprechen war. Der Hochwürdigste Herr Bischof übernahm den Neujahrsgottesdienst selbst und unterrichtete die Gemeinde Wattenweiler über die Vorgänge und über die für die weitere Betreuung der Pfarrei getroffene Regelung.

Da P. Janssen in unserer Diözese keinerlei Möglichkeit, weiterhin seelsorglich tätig zu sein, geboten werden kann, sehe ich mich genötigt, den Gestellungsvertrag vorsorglich zu kündigen, bitte Sie aber, so bald wie möglich, genannten Herrn zurückzurufen.

Das Bandscheibenleiden, mit dem P. Janssen längere Zeit zu tun hatte, hat sich nach eigener Aussage gebessert, so daß von hier aus kaum ein Grund für eine längere Verzögerung gegeben sein dürfte.

Ich bedauere aufrichtig, Ihnen diese Mitteilung machen zu müssen, und entbiete

verehrungsvolle Grüße!
Ihr
(Prälat O. Weckbach)

7 Bericht im »Informationsdienst des Bistums Augsburg« vom 4. Februar 1981 und in der »Kirchenzeitung für die Diözese Augsburg« vom 15. Februar 1981

Bischof Dr. Josef Stimpfle hat im Rahmen der kanonischen Visitation der Pfarrgemeinden Bertoldshofen, Bidingen und Bernbach im Dekanat Marktoberdorf bei zwei sehr gut besuchten Pfarrabenden auf entsprechende Fragen Stellung zu den »Fällen« Dr. Hörmann, Dr. Lattke und der Beurlaubung des Wattenweiler Pfarrvikars Pater Franz X. Janssen genommen. Dabei hat es der Bischof unter Beifall bedauert, daß seit Wochen und Monaten unter Außerachtlassung wichtiger Tatsachen, im Aufgreifen von verzerrten Aussagen der Betroffenen, der Nichteinholung der Meinung von ihm sowie der Ablehnung für den Bischof positiver Leserbriefe und Stellungnahmen in einem Teil der Presse eine Stimmung erzeugt werde, die zu bedauerlichen Ausfällen führe. Dadurch werde den Lesern die Möglichkeit der objektiven Einschätzung der Vorgänge genommen.

Bischof Dr. Stimpfle bekräftigte in der Beantwortung der Frage zum »Fall Janssen« seine Hirtenaufgabe und das ihm als »authentischen Lehrer des Glaubens« übertragene Wächteramt, das er im Falle der Publikation Pfarrer Janssens in dem Buch »Priester für heute« habe ausüben müssen. In diesem Beitrag habe Pfarrer Janssen eine klar definierte Glaubenswahrheit, das 7. Sakrament, das Weihepriestertum geleugnet und sei nicht bereit gewesen, diesen Glaubensirrtum in Einklang mit dem Glauben der Kirche zu bringen. Das Bemühen der Bistumsleitung darum gehe seit August 1980 und habe in mehreren ausführlichen Schreiben Niederschlag gefunden und im persönlichen Gespräch des Bischofs mit Pfarrvikar Janssen am Neujahrstag seinen Höhepunkt erreicht. Pfarrvikar Janssen sei, so der Bischof, in keinem Schreiben und auch nicht im Gespräch auf den Inhalt der bischöflichen Bitten eingegangen, sondern habe hartnäckig seinen Standpunkt vertreten, um den es, nachdem es sich um eines der Sakramente handle, keine Diskussion wie in anderen theologischen Fragen geben könne.

Schließlich habe Pfarrvikar Janssen behauptet, der Bischof habe ihn in das Bistum gerufen und schiebe ihn nunmehr aufs Alter nach Holland ab; seine und seiner Pfarrköchin Altersversorgung sei nicht gesichert; der Bischof habe ihn ohne Ankündigung am Neujahrstag »überfallartig« besucht. Durch diese falschen Behauptungen, die von Teilen der Presse ohne Rückversicherung aufgegriffen worden seien, habe Pfarrvikar Janssen in der Öffentlichkeit eine für ihn mitleidsvolle Stimmung zu erzeugen versucht, die bei Kenntnis der Tatsachen in sich zusammenbreche.

»Ich habe Pfarrvikar Janssen nicht gerufen«, stellte Bischof Dr. Josef Stimpfle in Bertoldshofen und Bidingen fest. Der holländische Passionistenpater sei seinerzeit in das Bistum Rottenburg-Stuttgart gekommen, das er habe verlassen müssen. Daraufhin habe sich das Bistum Augsburg entgegenkommenderweise bereit erklärt, ihn aufzunehmen; in der Zeit seines Wirkens hier habe er, der Bischof, über eine Fülle von Illoyalitäten des Pfarrvikars an den verschiedenen Wirkungsorten hinweggesehen und seine in ungezählten Leserbriefen geführte theologische Diskussion niemals aufgegriffen, sondern erst gehandelt, nachdem er eine eindeutige Glaubenswahrheit geleugnet habe. Pfarrvikar Janssen bekomme für seinen Dienst in der 520-Seelen-Gemeinde Wattenweiler entsprechend dem mit seinem Orden abgeschlossenen Vertrag monatlich rund DM 3450,–, von denen er jederzeit entsprechende Alterssicherungen hätte abschließen können; als Vergleich nannte der Bischof einen z. B. eine 10 000 Einwohner zählende Pfarrei betreuenden Geistlichen, der entsprechend dem Alter rund DM 2100 verdiene, wobei hier die Alterssicherung einbehalten sei. Schließlich zahle das Bistum für die Haushälterin von Pfarrvikar Janssen zu deren Besoldung einen monatlichen Zuschuß von derzeit DM 563,–, was einem Drittel des vom Geistlichen zu tragenden Lohnaufwandes entspricht. Im Jahre 1979 erhielt Pfarrvikar Janssen zur nachträglichen Korrektur der Besoldung seiner Haushälterin eine Nachzahlung von DM 26 000,–, nachdem er hier nicht seiner Pflicht als Dienstgeber entsprechend gesorgt habe.

Bischof Dr. Josef Stimpfle stellte sich und der Pfarrversammlung die Frage, ob die Diözese Augsburg und er Pfarrvikar Janssen nicht mit Großmut, Gesprächs- und Hilfsbereitschaft sowie einer über das Normalmaß hinausgehenden Toleranz behandelt habe.

8 Postwurfsendung des »Freundeskreises Kirche für unsere Zeit« an alle Haushaltungen von Wattenweiler

Marktoberdorf, im Januar 1981

Verehrte Mitchristen in Wattenweiler!

Wir möchten Ihnen schreiben, weil Sie vielleicht wegen Ihres Seelsorgers Pfarrer Janssen etwas ratlos sind. Pfarrer Janssen ist Mitglied in unserem Kreis, der sich am 17. Januar in München getroffen hat. Die dreißig Anwesenden – Freunde und Gäste aus dem südbayerischen Raum und aus Hessen – haben uns dazu beauftragt. Wir haben über den »Fall Janssen« ausführlich gesprochen. Pfarrer Janssen hat unsere volle Solidarität.

Wir möchten Ihnen in Ihrer Ratlosigkeit, in Ihrem Unmut und in Ihrem Ärger ein wenig zur Seite stehen. Wir wissen freilich, daß es bei Ihnen genügend Christen gibt, die sich ihre eigenen Gedanken machen, die ein Bischof zwar schockieren kann, die sich aber kein »x« für ein »u« vormachen lassen. Ihnen allen möchten wir Mut machen, sich nicht vorschnell ein abwertendes Urteil über Ihren Seelsorger zu bilden, auch wenn er in die kirchliche Amtsmühle geraten ist. Dabei dürfte dies Ihnen selbst leichter fallen, als den Lesern der verschiedenen Zeitungen, die ja Außenstehende sind und die darum in ihrer Urteilsbildung nur auf Zeitungsberichte angewiesen sind. Uns ist der Vorgang auch durch Pfarrer Janssen persönlich bekannt.

Folgendes gilt es festzuhalten: 1. Pfarrer Janssen hat Ihnen getreu seinem Auftrag jahrelang das Evangelium verkündet und sich bei Ihnen als Seelsorger bewährt. 2. Pfarrer Janssen hat niemandem von Ihnen ein anderes Glaubensbekenntnis beigebracht. 3. Pfarrer Janssen hat an einer theologischen Diskussion teilgenommen, die er nie in Ihre Pfarrei hineingetragen hat. 4. An dieser Diskussion in Buchform waren namhafte Theologen und auch andere Pfarrgeistliche beteiligt. 5. Der Bischof von Augsburg ist gegen »das schwächste Glied der Kette«, gegen einen 68jährigen Seelsorger einer kleinen Pfarrgemeinde vorgegangen. 6. Der Bischof hat Ihrem Seelsorger vorgeworfen, die Lehre der Kirche in Frage gestellt zu haben und ihn zum Widerruf in öffentlicher Form aufgefordert. 7. Der Bischof war Ankläger und Richter in *einer* Person. Pfarrer Janssen hatte *vor* seiner Verurteilung nicht die Möglichkeit, Theologen als »Rechtsanwälte« für sich selbst sprechen zu lassen. 8. Der Bischof hielt es nicht für nötig, jemanden aus Ihrem Pfarrgemeinderat zu befragen, ob denn Pfarrer Janssen »die Kleinen und Schwachen verführt« oder jemanden von Ihnen »verunsichert« habe. 9. Der Bischof hat Ihre Gemeinde vor vollendete Tatsachen gestellt. Ihre Meinung war dem Bischof offenbar unwichtig. 10. Wer sich nach all dem Gesagten das Urteil bildet, der Bischof habe zumindest vorschnell gehandelt, der braucht sich das nicht so leicht ausreden zu lassen.

Wir bitten Sie sehr herzlich, sich nicht verbittern zu lassen, auch wenn manchem unter Ihnen der Kragen platzen möchte. Manchmal wird es einem sehr schwer gemacht, seine Kirche zu lieben, wenn man sieht, wie ängstlich und eng Bischöfe den katholischen Glauben verstehen. Wir alle wünschen uns Bischöfe, die zum Glauben ermutigen, die auch einmal eigenständig denkende gläubige Christen aushalten. Lassen Sie sich nichts vormachen: Ihr Seelsorger wollte keine neue Lehre aufstellen. Wir finden es wie viele von Ihnen empörend, wenn hier ein verdienter Priester nach Holland abgeschoben werden soll. Jesus hat uns gesagt, daß man uns Christen an der gegenseitigen Liebe erkennen soll. Hier aber ist lieblos gehandelt worden. Wir wissen nicht, ob der Bischof bereit ist, einen Fehler zuzugeben und ihn wiedergutzumachen, wir hoffen es aber.

Wir Christen suchen uns die Kreuze unseres Lebens nicht aus. Manchmal werden sie uns von Menschen auferlegt, von denen wir es am wenigsten erwartet hätten. Und doch dürfen wir vertrauen, daß uns Jesus die Kraft gibt, auch solche Kreuze zu tragen. Aber wir können wie Simon von Cyrene helfen, das Kreuz mitzutragen durch unsere Solidarität und durch unser Gebet.

Pfarrer Janssen weiß um die Solidarität und das Gebet des Freundeskreises. Machen Sie es bitte ähnlich und lassen Sie nicht nach in Ihren Überlegungen, wie Sie über das Gebet hinaus Pfarrer Janssen auch aktiv Ihre Solidarität beweisen können.

Für den Freundeskreis Kirche für unsere Zeit

Franz und Irene Kramer
Memminger Str. 4
8952 Marktoberdorf
Tel. (0 83 42) 56 33

9 Leserbrief Professor Josef Blanks in der »Süddeutschen Zeitung« vom 28. Januar 1981

Statt christlicher Liebe nur Fanatismus

Zum Artikel »Bischof Stimpfle setzt Dorfpfarrer ab« in der SZ Nr. 6, und »Sympathie für Pfarrer Janssen. Priester und Laien kritisieren Maßregelung durch Bischof Stimpfle« (SZ Nr. 11) und »Pfarrer Janssen will aufgeben. Ruhestandsgesuch angekündigt / Ordinariat verteidigt Maßregelung durch Bischof« (SZ Nr. 12):

Der Führungsstil des Augsburger Bischofs Stimpfle – wofern von einem solchen überhaupt noch gesprochen werden kann – treibt höchst seltsame Blüten. Die Art, wie er mit dem 68jährigen Dorfpfarrer Janssen verfährt, gibt Anlaß, an der christlichen Weisheit dieses Oberhirten ebenso zu zweifeln wie an seiner Menschenfreundlichkeit und pastoralen Vernunft. Da wird am Neujahrstag ein Drama inszeniert, als stünde der Weltuntergang unmittelbar bevor. Und das in einer Sache, die wahrhaftig eine andere Art der Behandlung verdient hätte. Was hat Pfarrer Janssen denn Böses getan? Er hat einen Artikel geschrieben mit dem Titel: »Nie darf der Dialog aufhören.« Ist das vielleicht eine unbillige und unchristliche Forderung? Mitnichten. Und er hat als Pfarrer von damals 67 Jahren etwas von seiner priesterlichen Lebenserfahrung formuliert, was allerdings mit manchen kirchenamtlichen Tapeten nicht mehr übereinstimmt. Er sagt zum Beispiel in seinem Brief an den Papst:

»Lieber Bruder im Priesteramt, wer hier im Westen die Entwicklung der Nachkriegsjahre bewußt miterlebt hat, ist ein anderer Mensch beziehungsweise ein anderer Priester geworden ... Das sakrale Priesterbild, das Sie schildern, ist genau jenes, dem ich seinerzeit im Seminar begegnet bin. Dieses Bild ist mir fremd geworden. Ich kann nicht mehr daran glauben. Die ehrliche Besinnung auf die Heilige Schrift hat mir klargemacht, daß Christus nie Priester in diesem Sinne geweiht hat.«

Was Bruder Janssen von sich selber sagt, ist längst allgemein bekannt (vgl. den Bericht »Fragwürdiges Priesteramt?« über die Tagung der Katholischen Akademie in München, »Weltpriester nach dem Konzil«, von G. Uellenberg, SZ Nr. 162). Auch was die Heilige Schrift angeht, so hat Janssen völlig recht. Darf man als Priester im Amt nicht über seine eigenen Lebenserfahrungen sprechen und daraus gültige Einsichten formulieren? Offenbar dann nicht, wenn sie der Doktrin widersprechen. Man fühlt sich an die Geschichte eines gewissen Dr. Joseph Bernhart erinnert, die vor sechzig Jahren ebenfalls in Augsburg passierte, und an sein immer noch aktuelles Buch »Der Kaplan«. Inzwischen haben aber viele Priester gelernt, sich ihren Lebenserfahrungen im geistlichen Amt ehrlich zu stellen, und sie nicht mit Hilfe einer theologischen Doktrin zu verdrängen. Das macht dem

Augsburger Bischof offenbar Angst; vielleicht weil er selber zu viel hat verdrängen müssen.

Außerdem finde ich die Art, wie Bischof Stimpfle mit einem altgedienten Mitbruder verfährt, schmählich und in jeder Weise eines guten Oberhirten unwürdig. Da ist keine christliche Liebe mehr im Spiel, sondern doktrinärer Fanatismus. Kennt Bischof Stimpfle die Bibelstelle nicht: »Selig sind die Barmherzigen, denn sie werden Barmherzigkeit erlangen«? Falls er sie kennt, hat er sich daran nicht orientiert. Der Bischof Stimpfle und sein Ordinariat müssen wissen, daß ihr Verhalten keinen guten Eindruck macht, weder vom Christlichen noch vom Menschlichen her gesehen. Sie müssen weiterhin wissen, daß dieses Verhalten auch der Glaubwürdigkeit der Kirche nicht dient und daß es nicht das Richtige ist, die Wirklichkeit nicht wahrhaben zu wollen. Denn, auch wenn sie das heute nicht mehr so deutlich sagen, aus tiefer Resignation heraus, so denken dennoch sehr viele Priester genauso wie der Bruder Janssen.

Prof. Dr. Josef Blank
Karlstraße 179
6601 Saarbrücken-Klarenthal

10 Brief Provinzial Ronald Thijssens an Generalvikar Weckbach vom 10. Februar 1981

PROVINCIALAAT PASSIONISTEN
PROV. WEG OOST 62
HAASTRECHT (Z.–H.)
(HOLLAND)

Haastrecht, den 10. Febr. 1981

Hochwst. Herrn Prälat
O. Weckbach
Postfach 46
89 AUGSBURG 1
W-Dld

Hochwürdigster Herr Prälat!
Ihr Schreiben vom 7. Januar habe ich am 19. d. M. erhalten. Die Ursache dieser Verspätung lag daran, daß Sie Ihr Schreiben

gerichtet hatten an meinen Vorgänger Pater Cor Spruit.

Über die Vorgänge meiner Mitbruder Pater Fr. Xaver Janssen betreffend, war ich schon teilweise informiert; auch den Beitrag von seiner Hand in »Priester für Heute« habe ich gelesen. Über den Inhalt seines Artikels, den Sie als »häretische Behauptungen« qualifizieren meinen zu müssen, möchte ich momentan kein Urteil fällen, sondern Ihrer persönlichen Verantwortungen überlassen. Meine persönliche Einschätzung möchte ich lieber von der objektiven und überparteilichen Prüfung der Glaubenskommission der Deutschen Bischofskonferenz abhängen lassen. Ich erlaube mir nur darauf hinzuweisen, daß der genannte Artikel nicht als eine endgültige Lehre oder Verkündigung gemeint war, sondern als ein persönlicher Beitrag im Suchen der Kirche nach der Identität des Priesters, als ein Diskussionsbeitrag also, als Thema zu einem theologischen Dialog. Der Artikel war nie für die Pfarrgemeinde gedacht; die in ihm geäußerte Stellungnahme war nie Gegenstand seiner Verkündigung in der Gemeinde. Kaum jemand der Pfarrangehörigen wußte von der Existenz des Artikels.

Meiner Meinung nach steht Pater Xaver Janssen das Recht zu auf eine »objektive und überparteiliche Prüfung«, zumal da er selber erklärt hat sich der Entscheidung dieser Prüfung zu unterwerfen und eventuelle inkriminierende Texte öffentlich zu korrigieren. Ich hoffe, daß ihm eine faire Chance geboten wird seine Ansichten näher zu erläutern und zu verteidigen.

Wie ich Publikationen entnommen habe, sollte nach den Worten des Hochwürdigsten Herrn Bischofs dieser Vorgang keine aufschiebende Wirkung der amtlich verfügten Beurlaubung vom priesterlichen Dienst des Herrn Paters Janssen haben. Wenn diese Information richtig ist, bedauere ich diese Entscheidung sehr, ich muß sie aber gemäß Canon 454 respektieren.

Was Ihre Aufforderung betrifft, Pater Janssen zurückzurufen, erlaube ich mir Folgendes zu bemerken. Ich nehme an, daß Sie verstehen, welch ein Eingriff dies im Leben eines Priesters in seinem 68. Lebensjahr und mit einer labilen Gesundheit, nach zwanzigjähriger Arbeit in Süddeutschland bedeutet. Nach so vielen Jahren fühlt er sich dort zuhause. Seine Muttersprache spricht er kaum noch tadellos. Seine Mitbrüder-Altersgenossen sind entweder gestorben oder arbeiten zerstreut in verschiedenen pastoralen Aufgaben. Deswegen möchte ich Ihnen nahelegen und bitten, uns und Pater Xaver Janssen Zeit zu geben, um für seine Zukunft eine Lösung zu finden. Ich hoffe, daß in dieser Angelegenheit eine humane Lösung möglich sein werde. Gerne wäre ich bereit eventuell mich mündlich mit Ihnen darüber zu unterhalten. Möchten Sie darauf Wert legen, bitte ich Sie mir einen Besuchstermin vorzuschlagen.

Hochachtungsvoll und
mit freundlichen Grüßen!
Pater Ronald Thijssen OP
Provinzial

11 Offener Brief des »Aktionskreises Augsburg«, des »Freundeskreises Kirche für unsere Zeit« und des »Komitees zur Verteidigung der Christenrechte« in der Diözese Augsburg vom 16. Juni 1981

Sehr geehrter Herr Bischof!
Der Aktionskreis Augsburg, der Freundeskreis Kirche für unsere Zeit und die Regionalkomitees der Christenrechte in Augsburg, München und Würzburg wenden sich an Sie mit der dringenden Bitte, die zum 1. Juli 1981 wirksam werdende Kündigung des Pfarrvikars von Wattenweiler, Pater Xaver Janssen, bis zur Entscheidung seines Falles durch die Glaubenskommission der deutschen Bischöfe auszusetzen.

Sie haben Pfarrer Janssen am 1. 1. 1981 bis auf weiteres vom Dienst beurlaubt, weil Sie der Überzeugung waren, Pfarrer Janssen habe in seinem Buchbeitrag »Priester für heute« wichtige Glaubenslehren unserer Kirche geleugnet. Sie haben sich für diese Maßnahme auf Ihr Wächteramt berufen.

Sie haben am 1. 1. 1981 Pfarrer Janssen zugesagt, seinen Fall durch die Glaubenskommission der deutschen Bischöfe prüfen zu lassen. Von einer Kündigung des Dienstverhältnisses haben Sie sich Pfarrer Janssen gegenüber bis heute nie geäußert. Erst im Laufe des Frühjahrs wurde es nach und nach bekannt, daß Sie Pfarrer Janssen bereits am 7. 1. 1981 vorsorglich gekündigt haben. Diese Kündigung wurde gegenüber dem Ordensprovinzial Pater Janssens ausgesprochen.

Im Laufe des Frühjahrs wurden Nachrichten über Pfarrer Janssen verbreitet, die ihn in ein ungünstiges Licht gesetzt haben.

Es wurde weiterhin bekannt, daß Sie nicht bereit waren, mit dem kirchenrechtlich legitimierten Rechtsanwalt Pfarrer Janssens in der Sache zu korrespondieren.

Wir müssen jetzt aber bemerken, daß eine breite Öffentlichkeit in unserem Bistum und darüber hinaus wegen der Vorgänge nach dem 1. 1. 1981 stark beunruhigt ist.

Viele verstehen, daß Sie es für notwendig erachteten, Ihr Wächteramt wahrzunehmen.

Sie verstehen aber nicht, warum Sie nicht mit der Kündigung bis zu einem Entscheid der Glaubenskommission warten konnten. Warum diese Eile einem Priester gegenüber, der sechzehn Jahre seines Lebens in unserem Bistum im Pfarrdienst gearbeitet hat?

Viele verstehen nicht, warum Sie die am 1. 1. 1981 zugesagte Untersuchung durch die Glaubenskommission nicht selbst in die Wege geleitet haben. Pfarrer Janssen mußte sich selbst bei der Kommission anzeigen und um ein gerechtes Verfahren bemühen.

Viele verstehen nicht, warum Sie nicht bereit waren, mit einem kirchlich legitimierten Rechtsanwalt in dieser Sache zu verkehren. Darf denn ein Priester keinen Rechtsschutz für sich in Anspruch nehmen?

Viele verstehen nicht, warum offizielle Stellen der Diözese über Pfarrer Janssen Behauptungen verbreitet haben, die geeignet waren, den guten Ruf Pfarrer Janssens zu untergraben.

Es ist nicht richtig, wie behauptet wurde, daß Pfarrer Janssen für seine Haushälterin nicht gesorgt habe. Er hat stets für sie Sozialversicherungsbeiträge gezahlt, und das auch zu einer Zeit, wo ihm die bischöfliche Finanzkammer den Zuschuß für seine Haushälterin jahrelang gesperrt hatte, so daß die Kammer später aus Gründen der Gerechtigkeit 26 000 DM nachzahlen mußte.

Es ist nicht richtig, wie im März vor dem Priesterrat der Diözese behauptet wurde, daß der Orden Pater Janssens noch nicht reagiert habe. Bereits im Februar 1981 beantwortete der Generalvikar von Augsburg einen Brief des Provizials von Pater Janssen, in dem der Provinzial bat, doch die Entscheidung der Glaubenskommission abzuwarten. Seine Beurteilung des Falles Janssen war anders als die des Bischofs und seines Generalvikars.

Es ist nicht richtig, wie auf vielen Priestertreffen in der

Diözese kolportiert wurde: Pfarrer Janssen halte keine Fronleichnamsprozessionen oder er sei schon 1979 anläßlich seiner Visitation durch Weihbischof Müller wegen abweichender Glaubenslehren gerügt worden.

Es ist nicht richtig, daß die Pfarrgemeinde Wattenweiler durch Pfarrer Janssen verunsichert wurde. Sie hat sich im Gegenteil sehr für ihren Pfarrer eingesetzt und in einem Brief an Kardinal Ratzinger festgestellt, daß vielmehr der Bischof von Augsburg die Pfarrgemeinde verunsichert, schockiert und vor den Kopf gestoßen habe.

Ferner sind viele Ordenspriester, die schon langjährig im Dienste der Augsburger Diözese arbeiten, beunruhigt, wenn Sie mit ansehen müssen, daß Ordensleute zwar jahrelang alle Pflichten eines Pfarrers erfüllen müssen, jedoch nicht deren Rechte teilen.

Es bleibt doch zu fragen, ob eine Kündigung bei einem Priester angebracht ist, der sechzehn Jahre lang im Dienst unserer Diözese wie ein Pfarrer gearbeitet hat, davon erst die letzten sieben Jahre mit einem Gestellungsvertrag, die ersten neun Jahre aber ohne jeden Vertrag, nur im guten Glauben an die Fürsorgepflicht seines Bischofs. Wo bleibt der Wille des Zweiten Vatikanischen Konzils, daß Ordensgeistliche im Pfarrdienst den Pfarrern rechtlich gleichgestellt werden sollen?

Wir bitten Sie daher dringend aus Gründen der Gerechtigkeit und einer Fairneß, die sich am Geiste des Evangeliums und des Zweiten Vatikanischen Konzils orientiert, die zum 1. 7. 1981 wirksam werdende Kündigung bis zum Entscheid der Glaubenskommission der deutschen Bischöfe auszusetzen.

Wir haben diesen Brief im Vertrauen darauf geschrieben, daß wir als Glieder des Bistums Augsburg (die meisten von uns) unsere Sorgen äußern dürfen. Wir möchten nicht, daß sich Unverständnis und Resignation weiter ausbreiten. Wir bitten um eine großmütige Entscheidung.

Für die Richtigkeit

FRANZ KRAMER
8952 Marktoberdorf
Memminger Str. 4, Tel. (0 83 42) 56 33

12 Stellungnahme Professor Josef Blanks vom 28. Juni 1981

Der Fall des Pfarrers Janssen in Wattenweiler, der gegenwärtig wieder die Öffentlichkeit beschäftigt, verdient eine genauere Analyse. Der Augsburger Bischof hat eine öffentliche Meinungsäußerung von Pfarrer Janssen in einem Sammelband »Priester für heute«, in welchem auch ein Beitrag von mir steht, zum Anlaß genommen, diesem den Vorwurf der »Irrlehre (Häresie)« zu machen und ihn von seinem Amt zu suspendieren. Alle gegenteiligen Bemühungen im Hinblick auf eine einvernehmliche Regelung scheiterten bisher an der strikten Weigerung des Augsburger Bischofs, seine Entscheidung zu revidieren, obwohl Pfarrer Janssen guten Willen und Entgegenkommen gezeigt hat, wie aus den vorliegenden Akten einwandfrei hervorgeht. Außerdem hat er gegen sich selbst bei der Glaubenskommission der Deutschen Bischofskonferenz ein Lehrbeanstandungsverfahren beantragt, das die gegen ihn erhobenen Vorwürfe überprüfen soll. Was diesen Fall über die Region Augsburg hinaus interessant macht, sind die folgenden Punkte:

Erstens, was Pfarrer Janssen in seinem Artikel geschrieben hat, sind theologische Auffassungen, die heute von zahlreichen katholischen Theologen, insbesondere von vielen Neutestamentlern – und hier besteht sogar ein überkonfessioneller Konsens – vertreten werden. Es gibt nach dem Neuen Testament keine Einsetzung eines »Sakramentes der Priesterweihe« durch den historischen Jesus von Nazareth. Hier müßte der Bischof das Gegenteil beweisen, was ihm aber nicht gelingen dürfte. Hier ist im Gegenteil die dogmatische Interpretation auf ihre Haltbarkeit hin zu befragen.

Zweitens, es ist deshalb höchst merkwürdig, warum gerade ein einfacher Landpfarrer für eine Auffassung bestraft wird, die er mit vielen Theologen und Pfarrern in der westlichen katholischen Welt teilt. Ich denke in dieser Sache genauso wie er und habe das seit Jahren in vielen Schriften publiziert, ohne dafür beanstandet zu werden. Man wird den Verdacht nicht los, daß die ganze Schrift »Priester für heute« vielen nicht paßt, so daß hier ein Exempel statuiert werden soll und man sich dafür das schwächste Glied ausgesucht hat. Geschah dies vielleicht auf höhere Weisung hin? Man möchte gerne erfahren, warum der Augsburger Bischof sich gerade diesen Mann zum öffentlichen Sündenbock gewählt hat?

Drittens, Pfarrer Janssen hat nach seinen eigenen Aussagen die bestehende Kirchenlehre nicht leugnen wollen. Aber er bringt Gesichtspunkte vor, die diese Lehre in ihrem historischen Rahmen sehen, ein Verfahren, das in der heutigen Theologie durchaus normal ist. Auch Dogmen sind historische Aussagen, die in ihrem Kontext zu sehen und daher auch relativierbar sind. Zumindest müßte man zwischen dem Dogma und der persönlichen Meinungsäußerung, die auch einem einfachen Pfarrer zugestanden werden muß, unterscheiden. Das Glaubensgespräch zwischen Pfarrer Janssen und Professor Söll hat nach meinem Eindruck keine Tatbestände zutage gefördert, die heute nicht bei jedem theologischen Gespräch zwischen Exegeten und Dogmatikern vorkämen, ohne daß dabei von einem Häresieverdacht die Rede wäre. Aber dieser Pfarrer ist ja kein Theologieprofessor. Was er als persönliche Meinung sagt, führt noch lange nicht zu einer Änderung der Kirchenlehre. Es ist daher maßlos übertrieben, hier eine »Gefahr für den Glauben« zu sehen. Erst durch das Eingreifen des Augsburger Bischofs wurde daraus ein Skandal.

Viertens, besonders gravierend kommt hinzu, daß Pfarrer Janssen der unbeschränkten Amtskompetenz des Bischofs auf Gedeih und Verderben ausgeliefert ist – das ist kein persönliches Problem des Augsburger Bischofs, sondern ein Problem des geltenden Kirchenrechts. Der Bischof handelt durchaus »legal«. Der Antrag auf ein Lehrbeanstandungsverfahren, den Pfarrer Janssen gegen sich gestellt hat, hat keine aufschiebende Wirkung, was einen Theologen nicht zu stören braucht, weil dies seine Amtsbezüge nicht tangiert; jedoch bei einem »einfachen Pfarrer« ist das anders. Es gibt keine Instanz, an die Pfarrer Janssen gegen die gegen ihn gerichteten bischöflichen Maßnahmen appellieren könnte, außer Rom; das würde sicher lange dauern, und ob er dort Recht bekäme, bleibt fraglich. Es liegt also ganz im Ermessen des Bischofs, wie er verfahren will. Eine solche »Rechtslage« erweckt zumindest nach außen den Anschein von Willkür. Sie widerspricht auf jeden Fall dem Rechtsempfinden und der Rechtspraxis in unserer demokratischen Gesellschaft. Eine Kirche, die in ihrer Verkündigung für soziale Gerechtigkeit und für Menschenrechte eintritt, muß dies vor allem durch ihre eigene Praxis glaubwürdig machen. Sonst bleibt, wie hier, der Eindruck bestehen, daß zwar kirchenrechtliche Legalität herrscht, daß diese aber, an moralischen wie an neutestamentlichen Maßstäben gemessen, bare Willkür und grobe Ungerechtigkeit bedeutet. Im übrigen sieht man an diesem Beispiel, daß der einfache Pfarrer gegenüber dem Bischof keine Rechte geltend machen kann, ein Zustand der innerkirchlichen Gesetzgebung, der dieser Kirche heute nicht mehr zur Ehre gereicht. Hier ist eine Änderung zu fordern. Es widerspricht heutigem Rechtsempfinden, daß in der Kirche die höheren Instanzen bei offenkundigem Fehlverhalten nicht zur Verantwortung gezogen werden können. Selbst wenn Pfarrer Janssen in seinem Lehrbeanstandungsverfahren recht bekäme, wäre der Augsburger Bischof nicht zur Revision und Wiedergutmachung verpflichtet. Dies wirft ein bedenkliches Licht auf die herrschende Situation.

Der Bischof wird wahrscheinlich bei seiner Auffassung bleiben. Dagegen kann man in der Tat nichts machen. Doch sollte er wissen, was er damit auf die Dauer anrichtet. Auch wenn er legal »im Recht« ist, erweckt er doch durch sein Verhalten den Eindruck, daß es für einen Pfarrer in seiner Diözese kein Recht auf theologische Meinungsfreiheit gibt; auch daß es keinen brüderlichen Dialog zwischen Bischof und Pfarrer gibt; und daß es für einen Pfarrer im Konfliktsfall keine Möglichkeit gibt, an eine überparteiliche richterliche Instanz zu appellieren, die ihm zu seinem Recht verhelfen könnte. Auch sollte der Bischof sich die Frage stellen, ob dieses Verhalten auf die Dauer junge Menschen zum Eintritt in den kirchlichen Dienst ermutigen kann oder Priester zu werden, wenn sie sich im Konfliktsfall solchen Behandlungsweisen ausgesetzt sehen.

13 Brief der Glaubenskommission der Deutschen Bischofskonferenz an Pfarrer Janssen vom 13. Juli 1981

Der Erzbischof
von München und Freising
Vorsitzender der Glaubenskommission

8 München, den 13. Juli 1981
Kardinal-Faulhaber-Straße 7

Hochw. Herrn Pfarrer
P. Franz Xaver Janssen
Hs.Nr. 108
8909 Wattenweiler

Betreff: Ihr Antrag auf Eröffnung eines Lehrbeanstandungsverfahrens bei der Deutschen Bischofskonferenz

Sehr geehrter Herr P. Janssen!
Die Glaubenskommission der Deutschen Bischofskonferenz hat auf ihrer Sitzung vom 3.–4. Juli 1981 Ihren Antrag auf Eröffnung eines Lehrbeanstandungsverfahrens beraten. Ihr Antrag konnte nicht angenommen werden, und zwar aus folgenden Gründen:

1. Eine eingehende Prüfung Ihrer Äußerungen ergab, daß in mindestens zwei Punkten (Frage nach der Vollmacht zur Feier der Eucharistie und Frage nach der theologischen Verhältnisbestimmung zwischen Presbyterat und Episkopat) Aussagen vorliegen, die die kirchliche Glaubenslehre verfälschen und zum Teil ihr auch widersprechen. Die Verfälschung der Glaubenslehre braucht nicht erst durch ein formelles Verfahren festgestellt zu werden, da dieser Tatbestand selbst bei wohlwollendster Prüfung Ihrer Äußerungen hinreichend evident und offenkundig ist.

Dies bedeutet nicht, daß die beiden anderen Punkte (Priesterweihe als Sakrament, Opfercharakter der Eucharistie) von Herrn Bischof Dr. Josef Stimpfle zu Unrecht beanstandet wurden. Ihre Prüfung konnte zurückgestellt werden, nachdem die eben erwähnte Erkenntnis über die beiden anderen Sachbereiche feststand.

2. Ihre Äußerungen berechtigen, »gemessen am Gewicht der zur Frage stehenden Sache« (§ 8 Buchstabe a des Lehrbeanstandungsverfahrens bei der Deutschen Bischofskonferenz), nicht

zur Eröffnung eines Lehrbeanstandungsverfahrens. Ihre Äußerungen enthalten im Blick auf die oben genannten Fragen der Eucharistievollmacht und des Verhältnisses Presbyterat–Episkopat kaum etwas, was nicht in den letzten Jahren anderweitig vorgetragen und von den zuständigen Organen des kirchlichen Lehramtes zurückgewiesen worden ist (vgl. z. B. nur zur Eucharistievollmacht: Das Schreiben der Deutschen Bischöfe zum priesterlichen Amt, Trier 1969, Nr. 46–47; das Dokument »Der priesterliche Dienst« der Zweiten Allgemeinen Bischofssynode 1971, Teil I, Nr. 4; Erklärung der Glaubenskongregation »Mysterium Ecclesiae« vom 24. Juni 1973, Nr. 6; Erklärung der Glaubenskongregation zum Entzug der Lehrbefugnis für Professor Dr. Hans Küng vom 15. Dezember 1979). Diese neueren Dokumente stehen in einer langen Lehrüberlieferung, die eigens auch auf einigen ökumenischen Konzilien artikuliert worden ist (vgl. Lateranense IV, DS 802, Zweites Vatikanisches Konzil, Dogmatische Konstitution »Lumen Gentium«, Art. 17,28; Dekret über Dienst und Leben der Priester »Presbyterorum Ordinis«, Art. 2,5). In Ihren Äußerungen werden die erwähnten Anschauungen in wenig differenzierter Form und ohne neue theologische Argumente vorgetragen, so daß eine Prüfung in einem Lehrbeanstandungsverfahren keine neuen Erkenntnisse erbringen kann.

Dies bedeutet keine Verkennung des subjektiven Gewichts Ihrer Überzeugungen. Auch stellt die Glaubenskommission mit ihrer Entscheidung nicht in Abrede, daß der Gesamtkomplex der anstehenden Themen der ernsthaften theologischen Forschung noch manche Fragen aufgibt.

Sehr geehrter Herr Pfarrer! Ich bin mir bewußt, daß dieser Entscheid für Sie persönlich enttäuschend sein wird. Aber sie können versichert sein, daß die Glaubenskommission und ihre Experten in vollem Bewußtsein ihrer Verantwortung in eingehender Diskussion sowohl der rechtlichen wie der inhaltlichen Aspekte Ihres Falles zu keinem anderen Ergebnis gelangen konnten. So hoffe ich, daß der sorgsam erarbeitete Entscheid eines so qualifizierten Gremiums, auch wenn er Ihren Erwartungen nicht entspricht, Ihnen persönlich eine Hilfe sein kann, die rechte Orientierung für Ihren weiteren Weg zu finden.

In diesem Sinn bin ich mit freundlichen Grüßen und guten Wünschen

Ihr
Joseph Cardinal Ratzinger

14 Leserbrief Professor Georg Denzlers in der »Süddeutschen Zeitung« vom 1./2. August 1981

Religiöser Fanatismus noch heute lebendig

Zum Bericht »Neue Enttäuschung für Pfarrer Janssen« in der SZ vom 24. 7.:

Als Herausgeber des Buches »Priester für heute« für den inkriminierten Beitrag des nunmehr endgültig verurteilten Pfarrers Pater Xaver Janssen (Wattenweiler, Diözese Augsburg) in einem gewissen Sinn mitverantwortlich, gewiß aber mitbetroffen, bleibt mir nach der Entscheidung der Glaubenskommission bei der Deutschen Bischofskonferenz nur noch dieses zu sagen: Es kam, wie es kommen mußte; oder unmißverständlicher: Die Kommission entschied, wie sie entscheiden mußte.

Nach Argumenten für die Abweisung des von Pfarrer Janssen gegen sich selbst beantragten Lehrbeanstandungsverfahrens sucht man vergebens. Den Mitgliedern der Kommission, bestehend aus Bischöfen und Theologen, genügte offensichtlich die Feststellung, daß die von Bischof Stimpfle (Augsburg) beanstandeten Thesen (Vollmacht zur Feier der Eucharistie und Verhältnis von Presbyterat und Episkopat) mit der offiziellen Lehre der Kirche nicht übereinstimmen.

Bemerkenswert an der Erklärung der Kommission ist immerhin das Eingeständnis, daß »der gesamte Komplex der anstehenden Themen der theologischen Forschung noch manche Fragen aufgibt«. Nun ist es gerade Aufgabe und Verpflichtung jeder theologischen Forschung, kritisch zu studieren, ob eine bestimmte Lehrmeinung der Kirche, mag sie noch so alt sein, angesichts des heutigen Wissenstandes der Theologie noch aufrechterhalten werden kann. Die Berufung auf Tradition allein genügt nicht.

Kardinal Leon Suenens sagte unlängst beim Eucharistischen Weltkongreß in Lourdes: »Die Zeit für das traditionelle Christentum ist vorbei.« Dies gilt auch in vielen Punkten für die traditionelle Theologie. So ist es keineswegs verwunderlich, wenn theologische Positionen immer wieder geräumt werden, um dem »heute« gerecht zu werden. Die Theologie ist in der Frage der Unfehlbarkeit des Papstes spätestens seit dem II. Vatikanischen Konzil dabei, eine Uminterpretation des Dogmas von 1870 im Blick auf eine echte Kollegialität zwischen

Papst und Bischöfen zu bewerkstelligen. Statt von Neuinterpretation sollte man freilich ehrlicher von Revision reden, auch wenn dies Vertretern des kirchlichen und theologischen Lehramtes schwerfällt.

In der Erklärung der Kommission heißt es noch, die Thesen des Pfarrers Janssen seien gar nicht neu, sondern in den letzten Jahren schon öfter geäußert und zurückgewiesen worden. Hier bleibt zu fragen: Wo ist einer dieser Theologen für seine »häretischen« Behauptungen zur Rechenschaft gezogen oder gar verurteilt worden? Mir ist nicht ein einziger Fall bekannt. Nur mit Pfarrer Janssen machte Bischof Stimpfle, der sich als oberster Wächter des Glaubens in seinem Bistum fühlt, kurzen Prozeß, das heißt er machte ihm überhaupt keinen Prozeß; es kommt nicht einmal zu einem Lehrbeanstandungsverfahren. Vielleicht aus Angst vor Konsequenzen einer theologisch-kritischen Überprüfung?

Bei all dem, was Bischöfe von heute mit einem dogmatischen Christentum meinen und verfolgen, ist an den berühmten evangelischen Theologen Adolf von Harnack († 1930) zu erinnern. Er hat in seiner aufsehenerregenden Vorlesung über »Das Wesen des Christentums« im Wintersemester 1899/1900 an der Universität Berlin die beschämende Feststellung getroffen: »Um einer Nuance willen kündigte man sich hier die brüderliche Gemeinschaft und sind Tausende geschmäht, verworfen, in Ketten gelegt und hingemordet worden. Es ist eine schaurige Geschichte. Auf dem Boden der ›Christologie‹ haben die Menschen ihre religiösen Lehren zu furchtbaren Waffen geschmiedet und Furcht und Schrecken verbreitet. Diese Haltung dauert noch immer fort, die Christologie wird behandelt, als böte das Evangelium keine andere Frage, und der Fanatismus, der sie begleitet, ist auch heute noch lebendig.« Harnacks »heute noch« gilt heute, 80 Jahre später, in der Tat immer noch.

Prof. Dr. Georg Denzler
Ordinarius für Kirchengeschichte
Seestraße 34
8036 Breitbrunn am Ammersee

15 Erklärung des »Aktionskreises Augsburg« (AKA) vom 5. Oktober 1981

Der AKA hatte gehofft, daß mit der Bereitschaft zum Widerruf durch Pater Janssen der Weg zur Versöhnung offen sei. Uns bleibt unbegreiflich, daß Bischof Stimpfle die ausgestreckte Hand nicht angenommen hat. Die von der Vollversammlung des AKA gewählte Sprechergruppe:

Paul Gieß
Ludwig Magg
Erich Renz
Elmar Schnitzler
Manfred Trettenbach

16 Brief Professor Denzlers an Bischof Stimpfle vom 6. Oktober 1981

PROF. DR. GEORG DENZLER
SEESTRASSE 34
D-8036 HERRSCHING-BREITBRUNN

Breitbrunn, 6. Oktober 1981

Herrn Bischof
Dr. Josepf Stimpfle
Hoher Weg 18
8900 Augsburg

Sehr geehrter Herr Bischof,
mit namenloser Enttäuschung habe ich vom Ausgang des Konflikts zwischen Ihnen und Pfarrer Janssen gehört. Jetzt kann ich es sagen, daß Pfarrer Janssen sich auf mein Zureden hin zu den Briefen vom 1. und 12. 8. 81 entschlossen hat. Was hätte er denn noch mehr tun können als Widerruf zu leisten? Ich kann mich des Eindrucks nicht erwehren, daß Sie, persönlich zutiefst gekränkt, den Pater am liebsten in die Heimat abschieben möchten, um so die Affäre aus der Diözese zu haben. Auf solchem Weg wird aber kein Problem gelöst.

Das Buch »Priester für heute« wird Mitte des nächsten Jahres als Taschenbuch erscheinen, erweitert um eine Dokumentation zu der von Ihnen heraufbeschworenen Auseinandersetzung mit Pater Janssen. Dann wird auch der letzte Leser erkennen, welch' schlechten Dienst Sie der christlichen Sache erwiesen haben. Dies schreibe ich nicht aus Schadenfreude, sondern in großer Traurigkeit.

Mit vielen guten Wünschen

G. Denzler

Anlage
Offener Brief v. 6. 10. 81

17 Brief Professor Denzlers an Bischof Stimpfle vom 19. Oktober 1981

Prof. Dr. Georg Denzler
Seestrasse 34
D-8036 Herrsching-Breitbrunn

Breitbrunn, 19.10.1081

Herrn Bischof
Dr. Josef Stimpfle
Hoher Weg 18
8900 Augsburg

Sehr geehrter Herr Bischof,
Ihr Schreiben vom 15. Oktober, für das ich Ihnen besonders herzlich danken möchte, gibt Hoffnung, daß in dem bedauerlichen Konflikt zwischen Ihnen und Pfarrvikar a. D. Pater Franz Xaver Janssen nach Klärung einiger Mißverständnisse doch noch eine gütliche Einigung im Interesse der Kirche erzielt werden kann.

Ich versichere Ihnen, daß Pater Janssen den Widerruf von Anfang an öffentlich verstanden hat. So schrieb er Ihnen auch am 12. August: »Weil durch dieses Urteil auch meine Arbeit als Pfarrer einer Gemeinde betroffen ist und ich vor meiner Gemeinde nicht nur die verbindliche, sondern, wie in der Vergangenheit auch in der Zukunft, die integrale Lehre der Kirche vertreten will, habe ich mich bereit erklärt, um des Friedens willen und um der Verunsicherung der Gläubigen in dieser Angelegenheit entgegenzutreten, die beiden beanstandeten Thesen *öffentlich* zu widerrufen.« (Hervorhebung von mir.) Öffentlich bedeutet für Pater Janssen wie für mich Bekanntmachung eines von Ihnen akzeptierten Widerrufs, der im Amtsblatt des Bistums Augsburg ebenso wie in der Kirchenzeitung für das Bistum Augsburg (»ulrichsblatt«) abgedruckt und außerdem von Pfarrer Janssen im Rahmen eines Gottesdienstes verlesen wird. Es ist selbstverständlich, daß der Wortlaut des Widerrufs auch in der Dokumentation zu dem Taschenbuch, das ich im Juli 1982 unter dem Titel »Wozu Priester?« herausgeben werde, Aufnahme finden wird. Diese Dokumentation ist übrigens nicht gegen Sie gerichtet; sie soll beiden Parteien gerecht werden.

Wenn Pater Janssen seine Briefe vom 1. und 12. August an Sie geheimgehalten hat, geschah dies auf meinen ausdrücklichen Wunsch hin, und zwar deshalb, um die erstrebte Einigung unter Ausschluß der Öffentlichkeit in die Wege zu leiten und zu einem guten Ende zu bringen. Sie können sich leicht vorstellen, daß andernfalls von verschiedenen Seiten Versuche unternommen worden wären, eine Aussöhnung zu verhindern. Nach erfolgter Einigung, zu der auch die Wiedereinsetzung des Paters in das Pfarramt gehört, sollte aber die in manchen Punkten nicht vollständig unterrichtete Öffentlichkeit informiert werden, wie Sie es mit Recht erwarten.

Sehr geehrter Herr Bischof, Pater Janssen hat nach meiner Einschätzung ein größtmögliches Maß an Entgegenkommen gezeigt und damit, wie allein schon das obige Briefzitat beweist, seine christliche Mentalität und kirchliche Loyalität bekundet. Somit dürfte einer schnellen Aussöhnung nichts mehr im Wege stehen. Dies geschähe zum Nutzen aller Betroffenen, nicht zuletzt im Interesse der Pfarrei Wattenweiler.

Ich bin fest überzeugt, daß Sie – wie einst Herr Kardinal-Erzbischof Dr. Joseph Ratzinger im »Fall« des Pfarrers Willibald Glas (Arget) – den Mut aufbringen werden, die Amtsenthebung des Pfarrvikars Janssen zurückzunehmen. Diesen Schritt könnte Ihnen niemand als Schwäche oder gar Unterliegen auslegen. Im Gegenteil, Ihre bischöfliche Autorität würde durch diesen Akt gestärkt und Ihre Versöhnungsgesinnung im Geiste Jesu Christi durch die Tat bestätigt werden. Auch könnte ich mir nichts Schöneres, das heißt nichts Christlicheres denken, als die erwähnte Dokumentation mit einer gütlichen Einigung abzuschließen. Die Leser müßten dann in Abwandlung eines

Bibelwortes respektvoll konstatieren: Seht, wie sie sich versöhnen!

Mit vielen guten Wünschen grüßt freundlich
Ihr

G. Denzler

PS: Sollte Ihnen bei einer eventuellen Aussprache mit Pater Janssen meine Anwesenheit erwünscht sein, käme ich gerne nach Augsburg.

18 Brief Pfarrer Janssens an Bischof Stimpfle vom 1. November 1981

KATHOLISCHES PFARRAMT
8909 WATTENWEILER
ÜBER KRUMBACH/SCHW.

Wattenweiler, 1. November 1981

An den Hochw. Herrn Bischof
Dr. Josef Stimpfle
Augsburg

Sehr geehrter Herr Bischof,

Ihr Schreiben vom 28. Oktober habe ich durch Boten erhalten. Meine Antwort soll sich auf den Punkt beschränken, um den es sich von Anfang an grundsätzlich gehandelt hat: die Glaubensfrage.

Ihrem Schreiben lag ein Formular des Widerrufs zur Unterzeichnung bei. Dazu erkläre ich: Die von Ihnen genannten »Glaubenswahrheiten« habe ich zu keinem Zeitpunkt geleugnet. Im Gegenteil, ich habe sie in meinen Schreiben vom 18. 9. 1980 und 27. 12. 1980 ausdrücklich bestätigt und auch schon in den von Prof. Dr. Georg Söll, Ihrem Beauftragten, und mir unterschriebenen Gesprächsprotokoll vom 12. Mai 1981. Deshalb muß ich Ihre wiederholt vorgetragene Anschuldigung, ich hätte »verbindliche Glaubenswahrheiten« geleugnet, abermals ganz entschieden zurückweisen. Folglich besteht für mich auch kein Grund, etwas zurückzunehmen, was ich nie in Abrede gestellt habe. Damit ist auch die von Ihnen gewünschte Widerrufserklärung hinfällig.

Trotzdem habe ich mich bereit erklärt, zwei Aussagen in dem von Prof. Dr. Georg Denzler herausgegebenen Buch »Priester für heute« um des Friedens willen zurückzunehmen, obwohl sie einer verbindlichen Glaubenswahrheit nicht widersprechen. Sie aber haben diese meine Bereitschaft nicht honoriert, sondern den seit einem Jahr geführten Dialog abgebrochen und mich spätestens zum 15. November aus dem Pfarrhaus von Wattenweiler verwiesen.

Wenn Sie schreiben, daß Sie mir verzeihen, so bleibt dieses Wort ein reines Lippenbekenntnis, solange es nicht zur brüderlichen Versöhnung führt. »Wenn du deine Opfergabe zum Altar bringst und dich erinnerst, daß dein Bruder etwas gegen dich hat, so laß deine Gabe dort vor dem Altar liegen, gehe und versöhne dich zuerst mit deinem Bruder« (Mt 5,23). Ich bin zur Versöhnung bereit, wie ich auch stets bereit gewesen bin, die Ihnen nicht genehmen Äußerungen zurückzunehmen.

Ich bin ferner bereit, auch wenn niemand sich zum Richter in eigener Sache machen sollte, Ihre Forderungen zur Wiedergutmachung zu erfüllen, freilich nur unter der Bedingung, daß dies nach dem Willen Christi zur Versöhnung beiträgt. Ein Schisma, auch und gerade zwischen Bischof und Priester, ist stets eine Sünde gegen die Liebe.

Deshalb möchte ich Sie erneut bitten, Ihre mir unverständliche Haltung nochmals zu überdenken.

Allein eine Versöhnung im Geist des Evangeliums Jesu Christi wird auch der Pfarrgemeinde Wattenweiler und dem Bistum Augsburg zum Segen gereichen.

In der Hoffnung auf eine von Liebe getragene Entscheidung bleibe ich

Ihr Bruder im Priesteramt

Franz Xaver Janssen
Pfarrer a. D.

Beilage: Erklärung der Pfarrgemeinde

Abschrift an Kardinal Dr. Josef Ratzinger, München

19 Brief Pfarrer Janssens an Bischof Stimpfle vom 9. November 1981

An den Hochw.
Herrn Bischof — Wattenweiler 9. November 1981
Dr. Josef Stimpfle
Augsburg

Für Ihr persönliches Schreiben vom 6. 11. 1981 möchte ich Ihnen danken, besonders wegen der Beteuerung, daß die zwischen uns bestehende Differenz in keiner Weise die von der Liebe des Guten Hirten getragene Einstellung zu meiner Person mildert.

Leider finde ich in diesem Schreiben wieder einige nicht zutreffende Vorwürfe. Dazu folgendes.

1. Ich habe die bischöfliche Autorität, auch im Bezug zum Glauben, innerhalb der ihr gesetzten Grenzen niemals abgelehnt. Ihr sind aber Grenzen gesetzt. Sie ist in Glaubenssachen nicht die letzte und endgültige Instanz. Sie muß das Appellationsrecht respektieren. Darum darf sie vor einer endgültigen Entscheidung keine endgültigen Tatsachen schaffen. Dies ist aber durch die von Ihnen am 7. Januar ausgesprochene Kündigung, im Gegensatz zu der mir von Ihnen zugesagten Beurlaubung, geschehen. Dagegen mußte ich mich wehren, zumal mir dadurch zugleich meine Existenz als Pfarrer genommen wurde.

2. Ich habe Ihnen nicht zugemutet, Fälschung oder Verkürzung des Glaubens zu akzeptieren. Ich habe Sie nur gebeten, diesen Vorwurf richtig zu interpretieren. Wenn Sie meine Äußerungen als Häresie, d. h. als im Gegensatz zur verbindlichen Glaubenslehre der Kirche einstufen, dann stellen Sie sich gegen meine ausdrückliche Erklärung, daß ich jegliche verbindliche Glaubenswahrheit der Kirche annehme. Darüber hinaus stellen Sie Ihre persönliche Überzeugung über die der Kirche in ähnlich gelagerten Fällen, über die der auch von Ihnen anerkannten Appellationsinstanz, die Glaubenskommission, und über das Gutachten des von Ihnen selber beauftragten Sachverständigen Prof. Dr. Georg Söll. Dies ist eine nicht verantwortbare Überschätzung Ihres persönlichen »Wächteramtes«.

3. Ich habe Sie nicht genötigt, mir am 7. Januar, noch bevor irgendeine Aussage des laut Ihres Schreibens vom 1. Januar eingeschalteten Appellationsgerichts vorlag, meinen Dienst in der Diözese zu kündigen. Diese Maßnahme steht in eklatantem

Widerspruch zu den Forderungen der Wahrheit, der Gerechtigkeit und der Liebe.

4. Ich habe mich nicht hartnäckig geweigert, die von Ihnen beanstandeten Meinungen öffentlich zu widerrufen. Ich habe mich dazu bereit erklärt in dem Maß, wie es der Sache angemessen und gerechtfertigt war.

5. Ich habe mich nicht geweigert, Wiedergutmachung zu leisten, sondern mich, noch in meinem letzten Schreiben an Sie, ausdrücklich bereit erklärt.

6. Ich bin bereit, das Pfarrhaus zu verlassen. Dazu brauche ich eine neue Unterkunft. Ich bemühe mich, um eine neue geeignete Stelle zu finden, damit ich leben kann. Sie werden mir jedoch zugestehen, daß dies für mich in meinem 69. Lebensjahr nicht leicht sein wird. Es wäre mir schon eine große Hilfe, wenn die Bischöfliche Finanzkammer die Kosten meines gezwungenen Umzugs übernehmen würde. Darum möchte ich Sie bitten.

Ich hoffe, daß Sie auch von mir annehmen wollen, was Sie auch von sich selber bezeugen: Nichts wird mich von dem treuen Festhalten am Glauben der Kirche, von der entschlossenen Verteidigung des apostolischen Erbes und von der pflichtgemäßen Ausübung des priesterlichen Dienstes abbringen!

In dieser Gemeinsamkeit sollten wir, nach dem Wort des Apostels, alle Sorgen auf den Herrn werfen. Deus providebit!

In der Liebe Christi verbunden
Ihr

Franz Xaver Janssen
Pfarrer a. D.

20 Leserbrief Professor Denzlers in der »Süddeutschen Zeitung« vom 14./15. November 1981

Von Versöhnung himmelweit entfernt

Zu dem Bericht »Ein Pfarrhof wird belagert« in der SZ vom 4. 11.:

Die beschämenden Auseinandersetzungen zwischen Bischof Dr. Stimpfle (Augsburg) und Pfarrvikar Pater Franz Xaver Janssen (Wattenweiler) sind nach mehr als einem Jahr von einer gütlichen Einigung oder christlichen Versöhnung himmelweit entfernt. Es scheint vielmehr, als habe der dogmatische Eiferer Stimpfle mit seinem siebenseitigen Brief vom 28. Oktober an den amtsenthobenen Janssen die »rote Karte«, das heißt das endgültige »Aus« gezeigt. Dies wäre gleichzeitig ein schlimmer Beweis für die Unbarmherzigkeit, mehr noch: für die Ungerechtigkeit, die einem Seelsorger unserer Tage von seiten eines Bischofs widerfährt.

Der Tatbestand ist um so gravierender, als Bischof Stimpfle die seit dem 1. 1. 81 geltende Amtsenthebung Janssens mit einer Reihe von falschen Aussagen begründet, die nicht unwidersprochen bleiben dürfen. Es ist falsch, daß Janssen ein Monatsgehalt in Höhe von 5550 Mark bezogen hat. Es ist falsch, daß Janssen von seinem Ordensprovinzial nach Holland zurückgerufen worden ist. Es ist falsch, daß die Glaubenskommission der Deutschen Bischofskonferenz alle von Bischof Stimpfle beanstandeten Aussagen Janssens in dem von mir herausgegebenen Buch »Priester für heute« als Verfälschung des Glaubens der Kirche bzw. als Irrtümer bezeichnet hat. Es ist falsch, daß Janssen nicht zu einem öffentlichen Widerruf der inkriminierten Thesen bereit ist. Es ist falsch, daß Janssens Bereitschaft zum Widerruf nicht seiner persönlichen Einstellung zu entsprechen scheint. Es ist falsch, daß Janssen in unbelehrbarer Hartnäckigkeit verharrt. Es ist falsch, daß Janssen dem Bischof Unrecht zugefügt hat. Über alle Einzelheiten und Zusammenhänge informiert eine ausführliche Dokumentation zum Fall Janssen, die dem im nächsten Jahr erscheinenden Taschenbuch »Wozu Priester?« (es enthält alle Beiträge des Buches »Priester für heute«) als Anhang beigefügt ist.

Pater Janssen ist weder Häretiker noch Irrlehrer, als den ihn der Augsburger Bischof hinstellen möchte. Der von Kardinal Joseph Ratzinger (München), dem Vorsitzenden der Glaubenskommission der Deutschen Bischofskonferenz, mit der Vernehmung Janssens beauftrage Salesianer Prof. Georg Söll (Benediktbeuren) konstatierte in dem von ihm und Janssen unterschriebenen Protokoll vom 12. 5. 81, »daß Pfarrer Janssen die in Frage stehenden Glaubenswahrheiten nicht leugnet«. Damit hätte der sogenannte Dogmenstreit zwischen Bischof und Pfarrer erledigt sein müssen, zumal da Janssen darüber hinaus bereit war und bereit ist, die von Bischof Stimpfle beanstandeten Thesen öffentlich zu widerrufen.

Bischof Stimpfle zweifelt jetzt die Aufrichtigkeit des beabsichtigten Widerrufs an. Außerdem gab er bekannt, daß Janssen auch nach geleistetem Widerruf nicht mehr damit rechnen könne, in den Dienst der Diözese Augsburg zurückzukehren. Inzwischen wurde auch schon der polnische Ordenspriester Andreas Michalek zum Pfarrer von Wattenweiler ernannt und Pater Janssen aufgefordert, das Pfarrhaus bis spätestens 15. November zu räumen, andernfalls werde beim Zivilgericht Räumungsklage erhoben.

Ich kann mich des schmerzlichen Eindrucks nicht erwehren, als habe Bischof Stimpfle von Anfang an nicht an eine Aussöhnung, mit der die Wiedereinsetzung Janssens in das Pfarramt verbunden ist, gedacht und deshalb mit Pater Janssen über Monate hinweg ein böses Spiel getrieben.

Prof. Dr. Georg Denzler
Lehrstuhl für Kirchengeschichte
Seestraße 34
8036 Breitbrunn am Ammersee

21 Brief Professor Denzlers an Erzbischof Joseph Ratzinger vom 14. Dezember 1981

PROF. DR. GEORG DENZLER
SEESTRAßE 34
D-8036 HERRSCHING-BREITBRUNN

Breitbrunn, 14. Dezember 1981

Herrn Erzbischof
Dr. Joseph card. Ratzinger
Kardinal-Faulhaber-Straße 7
8000 München 2

Sehr geehrter Herr Kardinal,

vielleicht bedauern es auch Sie, daß der Konflikt zwischen Pater Janssen und Bischof Stimpfle mit der Ausweisung des Paters aus der Diözese Augsburg zu Ende gegangen ist.

Der Heyne-Verlag (München) wird das im Kösel-Verlag erschienene Buch »Priester für heute«, in dem auch Janssens Beitrag enthalten ist, als Taschenbuch veröffentlichen, erweitert um eine Dokumentation zum »Fall« Janssen. Aus diesem Grund darf ich Sie um Beantwortung einiger Fragen bitten.

Pater Janssen hat einen Antrag auf Eröffnung eines Lehrbeanstandungsverfahrens bei der Deutschen Bischofskonferenz gestellt. Als Vorsitzender der Glaubenskommission haben Sie Pater Janssen am 13. Juli 1981 mitgeteilt, daß sein Antrag nicht angenommen werden könne. Gleichzeitig konstatierten Sie, daß Janssens Äußerungen in mindestens zwei Punkten »die kirchliche Glaubenslehre verfälschen und zum Teil ihr auch widersprechen«. In einem späteren Abschnitt aber heißt es, die Glaubenskommission stelle nicht in Abrede, »daß der Gesamtkomplex der anstehenden Themen der ernsthaften theologischen Forschung noch manche Fragen aufgibt«. Gehören zu diesem Gesamtkomplex nur die Priesterweihe als Sakrament und der Opfercharakter der Eucharistie oder auch die Fragen nach der Vollmacht zur Feier der Eucharistie und nach der theologischen Verhältnisbestimmung zwischen Presbyterat und Episkopat? Außerdem schreiben Sie, daß Janssens Äußerungen, »gemessen am Gewicht der zur Frage stehenden Sache«, nicht zur Eröffnung eines Lehrbeanstandungsverfahrens berechtigen. Wenn die von Bischof Stimpfle inkriminierten Aussagen nicht so gewichtig erscheinen, wie sollen dann die harten Maßnahmen des Bischofs gegen den Pfarrvikar gerechtfertigt sein? Hat dann nicht Pater Janssen recht, wenn er behauptet, daß er zu keinem Augenblick irgendwelche Glaubensfragen geleugnet habe?

Von allgemeinem Interesse wäre es noch, die Namen derer zu wissen, die der Glaubenskommission als Mitglieder oder Experten angehören.

Sehr geehrter Herr Kardinal, Sie dürfen sicher sein, daß ich bei der Vorbereitung der Dokumentation streng darauf bedacht sein will, beiden Parteien Gerechtigkeit widerfahren zu lassen. Es geht mir dabei in keiner Weise um irgendwelche Personen, sondern einzig und allein um die Sachprobleme. Da Sie zu deren Klärung am besten beitragen können, bin ich für Ihre Antwort schon im voraus aufrichtig dankbar.

Mit besten Wünschen für die adventliche und weihnachtliche Zeit bin ich

Ihr sehr ergebener

Georg Denzler

22 Brief Erzbischof Joseph Ratzingers an Professor Denzler vom 2. Januar 1982

DER ERZBISCHOF VON MÜNCHEN
UND FREISING

München, den 2. Januar 1982

Herrn Professor
Dr. Georg Denzler
Seestr. 34
8036 Herrsching

Betr.: Antrag des Herrn P. Janssen auf Eröffnung eines Lehrverfahrens
Bezug: Ihr Schreiben vom 14. Dezember 1981

Sehr geehrter Herr Professor Denzler!

Auf Ihr Schreiben vom 14. Dezember 1981 möchte ich Ihnen folgendes antworten:

1. Nach erneuter Lektüre meines Briefes an Herrn Pater Janssen vom 13. Juli 1981 bin ich der Überzeugung, daß dieses Schreiben im Kontext des Antrags, der Aktenlage sowie der Verfahrensordnung für Lehrbeanstandungsverfahren keiner weiteren Interpretation bedarf. Ihre Fragen lassen sich aus dem Text beantworten, ohne daß so etwas wie ein authentischer Kommentar meinerseits notwendig wird.

2. Sie werden darüber hinaus verstehen, daß mir mit weiteren Auskünften gegenüber Dritten gerade auch im Interesse des Herrn Pater Janssen Zurückhaltung geboten erscheint.

3. Die Namen der Experten der Glaubenskommission teile ich Ihnen in Anlage mit.

Ihre übrigen Äußerungen beziehen sich nicht auf das bei der Deutschen Bischofskonferenz beantragte Verfahren.

Mit freundlichen Grüßen und besten Wünschen für ein gesegnetes Jahr 1982

Ihr
Joseph Cardinal Ratzinger

MITGLIEDER UND KONSULTOREN DER GLAUBENS-KOMMISSION DER DBK

Vorsitzender:
Erzbischof Joseph Kardinal Ratzinger, München

Mitglieder:
Bischof Hermann Kardinal Volk, Mainz
Bischof Friedrich Wetter, Speyer,
Weihbischof Wolfgang Große, Essen
Weihbischof Hubert Luthe, Köln
Weihbischof Joseph Plöger, Köln
Weihbischof Max Freiherr von Twickel, Vechta – Münster

Konsultoren:
Professor Dr. Alfons Auer, Tübingen
Professor Dr. Alfons Deissler, Freiburg
Professor Dr. Walter Kasper, Tübingen
Professor Dr. Karl Kertelge, Münster
Professor Dr. Karl Lehmann, Freiburg
Professor Dr. Hermann-Josef Pottmeyer, Bochum
Professor Dr. Leo Scheffczyk, München
Professor Dr. Heribert Schmitz, München
Professor Dr. Rudolf Schnackenburg, Würzburg
Professor Dr. Bernhard Stoeckle, Freiburg

23 Brief Generalvikar Weckbachs an Pfarrer Janssen vom 11. Januar 1982

BISCHÖFLICHES ORDINARIAT Augsburg, 11. Januar 1982
8900 AUGSBURG 11
FRONHOF 4

Hochw. Herrn
P. Xaver Janssen
Kath. Pfarramt
8909 Wattenweiler

Sehr geehrter Herr Pater Janssen!

... Des weiteren ist dem Hochwürdigsten Herrn Bischof mitgeteilt worden, daß Sie an den zurückliegenden Feiertagen in Wattenweiler einen 9.00-Uhr-Gottesdienst und auch die Jahrschlußfeier gehalten haben. Sie haben damit gegen die klare Anweisung des Hochwürdigsten Herrn Bischof verstoßen: Er hat Ihnen am 1. Januar 1981 die Ausübung pfarrlicher Dienste durch Amtsenthebung für die Dauer untersagt. Ich bin ausdrücklich beauftragt, Ihnen zu sagen, daß Sie keinerlei öffentliche priesterlichen Dienste durchführen dürfen; Ihre Zelebrationserlaubnis beschränkt sich auf die Zelebration im Hause, wozu ich Ihnen die erforderliche Genehmigung gebe.

Endlich aber erinnere ich Sie an die Forderung des Hochwürdigsten Herrn Bischof zum Widerruf Ihrer von ihm beanstandeten Irrtümer in wesentlichen Glaubensfragen. Sie haben bis heute nur von Ihrer Bereitschaft zu widerrufen gesprochen, den Worten aber kein ernsthaftes Tun folgen lassen. Daß sich der Hochwürdigste Herr Bischof auf weitere Diskussionen mit Ihnen nicht einlassen will, ist Ihnen hinreichend bekannt.

In der Erwartung, daß Sie das von unserem Hochwürdigsten Herrn Bischof gezeigte Entgegenkommen in der Wohnungsfrage zu würdigen wissen, entbietet

freundlichen Gruß
(Prälat O. Weckbach)
Generalvikar

24 Brief Generalvikars Weckbach an Studentenpfarrer Rainer Hennig vom 12. Januar 1982

DER GENERALVIKAR
DES BISTUMS AUGSBURG

89 Augsburg, den 12. Jan. 1982

Herrn
Dr. R. Hennig
Memminger Straße 6
8900 Augsburg

Betreff
Podiumsdiskussion am 27. 1. 1982
Ihr Schreiben vom 11. 1. 1982

Sehr geehrter Herr Dr. Hennig!

Ich bestätige den Empfang Ihres obengenannten Schreibens, worin Sie mich über die Podiumsdiskussion am 27. 1. 1982 in Kenntnis gesetzt haben, die das sogenannte »Komitee für Christenrechte« u. a. veranstaltet.

Wir werden dazu keinen Vertreter des Bischöflichen Ordinariates Augsburg entsenden. Bei der Maßnahme gegen Herrn P. Janssen handelt es sich um eine rein innerkirchliche Personalangelegenheit, über die wir, ebenso wie die Evangelische Kirche oder eine staatliche Behörde in ähnlich gelagerten Fällen, in der Öffentlichkeit nicht Rede und Antwort zu stehen haben. Im übrigen sind die Veranstalter der Podiumsdiskussion für uns in dieser Angelegenheit keine legitimierten Gesprächspartner.

Wollen Sie bitte auch davon Kenntnis nehmen, daß eine öffentliche Erörterung des Falles Janssen die Entscheidung des Hochwürdigesten Herrn Bischofs Dr. Stimpfle in keiner Weise zu revidieren vermag. Es wäre um das Selbstbestimmungsrecht der Kirche schlimm bestellt, wenn sie sich von außen kommenden Zwängen und von einer mobilisierten öffentlichen Meinung unter Druck setzen ließe.

Mit freundlichem Gruß
Prälat O. Weckbach

25 Leserbrief Professor Denzlers in der »Süddeutschen Zeitung« vom 17./18. April 1982

Thesen, die das ökumenische Klima vergiften

Zum Bericht »Wirbel um ketzerische Thesen« in der SZ vom 17. 3.:

Der Augsburger Kaplan Bernhard Vikari hat »aus wahrer und rechter Liebe, die Wahrheit ans Licht zu bringen«, 95 Disputationsthesen aufgestellt, die sich nicht nur gegen Marthin Luther und die evangelischen Kirchen, sondern gleichermaßen gegen sogenannte progressive Katholiken, vornehmlich Theologen, richten.

Wenn Bischof Stimpfle bekennen mußte, daß er diese Thesen eines Kaplans und Mitarbeiters in der bischöflichen Pressestelle »erst über Umwege« erhalten habe, wollte er freilich nicht auch noch eingestehen, daß diese Umleitung ausgerechnet Denzler heißt. Am 22. 2. 1982 gab ich dem Augsburger Oberhirten das fünfseitige Thesenpapier zur Kenntnis und fragte ihn gleichzeitig, ob er die Thesen billige und was er gegebenenfalls mit dem Autor zu tun gedenke.

Die Ansicht des Bischofs interessierte mich vor allem deshalb, weil Stimpfle am 1. 1. 1981 den Wattenweiler Pfarrvikar Pater F. X. Janssen wegen zwei theologischer Thesen, die ihm allerdings als Häresie erschienen, des Amtes enthoben hatte. Pater Janssen hat erst kürzlich nach wiederholt angedrohter Räumungsklage das Pfarrhaus verlassen und eine Privatwohnung in der Diözese Rottenburg-Stuttgart bezogen. Hätte der Ordensmann einige Jahrhunderte früher gelebt, wäre er vermutlich wie der Dominikaner Giordano Bruno († 1600) in den Flammen des Scheiterhaufens geendet.

Ich kann die 95 Thesen Vikaris nur als eine widerliche, abscheuliche Lektüre bezeichnen. Sie zeugen von historischer Verfälschung, von theologischer Unwissenheit, von antiprotestantischem Haß, von papalistischer Ideologie, kurz: von zutiefst unchristlicher Gesinnung. Dafür nur wenige Beweise.

Des Autors tiefe Abneigung gegenüber dem Reformator Martin Luther spricht z. B. aus These 44: »Das ›Mundwerk‹ Luthers gilt nichts vor Gott.« Der Vorrang des Papsttums vor der Bibel erhellt aus These 50: »Da Jesus an der Bibel nicht mitgeschrieben hat, muß man gerade die Bibel ›Menschenwerk‹

bezeichnen, nicht aber das Papsttum.« Sexuelle Verklemmtheit spricht aus der These 4: »Jesus liebte an den Armen des Kreuzes und nicht in den Armen einer Frau.« Auf derselben Linie liegt die in These 73 angedeutete Eheauffassung des Autors: »Was Humanae Vitae anbelangt, so sagen viele: Vater, wie ich will, nicht wie du willst! Sie wollen ihren Willen nicht durchkreuzen lassen und ein Leben des Fleisches führen.« Eine Bestätigung erfährt die Lehre von der alleinseligmachenden Kirche in These 42: »Außerhalb des Leibes Christi ist kein Heil.«

Es trifft zu, daß Bischof Stimpfle den Kaplan aufgefordert hat, die (papierenen) Thesen nicht mehr zu verbreiten; er hat ihn aber nicht – wie im Fall Janssen – zum Widerruf gezwungen. Vikari wäre dem Bericht in der SZ zufolge auch gar nicht bereit, Widerruf zu leisten. Während also die »Münchner Katholische Kirchenzeitung« (21. 3.) schon in der Überschrift »Kaplan Vikari mußte abschwören« falsch berichtete, schweigt die Augsburger Bischofsgazette »ulrichsblatt« die Affäre um Vikari ganz tot.

Wieder mal wird deutlich, daß Bischof Stimpfle mit zweierlei Maß rechnet, je nachdem, ob es sich um einen »linken« oder (nur) um einen »rechten« Häretiker handelt, und gibt auf diese Weise seine theologisch-reaktionäre Position zu erkennen, die von der des suspendierten Erzbischofs Marcel Lefebvre nicht weit entfernt zu sein scheint.

Solange es dem Kaplan Vikari nicht verwehrt ist, diese nicht nur das ökumenische Klima vergiftenden Thesen in Predigt und Unterricht weiter zu propagieren –Vikari wirkt nach wie vor als Kaplan von St. Moritz in Augsburg –, gibt es für die betroffenen Katholiken nur eine Wahl: Distanz von der Augsburger Systemkirche!

Prof. Dr. Georg Denzler
Lehrstuhl für Kirchengeschichte
Seestraße 34
8036 Breitbrunn am Ammersee

26 Brief des Sekretärs Rudolf P. Koletzko an Professor Denzler vom 5. April 1982

SEKRETARIAT
DES BISCHOFS VON AUGSBURG

8900 Augsburg, 5. April 1982
Hoher Weg 18

Herrn
Prof. Dr. Georg Denzler
Seestraße 34
8036 Breitbrunn/Ammersee

Sehr geehrter Herr Dr. Denzler,

im Auftrag des hochwürdigsten Herrn Bischofs darf ich Ihnen für Ihr Schreiben vom 23. März 1982 danken; zwischenzeitlich hat der Herr Bischof auch mit seinem Generalvikar Prälat Otto Weckbach sprechen können.

Der Herr Bischof, Generalvikar Prälat Weckbach und ich gestatten den Abdruck aller von Ihnen im Schreiben vom 23. März genannten sowie darüber hinaus ergangenen Schreiben im Zusammenhang mit der Entscheidung um Pfarrvikar a. D. Pater Janssen in der erweiterten Neuauflage Ihres Buches »Priester für heute« *nicht*. In dieser Nichtfreigabe ist auch die auszugsweise Zitierung aller Schreiben eingeschlossen. Die Genannten stützen sich auf die einschlägigen Rechtsvorschriften zum Schutz des Briefgeheimnisses bzw. des Urheberrechtes.

Mit freundlichen Grüßen
Rudolf P. Koletzko
Sekretär des Bischofs

Die Autoren

Alfons Beil, geb. 1896, Pfarrer i. R. in Heidelberg (Erzdiözese Freiburg i. Br.).

Erhard Bertel, geb. 1935, Pfarrer in Saarbrücken (Diözese Trier).

Dr. Josef Blank, geb. 1926, Professor für Neutestamentliche Exegese und Biblische Theologie an der Universität Saarbrücken.

Dr. Helmut Blasche, geb. 1924, Pfarrer und Religionslehrer in Schwechat (Erzdiözese Wien).

Dr. Georg Denzler, geb. 1930, Professor für Kirchengeschichte an der Universität Bamberg.

Dr. Peter Eicher, geb. 1943, Professor für Systematische Theologie an der Gesamthochschule Paderborn.

Dr. Norbert Greinacher, geb. 1931, Professor für Praktische Theologie an der Universität Tübingen.

Karl Herbst, geb. 1916, Pfarrer i. R. in Düsseldorf (Erzdiözese Köln).

Franz Xaver Janssen, geb. 1913, Passionist, z. Zt. in Oberopfingen (Diözese Rottenburg-Stuttgart).

Dr. Ferdinand Klostermann, geb. 1907, em. Professor für Praktische Theologie an der Universität Wien.

Carl-Peter Klusmann, geb. 1934, Pfarrvikar in Herdecke (Erzdiözese Paderborn).

Dr. Hans Küng, geb. 1928, Professor für Dogmatik und Ökumenische Theologie an der Universität Tübingen.

Richard Lipold, geb. 1913, Pfarrer in München (Erzdiözese München-Freising).

Ernst Mayer, geb. 1929, Pfarrkurat in Thansau (Erzdiözese München-Freising).

Dr. Dietmar Mieth, geb. 1940, Professor für Moraltheologie an der Universität Tübingen.

Dr. Alois Müller, geb. 1924, Professor für Dogmatik und Liturgiewissenschaft an der Theol. Fakultät Luzern.

Rudolf Schermann, geb. 1932, Pfarrer und Publizist (Pseudonym Gerd Hamburger) in Reisenberg (Erzdiözese Wien).

Elmar Schnitzler, geb. 1926, Pfarrer in Wörthsee (Diözese Augsburg).

Dr. Josef Schoiswohl, geb. 1901, Alt-Erzbischof der Diözese Graz.

Dr. Herbert Vorgrimler, geb. 1929, Professor für Dogmatik und Dogmengeschichte an der Universität Münster.

Dr. Knut Walf, geb. 1936, Professor für Kirchenrecht an der Universität Nijmegen (Niederlande).

HEYNE BIOGRAPHIEN

Die Taschenbuchreihe mit den bedeutenden Biographien der Großen der Weltgeschichte.

12/80 - DM 8,80

12/82 - DM 14,80

12/83 - DM 9,80

12/84 - DM 8,80

12/87 - DM 9,80

12/88 - DM 14,80

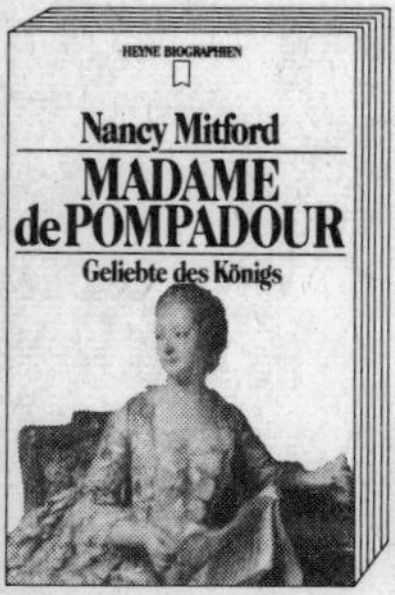

12/89 - DM 7,80

12/90 - DM 12,80

12/97 - DM 12,80

Wilhelm Heyne Verlag München